Direito Eleitoral
e Liberdade de Expressão

Direito Eleitoral e Liberdade de Expressão

LIMITES MATERIAIS

2018

Daniela Bucci

DIREITO ELEITORAL E LIBERDADE DE EXPRESSÃO
LIMITES MATERIAIS
© Almedina, 2018

AUTORA: Daniela Bucci
DIAGRAMAÇÃO: Almedina
DESIGN DE CAPA: FBA
ISBN: 978-85-8493-273-3

Dados Internacionais de Catalogação na Publicação (CIP)
(Câmara Brasileira do Livro, SP, Brasil)

Bucci, Daniela
Direito eleitoral e liberdade de expressão:
limites materiais/Daniela Bucci. – São Paulo:
Almedina, 2018.

Bibliografia.
ISBN 978-85-8493-273-3

1. Direito eleitoral 2. Direitos humanos
3. Direitos humanos (Direito internacional)
4. Liberdade de expressão I. Título.

18-13910   CDU-342.84:342.7

Índices para catálogo sistemático:

1. Direito eleitoral e liberdade de expressão : Direitos humanos 342.84:342.7

Este livro segue as regras do novo Acordo Ortográfico da Língua Portuguesa (1990).

Todos os direitos reservados. Nenhuma parte deste livro, protegido por copyright, pode ser reproduzida, armazenada ou transmitida de alguma forma ou por algum meio, seja eletrônico ou mecânico, inclusive fotocópia, gravação ou qualquer sistema de armazenagem de informações, sem a permissão expressa e por escrito da editora.

Março, 2018

EDITORA: Almedina Brasil
Rua José Maria Lisboa, 860, Conj. 131 e 132, Jardim Paulista | 01423-001 São Paulo | Brasil
editora@almedina.com.br
www.almedina.com.br

There is more than one way to burn a book. And the world is full of people running about with lit matches.

RAY BRADBURY, Fahrenheit 451, Coda.

Sunlight is said to be the best of disinfectants; electric light the most efficient policeman.

JUSTICE LOUIS D. BRANDEIS.

A meu pai, Nelson Bucci (*in memoriam*) por tudo. E ao pequeno Arthur que veio completar minha vida com amor e felicidade.

AGRADECIMENTOS

Ao Professor André de Carvalho Ramos, que ao longo do mestrado e do doutorado, compartilhou mais do que conhecimento, sendo um exemplo de dedicação profissional e acadêmica em defesa dos direitos humanos.

Ao Professor Virgílio Afonso da Silva e ao Professor Walter Claudius Ruthenburg pelas essenciais contribuições, críticas e sugestões durante a banca de qualificação da tese.

Aos Professores Conrado Hübner Mendes, Fernando Limongi, Guilherme Assis de Almeida e Wagner Menezes, pelas aulas durante o curso da pós-graduação, pelos ensinamentos e profícuas discussões. Ao Professor Ronaldo Porto Macedo Júnior pela fundamental ajuda com o material para a pesquisa.

Aos Professores André Guilherme Lemos Jorge, André Ramos Tavares, Elival da Silva Ramos e Paulo Hamilton Siqueira Junior pelas arguições e relevantes contribuições durante a banca de defesa da tese de doutorado.

Aos funcionários da Faculdade de Direito da Universidade de São Paulo, do Departamento de Direito Internacional e da Secretaria de Pós-Graduação, especialmente a Claudia Regina Koga e Maria de Fátima Silva Cortinha, pela presteza e cordialidade.

Às queridas amigas Camila Koch, Erika Maeoka, Luísa Maffei Costa, Paula Ritzmann, Sibele Walkiria Lopes e Simone Henriquez, e aos amigos David Olson, Fabrice Bouland, Luís Renato Vedovato, Luis Lisanti, Marcio Soares Grandchamp, Rodrigo Pires da Cunha Boldrini e Vitor Geromel, pela amizade, pelo apoio e pelas relevantes contribuições para a concretização deste trabalho. Um especial agradecimento ao amigo Luis Vanderlei Pardi pelo apoio com a publicação do trabalho.

São muitos os amigos que fiz na São Francisco ao longo desses anos. Quero agradecer a todos eles, especialmente, aos amigos do Núcleo de Estudos de Tribunais Internacionais: a estrada é menos árdua quando temos amigos que seguram nossas mãos e caminham junto.

Aos alunos e ex-alunos, especialmente, os do Observatório de Direitos Humanos da Universidade Municipal de São Caetano do Sul, pelo reconhecimento, apoio e entusiasmo.

À minha família, especialmente, minha mãe, por compreender as inúmeras horas roubadas de nossa convivência e ao meu marido, Andre, agradeço pelo apoio incondicional e pelo exemplo de dedicação e disciplina.

PREFÁCIO

Tenho a honra de prefaciar a obra "Limites materiais da liberdade de expressão política no direito eleitoral brasileiro", resultado da excelente tese de doutorado em Direitos Humanos defendida por Daniela Bucci, sob minha orientação, no programa de pós-graduação da Faculdade de Direito da Universidade de São Paulo (FADUSP).

A autora, que tive o prazer de orientar também durante o mestrado na Faculdade de Direito da USP, é acadêmica séria e engajada na área de Direitos Humanos, que atualmente realiza importante trabalho na coordenação do Observatório de violação de direitos humanos da região do Grande ABC (ODHUSCS) da Universidade Municipal de São Caetano do Sul e na liderança do grupo de estudos de direitos humanos (Núcleo de Estudos de Direitos Humanos – NEDH-USCS).

O tema escolhido pela autora é de necessário debate no atual momento de acirrada conflagração política. Exigem-se, mais do que nunca, regras claras, justas e igualitárias, para que a disputa eleitoral ocorra apenas entre as melhores ideias e propostas, e não entre as melhores ofensas e abusos entre candidatos.

Inegável, portanto, a importância do estudo aprofundado e crítico de institutos relacionados à defesa da igualdade, liberdade e autenticidade do processo político, tal qual a liberdade de expressão – que inclui a liberdade de expressão do pensamento e o direitos dos demais receberem a manifestação do pensamento de outrem.

No âmbito do processo eleitoral, a necessidade de coibir violações à isonomia entre candidatos, a manipulação do eleitorado ou favorecimento pela mídia a determinados políticos fazem com que a liberdade de expressão adquira contornos específicos no contexto das campanhas eleitorais.

Não se olvide, nesse contexto, a relação simbiótica entre direitos humanos e democracia, eis que os direitos humanos só encontram um ambiente de promoção nas sociedades democráticas. A preocupação central do exercício da democracia, na sua vertente material ou substancial, é exatamente a preservação de direitos humanos e a garantia da igualdade, da diversidade, da inclusão e da justiça social.

Nesse panorama, insere-se o tema da presente obra, resumido na seguinte pergunta: quais os limites materiais à liberdade de expressão política durante a campanha eleitoral no Brasil? Tais limites estão em consonância com os parâmetros internacionais de direitos humanos ou, ao contrário, as restrições ao exercício da liberdade de expressão política no Brasil violam direitos humanos?

A obra parte de um exame crítico do tema sob a ótica internacional e nacional, motivo pelo qual é dividida em duas partes, respectivamente focadas na liberdade de expressão política no Direito Internacional (Parte I) e no Direito Brasileiro (Parte II).

Os Capítulos 1 e 2 abordam a regulação normativa internacional da liberdade de expressão política e a jurisprudência temática dos sistemas regionais de proteção de direitos humanos. O domínio que a autora possui da jurisprudência da Corte Interamericana de Direitos Humanos e da Corte Europeia de Direitos Humanos resta evidente com a menção aos inúmeros precedentes sobre o tema citados nos capítulos 1 e 2 e nas conclusões críticas sobre a coerência decisória de cada tribunal. A seguir, os Capítulos 3 e 4 focam-se, respectivamente, nas bases teóricas da liberdade de expressão política à luz do Direito Internacional dos Direitos Humanos e nos limites a ela impostos pela interpretação jurisprudencial internacional.

A Parte II realiza uma análise teórica e prática dos limites utilizados durante os pleitos eleitorais brasileiros de 2010 e de 2014, em comparação com os parâmetros de interpretação internacionais. Os quadros analíticos facilitam a sistematização dos *leadings cases* citados, útil recurso para o leitor compreender, com facilidade, os principais critérios de análise das inconvencionalidades na interpretação brasileira da liberdade de expressão política. As conclusões, apresentadas de forma questionadora, trazem os critérios atuais utilizados para definir os limites impostos à liberdade de expressão política pela análise interpretativa internacional, bem como os problemas enfrentados pela postura intervencionista realizada na interpretação nacional.

A obra é fundada em uma aprofundada pesquisa doutrinária e jurisprudencial, fruto dos esforços da autora nos anos em que se dedicou ao doutoramento. A completa pesquisa na doutrina especializada internacional e nacional é evidenciada na vasta bibliografia do trabalho. A autora, pesquisadora dedicada, teve o cuidado de examinar, em detalhe, também, grande número de decisões judiciais, que trouxeram viés prático imprescindível ao tema.

Afirmo, com segurança, que a obra traz importante discussão sobre o exercício democrático conforme aos direitos humanos, sendo leitura recomendável para acadêmicos e pesquisadores interessados em um estudo crítico e aprofundado do tema.

ANDRÉ DE CARVALHO RAMOS
Professor de Direito Internacional e do Programa de Mestrado e Doutorado em Direitos Humanos da Faculdade de Direito da Universidade de São Paulo (USP). Doutor e Livre-Docente em Direito Internacional. Secretário de Direitos Humanos e Defesa Coletiva da Procuradoria Geral da República (2017 até o presente). Antigo Procurador Regional Eleitoral do Estado de São Paulo (2012-2016). Procurador Regional da República.

LISTA DE SIGLAS

ADI	Ação Declaratória de Inconstitucionalidade
ADPF	Arguição de Descumprimento de Preceito Fundamental
ARP	Agravo em Representação
AgRgAI	Agravo Regimental no Agravo de Instrumento
AgRgMc	Agravo Regimental na Medida Cautelar
CADH	Convenção Americana de Direitos Humanos
CEDH	Convenção Europeia de Direitos Humanos
Corte EDH	Corte Europeia de Direitos Humanos
CIDH	Comissão Interamericana de Direitos Humanos
Corte IDH	Corte Interamericana de Direitos Humanos
DUDH	Declaração Universal dos Direitos Humanos
ONU	Organização das Nações Unidas
PGE	Procuradoria Geral Eleitoral
PSESS	Publicado em sessão
MPE	Ministério Público Eleitoral
TSE	Tribunal Superior Eleitoral
TRE	Tribunal Regional Eleitoral
RE	Recurso Eleitoral
RESPE	Recurso Especial Eleitoral
RP	Representação
RRP	Recurso na Representação
STF	Supremo Tribunal Federal

SUMÁRIO

INTRODUÇÃO.. 21

PARTE 1 – A LIBERDADE DE EXPRESSÃO POLÍTICA NO DIREITO INTERNACIONAL

1. A REGULAÇÃO INTERNACIONAL E A LIBERDADE DE EXPRESSÃO POLÍTICA.. 35
1.1. O Sistema Universal 35
1.2. Os Sistemas Regionais de Direitos Humanos 37
    1.2.1. O Sistema Europeu de Direitos Humanos 37
    1.2.2. O Sistema Interamericano de Direitos Humanos 38
1.3. Conclusões Preliminares sobre a Liberdade de Expressão Política nos Diplomas de Direitos Humanos Analisados 44

2. A LIBERDADE DE EXPRESSÃO POLÍTICA NA PERSPECTIVA DAS CORTES INTERNACIONAIS DE DIREITOS HUMANOS.... 47
2.1. A Corte Europeia de Direitos Humanos 47
    2.1.1. A liberdade de expressão como um direito poliédrico e a proibição da censura prévia no contexto de uma sociedade democrática 48
    2.1.2. O discurso antidemocrático e a defesa da ordem pública 53
    2.1.3. O direito à intimidade, o direito à honra, reputação, privacidade, o direito à imagem e a proteção dos interesses gerais............. 58
    2.1.4. O discurso discriminatório, racista, classista e odioso 101
    2.1.5. A base fática suficiente............................ 115

2.1.6. O uso do humor 120
2.1.7. A proporcionalidade das sanções 121
2.1.8. Conclusões preliminares sobre a jurisprudência da Corte Europeia de Direitos Humanos quanto à liberdade de expressão política 124
2.2. A Corte Interamericana de Direitos Humanos 128
    2.2.1. Conclusões preliminares sobre a jurisprudência da Corte Interamericana de Direitos Humanos quanto à liberdade de expressão política 145

3. **FUNDAMENTOS JURÍDICOS E TEÓRICOS DA LIBERDADE DE EXPRESSÃO POLÍTICA NO DIREITO INTERNACIONAL DOS DIREITOS HUMANOS** 149
3.1. Fundamentos Jurídicos da Liberdade de Expressão Política nas Cortes Internacionais de Direitos Humanos 149
    3.1.1. Critérios, Condições, e Proporcionalidade nas Restrições e Sanções 149
    3.1.2. A ponderação 161
3.2. Fundamentos Teóricos da Liberdade de Expressão Política nas Cortes Internacionais de Direitos Humanos 168

4. **SISTEMATIZAÇÃO DOS LIMITES À LIBERDADE DE EXPRESSÃO POLÍTICA NAS CORTES INTERNACIONAIS DE DIREITOS HUMANOS** 181
4.1. A Liberdade de Expressão como um Direito Poliédrico: Relação entre Liberdade de Informação, Opinião, Liberdade de Imprensa, Direito à Comunicação e Proibição da Censura Prévia 182
4.2. Existência de Outros Direitos como Limite à Liberdade de Expressão e as Questões de Interesse Geral: Interpretação Ampla da Liberdade de Expressão e Restritiva de seus Limites 184
4.3. Juízo de Valor e de Fato: – Exigência da Base Fática Suficiente e a Boa-Fé 191
4.4. O Teste da Necessidade em uma Sociedade Democrática e a Proporcionalidade das Medidas Aplicadas 192
4.5. A Liberdade de Expressão como Pilar Essencial de uma Sociedade Democrática Essencial para o Debate Democrático Durante o Período Eleitoral 196

PARTE 2 – LIMITES DA LIBERDADE DE EXPRESSÃO POLÍTICA NO DIREITO BRASILEIRO DURANTE A CAMPANHA ELEITORAL

1. ANÁLISE *IN ABSTRACTO* E *IN CONCRETO* DOS LIMITES DA LIBERDADE DE EXPRESSÃO POLÍTICA NO BRASIL 199
   1.1. Classificação dos Limites da Liberdade de Expressão Política 200
   1.2. Os Limites Normativos Quanto ao Conteúdo. 201
   1.3. A Interpretação Judicial dos Limites Normativos 206
      1.3.1 A crítica política e a informação inverídica........................ 206
      1.3.2 Conteúdo sensacionalista, apelativo e dramático 256
      1.3.3 Propaganda obscena 258
      1.3.4 Conteúdo humorístico: *ridendo castigat mores* 263
      1.3.5 O sabidamente inverídico e a acusação séria sem provas 280
   1.4. Casos de Inconvencionalidade em Restrições à Liberdade de Expressão Política Durante o Período Eleitoral no Brasil 290
      1.4.1. O complexo caso do *hate speech* na arena política brasileira........ 290
      1.4.2. Ideias discriminatórias, classistas, nazistas e apologéticas ao crime . 305
      1.4.3. O uso de caricaturas e desenhos animados 313
      1.4.4. O problemático conteúdo "ofensivo" 322
      1.4.5. Vinculação ou imputação de crime 354
      1.4.6. O combate à propaganda eleitoral não construtiva................ 386
      1.4.7. Considerações parciais.. 392

CONCLUSÃO 407
REFERÊNCIAS 415

INTRODUÇÃO

Não é mistério que a democracia brasileira passa por um momento de grandes mudanças e intranquilidade. Há uma visível crise de legitimidade de representação na democracia brasileira. O sistema eleitoral falho, a desproporção na representatividade dos eleitores[1], os problemas envolvendo a representação das minorias, e o opaco financiamento das campanhas são apenas alguns dos elementos que esvaziam grande parte da legitimidade[2] de nossa democracia – e, vale notar, *todos* esses elemen-

---

[1] Neste sentido, ver o interessante artigo de TOLEDO, José Roberto de. Só 7% se elegem com seus próprios votos à Câmara. *O Estado de São Paulo*, São Paulo, 8 de outubro de 2010. Disponível em: <http://www.estadao.com.br/noticias/impresso,so-7-se-elegem-com-seus-proprios-votos-a-camara,622217,0.htm>. Acesso em: 9 de agosto de 2012.

[2] Legitimidade é "um atributo do Estado, que consiste na presença, em uma parcela significativa da população, de um grau de consenso capaz de assegurar a obediência sem a necessidade de recorrer ao uso da força, a não ser em casos esporádicos. É por essa razão que todo poder busca alcançar consenso, de maneira que seja reconhecido como legítimo, transformando a obediência em adesão. A crença na Legitimidade é, pois, o elemento integrador na relação de poder que se verifica no âmbito do Estado". LEVI, Lucio. "Legitimidade". In: BOBBIO, Norberto; MATTEUCCI, Nicola e PASQUINO, Gianfranco. Trad. Carmen C. Vaniale et al. Coord Trad. João Ferreira. Rev. Geral João Ferreira e Luís Guerreiro Pinto Cacais. *Dicionário de Política*. 11ª ed., Brasília: Editora Universidade de Brasília, 1998, p. 675. Ensina Mônica Herman, ao tratar da natureza da eleição, que "sob a ótica jurídica, a eleição política consagra um procedimento institucionalizado de seleção, pelo corpo eleitoral, é de investidura legítima dos governantes nos respectivos mandatos político-eleitorais". CAGGIANO, Monica Herman S. "Eleições". In: CAGGIANO, Monica Herman S. (Coordenadora). *O direito eleitoral em debate*: estudos em homenagem a Claudio Lembo. 1ª ed. São Paulo: Saraiva, 2013, p. 24.

tos, mediata ou imediatamente, dizem respeito justamente ao grau ou formas da liberdade de expressão política necessária para legitimar o sistema. Daí a importância de estudar a liberdade de expressão política que é necessária a uma democracia e tentar identificar seus limites, bem como até onde tais limites são aceitáveis em vista dos direitos humanos – para, no fim, em um teste de consistência, comparar esses limites, identificar violações, e localizar áreas de reforma necessárias.

Em outras palavras, a democracia brasileira está em crise, e o instrumental fornecido pelos direitos humanos pode ser útil não só para a promover a efetivação desses direitos, mas também, para ajudar a restaurar a legitimidade da própria democracia – indispensável neste momento em que a crise de representatividade, o descrédito da classe política, o populismo e outras distorções põem em risco a própria sobrevivência do sistema, que, como se sabe, implica muito mais do que simplesmente votar e ser votado.

É inegável que, tanto a democracia representativa, quanto a liberdade de expressão – genérica e política – têm seus limites. E, no entanto, a democracia e a liberdade de expressão são os elementos essenciais de um sistema político saudável. Vivem simbioticamente, dependem um do outro. Também os direitos humanos têm estreita relação com a democracia. Tem-se defendido que um não pode sequer existir sem o outro, em mais uma relação de simbiose e dependência[3].

Se a liberdade de expressão política pode ter limites na democracia – muitos, inclusive, defendem que *deve* ter limites – mas, ao mesmo tempo, a própria democracia depende de uma liberdade de expressão robusta, é preciso identificar quais limites à liberdade de expressão política podem ser aceitos sem desfigurar a democracia, e quais limites (se houver) devem ser respeitados para preservá-la. E é justamente no respeito aos direitos humanos, como arcabouço jurídico maior para tutelar os mais importantes direitos do homem, que encontraremos a resposta aos limites aceitáveis e necessários da liberdade de expressão política em uma democracia.

---

[3] CLAPHAM, Andrew; MARKS, Susan. *International Human Rights Lexicon*. New York: Oxford University Press, 2005, p. 66.

Assim, propomo-nos a identificar os limites jurídicos materiais[4] aceitáveis à liberdade de expressão política conforme o entendimento das cortes internacionais de direitos humanos europeia e interamericana, e compará-los com os limites da liberdade de expressão política no direito eleitoral brasileiro durante o período de campanha eleitoral, conforme entendidos por nossos tribunais nacionais, para, a seguir, analisar se os limites à liberdade de expressão política no Brasil, aplicados durante a campanha eleitoral, violam direitos humanos, fazendo críticas e sugestões, sempre que cabível.

Nossa tese é a de que *o direito eleitoral brasileiro, conforme entendido pelo judiciário nacional, durante o período de campanha eleitoral, impõe limites materiais à liberdade de expressão política que violam direitos humanos.*

Vale observar que não defendemos que haja limites absolutamente precisos, gerais e abstratos com relação à liberdade de expressão; mas que é possível identificar com melhor precisão os critérios que devem ser observados para que os direitos humanos sejam respeitados quando o judiciário é invocado para limitar a liberdade de expressão política nos casos concretos, reduzindo-se assim também a arbitrariedade e o decisionismo judicial.

Detalharemos brevemente, a seguir, o que entendemos ser as premissas que serão usadas como ponto de partida de nosso trabalho.

Premissas para a análise dos limites à liberdade de expressão política
São premissas de nosso trabalho:

(i) Que a liberdade de expressão é essencial à democracia.
(ii) Que a liberdade de expressão é um direito humano.
(iii) Que a democracia é um direito humano.
(iv) Que os direitos humanos são universais e que, portanto, as decisões das cortes internacionais de direitos humanos – notadamente, a europeia e a interamericana – são aptas a orientar quaisquer tribunais nacionais de democracias a respeito da correta aplicação dos direitos humanos.

---

[4] Ou seja, *de conteúdo*; deixando de fora limites *formais* como, por exemplo, quem pode votar ou não – estrangeiros, menores, soldados, e assim por diante.

(v) Que o discurso de candidatos a cargos eletivos em uma democracia durante as campanhas eleitorais é essencialmente *político*.

Passamos a comentar tais premissas brevemente[5].

Existe uma inegável e íntima relação entre democracia[6] e direitos humanos[7], podendo-se entender que os dois fenômenos andam de mãos dadas[8]. Os direitos humanos são verdadeiros valores da democra-

---

[5] Nota-se que os itens de (i) a (v) acima, como mencionado, são *premissas* de nosso trabalho e, assim, não fazem parte do escopo de nosso estudo e não serão, por isso, comprovadas ou analisadas com a devida profundidade que mereceriam se fossem, *per se*, objetos desse trabalho.

[6] Democracia vista pela Constituição de 1988 como o "princípio dos princípios"; "O seu valor-continente, por se traduzir no princípio que mais vezes se faz presente na ontologia dos demais valores constitucionais (soberania popular, cidadania, dignidade da pessoa humana, valores sociais do trabalho e da livre iniciativa, pluralismo político, só para citar os listados pelos incisos de I a V do art. 1º da nossa Lei Maior). Valor-teto da Constituição, em rigor de Ciência, porque acima da democracia não há outro valor coletivo senão já situado do lado de fora de toda positividade jurídica brasileira. Valor incomparável, então, que, se vivido autenticamente, concretiza aquela parte do discurso de posse do presidente Roosevelt, em plena depressão econômica: "nada há a temer, exceto o próprio medo". BRASIL. STF. ADPF 130. Relator: Ministro Ayres Britto. Brasília, 30 abr. 2009. Voto do Ministro Ayres Britto, p. 40. Manoel Gonçalves Ferreira Filho ensina que a democracia "moderna", na visão de Stuart Mill, admitia um forma de governo que atendesse ao estado social, e, para tanto, deveria contemplar a participação de todos; O autor ainda analisa a democracia participativa, expondo a visão de alguns autores relevantes sobre o tema e principais críticas sobre suas teorias, que não cabem, nesse trabalho aprofundar. FERREIRA FILHO, Manoel Gonçalves. *Princípios Fundamentais do Direito Constitucional:* o estado da questão no início do Século XXI, em face do direito comparado e, particularmente, do direito positivo brasileiro. 3ª ed. São Paulo: Saraiva, 2012, p. 52-59. Sobre a dificuldade de se definir democracia, ver: CAGGIANO, Monica Herman Salem; "Democracia: Há tratamento geriátrico para seu rejuvenescimento?" In: MESSA, Ana Flávia; SIQUEIRA NETO, José Francisco; BARBOSA, Susana Mesquita (Coords). *Transparência Eleitoral.* São Paulo: Saraiva, 2015, p. 85-105.

[7] Direitos Humanos é "um conjunto mínimo de direitos necessário para assegurar uma vida do ser humano baseada na liberdade, igualdade e na dignidade". CARVALHO RAMOS, André de. *Teoria Geral dos Direitos Humanos na Ordem Internacional.* 5. ed. São Paulo: Saraiva, 2015, p. 38.

[8] Para Marks e Clapham *"That human rights and democracy belong together is today a widely accepted axiom of international affairs".* CLAPHAM, Andrew; MARKS, Susan. *International Human Rights Lexicon.* New York: Oxford University Press, 2005, p. 61. André Ramos

cia[9]. E só há democracia se houver um campo aberto para o debate e a convivência com a diversidade de ideias e pensamentos, de modo que a liberdade de expressão lhe é essencial[10], [11], [12]. Não apenas democracia e direitos humanos estão fortemente ligados, como também um depende

---

Tavares, no entanto, entende que, embora os conceitos sejam aproximados, a "teoria dos direitos fundamentais não necessariamente reforça a prática democrática, como, inadvertida e usualmente, se defende. Muito pelo contrário. Em regra, um influxo demasiado de Direitos Fundamentais pode reduzir sobremaneira o âmbito de deliberação popular". RAMOS TAVARES, André e BUCK, Pedro. Direitos Fundamentais e Democracia: Complementariedade/Contrariedade. In: CLÈVE, Clèmerson Merlin; SARLET, Ingo Wolfgang; PAGLIARINI, Alexandre Coutinho. (Org.). *Direitos Humanos e Democracia*. Rio de Janeiro: Forense, 2007, v. 01, p. 169-170.

[9] Ainda que a democracia não possa efetivar todos esses direitos. SILVA, José Afonso da. Democracia e Direitos Fundamentais. In: CLÈVE, Clèmerson Merlin; SARLET, Ingo Wolfgang; PAGLIARINI, Alexandre Coutinho. (Org.). *Op. cit.*, p. 370.

[10] "A liberdade de expressão constitui um dos fundamentos essenciais de uma sociedade democrática e compreende não somente as informações consideradas como inofensivas, indiferentes ou favoráveis, mas também aquelas que possam causar transtornos, resistência, inquietar pessoas, pois a Democracia somente existe a partir da consagração do pluralismo de ideias e pensamentos, da tolerância de opiniões e do espírito aberto ao diálogo". MORAES, Alexandre de. *Direitos Humanos Fundamentais*: teoria geral, comentários aos arts. 1º a 5º da Constituição Federal da República Federativa do Brasil, doutrina e jurisprudência. 9. ed. São Paulo:Atlas, 2011, p. 118.

[11] Ao tratar da liberdade de expressão, afirma Koatz que "[...]a Constituição protege todo e qualquer conteúdo. Principalmente aqueles que desagradam a maioria. As ideias impopulares são justamente aquelas que mais precisam ser protegidas pela liberdade de expressão, pois correm maior risco de sofrer limitações e censura". KOATZ, Rafael Lorenzo-Fernandez. *Op. cit.*, p. 398.

[12] "*Americans have fought and died around the globe to protect the right of all people to express their views, even views that we profoundly disagree with. We do not do so because we support hateful speech, but because our founders understood that without such protections, the capacity of each individual to express their own views and practice their own faith may be threatened. We do so because in a diverse society, efforts to restrict speech can quickly become a tool to silence critics and oppress minorities. We do so because given the power of faith in our lives, and the passion that religious differences can inflame, the strongest weapon against hateful speech is not repression; it is more speech -- the voices of tolerance that rally against bigotry and blasphemy, and lift up the values of understanding and mutual respect*". OBAMA, Barack. *Discurso do Presidente dos Estados Unidos na Assembleia Geral das Nações Unidas*. Disponível em: <http://www.nytimes.com/2012/09/26/world/obamas-speech-to-the-united-nations-general-assembly-text.html? ref=world&pagewanted=print>. Acesso em: 25 set. 2012.

do outro[13],[14], e a democracia exige a observância de alguns direitos reconhecidos como essenciais para seu exercício: esses direitos, mais comumente entendidos como democráticos, incluem o direito de votar, de ser votado, o direito de assembleia, de associação, à segurança, ao devido processo legal, à liberdade de pensamento, e, principalmente, à liberdade de expressão, entre outros[15].

Inúmeros são os motivos para se entender a liberdade de expressão como um direito humano essencial, *inter alia*, porque promove o desenvolvimento da personalidade e porque manifestar as próprias ideias e ouvir as ideias dos outros é parte da própria essência da existência humana, sendo o ser humano naturalmente gregário, social e comunicativo[16].

Ademais, a liberdade de expressão é uma verdadeira garantia à democracia, na medida em que assegura à população acesso à informação[17] e à diferentes pontos de vista, propiciando aos cidadãos a oportunidade de formar sua própria opinião a respeito de assuntos de interesse público.

---

[13] CLAPHAM, Andrew; MARKS, Susan. *Op. cit.*, p. 66 (tradução nossa). Isso não implica, todavia, que o florescimento da democracia obrigatoriamente traga consigo um florescimento de direitos humanos; ainda assim, no entanto, a ligação entre os dois é ampla e, se um desaparece, o outro certamente tende a desaparecer também.

[14] García Roca explica que a Corte Europeia de Direitos Humanos cria uma tríade: Democracia, Convenção Europeia, e Direitos Fundamentais, "de modo que sem democracia não há direitos fundamentais", e qualquer interferência por parte dos Estados nesses direitos deve ser "medida necessária em uma sociedade democrática". A democracia, inclusive, constitui o único modelo compatível com a Convenção Europeia de Direitos Humanos capaz de promover ideais e valores da sociedade democrática, daí porque a interferência não pode ser admitida. GARCÍA ROCA, Javier. Abuso de Los Derechos Fundamentales Y Defensa de La Democracia. In: GARCÍA ROCA, Javier e SANTOLAYA, Pablo (coords). *La Europa de Los Derechos*: El Convenio Europeo de Derechos Humanos. Madrid: Centro de Estúdios Políticos Y Constitucionales, 2005, p. 899 (tradução nossa).

[15] CLAPHAM, Andrew; MARKS, Susan. *Op. cit.*, p. 64 (tradução nossa).

[16] SARMENTO, Daniel. Comentário ao artigo 5º, IV. In.: CANOTILHO, J. J. Gomes; MENDES, Gilmar F; SARLET, Ingo W.; STRECK, Lenio L. (coords). *Comentários à Constituição do Brasil*. São paulo: Saraiva/Almedina, 2013, p. 255.

[17] Neste sentido, vale lembrar que "a publicidade é o princípio nuclear da cidadania, pois é o antecedente lógico da participação. A participação é despertada pelo conhecimento das atividades do Estado". SIQUEIRA JÚNIOR, Paulo Hamilton; OLIVEIRA, Miguel Augusto Machado de. *Direitos Humanos e Cidadania*. 3ª ed. São Paulo: Editora Revista dos Tribunais, 2010, p. 255.

Além disso, se o estado puder limitar de modo arbitrário a liberdade de expressão da sociedade, tenderá a realizar sua vocação história tirânica e suprimir ideias que desagradam aos governantes (ou às maiorias, em uma democracia). O dever de os estados organizar eleições protege o exercício da liberdade de expressão dos eleitores durante o processo eletivo. Além de eleições livres, também a concorrência eleitoral livre e a oposição política são essenciais em uma democracia[18] – e elas dependem de uma liberdade de expressão política robusta para realizar sua missão de divulgar fatos, ideias, e contrabalancear opiniões dominantes[19]. Não é à toa que a livre expressão da opinião durante as eleições do corpo político está protegida pelo artigo 10 da Convenção Europeia e pelo direito à igualdade[20].

Daí, a liberdade de expressão política ser um dos pilares da democracia e dos direitos humanos: a liberdade de expressão visa a garantir que todos, inclusive as minorias e as oposições, possam expressar-se livremente e fazer-se representar[21]. Tal ideia, inclusive, já se refletiu em algu-

---

[18] Vide relevante estudo feito sobre o papel da oposição na política e na democracia. CAGGIANO, Monica Herman Salem. *Oposição na Política*: proposta para uma rearquitetura da democracia. São Paulo: Angelotti, 1995. Ressalta a autora, ao analisar o desenvolvimento do conceito de oposição, os ensinamentos de De Vergottini, pensando a oposição além da dissensão; também como limite e como alternativa. Ibidem, p. 15. Interessante a pesquisa realizada pelo pesquisador Felipe Borba, do Iesp/Uerj, que analisou a influência do tempo da propaganda eleitoral sobre a votação. KLEIN, Cristian. Oposicionistas com 3º maior tempo de TV têm 13% de sucesso no 1º turno. *Valor Econômico*, São Paulo, 20 ago. 2014. Disponível em: <http://www.valor.com.br/eleicoes2014/3660518/oposicionistas-com--3#ixzz3B4lZ8CLg>. Acesso em:> 25 ago. 2014.

[19] GARCÍA ROCA, Javier. Op. cit., p. 901. Vide também 908-909.

[20] Vide, por exemplo, o caso Mathieu-Mohin e Clerfayt v. Bélgica. Neste caso, a Corte Europeia analisa diversos aspectos sobre a participação política, eleições livres, o peso do voto e ainda faz observações sobre os sistemas eleitorais.

[21] Assim, um elemento expressivo "a gizar os contornos da democracia, consubstanciado na perspectiva de que o maior número possível de governados participem – e do modo mais direto e expressivo – do exercício do poder político". Continua a análise afirmando que "daí porque é evidente que a receita democrática envolve como fator primordial a liberdade individual, quer no plano da ação governamental, quer no concernente às inter-relações que se processam entre governantes e governados. Implica, assim, a livre exteriorização das opiniões no que toca à condução dos negócios públicos e, como consequência natural, introduz o jogo da alternância no poder [...]". CAGGIANO, Monica Herman

mas decisões proferidas pelo Supremo Tribunal Federal, que entendeu que a liberdade de expressão na política é um direito comum e essencial para a manutenção do regime democrático[22].

A liberdade de expressão no texto constitucional e sua manifestação não poderão sofrer restrições políticas, ideológicas ou artísticas[23]. Note-se, no entanto, que a manifestação do pensamento[24] não é absoluta, exigindo que o agente se identifique[25], e assegurando ao ofendido direito de resposta e indenização material, moral ou à imagem[26].

Além dos aspectos mencionados no parágrafo anterior, vale lembrar que a liberdade de expressão precisa conviver com outros direitos humanos[27],[28], por exemplo, com o direito à vida privada e à honra. Como

---

Salem. *Oposição na Política*: proposta para uma rearquitetura da democracia. São Paulo: Angelotti, 1995, p. 39.

[22] BRASIL. STF. ADPF nº 130. Relator: Ministro Carlos Ayres Britto. Brasília, 17 ago. 2004. Voto do ministro Celso de Mello, p. 156.

[23] Artigo 5º, IX, Constituição Federal.

[24] Entendida como "liberdade de manifestação do pensamento e de imprensa". KOATZ, Rafael Lorenzo-Fernandez. Op. cit., p. 391.

[25] Vedado o anonimato. Vide art. 5º, IV, Constituição Federal. É discutível se a vedação ao anonimato é realmente benéfica à democracia. Se não fosse o anonimato, muitos pensamentos e ideias importantes e influentes não teriam sido divulgados – especialmente, contra o governo tirânico. Basta lembrar as "Cartas Chilenas" circuladas durante a Inconfidência Mineira, ou até mesmo os artigos de "O Federalista". Ver: GONZAGA, Tomás Antônio. *Cartas Chilenas*. Ed. de bolso. São Paulo:Companhia de Bolso, 2006; e HAMILTON, Alexander; MADISON, James; JAY, John; HENRY, Patrick. *The Complete Federalist and Anti-Federalist Papers*. Seattle: CreateSpace Independent Publishing Platform, 2014.

[26] Vide art. 5º, V, Constituição Federal.

[27] Nessa linha, interessantes os debates a respeito do polêmico caso da obra "Aventuras de Tintim – Tintim no Congo" de Hergé, escrito em 1946, em que o tribunal belga declarou não se tratar de obra que incitasse o ódio racial. Discussão semelhante foi proposta no MS 30952. No mandado de segurança algumas obras de Monteiro Lobato estão sendo questionadas por conterem conteúdo racista. Esse fato denota a atualidade do tema no Brasil e, pode eventualmente indicar *standards* interpretativos futuros que servirão de base, inclusive, para o tratamento da liberdade de expressão política.

[28] Liberdade de expressão como direito substantivo ou moral, como manifestação da dignidade da pessoa humana e liberdade como instrumento no mercado livre de ideias ou como instrumento de busca da verdade. Vide comentários de Koatz a respeito dessa classificação. KOATZ, Rafael Lorenzo-Fernandez. Op. cit., p. 394-397.

veremos ao longo deste trabalho, é desses conflitos que emerge a necessidade de se limitar a liberdade de expressão e de identificar esses limites.

Com base nas premissas indicadas, estruturamos o livro da seguinte forma: na primeira parte, trataremos da liberdade de expressão política no direito internacional dos direitos humanos. Esta parte está dividida em quatro capítulos. No primeiro capítulo, traçaremos a regulação internacional sobre o tema, analisando os principais documentos internacionais que fundamentam os sistemas internacionais de proteção de direitos humanos, com enfoque específico nos sistemas regionais europeu e interamericano, que são os mais influentes, bem estabelecidos, desenvolvidos, e importantes para o Brasil. O segundo capítulo abordará a liberdade de expressão na visão dos tribunais internacionais de direitos humanos europeu e interamericano. Estudaremos a interpretação que tais cortes fazem dos dispositivos que regulam a liberdade de expressão estudados no primeiro capítulo desta primeira parte, a fim de identificar quais limites essas cortes consideram aceitáveis nos casos concretos. Lançaremos mão do método de análise de conteúdo de decisões, em que (i) selecionaremos as decisões proferidas pelas cortes internacionais com base no tema que nos interessa, levando em conta, para tanto, o próprio sistema de pesquisa disponibilizado pela Corte Europeia dos casos considerados paradigmáticos sobre o tema, (ii) verificaremos a coerência decisória das cortes, e (iii) produziremos uma interpretação explicativa do sentido das decisões analisadas com base nos argumentos utilizados pelas cortes.

No terceiro capítulo, comentaremos os fundamentos jurídicos e teóricos das cortes internacionais de direitos humanos a respeito da liberdade de expressão política, explicando o mecanismo jurídico de suas decisões e a razão filosófica de sua abordagem do tema.

Por fim, no quarto capítulo, apresentaremos uma sistematização dos limites à liberdade de expressão política no âmbito das cortes internacionais de direitos humanos.

Na segunda parte do livro, buscaremos encontrar os limites materiais da liberdade de expressão política no Brasil durante a campanha eleitoral, e compará-los com os limites aceitos pelas cortes internacionais de direitos humanos em casos análogos. Faremos uma análise *in abstracto* e *in concreto* desses limites no Brasil, especificando a legislação nacional e analisando os casos decididos sobre o tema pelos tribunais eleitorais brasileiros. A pesquisa de jurisprudência brasileira considerará especialmente as eleições 2010 e 2014, mas não excluirá os *leading cases*, citados constantemente pelos tribunais, e aqueles casos que, em razão da temática específica tratada, são relevantes para a nossa análise.

Aqui, cabe a observação de que restringimos formalisticamente nosso estudo ao período da campanha eleitoral, entendendo tal restrição apropriada, uma vez que o discurso durante a campanha é "essencialmente político" e adequado para definir o escopo de nosso trabalho por três motivos principais: (i) a campanha eleitoral é de extrema importância em uma democracia, e culmina na eleição, o símbolo maior da democracia representativa, (ii) a regulamentação especial a que os candidatos ficam sujeitos durante este período é particularmente importante no que diz respeito aos limites da liberdade de expressão, e, principalmente, (iii) o fato de que o discurso durante este período é inegavelmente *político* – lembrando-nos aqui da dificuldade inegável de se distinguir com contornos precisos o que seria "político" se tivéssemos usado uma concepção menos formalística do que "o discurso durante o período eleitoral", já que, no limite, absolutamente tudo o que verse sobre a sociedade ou o ser humano nos sentidos mais amplos possíveis pode ser entendido como "político"[29].

Ainda nesta segunda parte, ao comprararmos os casos brasileiros com os europeus e interamericanos, demonstraremos as inconvencionalidades de nossos tribunais[30], provando, assim, a nossa tese de que os limites

---

[29] Discussão exemplificativa da amplitude do que seria "político" em: BOBBIO, Norberto; MATTEUCCI, Nicola e PASQUINO, Gianfranco. Op. cit., p. 964.

[30] André de Carvalho Ramos ensina que o controle de convencionalidade é a "análise da compatibilidade dos atos internos (comissivos ou omissivos) em face das normas internacionais". É neste sentido que usamos o termo neste trabalho. Vale notar ainda, que, conforme Carvalho Ramos, há duas espécies de inconvencionalidade: uma de matriz internacional, a inconvencionalidade definitiva ou autêntica; e outra, de matriz nacional, a provisória ou preliminar. A primeira seria realizada por órgãos internacionais formados por juízes independentes, e a segunda seria realizada pelo próprio estado, verificando a "compatibilidade do ordenamento interno diante das normas internacionais incorporadas", por meio dos tribunais nacionais. Alerta o autor para os resultados do controle feito pelos tribunais nacionais que podem ser diferentes daqueles realizados pelos tribunais internacionais. O objeto do controle convencional será toda norma, independente de sua hierarquia no plano nacional. O autor ainda propõe um diálogo entre as cortes (nacionais e internacionais) e a teoria do duplo controle (constitucional e convencional) para que

materiais à liberdade de expressão política admitidos no Brasil violam direitos humanos, conforme entendidos pelas cortes internacionais de direitos humanos europeia e interamericana.

A fim de realizar o estudo proposto, analisaremos leis, doutrinas e jurisprudência nacionais, estrangeiras e internacionais. No plano internacional, analisaremos as doutrinas e decisões das principais cortes de direitos humanos, as dos Sistemas Internacionais Europeu e Interamericano de Proteção aos Direitos Humanos, este último, do qual o Brasil faz parte.

---

seja "possível evitar o antagonismo entre o Supremo Tribunal Federal e os órgãos internacionais de direitos humanos, evitando a ruptura e estimulando a convergência em prol dos direitos humanos". CARVALHO RAMOS, André de. *Curso de Direito Humanos*. São Paulo: Saraiva, 2014, p. 401-409.

PARTE 1

A Liberdade de Expressão Política no Direito Internacional

1
A Regulação Internacional e a Liberdade de Expressão Política

O estudo da regulação internacional sobre a liberdade de expressão é importante porque servirá de parâmetro para a interpretação dada pelas cortes internacionais a esses dispositivos. É a partir dessa interpretação oferecida pelos tribunais internacionais, especialmente, os tribunais internacionais de direitos humanos, que pretendemos construir a parametrização dos limites da liberdade de expressão política.

Neste primeiro momento, vamos analisar quais os dispositivos encontrados nos documentos normativos internacionais que servirão de base para a nossa pesquisa.

1.1. O Sistema Universal[31]

A Resolução 16/4, emitida em 2011 pelo Conselho de Direitos Humanos, reconhece que a liberdade de expressão e opinião consagrada na Declaração Universal de Direitos Humanos e no Pacto sobre os Direitos Civis e Políticos é "um pilar fundamental para a construção de uma sociedade democrática e fortalecimento da democracia, tendo em conta que todos os direitos humanos são universais, indivisíveis, interdependentes e inter-relacionados"[32].

---

[31] Sistema global, universal ou onusiano. CARVALHO RAMOS, André de. *Processo Internacional de Direitos Humanos*: análise dos sistemas de apuração de violações dos direitos humanos e a implementação das decisões no Brasil. 4. ed. São Paulo: Saraiva, 2015, p. 79-159.

[32] (tradução nossa). Sobre características dos direitos humanos vide CARVALHO RAMOS, André de. *Teoria Geral dos Direitos Humanos na Ordem Internacional*. 5. ed. São Paulo: Saraiva, 2015, p. 37-39, especialmente, p. 184-202.

Assim, destacamos dois diplomas que tratam da liberdade de expressão no âmbito internacional global: a Declaração Universal de Direitos Humanos e o Pacto sobre Direitos Civis e Políticos.

A Declaração Universal de Direitos Humanos de 1948 – DUDH, em seu artigo XIX, estabelece que toda a pessoa tem direito à liberdade de expressão e que "este direito inclui a liberdade de, sem interferência, ter opiniões e de procurar, receber e transmitir informações e ideias por quaisquer meios e independentemente de fronteiras". A DUDH também estabelece no artigo XXI que toda a pessoa "tem o direito de tomar parte no governo de seu país, diretamente ou por intermédio de representantes livremente escolhidos" e que "a vontade do povo será a base da autoridade do governo; esta vontade será expressa em eleições periódicas e legítimas, por sufrágio universal, por voto secreto ou processo equivalente que assegure a liberdade de voto".

Dessa forma, a DUDH traz uma cláusula geral de liberdade de expressão que deve ser interpretada em conjunto com a possibilidade de o indivíduo participar das tomadas de decisões do governo de seu país, estabelecendo que as eleições devem ser periódicas, legítimas, por voto secreto e sufrágio universal. A liberdade de expressão deve ser, pois, a regra – principalmente para fins políticos em um contexto democrático.

Outro tratado importante é o Pacto sobre Direitos Civis e Políticos de 1966 – PDCP[33]. Esse documento, em seu artigo 19, reconhece nos mesmos termos da Declaração Universal o direito à liberdade de expressão, estabelecendo ainda que ninguém pode ser molestado por suas opiniões e acrescentando que a liberdade de expressão abarca a liberdade de procurar, receber e difundir informações e ideias, verbalmente ou por escrito, de forma impressa, artística ou por qualquer outro meio[34].

O texto do Pacto, entretanto, vai mais além e estabelece algumas restrições à liberdade de expressão, trazendo também deveres e responsabilidades especiais associados a tal liberdade, que precisam ser observados a fim de se assegurar o respeito aos direitos e à reputação das pessoas, ou proteger a segurança nacional, a ordem, a saúde ou a moral públicas.

---

[33] Documento ratificado pelo Brasil. Decreto de Promulgação 592 de 6 Jul. 1992.

[34] O artigo 19 estabelece ainda que as restrições à liberdade de expressão devem estar previstas em lei e necessárias para: "a) assegurar o respeito dos *direitos e da reputação* das demais pessoas; b) proteger a segurança nacional, a ordem, a saúde ou a moral públicas".

No artigo 20 podemos encontrar mais algumas restrições à liberdade de expressão, vedando-se a propaganda a favor da guerra, ou de "ódio nacional, racial ou religioso que constitua incitamento à discriminação, à hostilidade ou à violência"[35].

Podemos concluir da observação dos diplomas supra-mencionados que a liberdade de expressão, na esfera internacional dos direitos humanos, é a regra; e que restrições devem ser excepcionais, específicas, e devem existir apenas para proteger um bem maior.

Ademais, os artigos 19 e 20 do Pacto sobre Direitos Civis e Políticos já antecipam o grande conflito em torno do que costumam gravitar as controvérsias referentes à liberdade de expressão: a liberdade de expressão deve ser analisada em conjunto com a liberdade de procurar, receber e difundir informações e ideias, e sopesada com certas restrições, como a observância dos direitos e reputação dos demais e a proteção da segurança nacional, a ordem, a saúde ou a moral públicas.

1.2. Os Sistemas Regionais de Direitos Humanos

1.2.1. O Sistema Europeu de Direitos Humanos

No âmbito europeu de proteção de direitos humanos, a Convenção Europeia de Direitos Humanos – CEDH é o principal tratado criado pelo Conselho da Europa que visa a reconhecer e garantir uma série de direitos humanos, a democracia e o estado de direito[36]. O artigo 10 da Convenção Europeia de Direitos Humanos de 1950 – CEDH[37] e o artigo 3º do Protocolo Adicional à Convenção de 1952[38] são relevantes para a nossa análise.

---

[35] Vide também texto integral do artigo 4º da Convenção contra todas as formas de Discriminação Racial.

[36] Leia mais sobre a criação do Conselho da Europa em CARVALHO RAMOS, André de. *Processo Internacional de Direitos Humanos*: análise dos sistemas de apuração de violações dos direitos humanos e a implementação das decisões no Brasil. 4. ed. São Paulo: Saraiva, 2015, p. 161-165.

[37] A Convenção Europeia foi assinada em 04 de novembro de 1950, mas entrou em vigor em 03 de setembro de 1953.

[38] Protocolo Adicional de 20 de março de 1953. Entrou em vigor em 18 de maio de 1954.

O artigo 10 da CEDH vai na mesma linha do Pacto sobre Direitos Civis e Políticos e, além de garantir o direito a uma liberdade de expressão que abarca tanto a *liberdade de opinião*, quanto a *liberdade de receber e de transmitir informações ou ideias*, proíbe a interferência de quaisquer autoridades públicas[39]. Assim, vemos que a regra geral também neste diploma internacional é o de uma liberdade de expressão ampla e robusta, que é um caminho de duas vias – compreendendo expressar e receber informações.

Os limites estabelecidos pela Convenção Europeia de Direitos Humanos devem ser entendidos no contexto de uma *sociedade democrática*[40] e em relação à existência de outros direitos. É neste contexto de fortalecimento da democracia que devemos analisar os limites à liberdade de expressão, levando em conta também, a proteção dos direitos de terceiros e a proteção de interesses gerais, como veremos adiante.

É possível verificar-se ainda que, comparada às restrições trazidas no texto do Pacto sobre Direitos Civis e Políticos, a Convenção Europeia criou mais limites expressos à liberdade de expressão: ao enfatizar o contexto democrático que *deve* constituir o pano de fundo da análise da liberdade de expressão[41], a Convenção Europeia permite-se sujeitar a aferição desse direito a formalidades, condições, restrições ou sanções, desde que previstas em lei e que sejam necessárias para assegurar a integridade territorial, a segurança pública, a defesa da ordem e prevenção do crime, a proteção da saúde ou da moral, a proteção da honra ou dos direitos de outrem, para obstar a divulgação de informações confidenciais, ou garantir a autoridade e a imparcialidade do poder judicial.

1.2.2. O Sistema Interamericano de Direitos Humanos

No âmbito interamericano de proteção de direitos humanos – ao qual o Brasil se submete – , podemos destacar alguns documentos que tratam da liberdade de expressão: a Declaração Americana de Direitos Huma-

---

[39] Vide artigo 10.1 da CEDH.

[40] A concepção da democracia permeia o diploma de direitos humanos, e é neste contexto que devemos entender a liberdade de expressão. Por exemplo, o artigo 3º do Protocolo Adicional à Convenção Europeia garante as eleições, obrigando os estados à realização dessas eleições que, além de livres, precisam ser periódicas e por escrutínio secreto.

[41] O que, inclusive, confere solidez normativa às nossas premissas que imbricam liberdade de expressão, democracia e direitos humanos.

nos, a Convenção Americana de Direitos Humanos de 1969 – CADH, a Carta Democrática Interamericana de 2001, e a Declaração de Princípios sobre a Liberdade de Expressão e seus Antecedentes e Interpretação, de 2000.

O artigo 13 da Convenção Americana de Direitos Humanos é também muito parecido com o texto contido no Pacto sobre Direitos Civis e Políticos, mas é mais completo, mais até do que a Convenção Europeia de Direitos Humanos. O artigo 13 estabelece que todos têm direito à liberdade de pensamento e de expressão, que abarca "a liberdade de procurar, receber e difundir informações e ideias de qualquer natureza, sem considerações de fronteiras, verbalmente ou por escrito, ou em forma impressa ou artística, ou por qualquer meio de sua escolha"[42]. Assim, a CADH também relaciona a liberdade de pensamento e expressão ao direito de informação.

Além disso, a Convenção Americana proíbe a censura prévia, prevendo expressamente a responsabilidade ulterior pelo que se foi expresso. Essa responsabilidade, que deve ser apurada somente posteriormente, está ligada à necessidade de se respeitar os direitos e a reputação das demais pessoas, a proteção da segurança nacional, da ordem pública, ou da saúde ou da moral públicas.

Aqui aparece a primeira restrição à liberdade de expressão no contexto interamericano: os direitos e reputação de outros indivíduos, e a garantia da segurança nacional, ordem pública, saúde ou moral públicas.

Em seguida, o artigo 13 da Convenção proíbe expressamente restrições ao direito de expressão, diretamente ou indiretamente, que impeçam a comunicação e a circulação de ideias e opiniões. A censura prévia somente é permitida se adstrita à proteção moral da infância.

Outro limite instituído pela Convenção Americana segue a mesma linha do artigo 20 do Pacto sobre Direitos Civis e Políticos, como vimos, e envolve a proibição de propaganda a favor da guerra e qualquer apologia ao ódio nacional, racial ou religioso que incite à discriminação, à hostilidade, ao crime ou à violência.

Assim, o artigo 13 da Convenção Americana é riquíssimo em detalhes: delimita o que se entende por liberdade de expressão; restringe o pleno

---

[42] Leia o texto integral do artigo.

exercício desse direito desde que para garantir os direitos e a reputação de outras pessoas, ou a segurança nacional, ordem pública, saúde ou moral públicas e, vale dizer, mesmo nesses casos, não se pode haver censura prévia (exceto para se proteger a moral infantil), mas, se verificada qualquer abuso *a posteriori*, estaria o infrator sujeito à responsabilização ulterior. A restrição ao direito de expressão que direta ou indiretamente obstaculize a livre circulação de ideias, opiniões e comunicação está expressamente proibida. Mais uma vez, encontramos o *standard* já consagrado pelos diplomas internacionais e europeus de direitos humanos: a liberdade de expressão é a regra geral que deve ser respeitada e apenas excepcionalmente poderá ser restringida. Vale notar que também a Convenção Americana de Direitos Humanos entende a democracia como pano de fundo de toda regulamentação[43], assim como a Carta Democrática Interamericana de 2001[44].

Ainda no âmbito interamericano, a Declaração de Princípios da Liberdade de Expressão, aprovada pela Comissão Interamericana de Direitos Humanos no 108º período ordinário de sessões de 16 a 27 de outubro de 2000, também contribui para o nosso tema, pois a Comissão Interamericana de Direitos Humanos reconhece que a liberdade de expressão é um direito fundamental e não uma concessão dos estados. O livre debate de

---

[43] Além de tratar da liberdade de expressão, a Convenção Americana de Direitos Humanos também abarca os direitos políticos. Em seu artigo 23, estabelece que todos os cidadãos devem conduzir assuntos públicos, diretamente ou por meio de representantes, e devem ter o direito de votar e ser votado em eleições periódicas, autênticas, por sufrágio universal, igualitário e por voto secreto, estando garantida a livre expressão da vontade, tendo o direito ainda de igual acesso à funções públicas. O artigo também trata de algumas restrições que a lei poderá estabelecer a esses direitos, exclusivamente em razão da idade, nacionalidade, residência, idioma, instrução, capacidade civil ou mental, ou condenação, por juiz competente, em processo penal.

[44] Aprovada na primeira sessão plenária da Assembléia Geral da Organização dos Estados Americanos, realizada em 11 de setembro de 2001. A Carta Democrática se mostra importante para entendermos a liberdade de expressão dentro de um contexto de Estado Democrático, no qual se reconhece a democracia representativa e participativa como fundamental, que deve a democracia ser defendida e protegida pelos governos, e que a observância dos direitos humanos e liberdades fundamentais é essencial à democracia.

ideias e opiniões é reconhecido como essencial para o desenvolvimento efetivo da democracia[45].

Este documento ressalta diversos princípios que devem ser considerados quando tratamos de liberdade de expressão. Destacamos: i) a liberdade de expressão é fundamental para a própria existência de uma sociedade democrática[46], tal qual o direito à liberdade de informação, já que ambos direitos estão absolutamente interligados[47]; ii) qualquer censura prévia, interferência ou pressão direta ou indireta à expressão, opinião e informação, seja por qualquer meio, deve ser proibido por lei[48]; iii) qualquer restrição à livre circulação de ideias e opiniões ou imposição arbitrária de obstáculos para a livre informação violam a liberdade de expressão; iv) todos têm a liberdade de externar suas opiniões por qualquer meio ou forma[49]; v) qualquer requisito prévio como veracidade, oportunidade ou imparcialidade por parte do estado são incompatíveis com o direito internacional à liberdade de expressão[50]; vi) leis de privacidade não devem inibir nem restringir a investigação e a difusão de informações de interesse público; vii) somente sanções civis são permitidas para se garantir a reputação da pessoa pública ou privada; e viii) deve-se provar a intenção de causar dano com a publicação de notícias falsas ou provar a negligência na verificação da veracidade das informações para que seja cabível punição[51]. Novamente, a liberdade de expressão é a regra, e sua proteção é desenhada para ser extremamente robusta.

Conjuntamente com a Declaração de Princípios da Liberdade de Expressão, vale a pena conferir os Antecedentes e Interpretação da Declaração de Princípios realizado pela Relatoria para a Liberdade de Expressão da Comissão Interamericana de Direitos Humanos[52].

---

[45] Disponível em: <https://www.cidh.oas.org/Basicos/Portugues/s.Convencao.Libertade.de.Expressao.htm>. Acesso em: 18 mar. 2014.
[46] Vide Princípio 1.
[47] Nos termos dos Princípios 2, 3 e 4.
[48] Conforme o Princípio 5.
[49] Vide Princípio 6.
[50] Conforme o Princípio 7.
[51] Vide Princípio 10.
[52] Disponível em: <http://www.oas.org/es/cidh/expresion/showarticle.asp?artID=132&lID=2>. Acesso em 14 mar. 2014.

Esclarece a Relatoria, com relação aos princípios 1 e 2 dos supramencionados Antecedentes, que a liberdade de expressão é o instrumento que permite a livre troca de ideias servindo para fortalecer a democracia. A liberdade de expressão do cidadão é útil para que o indivíduo possa participar e controlar as ações de funcionários públicos e, para tanto, é necessário exprimir suas opiniões e estar bem informado, pois, em uma sociedade democrática, é preciso propiciar-se a maior circulação de notícias, ideais e opiniões possível[53].

No que tange ao princípio 4, que trata do acesso à informação, a Relatoria diz que esse direito não pode ser limitado, pois "uma sociedade que não está bem informada não é plenamente livre"[54]. Relaciona-se, portanto, a liberdade de expressão, através de sua faceta da liberdade de acesso à informação, ao princípio republicano da transparência da administração pública e a publicidade dos atos do governo, já que não haveria uma efetiva ferramenta de participação da cidadania[55] sem o controle democrático da gestão governamental[56]. Isso seria, portanto, um controle necessário e efetivo para o fortalecimento da democracia contra a corrupção que envolve funcionários públicos ou agentes privados[57], mais uma razão pela qual esses direitos são importantes em um governo democrático[58].

Quanto ao princípio 5, que trata da proibição de censura prévia, a Relatoria afirma que a liberdade de expressão é o mecanismo "indissolúvel" de uma sociedade democrática e impede que a sociedade se paralise, preparando-a para enfrentar suas "próprias tensões": só há uma sociedade verdadeiramente livre se esta puder manter um "debate público rigoroso sobre si mesma"[59].

---

[53] Itens 7 ao 10.
[54] Conforme item 17.
[55] "A participação [do cidadão] é despertada pelo conhecimento das atividades do Estado". SIQUEIRA JÚNIOR, Paulo Hamilton; OLIVEIRA, Miguel Augusto Machado de. *Direitos Humanos e Cidadania*. 3ª ed. São Paulo: Editora Revista dos Tribunais, 2010, p. 255. "Sem democracia, não há possibilidade de haver cidadania, a cidadania é exercida no espaço público, por indivíduos conscientes". Ibidem, p. 249.
[56] Conforme se depreende do item 18.
[57] Vide item 19.
[58] Nos termos do item 20.
[59] Vide item 24.

A liberdade de expressão não é apenas um direito individual, mas também um direito coletivo[60], de modo que a garantia da liberdade de expressão não está adstrita a proteger as ideias favoráveis à sociedade, estendendo-se àquelas que ofendem ou pertubam, pois fazem parte dos debates comuns a uma sociedade plural e tolerante[61].

Ademais, conforme a Relatoria, o direito à liberdade de expressão contida nos tratados internacionais deve ser entendido em conjunto com a liberdade de informação, e mesmo o acesso à informação errônea, inoportuna ou incompleta é necessário à sociedade democrática[62]. Isso é importante, porque, como destaca a Relatoria, admitir que somente informações "verdadeiras" pudessem ser expressadas, implicaria admitir que há uma verdade absoluta – daí, a necessidade de se diferenciar fatos e juízo de valor: embora no primeiro caso seja possível encontrar uma veracidade (e encontrar várias versões sobre o mesmo fato), no juízo de valor essa veracidade não pode ser comprovada. Proibir, portanto, a expressão de uma opinião ou juízo de valor, impediria qualquer debate político sustentado em ideias subjetivas[63]. Vale dizer que, para a Relatoria, somente se verificada uma real intenção de prejudicar alguém, poderia o infrator ser sancionado e, ainda assim, ulteriormente[64]. Mais uma vez, a liberdade de expressão é vista como essencial, em uma postura quase radicalmente libertária: mesmo a informação errônea deve ser protegida.

Por fim, vale destacar que, com relação às leis que tratam da proteção da honra, especialmente de funcionários públicos, afirma a Comissão Interamericana de Direitos Humanos que restrições não devem ser aceitas porque poderiam servir para silenciar o discurso crítico dirigido à administração pública[65]. É preciso verificar a real intenção de causar dano à honra de outrem para se caracterizar abuso[66], mas, se a informação contiver um *juízo de valor*, não pode haver qualquer tipo de responsabilidade, pois um juízo de valor não pode ter sua veracidade

---

[60] Nos termos do item 25.
[61] Vide item 26.
[62] Conforme item 31.
[63] Nos termos do item 32.
[64] Item 35.
[65] Vide item 42.
[66] De acordo com o item 46.

comprovada – é mera *opinião*, e todos têm o direito de ter e expressar a sua opinião[67].

1.3. Conclusões Preliminares sobre a Liberdade de Expressão Política nos Diplomas de Direitos Humanos Analisados

Com base nesses diplomas internacionais, podemos ver que a liberdade de expressão política deve ser analisada em conjunto com outros direitos interrelacionados, principalmente, com a liberdade de opinião e a liberdade de informação, e sempre no contexto de um palco democrático. É de particular importância entender que o direito de liberdade de expressão e o direito à informação são, de certo modo, as duas faces de uma mesma moeda, um está inexoravelmente imbricado no outro. Ademais, vemos que a liberdade de expressão, em todas suas faces, deve ser entendida em uma sociedade democrática como a regra geral a ser seguida, justamente por sua função essencial em uma democracia.

Ademais, já é possível identificar alguns limites abstratos constantes expressamente dos próprios dispositivos desses documentos, tais como, a proibição da propaganda a favor da guerra, da apologia ao ódio nacional, racial ou religioso que incite a discriminação, hostilidade e violência; a necessidade de que formalidades, restrições ou sanções sejam realmente *necessárias* a uma sociedade democrática, à segurança nacional, à integridade territorial, à segurança pública, à defesa da ordem, à proteção da saúde, da moral, da honra ou direitos de terceiros. Por outro lado, fica já também bastante claro que a liberdade de expressão é a regra, enquanto que restrições devem sempre ser entendidas como exceções a ser aplicadas apenas quando necessárias.

No entanto, como vimos, os termos contidos nos dispositivos das convenções internacionais estudadas não são absolutamente claros a respeito de como se devem ser aplicados esses direitos concretamente, e, especialmente, quanto ao conteúdo dos limites expressos ou não nos textos, diante da dificuldade de se estabelecer o conceito exato que termos abstratos abarcam. É, assim, preciso estudar como esses dispositivos podem e vêm sendo interpretados, para que possamos compreender exatamente o que se entende por liberdade de expressão política e quais seus limites.

---

[67] Conforme item 47.

Desse modo, passaremos a estudar qual a interpretação que as cortes internacionais de direitos humanos europeia e interamericana têm dado a esses dispositivos que tratam da liberdade de expressão, com foco na liberdade de expressão política, que é parte essencial do objeto deste trabalho. As interpretações das cortes servirão de parâmetro para apontarmos os limites à liberdade de expressão política autorizados por esses tribunais internacionais.

2
A Liberdade de Expressão Política na Perspectiva das Cortes Internacionais de Direitos Humanos

A fim de identificar os limites concretos da liberdade de expressão política que são coerentes com os direitos humanos, neste capítulo, estudaremos a interpretação sobre o tema feita pelas cortes internacionais de direitos humanos das Américas e da Europa.

A jurisprudência da Corte Interamericana de Direitos Humanos é importante para o Brasil porque está sujeito à sua jurisdição[68]. Destacaremos também as interpretações da Corte Europeia, pois, embora o Brasil não esteja vinculado diretamente a ela, por ser mais antiga, fornece inúmeras diretrizes, muitas vezes mimetizadas e expressamente acolhidas pela Corte Interamericana de Direitos Humanos.

Em primeiro lugar, vamos identificar alguns limites gerais encontrados à liberdade de expressão para depois analisarmos especificamente os limites da liberdade de expressão política.

2.1. A Corte Europeia de Direitos Humanos
Começaremos nossa análise pela Corte Europeia de Direitos Humanos por ser mais antiga e paradigmática, tendo inclusive relevante influência sobre a Corte Interamericana. Assim, ao longo deste capítulo analisaremos alguns casos considerados paradigmáticos ou *leading cases*, que servirão de base para identificarmos tais limites.

---

[68] O Brasil ratificou a Convenção Americana de Direitos Humanos e reconheceu a jurisdição obrigatória da Corte Interamericana de Direitos Humanos respectivamente em 07/09/1992 e 12/10/1998.

2.1.1. A liberdade de expressão como um direito poliédrico e a proibição da censura prévia no contexto democrático de uma sociedade democrática

Para iniciarmos a análise sobre os limites à liberdade de expressão que a Corte Europeia considera aceitáveis, destacamos qual o seu entendimento sobre a relação entre liberdade de expressão e de informação, e a possibilidade de aplicação ou não da censura prévia[69].

A Corte Europeia, ao analisar os casos sobre liberdade de expressão política, parte sempre das seguintes premissas: (i) a liberdade de expressão é um dos fundamentos essenciais de uma sociedade democrática e condição mínima para o progresso da sociedade e o desenvolvimento individual; e (ii) todas as informações estão protegidas pela liberdade de expressão, inclusives as que "ofendem, chocam ou inquietam", como "exigência do pluralismo, tolerância e abertura de espírito, sem os quais não existe sociedade democrática"[70]. Ademais, além dessas premissas, a Corte exige o cumprimento de alguns requisitos para admitir restrições (i) a restrição, para ser aceitável, precisa ser entendida pela Corte como "necessidade social imperiosa"; (ii) para se verificar se a restrição à liberdade de expressão, isto é, a interferência à liberdade de expressão por parte do estado, pode ser admitida em uma sociedade democrática, as justificativas precisam ser relevantes e suficientes; (iii) precisa-se também checar se a medida restritiva tomada foi proporcional aos objetivos legítimos por ela perseguidos; e, finalmente, (iv) deve haver lei que respalde a restrição à liberdade de expressão.

Tendo exposto essas importantes premissas e requisitos exigidos pela Corte, passamos a tratar da relação entre a *liberdade de expressão* e o *direito à informação*: É preciso observar-se mais dois pontos de partida básicos para se entender a liberdade de expressão no contexto da Corte Europeia de Direitos Humanos: (i) a liberdade de expressão tem um aspecto

---

[69] Censura prévia significa "controle, exame, a necessidade de permissão a que se submete, previamente e com caráter vinculativo, qualquer texto ou programa que pretende ser exibido ao público em geral". MORAES, Alexandre de. *Direito Constitucional*. 28. ed. revista, ampliada e atualizada com EC nº 68/11e Súmula Vinculante 31. São Paulo: Atlas, 2012, p. 52.
[70] Hannover, § 58. Ver também Handyside v. Reino Unido, § 49.

individual e outro, *coletivo*; e (ii) a liberdade de expressão tem um caráter *ampliativo*[71], como veremos a seguir.

O direito à liberdade de expressão tutela um direito *individual* e *coletivo* porque, por um lado, protege o direito do indivíduo de se expressar, e, por outro, visa a proteger o bem coletivo da democracia. Assim, sua inobservância não viola apenas um direito individual, mas também, um direito coletivo, dos cidadãos, pois a liberdade de expressão também é necessária para a formação de uma opinião pública livre. Esta é a razão primordial pela qual a Corte Europeia entende que a liberdade de expressão deve ser robustamente protegida, e que sua limitação precisa estar fundada em critérios estritos, notadamente no debate público-político, que engloba, não só o debate político *stricto sensu*, mas também, qualquer discussão sobre assuntos de interesse da sociedade, entendida aqui de modo amplo. Dessa forma, quando estão em jogo os aspectos essenciais da democracia, a Corte não é permissiva e não tolera muitas restrições.

Além disso, o artigo 10 da Convenção Europeia de Direitos Humanos reconhece uma liberdade de expressão "em sentido amplíssimo", o que, além de abarcar várias espécies de liberdade de expressão, como a comercial, profissional e artística, por exemplo, implicaria entender-se a liberdade de expressão como "uma liberdade na comunicação pública". Estaria assegurada, portanto, a vedação de imposição de sanções em razão do conteúdo que possa causar algum "choque" ou que "inquiete" os ouvintes, bem como, a vedação de interferência na comunicação com os cidadãos[72].

Dentre os vários casos que serão estudados, destacamos o caso Grinberg, em que a Corte ressalta a função da imprensa no processo de transmissão da informação, enfatizando que a imprensa, ainda que tenha que observar os limites de respeito à reputação e direitos dos outros, bem

---

[71] GISBERT, Rafael Bustos. Los Derechos de Libre Comunicación en una Sociedad Democrática. In: GARCÍA ROCA, Javier e SANTOLAYA, Pablo (coords). *La Europa de Los Derechos*: El Convenio Europeo de Derechos Humanos. Madrid: Centro de Estúdios Políticos Y Constitucionales, 2005, p. 594-596 (tradução nossa).

[72] GISBERT, Rafael Bustos. Los Derechos de Libre Comunicación en una Sociedad Democrática. In: GARCIA ROCA, Javier e SANTOLAYA, Pablo (coords). *La Europa de Los Derechos*: El Convenio Europeo de Derechos Humanos. Madrid: Centro de Estúdios Políticos Y Constitucionales, 2005, p. 595.

como a necessidade de evitar a divulgação de informações confidenciais, tem também o dever de transmitir informações e ideias sobre assuntos de interesse público; e não apenas isso: *o público também tem o direito de receber as informações e ideias divulgados pela imprensa*, caso contrário, não seria a imprensa "o cão de guarda"[73] da democracia. Tal visão demonstra inequivocamente as duas dimensões – individual e coletiva – da liberdade de expressão conforme entendimento da Corte Europeia.

Ademais, a liberdade de expressão traz uma obrigação geral negativa para os estados, a de não restringir a liberdade de expressão (a não ser nos casos e circunstâncias muito estritos que analisaremos ao longo deste capítulo), bem como, um *dever positivo de defesa dessa liberdade de expressão*, exigível sempre que (i) se impeça a liberdade de expressão de forma absoluta; (ii) se viole a essência do direito à liberdade de expressão; ou (iii) em casos graves que exigem uma proteção efetiva.

Portanto, o que o artigo 10 da CEDH protege é a livre comunicação e todo ato que a "faz possível, facilita, melhora, generaliza ou realiza". Esses atos são essenciais para a criação e manutenção de uma sociedade democrática e quaisquer limites ou restrições devem levar em conta as diferentes manifestações do direito e a análise de seu conteúdo.

Dessa forma, é possível analisar inicialmente alguns pontos: (a) a liberdade de expressão é um direito poliédrico – de muitas facetas – e, portanto, está ligada à liberdade de comunicação pública e à liberdade de informação essenciais para formação de uma opinião pública livre; e (b) a liberdade de expressão não é um direito absoluto, mas deve ser interpretado de forma ampla, a fim de garantir o debate necessário em uma sociedade democrática. Vale lembrar aqui, ademais, que é preciso verificar que a Corte Europeia criou *standards* rigorosos para checar se as medidas restritivas à liberdade de expressão aplicadas pelos estados são legítimas: Deve-se observar (i) se a limitação à liberdade de expressão decorre de lei interna do estado em questão (requisito formal); (ii) se a interferência tem uma *finalidade legítima*; e (iii) se há realmente necessidade de tal interferência à liberdade de expressão em uma sociedade democrática.

---

[73] § 24. Vide ainda os casos De Haes e Gijsels v. Bélgica, § 37; Bladet Tromsø e Stensaas v. Noruega, § 59 e Thorgeir Thorgeirson v. Islândia, § 63.

Um aspecto interessante da liberdade de expressão que lhe dá esse caráter poliédrico é notado na decisão Jerusalém v. Áustria, em que a Corte entendeu que a liberdade de *opinião* é parte fundamental da liberdade de expressão garantida pelo artigo 10 da Convenção[74]. A opinião dos indivíduos é sempre vista como essencial à democracia, e dificilmente passível de censura.

É, pois, com base nesses pressupostos que devemos analisar os limites à liberdade de expressão dentro de um arcabouço de respeito aos direitos humanos.

Com relação à aplicação da *censura prévia*, apesar de não existir uma previsão expressa que trate de sua proibição na Convenção Europeia, a doutrina frequentemente defende que esta não pode ser aplicada, muito embora, a Corte Europeia tenha entendido que a censura prévia pode, sim, ser admitida em alguns poucos casos de pertinência, necessidade ou proporcionalidade de interferência e sua previsão em lei interna. A Corte Europeia tratou do assunto nos casos Observer & Guardian v. Reino Unido, Market Intern Verlaga GMBH & Klaus Beerman v. Alemanha e Wingrove v. Reino Unido[75],[76].

---

[74] Vide caso Jerusalém v. Áustria, § 42.

[75] Nota-se não tratar-se de posição unânime (vide voto juiz Pettiti, de Meyer e Lohmus caso Wingrove contra Reino Unido de 25 nov. de 1996). O diretor de cinema, Nigel Wingrove, escreveu o roteiro e dirigiu um filme denominado *Visions of Ecstasy* contendo fundamentalmente imagens baseadas na vida e escritos de Santa Teresa de Ávila, freira carmelita do século XVI e fundadora de vários conventos, que tiveram "poderosas visões de êxtase de Jesus Cristo". O filme traz cenas eróticas com o que parece ser a psique da freira. O Conselho Britânico de classificação proibiu a venda ou a locação do filme, sob o argumento de que continha blasfêmia, nos termos do Código Penal britânico. A Corte analisou a censura prévia no caso Wingrove, no qual não entendeu ter havido uma violação à liberdade de expressão, tendo o estado, portanto, agido de forma proporcional aos objetivos que se pretendia proteger. Nos votos dissidentes dos juízes Meyer e Lohmus, no entanto, a proibição da distribuição do vídeo foi reconhecida como censura prévia, inaceitável em matéria de liberdade de expressão (não apenas com relação a imprensa, mas também a filmes e vídeos). Além disso, ponderou Lohmus que "a interferência é baseada na opinião das autoridades a respeito do que eles entendem correto como os sentimentos que pretendem proteger", a opinião dos crentes não é sabida; ademais, somente protege-se a crença cristã, o que não permite concluir que a ingerência corresponde a uma "necessidade social imperiosa" e sequer democrática. FRANÇA. CEDH. FRANÇA.

Com relação à censura prévia, no caso Observer & Guardian v. Reino Unido, a Corte condenou a censura prévia imposta pelo governo inglês para proibir a publicação do livro "Spycatcher" que tratava sobre o Serviço de Segurança MI5 e a prática de supostas atividades ilegais de seus agentes, considerado conteúdo confidencial. A Corte, ao analisar o caso, ressaltou que a proibição para a publicação do livro não era definitiva e que a intenção do estado era a de preparar o julgamento dos suspeitos. Além disso, o livro foi publicado nos Estados Unidos e a importação não foi proibida pelo Reino Unido. Ademais, a Corte analisou as justificativas apresentadas pelo estado para a proibição da publicação (preservar a confiança no serviço de segurança, a publicação não autorizada de memórias por seus ex-membros não seria apoiada e desestimular que outros membros agissem da mesma forma que o autor) e entendeu que não eram suficientes para impedir a circulação de informações de interesse público[77].

A fim de corroborar a importância dada à liberdade de informação pela Corte Europeia, no *leading case* Gaweda v. Polônia, a negativa de registro de um periódico foi entendida pela Corte como violação da liberdade de expressão, já que a negativa impedia a publicação de informações. Para a Corte, o artigo 10 da Convenção proíbe *quaisquer restrições prévias sobre as publicações*, de modo que, se existe uma lei que acaba por impedir uma publicação de uma forma geral, as circunstâncias devem ser muito claras e bem-fundamentadas[78].

CEDH.Caso Wingrove v. Reino Unido. Petição nº 17419/90. Estrasburgo, 25 nov. 1996, especialmente §§ 35-64 e p. 26-27.
[76] Vide casos Nur Radio re Teleizyon Yayuncilign A.G. v. Turquia, Ozgur Rafyo-se Rafyo televisión Yayin Yapin y Tanitium AS v. Turquia, Moldovy v. Moldavia, todos de 2007, e Monnat v. Suiça, de 2006.
[77] FRANÇA. CEDH. Caso Observer e Guardian v. Reino Unido. Petição nº 13585/88. Estrasburgo, 26 nov. 1991, §§ 64-69.
[78] FRANÇA. CEDH. Caso Gaweda v. Polônia. Petição nº 26229/95. Estrasburgo, 14 mar. 2002, §§ 6-48. Neste caso, a CEDH tratou das diversas negativas do registro de um periódico na Polônia. Para a Corte, a decisão dos tribunais nacionais também deve observar o disposto no artigo 10 da Convenção Europeia entendendo que não seria possível impor uma censura prévia na mídia impressa com base nos títulos do periódico e, ainda, criticou a falta de base anterior na jurisprudência dos tribunais locais e, consequentemente, a falta de "previsibilidade da interpretação dada pelos tribunais". Ibidem, §§ 45, 47.

2.1.2. O discurso antidemocrático e a defesa da ordem pública

Outro ponto de relevante importância para a liberdade de expressão política em geral, e para a Corte Europeia em particular é a tensão que existe quanto à proteção de ideias antidemocráticas e antiliberais. André de Carvalho Ramos, ao analisar o tema da liberdade de expressão política, salienta duas linhas diametralmente opostas que tentam responder há muito tempo à pergunta crucial, objeto de inúmeros debates: "Qual é o tratamento a ser dado, pelo Estado de Direito, aos que justamente almejam destruir liberdades fundamentais?"[79].

A repressão da intolerância está prevista em várias normas de direito internacional. Nesse cenário, haveria dois fundamentos principais à restrição legítima da liberdade de expressão política: A teoria do abuso de direito e a restrição legítima à liberdade de associação política. A primeira teoria impediria que direitos humanos e o regime democrático fossem eliminados no contexto de um exercício abusivo de direito[80], de

---

[79] A restrição às ideias antidemocráticas em uma democracia é frequentemente encapsulada em *"pas de libertè pour les ennemis de la libertè"*. Quanto aos defensores de uma liberdade ampla, mesmo para se defender ideias antidemocráticas, ensina Carvalho Ramos que, para eles, "tal debate livre é a concessão mínima a ser feita por um Estado de Direito aos que adotam visão minoritária e que necessariamente devem se curvar aos desejos da maioria. Assim, a regra mater do jogo democrático (aceitação da decisão da maioria) exige, em contrapartida, que todos (maioria e minoria) possam livremente discutir e veicular suas ideiais no processo eleitoral, para que, após, a minoria aceite cumprir as normas aprovadas pelo regime democrático." CARVALHO RAMOS, André de. Defesa do Regime Democrático e a Dissolução de Partidos Políticos. In: CLÈVE, Clèmerson Merlin; SARLET, Ingo Wolfgang; PAGLIARINI, Alexandre Coutinho. (Org.). Op. cit., p. 157. Vide o artigo 30 da DUDH. Disponível em: <http://unicrio.org.br/img/DeclU_D_HumanosVersoInternet.pdf>. Acesso em: 10 jun. 2012.

[80] Conforme André de Carvalho Ramos: "Este instituto, originário do Direito Privado, consiste na proibição do exercício de determinado direito que tenha como objetivo a supressão de outros direitos humanos ou de regime democrático". CARVALHO RAMOS, André de. Op. cit., p. 159. Vide art. 17 de Convenção EDH. Disponível em: <http://www.echr.coe.int/NR/rdonlyres/7510566B-AE54-44B9-A163-912EF12B8BA4/0/POR_CONV.pdf>. Acesso em: 10 jun. 2012. García Roca, ao analisar o abuso dos direitos fundamentais no contexto de uma sociedade democrática, nos termos do artigo 17 da Convenção EDH, afirma que o referido artigo volta-se especificamente ao abuso de direito, pois, ao mencionar genericamente "limitações mais amplas", acabou por não reconhecer suficientemente as duas circunstâncias impeditivas, inserindo-os em uma única teoria referente aos limites dos direitos fundamentais. GARCÍA ROCA, Javier. Op. cit., p. 797-798.

modo que restringir determinadas manifestações da liberdade de expressão promoveria a autopreservação do sistema democrático[81].

André de Carvalho Ramos salienta um aspecto essencial que deve ser trazido ao debate: O *princípio contramajoritário* da proteção de direitos humanos. As minorias constituem o objeto de proteção do direito internacional dos direitos humanos, e possibilitar às maiorias a decisão de estabelecer quais temas podem ou não ser objeto de debate em uma sociedade democrática seria um "risco latente". Nos lembra o autor da importância do objetivo dos direitos humanos, que é proteger os direitos mínimos do indivíduo, especialmente os das minorias, ainda que em oposição aos direitos previstos nos diplomas nacionais, entendendo Carvalho Ramos que a teoria do abuso do direito dificultaria a real proteção dos direitos de tais minorias. Ao analisar a jurisprudência da Corte Europeia de Direitos Humanos, concluiu o autor que a Corte tem admitido o "princípio da democracia apta a se defender", desde que o estado demonstre ter observado o critério da proporcionalidade[82].

Já a segunda teoria, a respeito da restrição legítima à liberdade de associação política, para André de Carvalho Ramos, está prevista no artigo 11 da Convenção Europeia de Direitos Humanos e trata especificamente da associação política, isto é, da liberdade de expressão política. Essa teoria traz três critérios de exigibilidade para restringir a associação política[83]: As restrições à liberdade de expressão política devem ter (i) pressuposto legal; (ii) finalidade legítima; e (iii) ser medidas necessárias na arena democrática. A primeira hipótese de parametrização possibilita o conhecimento prévio das restrições já elencadas em lei. A segunda hipótese, no entanto, dificulta a interpretação, pois está baseada em conceitos abstratos de segurança pública, defesa da ordem, proteção da saúde, etc. André de Carvalho Ramos destaca que alterações substanciosas propostas por

---

[81] "O passado totalitário europeu dos anos vinte e trinta (ascensão do nazismo, por meio de eleições na República de Weimar, entre outros) gerou a preocupação de evitar que o regime democrático cometesse suicídio ao proteger (com direitos à liberdade de associação partidária, reunião, expressão, entre outros) aqueles que querem sua destruição". CARVALHO RAMOS, André de. Op. cit., p. 159.

[82] Ibidem, p. 157-162.

[83] São os "parâmetros de adequação das restrições à liberdade de associação política". Ibidem, p. 162.

partidos políticos devem ser coerentes com as normas constitucionais, não podendo ser contrárias à democracia e aos direitos humanos. Com relação à terceira e última hipótese, André de Carvalho Ramos, analisando a jurisprudência da Corte Europeia de Direitos Humanos, afirma que se busca a aplicação do critério da proporcionalidade, de modo que a dissolução dos partidos políticos é a última opção. Os partidos políticos poderiam buscar mudanças baseadas em princípios democráticos, mas não por meios violentos[84].

Assim, é evidente o conflito de direitos que pode surgir da relação profícua, mas nem sempre isenta de atritos, entre democracia e liberdade de expressão, especialmente no que concerne à liberdade de expressão política.

A Corte Europeia tem permitido críticas duras à democracia e às instituições democráticas, como no caso Gündüz v. Turquia. Aqui, as afirmações de que a democracia é despótica, implacável e a defesa da destruição da democracia para criar-se um regime fundamentado na sharia, feitas por Gündüz durante uma entrevista em programa de televisão, foram permitidas pela Corte Europeia, ainda que, para ela, seja difícil acreditar que um sistema baseado na sharia pudesse respeitar a democracia e os direitos humanos ao mesmo tempo[85].

No caso Mehdi Zana v. Turquia, a Corte entendeu que não havia um interesse legítimo que poderia restringir a liberdade de expressão em nome da integridade territorial. O caso tratou de um texto escrito por um ex-político que foi distribuído durante uma conferência do Parlamento Europeu denominado "Uma chamada de Medhi Zana". No texto, Mehdi Zana acusava a "democracia turca", de promover uma série de violações no território por ele denominado de "Curdistão turco" como a proibição do uso da língua curda; destruição sistemática de florestas e vilas; invasão

---

[84] CARVALHO RAMOS, André de. Defesa do Regime Democrático e a Dissolução de Partidos Políticos. In: CLÈVE, Clèmerson Merlin; SARLET, Ingo Wolfgang; PAGLIARINI, Alexandre Coutinho. (Org.). Op. cit., p. 163.
[85] A Corte admitiu que os valores estabelecidos pelos dogmas e regras divinas não estavam de acordo com os direitos protegidos pela Convenção Europeia, especialmente no que diz respeito ao direito penal e processual penal. Petição nº 35071/97. Estrasburgo, 04 dez. 2003, p. 2 e §§ 44-50.

de casas e estupros cometidos pelos militares turcos[86]. A Turquia julgou que o texto demonstrava a intenção de criar-se uma nação curda independente da Turquia, contendo, portanto, uma propaganda separatista. Mehdi Zana foi condenado a dois anos de prisão. No entanto, a Corte entendeu que o conteúdo e as expressões estavam na forma de um discurso político e que as declarações estavam protegidas pela liberdade de expressão política.

A proteção da ordem pública no contexto da liberdade de expressão foi analisada no caso Piermont. A ativista ambientalista e também membro do Parlamento Europeu, Dorothée Piermont, foi expulsa e proibida de entrar novamente na polinésia francesa, em razão da sua participação em marcha anti-nuclear e em favor da independência, denunciando a presença francesa no território. Os eventos se deram durante o período de campanha eleitoral das eleições parlamentares e para a assembleia territorial. A decisão nacional foi fundamentada no risco de "graves perturbações da ordem pública". A Corte entendeu que as eleições tinham peso e as ideias eram conhecidas e "poderiam ter um impacto particular sobre o clima político"; além disso, a manifestação foi pacífica e não apelou para a violência ou desordem; Piermont apenas apoiou as reivindicações anti-nucleares e de independência expressas por nacionais, de modo que estavam inseridas no debate democrático na Polinésia.[87]

O caso Müller v. Suíça é interessante para analisar a questão da moral, embora também não trate especificamente do discurso político durante a campanha eleitoral. O premiado pintor Josef Felix Müller foi condenado criminalmente por publicar material obsceno em uma exposição contemporânea como parte das comemorações do 500º aniversário do Cantão de Fribourg na Suíça. As obras "Três noites, três fotografias" consideradas obscenas, e objeto de revolta de alguns visitantes, foram apreendidas, tendo os tribunais nacionais justificado a apreensão em razão da proteção da moral pública, tendo as obras "repugnância e nojo", por retratar "orgia

---

[86] FRANÇA. CEDH. Caso Mehdi Zana v. Turquia. Petição nº 26982/95. Estrasburgo, 6 abr. 2004, §§ 9-37.

[87] Caso Piermont v. França. Petição nº 15773/89; 15774/89). Estrasburgo, 25 abr. 1995, §§ 9-11, 18-20 e 77-78.

de práticas não naturais sexuais (sodomia e bestialidade)"[88]. Ao manter a decisão suíça, destacou a Corte que não é possível encontrar uma "concepção europeia uniforme da moral" que varia "ao longo do tempo e de lugar para lugar", estando o estado em posição melhor do que o juiz internacional para avaliar esse aspecto[89].

Já no caso Handyside v. Reino Unido, a Corte analisou se a proibição de um livro "didático" com o objetivo de proteger "a moral da sociedade", evitando a obscenidade, estaria protegida pelas restrições à liberdade de expressão autorizadas pelo artigo 10 da Convenção Europeia. A Corte também analisou se a condenação criminal de Handyside, a apreensão e confisco seguido pela destruição da matriz e de centenas de cópias do livro escolar foram excessivas em uma sociedade democrática. A Corte asseverou que a proteção da moral das crianças e adolescentes é um objetivo legítimo protegido pela lei interna e o 10.2 da CEDH. A Corte avaliou se as medidas eram necessárias e entendeu que nesse caso não foi violada a liberdade de expressão, prevalecendo a proteção dos interesses da criança e adolescente[90].

Nenhum caso foi encontrado no campo da discussão durante a campanha eleitoral que abordasse o conteúdo obsceno ou "imoral" nas propagandas eleitorais. Pelos casos analisados, vemos que a Corte tende a autorizar a proibição da liberdade de expressão para proteger crianças

---

[88] FRANÇA. CEDH. Caso Müller And Others v. Suíça. Petição nº 10737/84. Estrasburgo, 24 mai. 1988, § 16.

[89] No entanto, no voto dissidente do juiz, foram trazidos aspectos importantes para se avaliar a relatividade do conceito "obscenidade". Para o juiz, é preciso prudência na restrição, pois a liberdade de expressão deve ser a regra. Além disso, relembra que Flaubert em 1857 foi processado por seu romance "Madame Bovary" e, no mesmo ano, Charles Baudelaire foi condenado por ter escrito "Les Fleurs du Mal". Ibidem, p. 22-28.

[90] O livro Schoolbook continha diversos temas. No capítulo sobre "Alunos", uma seção versava sobre sexo, com informações sobre masturbação, orgasmo, a relação sexual e carícias, contraceptivos, menstruação, pornografia, impotência, homossexualidade, doenças venéreas, aborto e métodos abortivos. Nesse caso, a Corte Europeia aplicou a teoria da margem de apreciação, deixando a critério do Estado a análise dos valores morais da sociedade britânica. FRANÇA. CEDH. Caso HANDYSIDE v. Reino Unido. Petição nº 5493/72. Estrasburgo, 7 dez. 1976, §§ 20-53.

e adolescentes[91], e reconhece que os tribunais nacionais estão mais bem posicionados culturalmente para determinar o que é normalmente ofensivo nos estados.

2.1.3. Direito à intimidade, o direito à honra, reputação, privacidade, o direito à imagem e a proteção dos interesses gerais

O artigo 10 da Convenção Europeia não garante uma liberdade de expressão absoluta, sem restrições[92]. Assim, a Corte Europeia traçou alguns limites à liberdade de expressão, quando se tem em jogo direitos de terceiros, especialmente, no que diz respeito ao direito à intimidade e o direito à privacidade. O direito à intimidade, à honra, à reputação, à privacidade e à imagem são reconhecidos como limites clássicos à liberdade de expressão.

A previsão da proteção da vida privada e familiar está inserida no artigo 8º da Convenção Europeia de Direitos Humanos, que estabelece:

> 1. Qualquer pessoa tem direito ao respeito da sua vida privada e familiar, do seu domicílio e da sua correspondência.

---

[91] A razão para a maior aceitação de restrições ao que é comunicado ou exposto aos jovens – crianças e adolescentes – decorre da natural vulnerabilidade do ser humano em seus anos formativos, quando é "especialmente dócil à incorporação de ideias e conteúdos transmitidos. (...) O fundamento das restrições está na possível lesão irreversível à personalidade e à conduta ética que determinados conteúdos possam gerar, sobretudo pela repetição habitual". Antonio Jorge Pereira Júnior ainda indica vários estudos empíricos que corroboram a vulnerabilidade dos menores à exposição a conteúdos inadequados. Vide: PEREIRA JÚNIOR, Antonio Jorge. *Direitos da criança e do adolescente em face da TV*. São Paulo: Saraiva, 2011, p. 92-94. No mesmo sentido, Canotilho e Machado. CANOTILHO, J.J. Gomes; MACHADO, Jónatas E.M. *Reality shows e liberdade de programação*. Coimbra: Coimbra, 2003, p. 59. Vários tratados e declarações internacionais versam sobre o direito das crianças, tais como a Declaração Universal dos Direitos Humanos, a Declaração dos Direitos das Crianças (1959) e os Pactos de Direitos Civis e Políticos e de Direitos Econômico, Sociais e Culturais. Destacamos o artigo 3º da Convenção sobre o direito das crianças adotada pela ONU (1989).

[92] LEVINET, Michel. Le Droit Au Respect de L'image. In: SUDRE, Frédéric (Dir.). *Le Droit au Respect de la Vie Privée Au Sens de la Convention Européenne des Droits de L'homme*. DROIT ET JUSTICE. Collection dirigée par Pierre Lambert. Bruxelas: Emile Bruylant S.A, 2005, V. 63, p. 183.

2. Não pode haver ingerência da autoridade pública no exercício deste direito senão quando esta ingerência estiver prevista na lei e constituir uma providência que, numa sociedade democrática, seja necessária para a segurança nacional, para a segurança pública, para o bem-estar econômico do país, a defesa da ordem e a prevenção das infracções penais, a protecção da saúde ou da moral, ou a protecção dos direitos e das liberdades de terceiros.

Outra regulamentação à respeito dessa proteção é a Resolução 1165 da Assembleia Parlamentar do Conselho da Europa Sobre o Direito à Privacidade, aprovada em 26 de junho de 1998[93]. Esclareceu o documento que, com base no artigo 8º da Convenção Europeia e na Declaração dos Meios de Comunicação em Massa e os Direitos Humanos nº 428 de 1970, levando-se em consideração que as novas tecnologias possibilitam o armazenamento e utilização de dados pessoais, a exploração de detalhes da vida privada, especialmente de figuras públicas, tornou-se lucrativo, e cabe aos estados proteger o direito à privacidade dos cidadãos. Ao mesmo tempo a figura pública precisa "reconhecer que a posição especial que ocupam na sociedade – em muitos casos, por escolha – implica automaticamente o aumento da pressão sobre a sua privacidade".

Defensores da mídia em geral, fazendo uma interpretação do artigo 10 da Convenção, justificam a invasão da privacidade de figuras públicas alegando que os leitores teriam o direito de "saber tudo". Conquanto tal posição seja excessivamente libertária, a verdade é que a Corte Europeia concorda que há, sim fatos relacionados à vida privada de figuras públicas – notadamente, políticos – , que são, de fato, de interesse para os cidadãos, e que, portanto, nestes casos, os leitores têm o direito de ser informados[94]. A Resolução assinala a importância de se equilibrar o exercício do direito à vida privada e o direito à liberdade de expressão, e destaca que os direitos não são absolutos[95].

---

[93] A Assembleia recordou o acidente e a morte da princesa de Gales e salientou que muitos pediram o reforço das leis nacionais sobre a proteção da vida privada contida no artigo 8 da Convenção, especialmente no que diz respeito à figuras públicas.

[94] No mesmo sentido, a melhor doutrina brasileira: GOMES, José Jairo. *Direito Eleitoral*. 11ª ed. São Paulo: Atlas, 2010, p. 383-384.

[95] Vide as diretrizes estabelecidas na Resolução.

Do caso Polanco Torres e Movilla Polanco v. Espanha, é possível se extrair o que a Corte entende como *vida privada*: A "vida privada", para a Corte, constitui-se dos "elementos relacionados à identidade de uma pessoa, como o nome, imagem, integridade física e moral" e devem ser protegidos para assegurar "o desenvolvimento, sem interferência externa, da personalidade de cada indivíduo nas relações com os outros"[96].

Na decisão reconhecida pela própria Corte como *leading case* sobre o assunto da vida privada – o caso Von Hannover v. Alemanha – , foi esclarecido o real objetivo do artigo 8º da Convenção, que seria o de proteger o indivíduo contra as interferências arbitrárias por parte do estado ou de particulares, obrigando-os a respeitar tal direito e abster-se de praticar interferências na vida privada, e, de forma positiva, exigindo-se do estado a criação de mecanismos para garantir o respeito à vida privada, o que se aplica, na visão da Corte, igualmente ao direito de imagem[97].

A Corte elucidou, ainda no caso da Princesa de Mônaco (Von Hannover v. Alemanha), que é preciso equilibrar os interesses do indivíduo e da comunidade como um todo, e que a vida privada deve estar harmonizada com a liberdade de expressão. A Corte destacou a importância da liberdade de expressão como um fundamento da sociedade democrática, e do papel da imprensa nesse processo, mas defendeu que, (i) como limite dessa liberdade de imprensa, é preciso respeitar a reputação e o direito dos outros, transmitindo informações de interesse público de forma coerente com suas responsabilidades; e (ii) deve ser admitido certo grau de exagero e provocação às figuras públicas[98].

---

[96] FRANÇA. CEDH. Caso Polanco Torres e Movilla Polanco v. Espanha. Petição nº 34147/06. Estrasburgo, 21 set. 2010, § 40.

[97] FRANÇA. CEDH. Caso Von Hannover v. Alemanha. Petição nº 59320/00. Estrasburgo, 24 jun. 2004, § 57. Vide também os casos X e Y v. Países Baixos, § 23; Stjerna v. Finlândia, § 38; e Verliere v. Suíça.

[98] FRANÇA. CEDH. Caso Von Hannover v. Alemanha. Petição nº 59320/00. Estrasburgo, 24 jun. 2004, §§ 57-60. Vide os casos Observer e The Guardian v. Reino Unido, § 59; Bladet Tromsø e Stensaas v. Noruega, § 59, Prager e Oberschlick v Áustria, § 38; Tammer v. Estônia, §§ 59-63; Prisma Presse v. France. A particular importância do caso Von Hannover diz respeito à proteção da liberdade de expressão com relação à publicação de fotos. Nesse caso, não são ideias sobre uma pessoa que são transmitidas, mas "imagens que contêm 'informações' muito pessoais ou mesmo íntimas sobre um indivíduo", cuja publicação, muitas vezes, remete a "um clima de assédio contínuo que induz na pessoa

Ademais, a Corte apontou três aspectos relevantes encontrados em sua jurisprudência ao analisar o caso Von Hannover: (i) não existe violação da liberdade de expressão se a divulgação de informações ou imagens, no que tange à vida privada do indivíduo, estiver justificada "por considerações de interesse geral"; (ii) a proibição do uso de imagens ou fotos que não revelam detalhes sobre a vida privada do indivíduo, mas que são de "grande interesse público", viola a liberdade de expressão; e (iii) o decurso do tempo pode amenizar a proteção da vida privada, favorecendo a liberdade de expressão, inclusive no que tange à confidencialidade médica[99],[100].

Com base em seus precedentes, a Corte fez uma distinção essencial: A existência de fatos, mesmo que controversos, que contribuem para o debate público de um político no exercício de suas funções, estão sujeitos a um *standard* diferente de fatos que relatam detalhes da vida privada de um indivíduo que, ainda que seja uma figura pública, não exerce funções oficiais. Inobstante o direito à informação que deve ser garantido ao público em uma sociedade democrática, com relação a Von Hannover, as imagens em questão não se inseriram no debate político ou público, e prestavam-se apenas a relatar a sua vida privada, com o intuito de meramente satisfazer a curiosidade vã do público. Imagens e informações que não interessam para o debate público não estão protegidas pela liberdade

---

em causa um sentimento muito forte de invasão da sua vida privada ou mesmo de perseguição". Assim, como no que tange à publicação de informações ou ideias sobre alguém, as informações ou imagens devem ser analisadas levando-se em conta a sua contribuição para o debate de interesse geral.

[99] A respeito vide também: Tammer, §§ 59 e ss.; Notícias Verlags GmbH & Co. KG v. Áustria, § 52; Krone Verlag GmbH & Co. KG v. Áustria, § 33. Em um caso recente em relação à publicação pelo ex-médico particular do presidente Mitterrand de um livro que continha revelações sobre o estado de saúde do presidente, o Tribunal considerou que "quanto mais o tempo decorrido, mais o interesse público em discussão da história dos dois mandatos do presidente Mitterrand prevaleceu sobre as exigências de proteção dos direitos do Presidente no que diz respeito à confidencialidade médica". Ver Editions Plon v. France, § 53.

[100] No caso Von Hannover, a Corte avaliou fotografias publicadas que divulgavam "cenas da vida diária", isto é, "puramente privadas" de Von Hannover que, apesar de representar a família, como princesa de Mônaco, não "exerce qualquer função dentro ou em nome do Estado de Mônaco ou qualquer de suas instituições". FRANÇA. CEDH. Caso Von Hannover v. Alemanha. Petição nº 59320/00. Estrasburgo, 24 jun. 2004, §§ 59-62.

de expressão quando violam o direito à vida privada, ainda que versem sobre figura pública. Esse ponto é essencial, para a Corte, para se buscar o equilíbrio entre a liberdade de expressão e o direito à vida privada. A Corte não concordou com os tribunais nacionais alemães, que haviam considerado Von Hannover uma figura pública da sociedade contemporânea "por excelência", e lhe haviam, por isso, concedido uma menor proteção da vida privada e do uso de imagem. Para a Corte, isso não pode ser aplicado ao indivíduo "sem exposição pública", simplesmente por ser famoso conquanto possa ser admitido aos políticos que exercem funções oficiais[101]. Assim, vemos que a limitação do direito à intimidade está condicionada à existência do interesse público.

O direito à honra, por sua vez, não está inserido na Convenção Europeia, mas pode ser extraído da interpretação ampliativa feita ao direito à intimidade. O direito à honra leva em conta um conceito especial de honra, no sentido de *reputação alheia*, isto é, a consideração que a sociedade nutre por um cidadão. Nesse caso, o que se discute é se é possível divulgar fatos verídicos que causem um desprestígio da imagem social, o que é relevante na medida em que esta concepção de honra estaria vinculada às consequências decorrentes dos próprios atos do cidadão. Neste sentido, em vários casos, a Corte esclareceu que a reputação do indivíduo está protegida pelo artigo 8º da Convenção Europeia, como parte do respeito à vida privada[102], mas que, no entanto, a honra ou reputação de um indivíduo só deve prevalecer sobre a liberdade de expressão quando

---

[101] FRANÇA. CEDH. Caso Von Hannover v. Alemanha. Petição nº 59320/00. Estrasburgo, 24 jun. 2004, §§ 63-79. A Corte ressaltou ainda a importância da proteção da vida privada como essencial para o "desenvolvimento da personalidade de cada ser humano" que atinge não apenas o "círculo familiar", mas "uma dimensão social". Outro aspecto relevante que a Corte considerou foi o contexto em que as fotos foram tiradas, isto é, sem o conhecimento ou anuência de Von Hannover. Assim, não há, na visão da Corte, um interesse legítimo do público em saber como qualquer figura pública se comporta normalmente em sua vida privada, mesmo que apareça em lugares que não podem ser descritos como isolados. Vide também Amann v. Suíça, §§ 65-67; Rotaru v. Romania, §§ 43-44; PG e JH v. Reino Unido, §§ 57-60, e Peck, §§ 59-63 e 78.

[102] Vide Chauvy e outros v. France, § 70, Leempoel & SA ED. Ciné Revue v. Bélgica, § 67, e Petrina v. Roménia, § 28. Pfeifer v. Áustria, § 35. FRANÇA. CEDH. Caso Polanco Torres e Movilla Polanco v. Espanha. Petição nº 34147/06. Estrasburgo, 21 set. 2010, § 40. Vide também Sanchez Cardenas v. A Noruega, § 38, e A. v. Noruega, § 64.

os fatos que lhe forem imputados sejam graves a ponto de que sua integridade pessoal fique comprometida[103]. Assim, da mesma forma como a Corte tratou o direito de imagem, considerou ela também que é preciso equilibrar-se a proteção da reputação, como elemento do direito à privacidade, com a liberdade de expressão[104].

No caso Polanco Torres e Movilla Polanco v. Espanha, a Corte enfatizou e lapidou seu entendimento, julgando que não foi justificada a interferência do estado no caso, devendo prevalecer a liberdade de expressão em relação à reputação ou o direito à vida privada e familiar contido no artigo 8º da Convenção, sempre que o tema envolver interesse geral. O caso tratou de um artigo de jornal que teria afetado a reputação e a honra de Polanco Torres, falecido marido de Movilla Polanco. Polanco Torres era magistrado na Espanha, e o artigo publicado que deu origem ao caso trazia informações sobre operações impróprias com o uso de "dinheiro sujo" feitas por Polanco e esposas de outros altos magistrados do Tribunal Superior de Cantábria. Para Movilla Polanco, tais afirmações eram graves e prejudicavam a sua integridade pessoal[105].

A Corte entendeu que o fato de a publicação trazer informações sobre o envolvimento das esposas dos magistrados, e não somente sobre o envolvimento dos próprios ou a relação dos fatos alegados com o exercício de suas funções, não significa que não se trate de uma informação de interesse geral para o público, em razão do assunto e das pessoas envolvidas. Além disso, entendeu a Corte que a indicação dos nomes dos requerentes foi necessária para que houvesse uma "base factual suficiente"[106].

---

[103] Vide Karako v. Hungria, § 23.
[104] FRANÇA. CEDH. Caso Polanco Torres e Movilla Polanco v. Espanha. Petição nº 34147/06. Estrasburgo, 21 set. 2010, § 41. Vide Pfeifer, § 38, e Petrina, § 36. No caso Polanco, a liberdade de expressão prevaleceu em detrimento do direito à proteção à reputação.
[105] Vide karako, § 23, e Pipi v. Turquia.
[106] FRANÇA. CEDH. Caso Polanco Torres e Movilla Polanco v. Espanha. Petição nº 34147/06. Estrasburgo, 21 set. 2010, §§ 46-47. Vide também Diez Campany Revenga e Lopez-Galiacho Perona v. Espanha sobre a publicação de fotos de uma suposta relação adúltera entre um banqueiro e um aristrocrata e Bou Gibert e El Hogar y La Moda SA v. Espanha, em relação a relatórios sobre aspectos puramente privados da vida de uma pessoa conhecida na imprensa.

Ademais, no caso, a Corte destacou a importância de se distinguir as declarações do próprio jornalista que assina o artigo de citações de terceiros. Punir-se um jornalista por ajudar na divulgação de declarações de terceiros durante uma entrevista seria prejudicar a contribuição da imprensa para a discussão de assuntos de interesse público. Além disso, reconheceu a Corte a boa-fé do jornalista justamente em razão de ter deixado claro quando alegações eram dadas por terceiros, e por ter tomado o cuidado de verificar a autenticidade dos documentos apresentados, considerando assim que o jornalista se valera de forma eficaz das informações recebidas[107] e feito seu *due diligence*". Outro fator que demontrou a boa-fé do jornalista foi a oportunidade que conferiu a Movilla Polanco de comentar as informações antes de serem publicadas, observando ainda a Corte que não se pode proibir a publicação de uma informação somente porque alguém lhes nega sua veracidade[108]. A Corte entendeu, assim como os tribunais nacionais espanhois[109], que a proteção da liberdade de transmitir informações deve prevalecer em relação ao direito dos recorrentes de proteger a sua reputação, especialmente quando as informações são de interesse público e o dever de diligência foi devidamente observado pelo jornalista[110].

Além disso, é importante fazer a distinção entre pessoas públicas e não-públicas[111]. Aquele que espontaneamente dedica-se à arena pública deve se conformar com a análise constante da sociedade e, em razão disso, precisa aturar lesões aos seus direitos em favor da democracia. Nesse sentido tem decidido a Corte de modo consolidado[112].

---

[107] Vide também Bladet Tromsø e Stensaas, já referido, § 72.
[108] Vide também Flux v. Moldova (No. 6), já referido, § 29.
[109] Na Espanha, a liberdade de expressão é entendida pelos tribunais como essencial para a democracia e as pessoas públicas devem suportar a notoriedade. Ensina ainda que: "[...] *les personnages publics devant alors supporter leur notoriété, assumer la critique et ne peuvent invoquer le droit à la vie privée et l'intimité de la même manière que le reste des personnes physiques*". BURGORGUE-LARSEN, Laurence. La vie Privée en Europe. In: SUDRE, Frédéric (Dir.). Op. cit., p. 112.
[110] FRANÇA. CEDH. Caso Polanco Torres e Movilla Polanco v. Espanha. Petição nº 34147/06. Estrasburgo, 21 set. 2010, §§ 48-54.
[111] Nesse sentido, BURGORGUE-LARSEN, Laurence. Op. cit., p. 113.
[112] Por exemplo, nos casos Lingens v. Áustria e Jerusalém v. Áustria.

Um caso interessante para analisar este ponto e entender a distinção feita pela Corte entre pessoas públicas e privadas é Tammer v. Estônia[113]. Durante a entrevista da qual participaram os envolvidos, Tammer referiu-se à Vilja Laanaru, segunda esposa do político estônio Edgar Savisaar, também uma figura pública, como "uma pessoa que destruiu o casamento de outra, uma mãe incapaz e descuidada, abandonando seu filho. Não parece ser o melhor exemplo para as jovens".

Em razão disso, Laanaru acusou o jornalista de tê-la insultado. O jornalista alegou que não houve o intuito de ofender, mas os tribunais nacionais condenaram-no ao pagamento de uma multa, baseando-se, principalmente, no caráter negativo atribuído à entrevistada. Ademais, pautando-se no parecer de especialistas, o tribunal local entendeu que os juízos de valor, por meio dos termos originais que foram usados pelo jornalista, atribuiam a Laanaru "características condenadas na sociedade estoniana". Em fase de recurso, a decisão foi mantida, e se precisou que os termos utilizados pelo jornalista ("abielulõhkuja" e "rongaema") não eram "indecentes", mas "grosseiramente degradantes para a dignidade humana" e abusivos diante da situação. Por fim, considerou o tribunal estoniano que ainda que existisse um "interesse especial da imprensa em figuras públicas", elas detinham o direito a preservação da honra e da dignidade[114].

A Corte Europeia, ao analisar o caso, confirmou a decisão nacional, e destacou que é dever da imprensa transmitir informações de interesse público, sendo inclusive aceitável o apelo a certo exagero ou provocação, sem contudo, ultrapassar os limites quanto ao respeito à reputação e os direitos de terceiros. Enfatizou ainda que os limites da crítica aceitável são mais estritos com relação à pessoa sem exposição pública, como seria o caso de Laanaru. Por fim, a Corte considerou que, no caso em tela, embora a própria Laanaru tenha trazido detalhes da sua vida privada em seu livro de memórias, de onde o jornalista extraíra suas conclusões pouco lisonjeiras a seu respeito, isso não justificava o uso de palavras ofensivas, tendo podido Tammer se expressar sem ter utilizado uma linguagem tão ofensiva. Para a Corte, o problema não foi o *conteúdo* da mensagem de

---

[113] FRANÇA. CEDH. Caso Tammer v. Estônia. Petição nº 41205/98. Estrasburgo, 6 fev. 2001, §§ 8-25.
[114] Ibidem, § 27.

Tammer, mas a *forma*, o uso de termos particularmente ofensivos, que não promoviam ou justificavam qualquer interesse público.

Vale contrastar o caso acima com o *standard* mais comumente utilizado pela Corte em relação a políticos: A Corte entendeu que Laanaru era pessoa sem exposição pública. Os políticos, figuras públicas, devem permitir intromissões em seus direitos, desde que os fatos de fundo tenham uma base fática suficiente, admitindo-se inclusive informações exageradas, excessivas ou provocativas. Dependendo do contexto, é possível admitir-se o uso de termos insultantes como "idiota", "nazi", "grotesco", "palhaço", "sem vergonha" e "inescrupuloso"[115]. Conclui-se, portanto, que a proteção dos direitos individuais é mais flexível quando a pessoa envolvida é um político, quando se tratar de questão de interesse geral[116].

No entanto, com a exceção de políticos ativos, o uso da imagem das pessoas em geral tem recebido maior proteção por parte da Corte Europeia, que não reconhece a existência de "pessoas públicas universais ou por excelência". É preciso que haja uma relação entre a informação e o debate público para que seja tolerada a agressão ao direito individual. O que não é permitido é obstacularizar-se o debate público.

Com relação aos direitos de pessoas privadas, somente se aspectos de sua vida forem de interesse público há maior flexibilização na proteção

---

[115] Como se pode verificar nos casos Oberschlick v. Áustria, Unabhängige Initiative Informationsviefalt v. Áustria, Lopes Gomes da Silva v. Portugal, e Grinberg v. Rússia que analisaremos adiante.

[116] Como no caso Fuentes Bobo v. Espanha de 29 fev. 2000. Fuentes Bobo era diretor e trabalhava há vinte anos na Televisão Espanhola (TVE), em razão de planos de redução de trabalho, Fuentes criticou a gestão de vários diretores da TVE indicados há dez anos pelo PSOE (Partido Socialista Operário Espanhol) que estava no poder. A TVE instaurou processo contra Fuentes Bobo que sofreu sanção disciplinar com a suspensão do trabalho e salário por até 60 dias por ter, durante um programa de rádio, feito duras críticas aos diretores, chamando-os de "sanguessugas autênticos", que "não se importavam com os trabalhadores". A Corte assinalou que as palavras foram feitas durante uma transmissão ao vivo de rádio e isso impossibilitou a reformulação. A palavra sanguessuga e a afirmação de que "tirava sarro dos trabalhadores" poderiam ser consideradas ofensivas, justificando uma penalidade. No entanto, a pena aplicada foi considerada grave. FRANÇA. CEDH. Caso Fuentes Bobo v. Espanha. Petição nº 39293/98. Estrasburgo, 29 fev. 2000, §§ 13-32 e 36-50.

de seus direitos[117]. Destacamos alguns casos abaixo que dizem respeito à proteção da reputação, honra e intimidade de pessoas públicas, especialmente políticos. Estudando esses casos, podemos observar melhor os limites à liberdade de expressão política admitidos pela Corte quando se tem em jogo direitos de indivíduos, sua privacidade, honra e reputação, em contraposição ao interesse público.

Em Urbino Rodrigues v. Portugal, Urbino Rodrigues, diretor do jornal "A Voz do Nordeste", publicou artigos criticando a posse de Fernando Calado, presidente da Seção de Bragança do Partido Socialista, como novo coordenador do Ministério de Educação. Envolveu-se Rodrigues em uma troca de acusações por meio de publicações com Inocêncio Pereira, diretor-adjunto do jornal "Mensageiro de Bragança", favorável a Fernando Calado. Pereira apresentou queixa-crime contra Urbino por ter usado expressões com o intuito de ofendê-lo. O tribunal considerou que expressões usadas por Rodrigues, como "típico de mafiosos", e a acusação de que Pereira "omite de maneira deliberada" informações sobre Calado, configuravam uma ofensa à reputação do jornalista e eram, portanto, difamatórias. O tribunal português condenou Urbino por crime de difamação com pagamento de multa de 180 mil escudos ou 120 dias de prisão e o pagamento de indenização no valor de duzentos mil escudos, entendendo também que o artigo de Rodrigues não tinha "função pública de formação democrática e pluralista da opinião pública", mas era uma "resposta pessoal" em tom "provocador e incisivo". O Tribunal confirmou a decisão e Rodrigues apresentou petição à Corte Europeia alegando a violação do artigo 10 da Convenção. Alegou basicamente que as expressões não eram difamatórias, mas que tratavam de polêmica de interesse público, a saber, sobre a nomeação de um quadro de partido político para ocupar cargo na administração pública, "talvez injustificada". O assunto era de interesse público especialmente no que tangia à "gestão adequada do dinheiro público". Além disso, a expressão "típico

---

[117] O caso Iltalehti & Karhuvaara v. Finlândia representa muito bem a posição da Corte com relação ao direito à vida privada e questões de interesse público. A Corte concluiu que somente questões essencialmente de cunho íntimo que não dizem respeito ao interesse público receberão mais proteção quando estiver em jogo também a liberdade de expressão e informação. FRANÇA. CEDH. Caso Iltalehti e Karhuvaara v. Finlândia. Petição nº 6372/06. Estrasburgo, 6 abr. 2010.

dos mafiosos" não se referia especificamente à Inocêncio, mas "pretendia apenas sublinhar que o requerente não se calaria, mesmo no caso em que fossem utilizados métodos 'mafiosos' para coagi-lo". O estado português ainda alegou que Pereira não ocupava cargo público, era um particular, de modo que a crítica deveria ser mais reduzida e que as expressões usadas por Rodrigues lhe seriam prejudiciais à reputação. A Corte Europeia, no entanto, acolheu a argumentação de Rodrigues e condenou o estado português, decidindo em favor da liberdade de expressão[118].

No caso Roseiro Bento v. Portugal, Roseiro Bento, presidente da Câmara municipal de Vagos, eleito pelo partido popular CDS-PP, em resposta ao vereador José Pereira de Moura, eleito pelo partido social-democrata, declarou, *inter alia*, que este era um "autista político" que apenas saberia "praticar a traição maquiavélica, premeditada e maldosa"[119], com "hálito político fétido".

O vereador apresentou denúncia criminal contra Roseiro Bento por crime de injúria[120]. Quanto à indenização cível, o processo continuou e Roseiro Bento foi condenado ao pagamento de 200 mil escudos por danos morais, decisão mantida pelo tribunal de Coimbra. Roseiro Bento apresentou petição à Corte Europeia alegando a violação do artigo 10 da Convenção Europeia, já que as expressões estariam justificadas, para ele, por se tratar de debate político em resposta às afirmações de Pereira de Moura[121]. O estado português entendeu que a ingerência era prevista em lei e necessária em uma sociedade democrática, pois buscou proteger um direito individual. Alegou que o debate público, ainda que feito na

---

[118] Apesar de o caso Urbino ter sido entre dois jornalistas, o tema de fundo foi a crítica política à nomeação de um quadro político partidário para ocupar cargo no ministério da educação o que trouxe discussões sobre gestão adequada de dinheiro público, considerado, portanto, assunto de interesse geral. A Corte considerou que os dois jornalistas se valeram do mesmo meio – a imprensa – para fazer seu direito de resposta e seus pontos de vista, de modo que ambos seriam "atores da vida pública", com menor proteção do direito ao bom nome. Vide texto impugnado. FRANÇA. CEDH. Caso Urbino Rodrigues v. Portugal. Petição nº 75008/01. Estrasburgo, 29 nov. 2005, § 11.
[119] FRANÇA. CEDH. Caso Roseiro Bento v. Portugal. Petição nº 29288/02. Estrasburgo, 18 abr. 2006.
[120] O crime foi anistiado em 12 maio de 1999, em razão da aprovação da Lei 29/99. Ibidem, § 13.
[121] Ibidem, § 28.

assembleia municipal, não pode se transformar em uma "arena de disputas privadas em que qualquer ofensa seria admitida em nome da liberdade de expressão", destacando que Roseiro teria apresentado comentários depreciativos sem base factual e injuriosos ao vereador, tendo como efeito apenas uma condenação simbólica. Mais uma vez, na visão da Corte, prevaleceu a liberdade de expressão política, em virtude da relevância do debate político à democracia[122].

No caso Almeida Azevedo v. Portugal, Elísio de Almeida Azevedo, presidente da seção de Arouca do Partido Social Democrata, partido de oposição municipal, publicou no jornal "Defesa de Arouca" um artigo de opinião intitulado "Uma vergonha", em que criticava o presidente da Câmara Municipal de Arouca, Armando de Pinho Oliveira, eleito pelo Partido Socialista. Pinho Oliveira fora autor de um panfleto que convocava a população para manifestar opoio à polêmica construção e traçado de uma estrada para ligar a região de Arouca ao norte de Portugal. Os críticos alegavam dano ao meio ambiente. O texto considerado ofensivo dizia basicamente que o panfleto distribuído era "uma vergonha", "uma mentira", e que Pinho Oliveira seria "tolo", "néscio", e teria se "exposto ao ridículo", além de ser um manipulador, de ter mentido "com um despudor inqualificável" e um "comportamento intolerante e persecutório"[123].

Pinho Oliveira apresentou queixa-crime por difamação contra Almeida Azevedo, tendo sido formulado também um pedido de indenização. O tribunal judicial de Arouca entendeu que o artigo era "globalmente ofensivo" a Pinho Oliveira, pois os comentários foram excessivos, mesmo para um político, que não devia por essa razão sofrer uma redução da proteção da sua honra. Destacou o tribunal que não era preciso usar os termos "mentiroso comprovado e assumido", "despudor inqualificável" ou "intolerante e persecutório", estando justificada a violação à honra e condenando o requerente a 180 dias de prisão ou multa e ao pagamento de dez mil euros a título de indenização. Em fase de recurso, a indenização foi reduzida para quatro mil euros, tendo sido confirmados os demais pontos da decisão. O tribunal entendeu que Almeida Azevedo agira com o propósito de atingir a honra e a reputação dando a entender

---

[122] Ibidem, §§ 32-34.
[123] FRANÇA. CEDH. Caso Almeida Azevedo v. Portugal. Petição nº 43924/02. Estrasburgo, 23 jan. 2007, § 10.

que Pinho Olivera era um mentiroso. Almeida Azevedo apresentou petição à Corte Europeia de Direitos Humanos alegando a violação do artigo 10 da CEDH[124]. Mais uma vez, a Corte decidiu em favor do direito à liberdade de expressão como essencial ao debate democrático.

Nesses três casos lusitanos, a Corte nos lembra da importância da liberdade de expressão como fundamento de uma sociedade democrática e como condição de progresso dessa sociedade e do desenvolvimento individual dos cidadãos, de modo que informações relevantes ao interesse público, sejam as inofensivas ou indiferentes, sejam as que ofendem, chocam ou inquietam, estão protegidas. Isso resulta do pluralismo e tolerância do espírito de abertura sem os quais não há sociedade democrática. Ademais, a Corte consistentemente enfatiza que as restrições à liberdade de expressão contidas no artigo 10 da CEDH devem ser interpretadas restritamente e a necessidade da restrição deve ser justificada e convincente[125].

A Corte confirmou e enfatizou, ainda, que os limites da crítica admissível contra o homem público – e, ainda mais, ao político – são mais largos do que os contra um particular. O homem político deve mostrar grande tolerância, e se expõe inevitável e conscientemente ao controle atento dos dados e dos gestos pelos adversários políticos, jornalistas e massas dos cidadãos "sobretudo quando ele próprio emite declarações públicas que podem prestar-se à crítica"[126]. Sendo a democracia e o debate elementos essenciais em relação aos quais se deve aquilatar a liberdade de expressão, para a Corte, o político, além de ficar mais exposto e ter sua honra e privacidade menos protegidas do que um particular, também deve ter sua própria liberdade de se expressar e emitir opiniões fortemente protegida, pois, ainda que a liberdade de expressão seja "preciosa

---

[124] Ibidem, §§ 19-20.
[125] Neste sentido, também Vide Jersild v. Dinamarca; Janowski v. Polônia; Nilsen et Johnsen v. Noruega; Perna v. Itália, § 39 e Cumpănă et Mazăre v. Romênia, §§ 89-90. No caso Perna v. Italia, a Corte não reconheceu a violação da liberdade de expressão do jornalista que publicou um artigo sobre um membro do ministério público. FRANÇA. CEDH. Caso Perna v. Itália. Petição nº 48898/99. Estrasburgo, 06 mai. 2003, §§ 40, 47-48.
[126] Casos Almeida Azevedo, § 29 e Roseiro Bento, §§ 41-42. No caso Roseiro Bento, a Corte relembra, inclusive, que "Pinho M [...] acusou o candidato de gerir a cidade como uma mercearia, também se referindo ao fato de não aceitar ver o povo de Vagos tratado como 'fantoches' sujeito ao 'culto personalidade'".

para cada um", ela o é principalmente para um "representante eleito do povo; que representa seu eleitorado, chama a atenção para as suas preocupações e defende os seus interesses", de modo que as interferências à liberdade de expressão de um político exigem um escrutínio ainda mais cuidadoso por parte da Corte[127].

A Corte destacou com muito ênfase que "o interesse geral de assegurar o livre debate político que se encontra no próprio coração da sociedade democrática que domina toda a Corte Europeia". Outro ponto importante que foi ressaltado é que, ainda que a linguagem usada seja provocativa e pouco elegante, isso constitui "os riscos do jogo político e do livre debate de ideias, garante de uma sociedade democrática"[128]. A Corte ainda destacou o papel da imprensa de comunicar informações e ideias sobre questões políticas e de interesse. A imprensa goza de particular liberdade de expressão. O limite é a reputação de terceiros, mas basta os jornalistas agirem de boa-fé com o fornecimento de informações dignas de crédito para que prevaleça a liberdade de expressão. A Corte inclusive admitiu "uma certa dose de exagero, até mesmo de provocação". Ademais, é preciso verificar-se sempre o contexto em que as declarações foram proferidas antes de se restringir a liberdade de expressão[129]. Além

---

[127] FRANÇA. CEDH. Caso Roseiro Bento v. Portugal. Petição nº 29288/02. Estrasburgo, 18 abr. 2006, § 41.

[128] Dentro do contexto, no Caso Roseiro Bento, as expressões usadas por Roseiro Bento não foram consideradas excessivas pela Corte. As palavras foram proferidas em uma assembleia municipal, mesmo sem considerar a imunidade de seus membros, seria equivalente à liberdade de expressão do parlamento: somente razões imperiosas seriam capazes de justificar uma ingerência. Não houve, na visão da Corte, a possibilidade de refinar o texto. FRANÇA. CEDH. Caso Roseiro Bento v. Portugal. Petição nº 29288/02. Estrasburgo, 18 abr. 2006, §§ 43-44. Vide também Jerusalém v. Áustria. Ademais, ainda segundo a Corte, a discussão versou sobre a gestão pública e, no caso Almeida Azevedo, sobre a construção de estrada, fatos de interesse da sociedade e não "simples conflito entre as partes". FRANÇA. CEDH. Caso Almeida Azevedo v. Portugal. Petição nº 43924/02. Estrasburgo, 23 jan. 2007, § 28.

[129] Na visão da corte, "o queixoso tinha certamente direito a ver protegida a sua reputação, mesmo fora do âmbito da sua vida privada, mas os imperativos desta protecção deviam ser colocados na balança dos interesses da livre discussão das questões políticas, as excepções à liberdade de expressão apelando a uma interpretação restritiva". FRANÇA. CEDH. Caso Urbino Rodrigues v. Portugal. Petição nº 75008/01. Estrasburgo, 29 nov. 2005, § 35. Vide também Oberschlick v. Áustria e Lopes Gomes da Silva v. Portugal.

disso, destacou a Corte que somente com relação a *fatos* caberia exigir-se prova de materialidade; o que não acontece com *juízos de valor*, que não são passíveis de demonstração; nesses casos, basta observar-se se há uma "base factual suficiente" para que o juízo de valor não seja excessivo[130].

Um outro caso em que a Corte analisou a importância do interesse geral e público para proteger a liberdade de expressão foi o caso Castells v. Espanha[131]: O espanhol Miguel Castells era senador eleito na lista de Herri Batasuna, um grupo político que apoiava a independência do país basco. A revista semanal "Punto y Hora de Euskalherria" publicara artigo intitulado "Impunidade insultante", em que acusava o governo de não investigar certos assassinatos supostamente politicamente motivados, e chamava, *inter alia*, o governo de "fascista"[132].

O Ministério Público instaurou um processo penal contra Castells por insultar o governo, com base no Código Penal espanhol. A investigação do Ministério Público constatou que os fatos constituíram uma ofensa de proferir insultos graves contra o governo e pediu a condenação de Castells à prisão de seis anos e um dia. Na defesa, foi argumentado que o artigo trazia "informações precisas e não expressava a opinião pessoal do acusado, mas as opiniões do público em geral. Eles se ofereceram para fazer prova para estabelecer a veracidade das informações e que, como se trataria de fatos de conhecimento comum, não poderiam ser caracterizados como insultos, tendo inclusive Castells agido "na qualidade de representante eleito e em conformidade com as obrigações que lhes são ine-

---

[130] Inclusive, a expressão "típico de mafiosos" não foi considerada excessiva pela Corte. Caso Urbino Rodrigues, §§ 32-34. Vide também Feldek v. Eslováquia. A Corte concordou com o Estado e considerou ofensiva, no entanto, a segunda expressão usada no caso Urbino. Todavia, a Corte ressaltou, ainda assim, que o artigo foi escrito em resposta à imputação de ter Urbino escrito uma "mentira de forma descarada" e que isso deveria ser considerado. No geral, a Corte entendeu que houve uma ingerência por parte do Estado e que as razões não eram suficientes e também não haveria uma necessidade social imperiosa e que a condenação do jornalista não era um meio razoável e proporcional ao legítimo objetivo, tendo em vista os interesses existentes em uma sociedade democrática para assegurar e manter a liberdade de expressão. FRANÇA. CEDH. Caso Urbino Rodrigues v. Portugal. Petição nº 75008/01. Estrasburgo, 29 nov. 2005, §§ 33-36.

[131] FRANÇA. CEDH. Caso Castells v. Espanha. Petição nº 11798/85. Estrasburgo, 23 abr. 1992.

[132] Ibidem, § 7.

rentes". Castells foi condenado a um ano e um dia de prisão, tendo sido proibido ainda de ocupar qualquer cargo público no mesmo período. Entendeu o tribunal que "as expressões utilizadas no artigo eram suficientemente fortes para prejudicar a reputação das pessoas lesadas e para revelar uma atitude de desprezo"[133].

Castells apelou à Corte Europeia alegando que o direito à liberdade de expressão contido no artigo 10 da Convenção Europeia havia sido violado. Ao analisar o caso, a Corte entendeu que a violação do artigo 10 ocorrera por duas razões: (i) Castells fora processado e condenado por fazer declarações, que, embora pudessem não ser exatas, eram substancialmente verdadeiras; e (ii) a crítica ocorreu dentro da esfera política, e "era o dever de qualquer membro do parlamento exercê-la". A Corte entendeu que as restrições e sanções são uma interferência ao exercício da liberdade de expressão. Apesar de prevista em lei, a Corte enfatizou a necessidade de se verificar se a interferência à liberdade de expressão é "necessária em uma sociedade democrática". Para a Corte, a liberdade de expressão é importante para todos, mas principalmente para o representante eleito do povo, pois ele "chama a atenção para as suas preocupações e defende os seus interesses"[134].

---

[133] O tribunal confirmou a decisão sobre a defesa da verdade e, em dezembro de 1983, suspendeu por dois anos a aplicação da pena de prisão, mas deixou válida a pena acessória que também teve a execução suspensa, pelo Tribunal Constitucional, posteriormente. FRANÇA. CEDH. Caso Castells v. Espanha. Petição nº 11798/85. Estrasburgo, 23 abr. 1992, §§ 12-23.

[134] A Corte ressalta que em um primeiro momento a interferência ao exercício da liberdade de expressão de Castells se deu em razão da honra do governo e seus funcionários (decisão de 1983) e não para proteger a ordem pública e a segurança nacional, como parece ter sido a justificativa defendida pelo tribunal nacional em 1985. O conteúdo do artigo refletia o debate público sobre "o clima de insegurança que havia prevalecido no País Basco desde 1977", de modo que a condenação teria tido o objetivo de "proteger as autoridades contra os ataques da oposição", mas a revelação das informações seria de interesse público. Apesar de Castells não ter se manifestado de dentro do Senado, onde não haveria sanção, "não significa que ele teria perdido o direito de criticar o governo". Ademais, a liberdade de imprensa é "um dos melhores meios de descobrir e formar uma opinião sobre as ideias e atitudes de seus líderes políticos" e, especialmente, "dá aos políticos a oportunidade de refletir e comentar sobre as preocupações da opinião pública", permitindo que todos possam "participar do debate político livre, que é a própria essência do conceito de uma sociedade democrática". Ibidem, §§ 37-42.

A Corte ressaltou que a "liberdade de debate político não é absoluta", admitindo certas restrições. No entanto, é preciso verificar se tais limites são compatíveis com a liberdade de expressão consagrada no artigo 10. Os limites da liberdade de expressão admissíveis com relação ao governo devem ser mais abrangentes. Isso porque no sistema democrático "as ações ou omissões do Governo devem estar sujeitas ao escrutínio não só das autoridades legislativas e judiciais, mas também da imprensa e da opinião pública"[135].

No caso Grinberg, a Corte também analisou a tolerância que o homem público deve ter com relações a "ofensas". Os termos impugnados foram "sem vergonha e sem escrúpulo"[136]. Shamanov, político ofendido, intentou ação de difamação civil contra o Grinberg, alegando que os termos e afirmações de que ele não tinha vergonha e nem escrúpulos atentaram contra a sua honra e reputação. A ação foi julgada procedente pelos tribunais nacionais, pautando-se, especialmente, no fato de que não foram apresentadas provas para corroborar as referidas declarações, condenando Grinberg ao pagamento de uma indenização por danos morais e a publicar a sentença[137].

A Corte Europeia, ao analisar o caso, destacou o papel da imprensa de transmitir informações e ideias de interesse público, enfatizando novamente que é admitido nesse processo o exagero e alguma provocação. Mais uma vez, a Corte destacou a importância do debate político sobre

---

[135] No voto concorrente do juiz Meyer, ficou claro que Castells tinha a opinião de que a falha do estado em identificar os autores dos homicídios ocorridos no país Basco era "ultrajante" [impunidade ultrajante], entendendo que houve uma colusão com os culpados e atribuiu ao Estado a responsabilidade. O juiz entendeu que as acusações foram graves, mas havia um direito legítimo de exercer o direito de liberdade de opinião e de expressão. Não é questão de Castells estar certo ou errado, de modo que a defesa da verdade não é relevante para o caso, até mesmo porque a alegação da impunidade dos autores dos crimes não foi contestada. Ibidem, § 47 e ss.

[136] FRANÇA. CEDH. Caso Grinberg v. Rússia. Petição nº 23472/03. Estrasburgo, 21 jul. 2005, § 9.

[137] Em fase de recurso, Grinberg alegou que o tribunal nacional confundiu opinião e declaração e que o texto trazia uma "avaliação pessoal das ações do Sr. Shamanov", assegurada pela Constituição Russa. O Tribunal Regional, no entanto, manteve a decisão, alegando que a opinião foi publicada e, por isso, tornou-se uma declaração. Ibidem, §§ 11-14.

assuntos de interesse público, estabelecendo a diferença entre o político e o particular. Observou que a reputação do político também merece proteção, mas tem um maior grau de tolerância às críticas, já que sujeito ao exame minuscioso da mídia e da sociedade. Além disso, a Corte voltou a reconhecer que os limites da crítica aceitável são mais largos quando versam sobre um político do que quando o fazem sobre um particular. A Corte ressaltou que não havia "necessidade social imperiosa" suficiente para se colocar a proteção dos direitos de personalidade do político acima da liberdade de expressão e do interesse público, entendendo a Corte, portanto, que houve violação à liberdade de expressão e que o estado ultrapassou os limites da margem de apreciação[138] que teria para tratar da questão[139].

Também acusar um conselheiro de uma candidata em potencial às eleições presidenciais de ser "espião" e "traidor" não violou a liberdade de expressão, no entendimento da Corte Europeia. No caso Morar v. Romênia, a Corte Europeia analisou em 2015 se houve ingerência desproporcional por parte do estado ao condenar Morar por difamação às vésperas das eleições por escrever artigos com as acusações acima, sendo que a Romênia o havia condenado ao pagamento de multa criminal, indenização por danos morais e os custas legais. A Corte ressaltou que o assunto contido nos artigos de Morar era de interesse para a sociedade romena, ainda mais "poucos meses antes das eleições presidenciais", ou seja, em contexto eleitoral. No caso em tela, apesar de não ser político, o conselheiro estava envolvido com as eleições à presidência, assessorando uma candidata e, em razão disso, a Corte considerou sua situação pública, afirmando que deveria ser mais tolerante para críticas[140].

---

[138] Margem de Apreciação é "um dos principais instrumentos de interpretação utilizado pelo Direito Internacional dos Direitos Humanos, adotado especialmente pela Corte Europeia de Direitos Humanos [...] baseada na subsidiariedade da jurisdição internacional e prega que determinadas questões polêmicas relacionadas com as restrições estatais a direitos protegidos devem ser discutidas e dirimidas pelas comunidades nacionais, não podendo o juiz internacional apreciá-las". CARVALHO RAMOS, André de. *Teoria Geral dos Direitos Humanos na Ordem Internacional*. 5. ed. São Paulo: Saraiva, 2015, p. 146.

[139] FRANÇA. CEDH. Caso Grinberg v. Rússia. Petição nº 23472/03. Estrasburgo, 21 jul. 2005, §§ 24-35. Ver também Lingens v. Áustria, § 42.

[140] A Corte entendeu que alguns termos poderiam ser considerados ofensivos e inadequados, mas podem ser admitidos dentro dos limites do exagero ou provocação. A Corte

Outro caso interessante para avaliar a tolerância das críticas feitas ao político e os limites da liberdade de expressão e a vida privada foi o caso Schwabe v. Áustria. Em uma querela entre políticos, tipicamente cheio acusações mútuas, Schwabe foi condenado pelos tribunais nacionais austríacos por difamação, por ter declarado na imprensa, em uma entrevista, que Erwin Frühbauer, político que lhe era oposição, fora condenado por homicídio culposo em certa ocasião em que causara um acidente automobilístico com vítimas fatais, tendo dirigido embriagado, ainda que não fora condenado por embriaguês (mas "apenas" por homicídio culposo). Frühbauer moveu ação por difamação contra Schwabe, alegando que fora difamado com a publicação de um crime pelo qual já tinha cumprido pena, sendo que o caso inclusive tinha mais de vinte anos. Mesmo em se tratando de fatos verídicos, Schwabe foi condenado pelos tribunais nacionais ao pagamento de uma multa ou trinta dias de prisão, com a apreensão da revista em que dera entrevista e pagamento de indenização pelos donos da editora[141].

A Corte Europeia, ao analisar o caso, destacou que o caso versava sobre os limites da crítica aceitável no contexto do debate público sobre uma questão política de interesse geral. Destacou que as declarações de Schwabe foram feitas em resposta a outra entrevista, concedida pelo membro do partido da oposição, e que sua principal preocupação era a de demonstrar que os padrões de moralidade aplicados pela oposição tinham sido diferentes e mais rigorosos para um político pertencente a outro partido político do que em relação a um membro do próprio partido. Portanto, para a Corte, Schwabe não tentou comparar juridicamente os acidentes, mas buscou comparar a moralidade política e a referência ao acidente de 1966 que fora apenas incidental a esse problema principal,

---

afirmou que os Estados devem evitar tomar medidas capazes de desencorajar "os meios de comunicação e a opinião de formadores para cumprir seu papel de alertar o público sobre questões de interesse geral – como as relações com ex-figuras públicas regime repressivo romeno antes de 1989"; o pagamento de cinquenta vezes o valor do salário médio na época, mais o valor alto das custas, teria sido desproporcional e a ingerência não teve justificativa relevante e suficiente. FRANÇA. CEDH. Caso Morar v. Romênia. Petição nº 25217/06. Estrasburgo, 07 jul. 2015.

[141] FRANÇA. CEDH. Caso Schwabe v. Áustria. Petição nº 13704/88. Estrasburgo, 28 ago. 1992, § 14.

que, inclusive, era uma questão de interesse público. A Corte entendeu ainda que "condenações criminais anteriores de um político, juntamente com sua conduta pública em outros aspectos, podem ser fatores relevantes na avaliação da sua aptidão para exercer funções políticas". Para a Corte, as declarações versaram sobre um juízo de valor, para os quais a prova da verdade é impossível. O juízo de valor se baseou em fatos corretos e não se questionou a boa-fé de Schwabe, não tendo ele ultrapassado os limites da liberdade de expressão. Concluiu a Corte que houve violação à liberdade de expressão de Schwabe porque a intervenção do estado não era necessária para a proteção da honra de terceiros[142].

Em Riolo v. Itália, Riolo fora condenado pelos tribunais italianos por difamar a honra e a reputação de Musotto, presidente da província de Palermo, usando especialmente o termo "imitador atrapalhão" em relação ao político, e comparando-o ao infame "Mr. Hyde" de Stevenson[143], ao acusá-lo de ter protegido interesses da máfia enquanto era advogado[144]. No caso, a Corte ressaltou que Musotto era um importante político e que era de se esperar que teria suas ações avaliadas pela imprensa, especialmente, por ter defendido mafiosos em um grande julgamento. A declaração de Riolo sobre a influência econômica e política que poderia existir no governo, decorrente de Musotto – agora eleito – ter defendido a máfia era apenas uma *opinião*, que estava perfeitamente dentro dos limites da liberdade de expressão[145].

---

[142] FRANÇA. CEDH. Caso Schwabe v. Áustria. Petição nº 13704/88. Estrasburgo, 28 ago. 1992.

[143] Ver: STEVENSON, Robert Louis. *The Strange Case of Dr. Jekyll and Mr. Hyde*. London: Dover Thrift Edition, 1991.

[144] FRANÇA. CEDH. Caso Riolo v. Itália. Petição nº 42211/07. Estrasburgo, 17 jul. 2008, §11.

[145] A Corte analisou o texto de Riolo e verificou que trechos como "provável (...) que [Musotto] não tenha querido, ou não tenha podido, estabelecer uma distância clara em relação aos acusados no processo, e seja de algum modo obrigado a sofrer a influência desta mistura de interesses econômicos e políticos aos quais se deve, ao menos em parte, sua eleição ao governo da província com uma inesperada recontagem de votos", não poderia ser entendida como uma acusação direta de seu envolvimento com a máfia. Por fim, a Corte considerou que a multa imposta e a indenização por danos morais teriam sido capazes de desencorajar Riolo de continuar informando o público a respeito de temas gerais, consi-

O caso Mika v. Grécia nos é de particular importância porque a Corte Europeia pôde opinar sobre o *período eleitoral* no caso, e fez uma interpretação *conferindo ainda maior amplitude à liberdade de expressão*, durante este período. Mika, vereador e chefe de partido de oposição, escrevera no jornal local um artigo intitulado "Quando os melhores (aristoi) governam", em que acusara certos políticos eleitos de fazer da comuna de Nigrita uma "bóia" para a salvação pessoal e profissional deles mesmos e de suas famílias e amigos[146]. Mika foi condenado por difamação caluniosa por meio da imprensa a sete meses de prisão (que acabou sendo suspensa), além do pagamento de uma indenização ao prefeito de Nigrita em razão da ofensa à honra e à sua respeitabilidade. A Corte Europeia reiterou sua jurisprudência no sentido de que as restrições à liberdade de expressão são menores no campo do debate político e questões de interesse geral, e que os políticos devem se mostrar mais tolerantes às críticas, já que está sob o controle da mídia e do público em geral. A crítica à gestão de uma autoridade pública, ainda mais durante uma campanha eleitoral, como era o caso, coloca a questão em um debate de interesse geral, sendo que, inclusive, *o período eleitoral é um momento em que, para a Corte, o artigo 10 exige um nível de proteção ainda mais elevado à liberdade de expressão*. A Corte destacou que a criatividade política às vezes esbarra no nível pessoal, mas que são os "perigos da política e do debate livre de ideias, garantes de uma sociedade democrática". Basta boa-fé e uma crítica com alguma base factual para que uma declaração de um político não seja considerada excessiva. Ademais, para a Corte, a gravidade da pena imposta a Mika não era sequer proporcional aos objetivos de proteção do direito de terceiros: *mesmo que a prisão tenha sido suspensa*, a simples possibilidade de privação da liberdade pode causar um *efeito inibidor sobre o debate de interesse geral*, e, portanto, somente pode ser permitida em casos absolutamente excepcionais[147].

No caso Lopes Gomes da Silva v. Portugal, o jornalista Vicente Jorge Lopes Gomes da Silva publicou um editorial criticando duramente o

---

derando desproporcional ao objetivo buscado em uma sociedade democrática. FRANÇA. CEDH. Caso Riolo v. Itália. Petição nº 42211/07. Estrasburgo, 17 jul. 2008, §§ 64-73.
[146] FRANÇA. CEDH. Caso Mika v. Grécia. Petição nº 10347/10. Estrasburgo, 19 dez. 2013, § 6.
[147] Ibidem, §§ 29-40.

político Silva Resende, caracterizando-o como, *inter alia*, o "candidato ideologicamente mais grotesco e boçal, uma mistura tão inacreditável de reaccionarismo alarve, sacristanismo fascista e anti-semitismo ordinário"[148]. Silva Resende apresentou queixa-crime contra Lopes Gomes perante o Ministério Público de Lisboa pelo crime de difamação, pelo qual foi condenado ao pagamento de multa, indenização e custas processuais em segunda instância, tendo o tribunal entendido que os termos "grotesco", "boçal" e "alarve" eram insultos que ultrapassavam os limites da liberdade de expressão[149],[150].

Ao julgar se houve a violação do artigo 10 da Convenção Europeia no caso, a Corte analisou se a ingerência estatal prevista na lei portuguesa, com o objetivo de proteger direitos ou reputação dos outros era ou não necessária em uma sociedade democrática. A Corte lembrou que a liberdade de expressão é um dos fundamentos essenciais de uma sociedade democrática e condição para o seu progresso e para a realização individual de cada um, e que a expressão de todas ideias e informações, que podem ser ofensivas, indiferentes, ou ferem, chocam ou inquietam, é exigida pelo pluralismo, tolerância e o espírito de abertura sem os quais não existe democracia. A Corte enfatizou que as restrições também previstas no artigo 10 devem ser interpretadas restritamente, e que a necessidade de se restringir um discurso precisa ser "estabelecida de maneira convincente". Mais uma vez, ressaltou a Corte que os "limites da crítica admissível são mais amplos em relação a um homem político, agindo na sua qualidade de personalidade pública, que um simples cidadão"[151].

---

[148] FRANÇA. CEDH. Caso Lopes Gomes da Silva v. Portugal. Petição nº 37698/97. Estrasburgo, 28 set. 2000, §§ 10-11.

[149] O requerente foi assim condenado na pena de multa de cento e cinquenta mil escudos, indenização de duzentos e cinquenta mil escudos e custas judiciais no valor de oitenta mil escudos. FRANÇA. CEDH. Caso Lopes Gomes da Silva v. Portugal. Petição nº 37698/97. Estrasburgo, 28 set. 2000, § 14.

[150] Ibidem. Idem.

[151] Na visão da Corte Europeia, o homem político "expõe-se inevitável e conscientemente a um controle atento dos seus atos e gestos, tanto pelos jornalistas como pelos cidadãos em geral, e deve revelar uma maior tolerância sobretudo quando ele próprio profere declarações públicas suscetíveis de crítica". Também faz jus o homem público à proteção da sua reputação, "mesmo fora do âmbito da sua vida privada, mas os imperativos de tal proteção devem ser comparados com os interesses da livre discussão das questões políticas,

Ao verificar se a interferência do estado era necessária em uma sociedade democrática, a Corte analisa se há uma "'necessidade social imperiosa'", se a limitação à liberdade de expressão é proporcional à finalidade perseguida pelo estado, que também deve ser "legítima", e se as razões das autoridades para a justificar são "pertinentes e suficientes". Apesar de o estado gozar de uma margem de apreciação, esta não é ilimitada e deve ser acompanhada do controle europeu exercido pela Corte[152].

Outro caso semelhante foi o Sanocki v. Polônia. Aqui, as declarações expunham "suspeita de má gestão das finanças públicas". Sanocki era prefeito na época dos fatos e foi condenado a publicar um pedido de desculpas, ao pagamento de certa quantia a duas instituições de caridade, e a reembolsar o jornal local por despesas e custos[153]. A Corte decidiu na

---

exigindo as exceções à liberdade de expressão uma interpretação restritiva". Ibidem, §§ 24-30. Vide também Oberschlick v. Áustria, § 29.

[152] A Corte analisou o contexto do caso, verificando que Lopes Gomes se insurgiu contra o convite feito pelo Partido Popular a Silva Resende para concorrer às eleições municipais, passando a expor sua "opinião sobre o pensamento político e ideológico do Sr. Silva Resende, invocando igualmente, de modo mais geral, a estratégia política prosseguida pelo Partido Popular com esta candidatura". Isso, para a Corte "revelava manifestamente um debate político incidindo sobre questões de interesse geral, domínio no qual, a Corte sublinha, as restrições à liberdade de expressão impõem uma interpretação mais restrita". Para a Corte não há dúvidas de que os termos usados pudessem ser "polêmicos", mas eles "não contêm um ataque pessoal gratuito, porque o autor dá neles uma explicação objetiva". Nesse sentido, a Corte assevera que a "inventiva política extravasa, por vezes, para o plano pessoal: são estes os riscos do jogo político e do debate livre de ideias, garantes de uma sociedade democrática. Acrescentou a Corte Europeia que "não é o carácter reduzido da pena infligida ao requerente, mas a existência de condenação que configura a desproporcionalidade ao fim legítimo visado. A Corte Europeia decidiu que houve a violação do artigo 10 da Convenção e determinou o reembolso dos custos com os processos internamente e com a multa paga a Silva Resende. FRANÇA. CEDH. Caso Lopes Gomes da Silva v. Portugal. Petição nº 37698/97. Estrasburgo, 28 set. 2000, §§ 31-45. Vide também Prager e Oberschlick v. Áustria.

[153] Nos anos de 1999-2000, o jornal *Nowa Trybuna Opolska* publicou diversos artigos sobre a prefeitura e as atividades de Sanocki como prefeito. Um dos artigos publicados tinha o título: "Cinco vezes mais gastos por causa da má gestão: A oposição de esquerda criticou as autoridades de Nysa de prejudicar a política de austeridade e as disposições da lei sobre os territórios autônomos". Como resposta, acreditando que as informações eram falsas, o prefeito publicou um artigo intitulado "As mentiras do Trybuna". FRANÇA. CEDH. Caso Sanocki v. Polônia. Petição nº 28949/03. Estrasburgo, 17 jul. 2007, § 9.

mesma linha do caso Lopes Gomes: entendeu que a linguagem crítica utilizada foi "provocadora" e "deselegante", mas faz parte do discurso político e, ainda acrescentou que a liberdade do debate político é "o coração" do conceito de sociedade democrática que domina toda a Convenção Europeia. Mais uma vez, a Corte ressaltou a diferença entre o homem público e particular, relembrando que o primeiro está mais sujeito à crítica, razão pela qual precisa ser mais tolerante[154].

Outro importante caso da Corte Europeia foi Desjardin v. França. Aqui, durante a campanha para eleições municipais, Desjardin, membro e candidato do Partido Verde, distribuiu panfletos elogiando cidadãos que teriam "obtido" a renúncia do ex-prefeito de Castelnau-le-Lez, que "estava poluindo a água da cidade"[155]. O ex-prefeito em referência moveu processo de difamação pública contra Desjardin, e o tribunal francês condenou-o ao pagamento de uma multa e danos de natureza civil, tendo entendido que as declarações acusando o então prefeito de, intencionalmente, poluir a água da cidade, extrapolava os direitos de Desjardim, atingindo a honra do ex-prefeito como homem comum, sem exposição pública. O tribunal local também entendeu que os documentos que mostravam a falta de qualidade da água não eram suficientes para comprovar a veracidade dos fatos e a vontade de "informar os eleitores não pode justificar as declarações excessivas, alegando fatos constitutivos de uma infração penal"[156].

A Corte não ficou convencida com os argumentos do estado francês: entendeu que o conteúdo do folheto não era malicioso contra a honra do ex-prefeito como "pessoa comum" e ainda ressaltou a importância do contexto eleitoral em que a distribuição do panfleto de Desjardin ocorrera. O momento da eleição, mais uma vez, foi também ressaltado para se justificar uma maior proteção à liberdade de expressão por parte do

---

[154] Ibidem, §§ 64-65.
[155] FRANÇA. CEDH. Caso Desjardin v. França. Petição nº 22567/03. Estrasburgo, 22 nov. 2007, § 4.
[156] FRANÇA. CEDH. Caso Desjardin v. França. Petição nº 22567/03. Estrasburgo, 22 nov. 2007, §§ 9-29.

estado e, neste sentido, a Corte ressaltou que o folheto contendo as declarações incriminadoras fora distribuído durante o período eleitoral[157].

Além disso, a Corte entendeu que os termos impugnados proferidos por um membro do Partido Verde no sentido de que a impassividade das autoridades a respeito dos riscos de saúde que podem decorrer da má qualidade da água teriam consequências tão gravosas quanto um "ato positivo de poluição" corresponderiam mais a um juízo de valor do que a algo propriamente factual e, em se tratando de juízo de valor, a interferência do autor do panfleto dependeria de uma mera "base factual suficiente", e apenas sua completa inexistência poderia configurar um excesso[158].

A Corte novamente ressaltou que a liberdade de expressão é importante para todos, mas especialmente aos membros ativos e aos partidos políticos, e que a proteção à liberdade de expressão por membro de partido de oposição deve ser ainda mais cuidadosamente do que a do partido da situação[159],[160].

---

[157] Para a Corte, "limitar deste modo estas proposições a um objetivo único de difamação de um particular levaria a negar o contexto eleitoral dentro do que tais proposições ocorreram". A Corte ainda destacou que as declarações foram direcionadas ao ex-prefeito, criticando a forma como agiu durante o exercício do mandato público, e não com relação à reputação na sua vida privada. Entendeu que o folheto identificava "ex-prefeito" "designado por suas antigas funções", sendo certo que, para a Corte, os leitores teriam sido capazes de entender o elemento de exagero contido no folheto, tolerável no discurso político. Ibidem, §§ 39-41.

[158] No caso em tela, os documentos juntados por Desjardin para mostrar a má qualidade da água constituíram base factual suficiente. Além disso, asseverou a Corte que o tema era duplamente de interesse geral: i) as declarações envolviam o meio ambiente e saúde pública e ii) sendo um membro de partido comprometido com as questões ambientais, as afirmações estavam abarcadas pela expressão política. Por fim, a Corte analisou se a "severidade das sanções impostas" era proporcional, e concluiu que as razões alegadas pelo Estado não justificaram a interferência, pois, como constantemente afirma, "uma restrição, mesmo mínima, à liberdade de expressão pode gerar o risco de ter um efeito dissuasivo quanto ao exercício desta liberdade. Ibidem. Vide também Mamère v. França, § 20.

[159] A oposição, para a Corte, "representa seu eleitorado, chama a atenção para as suas preocupações e defende os seus interesses". Um "adversário de ideias oficiais deve ser capaz de encontrar o seu lugar na arena política" o que abarca a "oportunidade de discutir as ações de ex-funcionários em conexão com o exercício de seus mandatos públicos concluídos" e, "a todo indivíduo que entra em um debate público de interesse geral,

Outro caso em que a Corte analisou a restrição da liberdade de expressão em situações de interesse público e homem público foi Mamère v. França. Nöel Mamère era membro responsável do Partido Verde e prefeito de Bègles desde 1987. Em outubro de 1999, participara de um programa do estilo *"talk show"*. Durante o programa, foi mencionado o acidente de Chernobyl, de abril de 1986, por um dos convidados, tendo Mamère respondido que:

> Há ainda algumas semanas do ocorrido, há cogumelos de césio que entraram na França e este é o resultado de Chernobyl; eu estava apresentando o jornal 13 horas em 1986, no dia do desastre de Chernobyl; havia um personagem sinistro em SCPRI [Serviço Central de Proteção contra a Radiação Ionizante] chamado Sr. Pellerin, que não parava de dizer-nos que a França era tão forte – o complexo de Asterix – que a nuvem de Chernobyl não tinha cruzado nossas fronteiras.

Pellerin, médico eletrorradiologista, tinha a tarefa de verificar o nível de contaminação do território francês e alertar os responsáveis se ultrapassasse certos limites. Em decorrência de sua atuação durante o desastre de Chernobyl, foi aberto um processo para verificar a sua responsabilidade por não proteger a população francesa adequadamente contra a

---

como o é por definição uma campanha eleitoral, conquanto fique certamente limitado a não ultrapassar, certos limites quanto ao respeito – principalmente – à reputação e aos direitos dos outros, lhe é igualmente permitido recorrer a uma certa dose de exagero, até de provocação, o que significa ser um pouco imoderado em suas proposições/propostas". FRANÇA. CEDH. Caso Desjardin v. França. Petição nº 22567/03. Estrasburgo, 22 nov. 2007, §§ 47-48.

[160] No caso Constantinescu v. Romênia, a Corte entendeu que não houve violação à liberdade de expressão de Constantinescu, nem o Estado agiu de forma desproporcional ao condená-lo. Fora do contexto político-eleitoral, a Corte entendeu que a expressão "delapidatori" usada por Constantinescu a se referir à três professores, enquanto representante do sindicato, era ofensiva. O termo refere-se a pessoas consideradas culpadas pelo crime de fraude, e os professores não tinham sido condenados por um tribunal. Ademais, Constantinescu poderia ter expressado sua crítica sem usar o termo. Para a Corte, existiu, portanto, um interesse legítimo de proteção do direito de terceiros, tendo os motivos apresentados pelo Estado, relevantes e suficientes e a sanção aplicada, proporcional. FRANÇA. CEDH. Caso Constantinescu v. Romênia. Petição nº 28871/95. Estrasburgo, 27 jun. 2000, §§ 8-35 e §§ 65-78.

radiação, por ter mentido e subvalorizado a contaminação do solo, ar e dos alimentos causados pelo acidente nuclear. Pellerin denunciou Mamère e o diretor do canal de televisão France 2 por difamação contra funcionário público. Em outubro de 2000, o tribunal francês considerou os denunciados culpados, condenando-os a uma multa total de 60.000 francos e exigindo a publicação da decisão em revista custeada pelos condenados.

A Corte, ao analisar o caso, salientou que o artigo 10 exige um nível elevado de proteção da liberdade de expressão e que um tema de "interesse geral, como a proteção do ambiente e saúde pública", incluído aí o acidente de Chernobyl, "fazia parte de um debate público de extrema importância". Além disso, a Corte entendeu que Mamère se manifestara na qualidade de eleito e no contexto de seu engajamento ambiental. A Corte entendeu ainda que, por se tratar de assunto de interesse geral, Mamère poderia isentar-se de qualquer responsabilização demonstrando boa-fé ao comprovar suas alegações. Os tribunais locais entenderam que, pelo tempo que já se passara em relação aos fatos – o acidente de Chernobyl –, não era possível provar-se a veracidade das alegações de Mamère. A Corte, no entanto, não ficou convencida: concordou que é difícil provar fatos antigos, mas "quando se trata de eventos que fazem parte da história ou relevantes para a ciência (...) depois de um tempo o debate se nutre de novos dados suscetíveis de fornecer uma melhor compreensão da realidade das coisas", como no caso em questão, em que a ciência moderna mostra de forma clara e inequívoca os efeitos do acidente ao meio ambiente e à saúde pública, bem como o modo como as autoridades lidaram com o problema na época[161].

Neste contexto, as declarações sarcásticas ("complexo de Asterix"[162]) estão abarcadas pelos "limites de exagero ou provocação elegíveis", e o uso da expressão "personagem sinistro", ao fazer referência a Pellerin,

---

[161] Inclusive, documentos juntados por Mamère visavam a demonstrar a difusão de informações errôneas pelas autoridades francesas na época do acidente. FRANÇA. CEDH. Caso Mamère v. França. Petição nº 12697/03. Estrasburgo, 07 nov. 2006, p. 24.

[162] Asterix ("Astérix", no original francês) é uma personagem de gibi, um guerreiro gaulês contemporâneo de Júlio César que, com a ajuda de uma poção mágica, adquiria força sobre-humana e defendia sua vila contra os invasores romanos. THE Editors of Encyclopædia Britannica. "Asterix". In: *Encyclopædia Britannica*. Disponível em: <http://www.britannica.com/topic/Asterix-cartoon-character>. Acesso em: 18 dez. 2015.

não dizia respeito apenas ao indivíduo como pessoa privada, mas ao funcionário público que tinha o dever de prestar informações sobre o acidente de Chernobyl à sociedade francesa[163]. Inclusive, os limites da crítica aceitável são mais amplos também quando tratar-se de políticos ou pessoas com funções oficiais. Para a Corte, as exigências da proteção dos funcionários públicos devem ser sopesadas contra os interesses da liberdade de imprensa e de livre discussão dos assuntos de interesse público. Mesmo quanto aos termos que davam ideia de uma mentira deliberada por parte da autoridade governamental, seria preciso se levar em conta o contexto e a emoção durante o programa[164].

A Corte entendeu ainda que as justificativas usadas pelos tribunais franceses para constatar a falta de boa-fé eram difíceis de conciliar com a liberdade de expressão. Concluiu por fim a Corte que os comentários feitos a Pellerin não tinham o condão de condenar Mamère. Portanto, aqui, mesmo fora do período eleitoral, a Corte protegeu a liberdade de expressão em nome do interesse público[165].

Outro caso interessante foi o Brasilier v. França. Neste caso, o candidato às eleições legislativas de 97 da 2ª circunscrição de Paris, Brasilier, foi condenado em uma ação civil por difamação movida por seu adversário político e prefeito da 5ª circunscrição de Paris, Tiberi. Brasilier alegou ter entregue 60.000 cédulas de voto ao roteador da República Francesa,

---

[163] Ademais, na mesma linha, a referência ao "complexo de Asterix" e a "imagem de uma nuvem radioativa 'bloqueada' pelas fronteiras francesas", foi, no ver da Corte, uma "caricatura da situação como o recorrente a percebeu, evocando uma atitude particularmente confiante das autoridades em detrimento do bom senso geográfico (embora o impacto real na França do desastre de Chernobyl ainda era incerto no dia)". FRANÇA. CEDH. Caso Mamère v. França. Petição nº 12697/03. Estrasburgo, 07 nov. 2006, p. 25.

[164] A Corte admite, no entanto, que ainda que envolver o debate público de interesse geral, não deverá prevalecer o valor eminente da liberdade de expressão em todas as circunstâncias, em detrimento da necessidade de proteger a honra e a reputação de pessoas comuns e funcionários públicos. A Corte também asseverou que Pellerin era responsável por "monitorar o nível de contaminação do território e alertar seus ministérios de supervisão em caso de problemas", de modo que é preciso contribuir com a confiança do público, necessária para situações dessa natureza, manifestando-se sobre a situação de risco, como no caso de Chernobyl. Além disso, não seria mais difamatório se o órgão não mais existia e Pellerini não mais desempanhava a atividade. Ibidem, p. 25-28.

[165] Ibidem, idem.

encaminhadas, posteriormente, aos serviços da Câmara Municipal de Paris, que era responsável por distribui-las; mas, posteriormente, notou a ausência dos tais cédulas nas contagens de votos. Em razão do ocorrido, Brasilier e outros cinco candidatos pleitearam a anulação das eleições. Brasilier participou de diversas manifestações públicas protestando o ocorrido e atribuindo a responsabilidade a Tiberi, que fora eleito. Foi distribuído por Brasilier um folheto ao público, e fincaram-se duas bandeiras na frente da prefeitura que diziam, em letras pretas: "Tiberi, nós vamos quebrar você nas urnas" e, em letras vermelhas: "Agência de Fraudes, Roubos e Trapaças", em alusão à prefeitura[166].

Perante a Corte Europeia, o estado francês alegou que, ao condenar Brasilier por difamação, a interferência à liberdade de expressão promovida tinha previsão em lei e serviu para alcançar o objetivo legítimo de proteger a reputação e direitos de outrem, o que é necessário em uma sociedade democrática. Ainda alegou que a boa-fé de Brasilier não foi reconhecida porque ele não se ofereceu para apresentar provas de suas alegações. Para o estado, Brasilier deveria ser mais cuidadoso ao tratar de fatos graves, passíveis de prova. Brasilier, por outro lado, alegou que sua condenação violou o artigo 10 da Convenção e que, apesar de as eleições não terem sido anuladas, o Conselho Constitucional reconhecera a fraude. Ademais, Tiberi, já fora indiciado por um juiz em Paris justamente sob alegação de manobras fraudulentas para falsear as eleições de 1997.

A Corte Europeia buscou analisar se a interferência do estado francês na liberdade de expressão de Brasilier era necessária em uma sociedade democrática, e salientou que tal interferência deve corresponder à uma "necessidade social premente", cabendo à Corte verificar se a restrição seria conciliável com a liberdade de expressão protegida pelo artigo 10 da Convenção Europeia, observando-se também o contexto em que as manifestações foram feitas, a fim de verificar se a justificativa apresentada pelas autoridades nacionais para restringir a liberdade de expressão fora suficiente e relevante[167].

---

[166] FRANÇA. CEDH. Caso Brasilier v. França. Petição nº 71343/01. Estrasburgo, 11 abril de 2006, p. 14-18.

[167] Ibidem, p. 30-32. Ver também News Verlags GmbH & CoKG v. Áustria, § 52 e Chauvy v. France, § 70.

A Corte, diferentemente do que fez o tribunal de apelação francês, entendeu que o conteúdo dos *banners* e folhetos de Brasilier versavam de assunto de interesse público e que seu conteúdo era mais de juízo de valor do que declarações de fatos. Ademais, em vista das circunstâncias, a Corte concluiu que a base fática poderia ser considerada suficiente para gerar os juízos de valor de Brasilier. Diante do desaparecimento das cédulas e da contestação das eleições perante o juiz eleitoral, além da polêmica verificada nos artigos veiculados na imprensa e do indiciamento de Tiberi por corromper as eleições de 1997, a Corte entendeu não se tratar de base fática inexistente, até mesmo porque "como prefeito, a pessoa 'difamada' era responsável pela organização das eleições e seu bom funcionamento". Destacou também a Corte, mais uma vez, que "o debate político livre é essencial ao funcionamento da democracia", e concluiu que houve uma violação à liberdade de expressão devido à interferência desproporcional do estado [168].

Outro caso interessante para discutirmos a liberdade de expressão política é Bowman v. Reino Unido. O que nos interessa nesse caso é a importância que a Corte dá ao período eleitoral, já que a situação no caso não diz respeito ao conteúdo divulgado, mas à forma. Phyllis Bowman era

---

[168] A Corte entendeu que "se as propostas tivessem com certeza uma conotação negativa, seríamos forçados a constatar que, a despeito de uma certa hostilidade nas proposições contenciosas, e da gravidade eventualmente suscetível de lhes caracterizar, a questão central das bandeirolas e folhetos incriminadores dizem respeito ao desenrolar de uma votação eleitoral". Caso Brasilier, p. 39. Vide também os casos EK v. Turquia, nº 28496/95, §§ 79-80 e Thoma v. Luxemburgo, § 57. Vide também Sürek v. Turquia, § 61. Asseverou a Corte que é essencial defender-se a liberdade do debate político em uma sociedade democrática, de forma que, dada a importância da liberdade de expressão no contexto político, "não se pode restringir o discurso político sem motivos imperiosos". Destacou a Corte que sendo Brasilier um candidato às eleições uma "interferência na liberdade de expressão de um membro da oposição deve ser mais cuidadosa, que abarca, na visão da Corte, "necessariamente, a possibilidade de discutir a regularidade de uma eleição", de modo que "no contexto de uma disputa eleitoral, a vivacidade de propósito é mais tolerável do que em outras circunstâncias". Por fim, entendeu Corte que, apesar de Brasilier ter sido condenado a uma pena "simbólica" – com o pagamento de um franco a título de danos decorrentes da difamação (falta civil)–, "não é suficiente por si só para justificar a interferência ao direito de expressão", uma vez que tem ressaltado a Corte sobre o risco de se criar um "efeito dissuasor sobre o exercício dessa liberdade". FRANÇA. CEDH. Caso Brasilier v. França. Petição nº 71343/01. Estrasburgo, 11 abril de 2006.

diretora-executiva da Associação Para Proteção do Nascituro – SPUC. A referida organização contava com aproximadamente 50.000 opositores do aborto e experimentos com embriões humanos, e visavam a alterar a legislação que permite o aborto no Reino Unido. Os grandes partidos políticos não tinham propostas sobre a matéria, ficando a cargo dos deputados votarem o tema conforme suas próprias convicções e valores morais. A SPUC e Phyllis Bowman, no entanto, entendiam que era importante que os eleitores fossem informados a respeito da opinião dos candidatos sobre aborto e questões relacionadas, a fim de que aqueles que quisessem exigir mudanças na legislação escolhessem melhor seus representantes. Por essa razão, antes do período, Phyllis Bowman distribuiu panfletos (1,5 milhão de cópias) contendo, no verso, uma imagem de um feto com 10 semanas após a concepção[169] e, na frente, um texto dizendo quais candidatos eram favoráveis ou contra o aborto, e como tinham votado sobre o tema em ocasiões passadas[170].

Phyllis Bowman foi condenada pelas cortes britânicas em razão de lei interna que proibia, em período anterior às eleições, uma pessoa não autorizada de gastar mais de cinco libras esterlinas enviando informações a fim de promover a eleição de um candidato[171]. O Reino Unido fundamentara a restrição alegando que seu objetivo seria o de (i) garantir a paridade de armas dos candidatos nas eleições, de modo que "terceiros ricos" não pudessem "fazer campanha a favor ou contra determinado candidato"; (ii) manter a independência dos candidatos da "influência do interesse de grupos poderosos"; e (iii) impedir que o debate político fosse distorcido com assuntos específicos, ao invés de questões de inte-

---

[169] Além da imagem, no verso aparecem descrições do desenvolvimento do feto do primeiro dia em diante. FRANÇA. CEDH. Caso Bowman v. Reino Unido. Petição nº 141/1996/760/961. Estrasburgo, 19 fev. 1998, § 12.

[170] FRANÇA. CEDH. Caso Bowman v. Reino Unido. Petição nº 141/1996/760/961. Estrasburgo, 19 fev. 1998.

[171] No Reino Unido, os candidatos não recebem qualquer ajuda do Estado e todas as despesas antes, durante e depois das eleições é controlada por lei. Não há restrição de financiamento de campanha por qualquer interessado ou empresa, desde que não haja a intenção de prejudicar ou promover as chances de um determinado grupo ou candidato. Ibidem, § 13.

resse geral. A Corte, ao julgar o caso, enfatizou que as eleições livres[172] e a liberdade de expressão "formam o alicerce de qualquer sistema democrático", que se interrelacionam e se reforçam, sendo que a liberdade de expressão é uma garantia necessária da democracia, razão pela qual "é particularmente importante no período que antecede uma eleição que opiniões e informações de todos os tipos estejam autorizadas a circular livremente"[173].

A Corte destacou que a limitação de despesas contidas na lei interna é importante, e reconheceu que, de fato, Bowman poderia ter feito sua campanha a qualquer tempo, e obrigatoriamente não durante as 4-6 semanas anteriores às eleições. No entanto, assim, ela não teria atingido o seu propósito: era importante que Bowman tivesse divulgado seu panfleto em um momento do "período crítico quando suas mentes [dos eleitores] estavam focados em sua escolha de representante". Além disso, entendeu a Corte que, na prática, Bowman não teria podido fazer uso de outros canais de comunicação eficazes. Concluiu a Corte, assim, que a lei interna do Reino Unido agiu "para todos os efeitos práticos, como uma barreira total à publicação de informações da Sra. Bowman", e restringir as despesas a cinco libras esterlinas não era necessário para se "alcançar o objetivo legítimo de garantir a igualdade entre os candidatos", tendo sido

---

[172] A Corte Europeia faz alusão a outros direitos que devem ser analisados como, por exemplo, eleições livres analisado no caso Ahmed v. Reino Unido. No caso Ahmed e outros v. Reino Unido, insurgem-se os querelantes contra a promulgação e aplicação de medidas legislativas destinadas a limitar o envolvimento de certas categorias de funcionários do governo local, em atividades políticas. No caso, por exemplo, de Ahmed, o impacto das medidas restringia sua participação no conselho de bairro. A Corte, no entanto, não entendeu que houve violação ao artigo 10 da Convenção. A Corte ressaltou que o objetivo de restringir a participação de funcionários do governo em atividades políticas era para não atingir o dever de imparcialidade. Os munícipes "têm o direito de esperar que os membros nos quais votaram irão desenvolver seus mandatos em conformidade com os compromissos assumidos durante a campanha eleitoral e de que o mandato não acabará seguindo uma política de oposição de seus próprios consultores". FRANÇA. CEDH. Caso Ahmed e outros v. Reino Unido. Petição nº 65/1997/849/1056. Estrasburgo, 2 set. 1998, §§ 39-64.

[173] FRANÇA. CEDH. Caso Bowman v. Reino Unido. Petição nº 141/1996/760/961. Estrasburgo, 19 fev. 1998, § 42. Vide também Mathieu-Mohin e Clerfayt v. Bélgica, § 47, e Lingens v. Áustria, §§ 41-42.

a restrição desproporcional comparada ao objetivo. Desse modo, a Corte reconheceu a violação do artigo 10 da Convenção[174].

No caso Feldek v. Eslováquia, a Corte também expressou a importância do discurso político quando o assunto for de interesse geral. Em junho de 1992, Dušan Slobodnik foi nomeado Ministro da Cultura e da Educação da República Eslovaca. Em julho de 1992, Feldek publicou um poema, intitulado "Boa noite, meu amor", em que, apesar de não citar nomes, entendeu-se que ele se referia a Slobodnik como um membro da SS nazista[175]. Ainda em julho de 1992, outros jornais publicaram um outro texto do requerente, crítico a Slobodnik, cujo o título era "Para uma melhor imagem da Eslováquia – Ministro sem passado fascista", em que acusava Slobodnik de ter tido um passado fascista, e lhe pedia que renunciasse ao cargo de ministro[176]. Vale notar que, antes mesmo das declarações de Feldek, vários jornais já haviam publicado sobre a vida de Slobodnik quando de sua nomeação para um cargo ministerial, por exemplo, o "New York Times". Slobodnik processou o requerente por difamação e, em primeira instância, ganhou custas e indenização por danos morais.

A Corte, ao analisar o caso, como em outras ocasiões, mais uma vez decidiu a favor da liberdade de expressão, "um dos fundamentos essenciais de uma sociedade democrática, uma das condições básicas para o seu progresso e para o desenvolvimento de todo o homem", e voltou a enfatizar que exceções à liberdade de expressão devem ser entendidas restritivamente. Ademais, segundo a Corte, a necessidade de se restringir o exercício da liberdade de expressão deve ser "convincente". A Corte mais uma vez lembrou que, ao se analisar restrições à liberdade de expressão, deve ser dado "grande peso" ao interesse público para determinar se a restrição é proporcional ao objetivo legítimo prosseguido. No caso, as declarações de Feldek ocorreram após as eleições legislativas e a nomeação de um novo governo, e suas críticas trouxeram preocupações com a manutenção do caráter democrático do processo de emancipação eslovaca. A Corte destacou que tais afirmações fazem parte

---

[174] FRANÇA. CEDH. Caso Bowman v. Reino Unido. Petição nº 141/1996/760/961. Estrasburgo, 19 fev. 1998, § 50-58.

[175] FRANÇA. CEDH. Caso Feldek v. Eslováquia. Petição nº 29032/95. Estrasburgo, 12 jul. 2001, § 9 (tradução nossa).

[176] Ibidem, §§ 11-13 (tradução nossa).

do "debate político sobre assuntos de interesse público e relacionados com a história da Eslováquia, suscetível de afetar a continuação do desenvolvimento democrático deste país". Mais uma vez, a Corte não ficou convencida com o argumento do estado de que não fora apresentada a fonte ou prova dos fatos "ofensivos". A Corte entendeu que tratava-se de um juízo de valor e que, portanto, não havia necessidade de prova, bastando a mera base factual suficiente para que Feldek pudesse emitir sua opinião. A Corte novamente ressaltou a importância do debate político e que só admite restrições ao discurso político por motivos imperiosos. No caso em tela, as palavras de Feldek eram reconhecidamente duras, mas baseadas em base factual suficiente, no "contexto altamente político e crucial para o desenvolvimento da Eslováquia". Para a Corte, houve boa-fé no objetivo legítimo de proteger o desenvolvimento democrático do estado, de que Feldek era um cidadão. Ademais, lembrou a Corte também que o ministro de um governo é uma figura pública, de modo que os limites da crítica aceitável lhe são maiores do que com relação a um particular, e não houvera, no caso, uma "necessidade social imperiosa para colocar a proteção dos direitos humanos de uma figura pública acima do direito do requerente à liberdade de expressão (...) quando as questões de interesse geral estão em jogo". A Corte desse modo concluiu que a interferência na liberdade de expressão de Feldek não era necessária em uma sociedade democrática, e que houve uma violação do artigo 10 da Convenção[177].

Outro caso interessante analisado sobre liberdade de expressão diz respeito à crítica contra medidas administrativas tomadas por autoridades locais, acusadas de estar causando "terror" à sociedade. Ibrahim Incal, cidadão turco, na época, membro do comitê executivo da seção de

---

[177] No caso, a Corte entendeu que as declarações basearam-se "em informações já comunicadas a um público amplo, tanto porque a vida política de Slobodnik era conhecida" e seu passado divulgado por ele em seu livro e publicações, anteriores à declaração feita pelo Sr. Feldek. Além disso, a Corte não aceitou um conceito restrito de "passado fascista", pois o significado é amplo e "pode despertar no leitor de interpretações diferentes quanto ao seu conteúdo e seu significado. Um deles é de que alguém seja membro de uma organização fascista, sem ter participado na propagação de ideais fascistas. Finalmente, a Corte destacou que sequer fora demonstrado que as declarações "afetaram a carreira política de Slobodnik ou sua vida profissional e privada". Ibidem, §§ 85-90 (tradução nossa). Ver também: Nilsen e Johnsen v. Noruega, § 43, e Lehideux e Isorni v. França, § 52, Thoma v. Luxemburgo, § 48.

İzmir do Partido Popular Trabalhista, foi condenado. O comitê executivo do qual fazia parte Ibrahim Incal distribuiu um folheto criticando medidas tomadas pelas autoridades locais, e enfatizando que a maioria das pessoas prejudicadas por tais medidas era curdos[178].

O comitê enviou cópia do folheto à prefeitura e pediu permissão para divulgá-lo, mas a polícia da região entendeu que a propaganda tinha conteúdo separatista, capaz de incitar o povo contra o governo e cometer crimes. O Ministério Público foi indicado para avaliar o conteúdo do folheto e, no mesmo dia, o juiz do Tribunal de Segurança Nacional emitiu liminar determinando a apreensão dos folhetos e proibindo sua distribuição. Foram apreendidos 10 mil folhetos e os líderes do partido e membros do comitê executivo foram indiciados, dentre os quais, Incal, acusado de incitamento do ódio e hostilidade e palavras racistas, e, posteriormente, considerado culpado e condenado a seis meses e vinte dias de prisão, ao pagamento de uma multa de 55.555 liras turcas, com o confisco dos folhetos e inabilitação para a condução (de dirigir veículos) por quinze dias, considerando o tribunal que os folhetos eram formas ilegais de protesto[179].

A Comissão Europeia[180], ao revisar o caso, concluiu que os folhetos chamavam a atenção para o problema curdo sem incitação à violência. A Corte Europeia concordou, e enfatizou a importância da liberdade de expressão como fundamento de uma sociedade democrática, estando protegida não apenas as ideias favoráveis, mas também aquelas ideias que desagradam, mas que são relevantes ao indivíduo e partidos políticos que representam seu eleitorado, chamam a atenção para suas preocupações e

---

[178] O folheto com o título "Para todos os patriotas democráticos". Vide texto completo do folheto. FRANÇA. CEDH. Caso Incal v. Turquia. Petição nº 41/1997/825/1031. Estrasburgo, 9 jun. 1998, § 10 (tradução nossa).

[179] Ibidem, §§ 16-20.

[180] No antigo procedimento da Corte Europeia, a Comissão Europeia tinha um papel importante na análise dos casos, semelhante ao que é hoje o da Comissão Interamericana. A extinção da Comissão ocorreu em 1998, com o Protocolo 11. Leia mais sobre a definição, procedimento e dados comparativos feitos pelo autor das ações analisadas pela Corte europeia antes e depois da extinção da Comissão. CARVALHO RAMOS, André de. *Processo Internacional de Direitos Humanos*: análise dos sistemas de apuração de violações dos direitos humanos e a implementação das decisões no Brasil. 4. ed. São Paulo: Saraiva, 2015, p. 165-173.

defendem os seus interesses, de modo que interferências na liberdade de expressão de um político, ainda mais quando membro de um partido de oposição, deve ser mais restrita. Neste sentido, esclareceu ainda a Corte que "a posição dominante que ocupa o governo torna-se-lhe necessário – ao próprio governo – demonstrar constrição em recorrer a procedimentos criminais, especialmente quando outros meios estão disponíveis para responder a ataques injustificados e críticas dos adversários". A Corte destacou que a polícia analisara o conteúdo do folheto, considerando-o "separatista" e, em seguida, apreendera os folhetos e instaurara os processos. Conforme a Corte, essa prevenção *per se* já constituiu uma violação à liberdade de expressão. A Corte tampouco visualizou qualquer prática de terrorismo por parte de Incal para que fossem justificadas medidas contra o terrorismo[181]. A Corte entendeu, por fim, que a condenação de Incal era desproporcional e desnecessária em uma sociedade democrática, considerando uma violação do artigo 10 da Convenção.

Para contrastar a questão da incitação à violência, convém mencionar outro *leading case* da Corte Europeia, Sürek v. Turquia. Neste, a crítica ao governo foi vista como incitação à violência e, por isso, as medidas tomadas pelo estado não foram consideradas desproporcionais. Sürek era acionista de uma revista semanal, Haberde Yorumda Gerçek ("A Verdade de Notícias e Comentários") que publicara, em 1992, duas cartas de leitores. A primeira denominada "Armas não podem ganhar contra a liberdade" e a segunda, "A culpa é nossa", em que os autores acusam o governo turco de mover campanha visando a "erradicar os curdos", referindo-se ao governo como "gangue de assassinos", conclamando os curdos a "tomar [seus direitos] pela força", e dizendo que "é através da experiência

---

[181] A Corte entendeu que o conteúdo era de crítica administrativa e municipal com relação às medidas tomadas contra comerciantes de rua em geral, e continha "observações virulentas sobre a política do governo turco" e acusações graves contra os responsáveis pela situação. A Corte entendeu que o conteúdo traz um "apelo" para que a população se una para "levantar algumas demandas políticas", por meio dos "comitês de vizinhança" que não podem ser interpretadas como "incitamento ao uso de violência, hostilidade ou ódio entre os cidadãos". Ainda que a Corte não exclua a possibilidade de o texto "esconder objetivos e intenções diferentes das que proclama", não há evidências capazes de questionar a "sinceridade" do texto. Ibidem, §§ 46-58. Diferentemente dos casos Irlanda v. Reino Unido, §§ 11; Aksoy v. Turquia, §§ 70 e 84. Zana, §§ 59 e 60; Partido Comunista Unificado da Turquia e Outros, § 59.

de carne e sangue que as pessoas estão começando a ver e entender". Sürek foi condenado ao pagamento de multa criminal pela Turquia por dissiminar propaganda separatista e incitação do ódio, e por caracterizar o PKK (Partido dos Trabalhadores do Curdistão) como um movimento de guerra de libertação nacional contra o estado turco, visando à destruição da integridade territorial da Turquia, com conteúdo discriminatório em razão da raça[182].

A Corte mais uma vez ressaltou a importância da liberdade de expressão como fundamento essencial da sociedade democrática, que deve proteger ideias inofensivas, assim como ideias que chocam, ofendam e inquietam; que restrições devem ser interpretadas de forma estrita e devem passar pelo critério da necessidade; que a interferência deve ser proporcional ao objetivo legítimo visado pelo estado, tendo as autoridades que apresentar justificativas relevantes e suficientes. Destacou ainda a Corte que a liberdade de expressão também está sujeita a certos limites, tais como "a proteção dos interesses vitais do Estado, como a segurança nacional ou a integridade territorial contra a ameaça de violência ou a prevenção das infrações penais". A Corte asseverou que existe pouca margem de interferência no discurso político ou em debate sobre assuntos de interesse público, e que as críticas ao governo devem ter proteção ampla, ainda mais quando voltadas a políticos[183].

No entanto, a Corte ao considerar as palavras das cartas dentro do contexto em que foram veiculadas e os casos precedentes que versaram sobre a prevenção do terrorismo, afirmou que "houve uma clara intenção de estigmatizar o outro lado do conflito pelo uso de rótulos tais como 'o exército fascista turco', 'a gangue de assassinos' e 'os assassinos contratados do imperialismo', ao lado de referências a 'massacres', 'brutalidades' e 'matança'. Na visão da Corte, as cartas apelaram "à vingança sangrenta mexendo com emoções primárias e endurecendo preconceitos arraigados que têm se manifestado em violência mortal". A Corte ainda destacou que a carta foi escrita dentro de um contexto de instabilidade, já que, desde 1985, "sérios distúrbios têm ocorrido envolvendo as forças de segurança e os membros do PKK, incluindo grandes perdas de vida e

---

[182] FRANÇA. CEDH. Caso Sürek v. Turquia. Petição nº 26682/95. Estrasburgo, 8 jul. 1999, §§ 11 e 20 (tradução nossa).

[183] Ibidem, § 61 (tradução nossa). Vide também Wingrove v. Reino Unido, § 58.

a imposição de estado de emergência em grande parte da região", razão pela qual o seu teor poderia ser capaz de "incitar mais violência na região por incutir um ódio profundo e irracional contra aqueles descritos como responsáveis pelas alegadas atrocidades. Na verdade, a mensagem que é comunicada ao leitor é que o recurso à violência é uma medida de auto--defesa necessária e justificada em face do agressor". Além disso, a carta sob o título "A culpa é nossa", ao identificar nomes, teria despertado, na visão da Corte, "o ódio por eles e os expôs ao risco eventual de violência física". Daí porque a Corte entendeu que a interferência na liberdade de expressão teria tido justificativas relevantes e suficientes, pois, embora a existência de ideias que ofendem, choquem ou inquietem não seja suficiente para intervir na liberdade de expressão, no caso, estava caracterizado "o discurso do ódio e da glorificação da violência". Além disso, a Corte admitiu que Sürek apenas publicou as cartas, embora não tenha apoiado pessoalmente as afirmações ali contidas. No entanto, não estaria ele desobrigado de qualquer responsabilidade criminal, pois "disponibilizou a seus escritores um meio para incitar a violência e o ódio". A Corte não concordou com o argumento dele de que ele só teria uma relação comercial, e não editorial, com a revista. Sürek era um dos proprietários da mídia em questão e poderia ter adequado o texto, cabendo a ele a mesma responsabilidade e obrigações a que estão sujeitas jornaslitas e editores, assumindo maior responsabilidade em situações de conflito e tensão. Assim, concluiu a Corte que a interferência do estado no caso concreto foi proporcional aos objetivos legítimos perseguidos pela Turquia, sem, portanto, uma violação do artigo 10 da Convenção; e que a pena imposta (pagamento da multa) atendeu razoavelmente a uma necessidade social imperiosa com justificativas relevantes e suficientes[184].

No caso Dalban v. Romênia, a Corte Europeia permitiu a crítica com relação à gestão do patrimônio do estado e da maneira como os políticos cumprem os seus mandatos, assuntos de interesse público. Neste caso, o jornalista Ionel Dalban foi condenado criminalmente na Romênia por difamação a uma pena (suspensa) de três meses de prisão, ao pagamento de indenização aos políticos citados, e, ainda, foi proibido de exercer sua profissão por tempo indeterminado. Dalban escrevera e publicara dois

---

[184] Ibidem, §§ 62-64. Trataremos do discurso de ódio em capítulo separado.

artigos denunciando determinada fraude perpetrada por uma empresa privada contra o governo, e convidando certo senador a esclarecer como tal fraude pudera ocorrer, tendo em vista que o senador era o representante do estado junto à empresa, teria recebido "centenas de milhares" pelo exercício desta atividade, e lembrando que "um carro de propriedade de uma subsidiária da empresa em questão lhe fora disponibilizado todo fim de semana por um ano e meio"[185].

O chefe executivo da empresa e o senador acusado apresentaram denúncia contra Dalban, e o tribunal nacional entendeu que as acusações constituiam infração prevista no código penal nacional. O tribunal verificou que o veículo deveria mesmo ter sido disponibilizado ao senador pela empresa, justamente a fim de lhe facilitar o desenvolvimento das atividades como representante estatal perante a diretoria. Além disso, o tribunal constatou que as "centenas de milhares" recebidas pelo senador da empresa, na verdade correspondiam a salários legais, totalizando 55 mil da moeda local – valor bastante inferior ao que Dalban lhe imputara, sendo que o próprio Dalban reconheceu seu erro com relação aos pagamentos ao senador[186]. Após a condenação, Dalban continuou denunciando as fraudes e também não pagou a indenização. Outros jornais locais publicaram a respeito das supostas fraudes e denunciaram que a condenação de Dalban teria sido uma forma de "intimidar" a imprensa. Depois disso, a condenação contra o jornalista foi anulada pelo Supremo Tribunal de Justiça e o processo contra o senador foi arquivado, embora tivessem sido mantidas as decisões anteriores, em razão da morte de Dalban[187].

A Corte Europeia, ao revisar o caso, entendeu que houve violação à liberdade de expressão de Dalban. A Corte destacou que deveria ter sido verificada uma "necessidade social preemente" para que se justificasse a ingerência à liberdade de expressão do estado ao jornalista em uma sociedade democrática. As informações sobre a "suposta" fraude foram extraídas de arquivos de uma investigação criminal de uma empresa da qual o senador participara do conselho administrativo; além disso, os

---

[185] FRANÇA. CEDH. Caso Dalban v. Romênia. Petição nº 28114/95. Estrasburgo, 28 set. 1999, §§ 13-14 (tradução nossa).
[186] Ibidem, §§ 17-21.
[187] Ibidem, §§ 22-28.

assuntos tratados referiram-se à gestão do patrimônio do estado e da forma como os políticos cumpriam seus mandatos, questões de interesse público. Destacou ainda o essencial papel da imprensa na sociedade democrática, razão pela qual admite-se exagero e provocação. De um lado a Corte reconheceu que existe um verdadeiro dever de se transmitir informações e ideias de interesse público, e, de outro, existe também o direito do público de receber essas informações. Mesmo a margem de apreciação nacional fica limitada pelo interesse da sociedade democrática, a fim de que possa a imprensa agir como guardião público na divulgação de assuntos de "grande preocupação pública"; para a Corte, "seria inaceitável" que o jornalista não pudesse expressar seus juízos críticos de valor a não ser se provasse a veracidade deles. No caso em tela, a Corte destacou que não houve provas de que as informações de Dalban fossem totalmente falsas ou tivessem o único intuito de difamar os citados o que seria necessário para caracterizar a má-fé do jornalista[188].

No caso Jerusalém v. Áustria, o membro do Conselho Municipal de Viena, que atua como parlamento regional, Jerusalém, durante uma sessão e na função de membro, fez um discurso a respeito de concessões de subsídios municipais para uma associação que ajuda os pais, cujos filhos tinham se envolvido em "seitas-psicológicas", que teriam "caráter totalitário", "tendências fascistas", em que seus membros "perdem sua identidade", e que, inclusive, uma das tais "seitas" "já existe por vários anos na Suíça... [e] tem tido certa influência na política de drogas"[189]. Jerusalém também asseverou que o Partido Popular austríaco publicou uma nota sobre política de drogas em cooperação com uma dessas "seitas" (a "IPM"), organizou atividades de debates públicos também em conjunto, e que, antes de o estado conceder subsídios a associações, seria preciso saber se era uma tal "seita" ou não. O partido e associação ingressaram com um processo para proibir as afirmações de que a IPM era uma "seita",

---

[188] Entendeu a Corte, ainda, que a sanção imposta em relação ao objetivo perseguido, foi desproporcional e desnecessária em uma sociedade democrática considerando, portanto, uma violação à liberdade de expressão. FRANÇA. CEDH. Caso Dalban v. Romênia. Petição nº 28114/95. Estrasburgo, 28 set. 1999, §§ 50-52. Vide também Bladet Tromsø e Stensaas v. Noruega, § 58, e Lingens v. Áustria.

[189] FRANÇA. CEDH. Caso Jerusalém v. Áustria. Petição nº 26958/95. Estrasburgo, 27 fev. 2001, § 10 (tradução nossa).

pleiteando também retratação pública. O tribunal austríaco concedeu a liminar pleiteada, proibindo a repetição das declarações de que a associação e o partido eram "seitas de caráter totalitário", e também determinou a retratação de Jerusalém; entendeu ainda tratar-se de um fato cujos documentos juntados ao processo por Jerusalém. Em fase de recurso, os tribunais nacionais mantiveram a proibição contida na decisão anterior, anulando apenas o dever de retratação de Jerusalém. O insulto se dera em razão da falta de comprovação dos termos "tendências fascistas" e "caráter totalitário", e não por qualificar a associação como "seita" em si, apesar de não se ter também comprovado ser a associação uma "seita psicológica"[190].

A Corte Europeia, ao se debruçar sobre o caso, salientou que a questão era saber se a interferência do estado para proteger direito de terceiros que ocorrera seria necessária em uma sociedade democrática, tomando como premissa a liberdade de expressão como um dos fundamentos essenciais de uma sociedade que abarca ideias favoráveis e desfavoráveis, e cujas exceções devem ser interpretadas restritivamente. A Corte ressaltou ainda que um discurso de Jerusalém sobre o caso fora feito em sessão do Conselho Municipal, razão pela qual teria o requerente imunidade parlamentar e que, de qualquer modo, a liberdade de expressão é importante para todos, *especialmente para um representante eleito do povo*. Ademais, a restrição à liberdade de expressão feita ao discurso de um membro da oposição – como era o caso de Jerusalém – deve ser analisada com mais cuidado pela Corte[191].

Apesar de as associações serem entidades privadas, a Corte entendeu que também estão sujeitas ao alargamento das críticas aceitáveis quando entram no campo do debate público, mesmo não sendo instituições políticas de modo estrito[192]. As associações atuaram em um assunto de inte-

---

[190] FRANÇA. CEDH. Caso Jerusalém v. Áustria. Petição nº 26958/95. Estrasburgo, 27 fev. 2001, §§ 10-23.
[191] Ibidem, §§ 29-36.
[192] Ibidem, §§ 37-38. A Corte relembra o caso Nilsen e Johnsen para ilustrar essa posição. Nesse caso, a Corte analisou se a publicação de uma pesquisa feita por Nilsen e Johnsen sobre a brutalidade policial teria extrapolado os limites da liberdade de expressão. A Corte destacou que ainda que os debates versem sobre "grave situação pública", há limites à liberdade de expressão para garantir o direito de terceiros. A Corte não equipa-

resse público – política de drogas – , participaram de debates públicos e cooperaram com um partido político, razão pela qual devem mostrar mais tolerância para com as críticas que recebem. Com relação à qualificação dada pelos tribunais austríacos de que as declarações de Jerusalém eram de natureza fática, a Corte discordou, e destacou que se tratava de juízo de valor, que é impossível de ser provado, bastando, nestes casos, uma base factual suficiente para que o discurso não seja considerado excessivo. Como base factual suficiente para o caso, a Corte ressaltou que as revistas, jornais e documentos que Jerusalém juntou para destacar as atividades das associações haviam demonstrado *prima facie* que seus comentários eram justos. A Corte ficou "impressionada" com a "incoerência" de se exigir prova da veracidade das declarações de Jerusalém, mesmo com tantas "evidências disponíveis". A Corte entendeu, por fim, que a interferência foi desproporcional e reconheceu a violação da liberdade de expressão de Jerusalém[193].

Outro *leading case* da Corte é o famoso Lingens v. Áustria, que ocorreu em período pós-eleitoral. Quatro dias depois das eleições gerais austríacas, Simon Wiesenthal, presidente do Centro de Documentação Judaica, acusou, durante entrevista na televisão, Peter Friedrich, presidente do Partido Liberal Austríaco, de ter servido na primeira brigada de infantaria da SS durante a Segunda Guerra Mundial, cuja unidade massacrara massas de civis. Friedrich não negou que fizera parte da brigada, mas negou seu envolvimento nas atrocidades. Lingens, publicou dois artigos na revista "Profil Viena", o primeiro intitulado "O Caso Peter", relatando a discussão e as atividades da primeira brigada de infantaria da SS, destacando o processo penal instaurado contra os membros da brigada, e concluindo que, apesar de Friedrich fazer jus à presunção de inocência, o

---

rou Bratholm a um político, mas considerou que sua participação em um debate público importante. As críticas feitas por Bratholm sobre a violência policial e seu papel de liderança no debate (criticando a existência de "sub-cultura criminosa na polícia", falando do "despotismo" etc), contribuíram para "uma animada discussão pública", razão pela qual a Corte concedeu maior peso à liberdade de expressão em detrimento ao direito à reputação de Bratholm. FRANÇA. CEDH. Caso Nilsen e Johnsen v. Noruega. Petição nº 23118/93. Estrasburgo, 25 nov. 1999, §§ 47-53.

[193] FRANÇA. CEDH. Caso Jerusalém v. Áustria. Petição nº 26958/95. Estrasburgo, 27 fev. 2001, §§ 39-49.

seu passado era "inaceitável" para um político na Áustria. Acusou ainda Bruno Kreisky, chanceler aposentado e presidente do Partido Socialista Austríaco, de proteger Friedrich. No segundo artigo, intitulado "Reconciliação com os nazistas, mas como?", Lingens mais uma vez recordou os fatos, destacou a influência de Kreisky na opinião pública, criticou Friedrich, destacando ainda que a Áustria – "que produziu Hittler, Eichmann e outros criminosos de guerra" – não tinha conseguido "chegar a um acordo com o passado", e corria o risco de "entregar o país nas mãos de um futuro movimento fascista". Disse que o comportamento de Kreisky era movido por "motivos irracionais: é imoral, indigno". Afirmou ainda que a Áustria deveria "se reconciliar com o passado, sem procurar favores dos ex-nazistas, minimizando o problema dos campos de concentração ou difamando Wiesenthal, explorando anti-semitismo". Além disso, rememorou os fatos da Segunda Guerra e disse que, "trinta anos depois", as pessoas ainda "fechavam os olhos para a existência desta montanha de cadáveres". Lingens criticou ainda "os partidos políticos em geral, devido à presença de ex-nazistas entre seus líderes"[194]. Lingens foi condenado ao pagamento de uma multa e, como pena acessória, a publicação da sentença.

A Corte mais uma vez destacou a importância da liberdade de expressão como fundamento da sociedade democrática, e a importância da imprensa nesse processo, pois cabe-lhe trasmitir informações e ideias – que o público tem direito de receber. Na visão da Corte, a liberdade de imprensa "proporciona ao público um dos melhores meios de descobrir e formar uma opinião das ideias e atitudes dos líderes políticos". A Corte considera a importância da informação – transmitida e recebida – essencial para o debate em uma sociedade democrática. A Corte falou também da ampliação da crítica aceitável quando referir-se ao político que está em constante exame pelos jornalistas e pelo público em geral, de modo que deve ser mais tolerante às críticas. A Corte salientou que Lingens foi condenado porque se referiu a Kreisky utilizando termos como "oportunismo mais vil", "imoral" e "indigno", mas considerou que os artigos versavam sobre "questões políticas de interesse público na Áustria", que

---

[194] FRANÇA. CEDH. Caso Lingens v. Áustria. Petição nº 9815/82. Estrasburgo, 8 jul. 1986, §16.

inclusive "tinha dado origem a muitas discussões acaloradas", tanto com relação à conduta da sociedade, quanto à do chanceler, especialmente, no que dizia respeito à participação de ex-nazistas na governança do país. Ademais, a Corte reconheceu que os termos impugnados eram juízos de valor. Os tribunais nacionais entenderam que não tinha sido possível verificar a veracidade das afirmações de Lingens, e o condenaram por difamação. No entanto, a Corte mais uma vez entendeu pertinente fazer-se a distinção entre fatos e juízos de valor, reforçando que estes últimos não são suscetíveis de prova e que a base factual em que se basearam as declarações e a boa-fé de Lingens eram "indiscutíveis". Sendo impossível de provar a veracidade de um juízo de valor, a exigência de sua prova "viola a própria liberdade de opinião, que é uma parte fundamental do direito garantido pelo artigo 10 (art. 10) da Convenção". A Corte concluiu que a ingerência não era necessária para proteger a honra de terceiros em uma sociedade democrática, sendo considerada desproporcional[195].

2.1.4. O discurso discriminatório, racista, classista e odioso

Outro caso importante da Corte Europeia sobre a liberdade de expressão é Oberschlick v. Áustria. Em 29 de março 1983, durante a campanha eleitoral parlamentar, foi relatado em um programa de televisão a sugestão de Walter Grabher-Meyer, na época secretário-geral de um dos partidos políticos que participaram da coalizão governista, o Partido Liberal Austríaco (FPÖ), que defendia um aumento de 50 % para os abonos de famílias de mulheres austríacas, com o intuito de evitar abortos por razões financeiras, e, ao mesmo tempo, uma redução também de 50 % dos abonos pagos às mães imigrantes, justificando que, nos outros países da Europa, as famílias de imigrantes também tinham direitos a menos benefícios que as locais. Várias pessoas, entre as quais, Oberschlick, apresentaram uma denúcia contra Walter Grabher-Meyer ao Ministério Público, que decidiu não o perseguir criminalmente pela sugestão política. No mesmo dia em que fez a denúncia, Oberschlick publicou um artigo a respeito do caso, com o título "Informação Criminal Contra o Partido Liberal Secretário-Geral". O conteúdo do artigo na revista continha um resumo das

---

[195] FRANÇA. CEDH. Caso Lingens v. Áustria. Petição nº 9815/82. Estrasburgo, 8 jul. 1986, § 47.

informações criminais de Walter, acusando-o de incitamento ao ódio e prática de infrações penais[196]. Oberschlick foi acusado de difamação por Grabher-Meyer, que também pleiteou apreensão imediata das revistas e uma indenização. Os tribunais internos condenaram Oberschlick, em fase de recurso, à publicação do andamento dos processos de difamação e, posteriormente, ao pagamento de multa ou 25 dias de prisão pelo crime de difamação, com a apreensão das revistas e o pagamento da indenização civil, além de multa prevista na lei da mídia, especialmente em vista da acusação de que Grabher-Meyer teria uma "maneira de pensar nacional-socialista" sem que tivesse estabelecido a verdade das alegações ou as justificado.

A Corte Europeia entendeu, no entanto, que a liberdade de expressão de Oberschlick foi violada. Novamente a Corte questionou se a restrição era necessária em uma sociedade democrática. A Corte destacou a importância dos periódicos na crítica de propostas de políticas sociais feitas por políticos, e concluiu que Oberschlick apenas dera "sua própria interpretação" a respeito da proposta de Grabher-Meyer. Para a Corte, os tribunais nacionais negaram a Oberschlick não apenas o direito de dar sua opinião "sobre se a proposta constitui um 'revival' do nacional-socialismo, mas também de fazer comparações históricas com base nos fatos atuais". A Corte entendeu ainda que a exigência dos tribunais nacionais de que Oberschlick provasse a veracidade das alegações neste caso eram impossíveis, por tratar-se de um juízo de valor, de modo que, por si só, essa exigência já era uma violação da liberdade de opinião[197].

Em Féret v. Bélgica, durante a campanha eleitoral, Féret, presidente do partido político Frente Nacional (*Front National – Nationaal Front*), também editor dos escritos do partido e seu *website*, e, ainda, membro da Câmara dos Deputados da Bélgica, foi acusado de discriminação, incitação ao ódio e violência em razão da raça, cor ou origem nacional ou étnicas. Alguns folhetos distribuídos durante campanha eleitoral ensejaram a acusação. Os folhetos traziam a exposição da plataforma política do partido, que defendia, *inter alia*, a restauração prioritária de emprego para belgas e europeus, a repatriação de imigrantes, o princípio da prefe-

---

[196] FRANÇA. CEDH. Caso Oberschlick v. Áustria. Petição nº 11662/85. Estrasburgo, 23 mai. 1991, § 13 (tradução nossa).
[197] Ibidem, § 64.

rência nacional e europeia, a conversão de casas de refugiados políticos em abrigos para sem-teto belgas, a criação de fundo de segurança social separado para os imigrantes, o fim da política de "pseudo-integração" de imigrantes, e uma regulação mais estrita da propriedade de imóveis para se evitar a formação de guetos étnicos no território e "salvar nosso povo do risco decorrente do Islã conquistador". Féret também publicou um folheto denunciando refugiados e ciganos[198], e outro, que continha um desenho representando o Ministro do Emprego, Trabalho e Igualdade de Oportunidades da Bélgica distribuindo notas de dinheiro em Marrocos com a legenda: "P.S. faz caridade (...) com o seu dinheiro", em contraposição ao desenho de uma pensionista belga com dois bilhetes e dinheiro nas mãos, do lado de fora de um edifício decrépito dizendo "Pensionistas: o governo não se preocupa com você"[199]. O texto foi seguido por uma fotografia de Féret e o *slogan* do partido: "Belgas e europeus em primeiro lugar!". Outras queixas foram apresentadas contra Féret por um poster intitulado "este é o clã cuscuz", em que aparecia uma mulher com véu e um homem vestindo um turbante, os dois segurando uma placa que dizia: "o Corão diz: Matar os infiéis até se realizar uma grande matança", sob o que aparecia, em letras vermelhas: "A Frente Nacional diz NÃO!". Outro folheto intitulado "Quem traiu os trabalhadores?" continha um desenho de um saque de uma farmácia e de um banco por dois indivíduos encapuzados com o subtítulo "desenho racista" e, abaixo, "respeito pelo direito à diferença". A Liga de Direitos Humanos apresentou uma queixa contra o cartaz, agora em forma de panfleto e com o texto adicional, fazendo referência ao ataque terrorista de Osama bin Laden em solo americano: "Ataques nos EUA: O clã cuscuz"; e contra um outro folheto, com o título "2001: o ano de viver perigosamente", em que uma caixa de cigarro "Gauloises", sob a legenda "praga marrom" era, cercado por "selvagens" de tanga e ossos no nariz, entitulados "Negro Internacional"[200]. Féret acabou tendo sua imunidade suspensa na Câmara dos Deputados e foi condenado a uma pena de 250 horas de trabalho no setor de inte-

---

[198] FRANÇA. CEDH. Caso Féret v. Bélgica. Petição nº 15615/07. Estrasburgo, 16 jul. 2009 (tradução nossa).
[199] Vide conteúdo completo do verso do folheto. Ibidem, §§ 11-12 (tradução nossa).
[200] FRANÇA. CEDH. Caso Féret v. Bélgica. Petição nº 15615/07. Estrasburgo, 16 jul. 2009, §§ 16-17.

gração de pessoas de nacionalidade estrangeira; também ficou inelegível por dez anos e foi condenado ao pagamento de 1 euro para cada um dos demandantes em razão do discurso de ódio contido em alguns de seus folhetos. Féret apelou à Corte Europeia alegando violação a sua liberdade de expressão.

A Corte ao analisar o caso sublinhou que, apesar de a Convenção Europeia deixar pouco espaço para restrições à liberdade de expressão na área do discurso político ou assuntos de interesse público e alta relevância em uma sociedade democrática, é possível se admitir certas restrições, desde que haja motivos imperiosos. A Corte destacou a importância à tolerância e ao respeito da dignidade humana como "alicerces da sociedade democrática e pluralista", sendo necessário "sancionar ou mesmo impedir todas as formas de expressão que espalha, encoraja, promova ou justifique o ódio baseado na intolerância (incluindo a intolerância religiosa)", exigindo-se no entanto que as medidas ou restrições sejam sempre proporcionais ao objetivo perseguido. A Corte lembrou que quando a restrição versa sobre a liberdade de expressão de um representante de oposição eleito, é preciso ter-se ainda mais cuidado. A Corte Europeia confirmou o entendimento dos tribunais belgas, especialmente no sentido de que os folhetos contribuíam para a discriminação, segregação e ódio, não necessariamente incitando a violência explícita, mas incitando o ódio aos refugiados[201].

Nesse caso, ficou clara a posição da Corte a respeito da incitação ao ódio: não se exige "a chamada a um determinado ato de violência ou de outros atos criminosos. Os abusos cometidos por insulto, ridicularização ou difamação destinados à parte da população ou grupos específicos, ou a incitação à discriminação" seria suficiente para que o estado pudesse "priorizar a luta contra o discurso racista, contra a liberdade de expressão irresponsável e prejudicial à dignidade ou mesmo à segurança desses grupos". Na visão da Corte, o discurso político que "incita ao ódio com base no preconceito religioso, étnico ou cultural constitui uma ameaça para a paz social e estabilidade política em estados democráticos". O alto grau de proteção do discurso político, normalmente reconhecido internamente através da imunidade parlamentar, abarca as visões dos partidos

---

[201] Ibidem, § 70.

que podem ofender, chocar ou inquietar uma parte da população. Seria possível, tratar, por exemplo, do problema com a imigração, sem contudo, "defender a discriminação racial" e se valer de "palavras ou atitudes vexatórias ou humilhantes", já que poderiam "gerar entre o público reações incompatíveis com um clima social de calma e minar a confiança no instituições democráticas"[202]. Ademais, para a Corte, a imunidade de um parlamentar não pode "atenuar" sua responsabilidade; ao contrário, a Corte ressaltou a importância de o político "evitar a transmissão de propostas que alimentem a intolerância" e "defender a democracia e seus princípios"[203], e que "a incitação à exclusão de estrangeiros constitui uma violação fundamental dos direitos humanos e, portanto, deve justificar o cuidado especial de todos, incluindo os políticos"[204].

A Corte destacou que os tribunais nacionais agiram de forma justificada e que a linguagem usada nos panfletos incitando a discriminação e ódio racial, "não pode ser camuflada pelo processo eleitoral", estando justificada a interferência na liberdade de expressão de Féret, "tendo em conta a necessidade social imperiosa de proteger a ordem pública e os direitos dos outros, ou seja, os da comunidade imigrante". Concluiu a Corte que a interferência no exercício da liberdade de expressão de Féret foi necessária em uma sociedade democrática, e que, na condenação que lhe foi imposta, houve proporcionalidade entre a natureza do ilícito e a severidade da sanção[205].

Aqui, vale lembrar que a Recomendação R 97 (20) do Comitê de Ministros do Conselho da Europa[206] definiu que o conceito do termo

---

[202] FRANÇA. CEDH. Caso Féret v. Bélgica. Petição nº 15615/07. Estrasburgo, 16 jul. 2009, § 77.
[203] Vide também Partido Comunista v. Turquia e Refah Partisi (O Partido do Bem-Estar) v. Turquia.
[204] FRANÇA. CEDH. Caso Féret v. Bélgica. Petição nº 15615/07. Estrasburgo, 16 jul. 2009, § 75.
[205] Como vimos, Féret foi condenado a 250 horas de trabalho na área de integração de estrangeiros e à inelegibilidade por dez anos. Ibidem, §§ 79-80.
[206] Recomendação nº R 97 (20) adotada pelo Comitê de Ministros do Conselho da Europa em 30 out. 1997. Disponível em: http://www.coe.int/t/dghl/standardsetting/media/Doc/CM/CM_texts_en.pdf. Acesso em: 24 jul. 2015. Para a Corte Europeia, esta resolução contém diretrizes para combater o discurso de ódio, incentivando a criação de arcabouço jurídico com previsão de condenação civil, criminal e administrativa. No campo civil, um

"discurso de ódio" abrange "todas as formas de expressão que espalha, incita, promove ou justifica o ódio racial, a xenofobia, o anti-semitismo ou outras formas de ódio baseados na intolerância, incluindo: intolerância expressa pelo nacionalismo agressivo e etnocentrismo, discriminação e hostilidade contra as minorias, migrantes e pessoas de origem imigrante"[207]. O discurso de ódio abrange o racial, isto é, aquele voltado ao indivíduo ou grupos de pessoas "em razão da pertença a uma raça", o religioso, pautado na "distinção entre crente e não-crentes", o nacional, baseado na intolerância do "nacionalismo agressivo e etnocentrismo", bem como o discurso homofóbico[208].

Além disso, em 2002, a Comissão Europeia contra o Racismo e a Intolerância (ECRI), adotou a Recomendação de Política Geral nº 7. No item 18, estabelece a recomendação de que a lei interna por estados membros deve penalizar a conduta intencional que gerar "(A) a incitação pública à violência, ódio ou discriminação, (B) os insultos públicos e difamação [...] contra uma pessoa ou um grupo de pessoas em razão da sua raça, cor, língua, religião, nacionalidade ou origem nacional ou étnica". A mesma recomendação traz os aspectos que devem estar presentes nas legislações nacionais dos estados membros do Conselho da Europa para combater o racismo e a discriminação racial[209].

No caso Gündüz v. Turquia[210], de 2003, a Corte Europeia analisou se a Turquia teria violado o direito à liberdade de expressão protegida pelo artigo 10 da Convenção do cidadão turco Müslüm Gündüz. O requerente participara de um programa de televisão, com transmissão ao vivo, como líder do Tarikat[211] Aczmendi, descrita como seita islâmica, em 12

---

sistema de compensação e o direito de resposta e, no criminal, a previsão também de pena de serviços comunitários. Para a Corte, a resolução assegura a interferência restrita à liberdade de expressão, observando critérios objetivos e um controle judicial independente.

[207] O documento tem o "compromisso de combater todas as ideologias, políticas e práticas que constituem um incitamento ao ódio racial, violência e discriminação, bem como qualquer ação ou língua suscetível de reforçar medos e tensões entre grupos de diferentes origens raciais, étnicos, nacionais, religiosos ou sociais.

[208] Weber, Anne. **Manual in Hate Speech**. France: Council of Europe Publishing, 2009.

[209] A recomendação definiu o racismo e a discriminação racial direta e indireta.

[210] FRANÇA. CEDH. Caso Gündüz v. Turquia. Petição nº 35071/97. Estrasburgo, 04 dez. 2003.

[211] Seita em turco.

de junho de 1995. Em outubro de 1995, foi movido um processo criminal contra o requerente com base no artigo 312, §§ 2 e 3, do código penal turco, que proíbe a incitação ao ódio e a hostilidade fundada na diferença religiosa. Em abril de 1996, Gündüz foi declarado culpado e condenado pelo Tribunal de Segurança Nacional a dois anos de prisão e uma multa de 600.000 liras turcas. A decisão foi confirmada em segunda instância. Basicamente, o tribunal nacional considerou que alguns trechos da entrevista[212] violavam o código penal turco por, *inter alia*, atacar o secularismo, chamar filhos de pais casados apenas civilmente de "bastardos", e dizer que a seita iria destruir a democracia e implantar um regime baseado na lei da sharia, e observou que, apesar de que o objetivo do programa fosse apresentar a seita à comunidade, destacando a forma como se vestem e a maneira como cantavam, incluindo a participação de convidados, como um estilista[213], um artista, um cientista, um funcionário do departamento de assuntos religiosos e outros, a entrevista acabou enveredando para os conceitos de secularismo, de kemalismo[214], e de democracia, debatendo o seu mau funcionamento, sua utilidade e os problemas de instituições dentro de um contexto de harmonia social, direitos humanos e liberdade de expressão. Em razão desses comentários, as frases e o contexto em que foram usadas, o tribunal turco decidira que o "réu, em nome do Islã, descreve conceitos como a democracia, laicismo e kemalismo como ímpios [...], mistura religiosidade e assuntos sociais, e também usa a palavra 'ímpia' para descrever a democracia, o sistema considerado como o mais adequado à natureza humana, adotada por quase todos os Estados e apoiada pela esmagadora maioria das pessoas que compõem a nossa nação", e condenou Gündüz por incitação do povo ao ódio e à hostilidade, baseada na distinção religiosa, agravado por ter difundido sua mensagem por meio de comunicação de massa. O estado turco entendeu que a liberdade de expressão não abarcaria insultos como, por exemplo, cha-

---

[212] FRANÇA. CEDH. Caso Gündüz v. Turquia. Petição nº 35071/97. Estrasburgo, 04 dez. 2003, p. 2 (tradução nossa).
[213] Para comentar sobre as vestes pretas usadas pelo grupo, se estavam na moda ou de acordo com o Islã. FRANÇA. CEDH. Caso Gündüz v. Turquia. Petição nº 35071/97. Estrasburgo, 04 dez. 2003, p. 2-3.
[214] "*Kemalist thought is inspired by the ideas of Mustafa Kemal Atatürk, the founder of the Republic of Turkey*". Ibidem, p. 2.

mar pessoas de "bastardas", que durante a transmissão da entrevista o requerente tinha manifestado a sua oposição à democracia e que, além de ofensivas e chocantes, as manifestações poderiam causar danos à moral e à ordem pública. Alegou o estado que a conduta de Gündüz violava a lei penal porque espalhava ódio baseado na intolerância religiosa[215].

A Corte Europeia, ao analisar o caso, mais uma vez ressaltou que a liberdade de expressão é um dos fundamentos mais importantes da sociedade democrática, estando protegidas também as ideias que chocam e que inquietam. Afirmou a Corte que o programa televisivo em questão versou sobre uma seita que estava atraindo a atenção do público, e que o líder da seita foi chamado para apresentá-la indicando o seus pontos "não-conformistas, incluindo a noção de que os valores democráticos eram incompatíveis com a sua concepção do Islã". Com relação a esse ponto, a Corte reconheceu que o assunto foi "amplamente debatido nos meios de comunicação turcos e diz respeito a uma questão de interesse geral, uma esfera em que as restrições à liberdade de expressão devem ser interpretadas de maneira restritiva"[216]. Verificou a Corte que "piç" ("bastardo"), em turco, é extremamente perjorativo e refere-se aos filhos nascidos fora do casamento religioso ou da prática de adultério, termo usado inclusive comumente "como um insulto projetado para causar ofensa". A Corte entendeu que "não se pode ignorar o fato de que o povo turco, sendo profundamente ligado a uma forma secular de vida da qual o casamento civil faz parte, pode legitimamente sentir que foi atacado de forma

---

[215] Ibidem, §§ 32-35.

[216] Entendeu a Corte que o programa permitiu uma "troca de pontos de vista", de modo a "contrabalançar" o debate. Na sua concepção, o programa parece ter tentado "informar o público sobre um assunto de grande interesse para a sociedade turca", além de Gündüz não ter sido condenado por participar do programa em si, mas por ter proferido um discurso de ódio. Ademais, "comentários demonstram uma atitude intransigente e de profunda insatisfação com as instituições contemporâneas na Turquia, tais como o princípio da laicidade e da democracia", de modo que analisando o contexto em que foram inseridas "não podem ser interpretadas como uma incitação à violência ou como discurso de ódio baseado na intolerância religiosa. Lembrou a Corte que as expressões contrárias aos valores contidos na Convenção que procuram difundir, incitar ou justificar o ódio baseado na intolerância, incluída a religiosa, não encontra respaldo no artigo 10 da Convenção. FRANÇA. CEDH. Caso Gündüz v. Turquia. Petição nº 35071/97. Estrasburgo, 04 dez. 2003, §§ 44-50.

injustificada e ofensiva", mas afirmou que a manifestação foi ao vivo, sendo portanto impossível "reformular, refinar ou retirar" a frase antes de ser transmitida. A Corte também entendeu que, apesar de os tribunais nacionais estarem em uma posição melhor para analisar os impactos do discurso de Gündüz internamente, na ponderação entre os direitos em conflito, a restrição à liberdade de expressão, para prevalecer, deve sempre passar pelo critério da necessidade do artigo 10, § 2, da Convenção e que os tribunais turcos não tinham atribuído peso suficiente para o fato de que Gündüz estava participando de um debate de interesse público.

Ademais, a Corte apontou que a simples defesa da sharia, sem incitar violência para estabelecê-la, não pode ser considerada discurso de ódio. O caso em tela deve ser analisado dentro de um contexto específico, observando-se que (i) o objetivo do programa era justamente o de apresentar a seita da qual Gündüz era o líder; (ii) as "visões extremistas" de Gündüz já eram conhecidas do público; e (iii) a participação dos convidados equilibrou o debate. Por essa razão, a Corte entendeu que a interferência do estado turco e as restrições feitas à liberdade de expressão não foram convincentes[217].

---

[217] Ibidem, § 51. Vide também Nilsen e Johnsen, § 52, Müller e outros v. Suíça, § 35 e Murphy v. Irlanda, §§ 65-69. No entanto, o juiz Turmen, em seu voto dissidente, entendeu que o termo "piç" é perjorativo e gravemente ofensivo, considerado um discurso de ódio e que este não limita ao discurso de ódio racial, mas inclui o ódio religioso. Apesar de ter sido entendido que defender a Sharia não seja considerado discurso de ódio, não se pode falar a mesma coisa com relação ao termo "piç". Na visão do juiz, Gündüz poderia ter apresentado suas opiniões e contribuído para o debate público sem ter usado a palavra "piç". Entendeu ainda o juiz dissidente que a decisão da Corte viola a jurisprudência emitida por ela anteriormente: no caso Otto Preminger-Institut v. Áustria (Acórdão de 20 de setembro de 1994, série A, n 295-A, p. 18-19, § 49). Em Otto Preminger-Institut v. Áustria, o Instituto Otto-Preminger que tinha o objetivo de promover a criatividade, comunicação e entretenimento, foi processado por veicular diversos filmes, dentre os quais o Conselho no Céu de Werner Schroeter, baseado nos escritos de Oskar Panizza, publicado em 1894, julgado e preso por crimes contra a religião em 1895. Após ter tido uma primeira sessão reservada, o filme foi confiscado e foi proibido de ser reapresentado sob o argumento de proteção ao direito de terceiros e prevenção da ordem. A Corte destacou que membros de uma maioria ou minoria religiosa que resolver expressar sua religião estão sujeitos à crítica e "devem tolerar e aceitar a negação por outros de suas crenças religiosas e até mesmo a propagação por outros de doutrinas hostis à sua fé. No entanto, a maneira pela qual as crenças e doutrinas religiosas são negadas é que pode

Outro caso importante sobre *hate speech* decidido pela Corte Europeia foi Jersild v. Dinamarca. Aqui a Corte analisou o conteúdo proferido pelo jornalista Jens Olaf Jersild na Danmarks Radio. Jens Olaf Jersild, de nacionalidade dinamarquesa, era jornalista, empregado da Danmarks. Em maio de 1985, foi publicado um artigo descrevendo a conduta de jovens membros de um grupo de jovens chamado "Greenjackets". Os editores da revista "Sunday News" decidiram produzir um documentário sobre o grupo, convidando três integrantes e um assistente social do centro de juventude local, Per Axholt, para participar de uma entrevista. Durante a entrevista, os três integrantes teriam feito comentários "abusivos e depreciativos sobre os imigrantes e grupos étnicos na Dinamarca"[218]. Posteriormente, o documentário foi editado e transmitido pela Danmarks Radio. Após investigações realizadas pelo Ministério Público dinamarquês, foi instaurado um processo criminal contra os jovens integrantes do grupo, especialmente, devido a trechos em que comparavam negros com gorilas, acusavam-nos de traficar drogas, e diziam que imigrantes em geral eram "animais"[219],[220].

Jersild foi condenado ao pagamento da multa prevista no ordenamento interno dinamarquês por auxiliar os jovens a disseminar o discurso racista. Foi alegado que o objetivo de trazer a entrevista para o programa era o de dar uma "imagem realista de um problema social", que seria preciso distinguir quem faz as declarações e os editores do programa, e que estes possuem uma liberdade de expressão especial. A Danmarks Radio tinha o dever de transmitir todas as opiniões de interesse público, de

---

gerar uma responsabilidade do Estado", pois "o efeito de métodos especiais de oposição ou negação das crenças religiosas podem inibir aqueles que detêm tais crenças de exercer a sua liberdade e de expressá-las" (vide Kokkinakis v. Grécia em que foi possível proibir a transmissão de ideias consideradas incompatíveis com a liberdade de expressão, tais como "retratos provocantes de objetos de veneração religiosa" que podem ser entendidos como "violação maliciosa do espírito de tolerância, que também deve ser uma característica da sociedade democrática)". FRANÇA. CEDH. Caso Otto Preminger-Institut v. Áustria. Petição nº 13470/87. Estrasburgo, 20 set. 1994.

[218] FRANÇA. CEDH. Caso Jersild v. Dinamarca. Petição nº 15890/89. Estrasburgo, 23 set. 1994 (Grand Chamber), § 10.

[219] Ibidem, §§ 11-19 (tradução nossa).

[220] A Dinamarca criou uma lei de Responsabilidade da mídia que entrou em vigor em 1 de Janeiro de 1992, após os fatos. Ibidem, §§ 20 e 27-28 (tradução nossa).

modo que a sociedade também tinha o interesse de ser informada sobre "as notórias atitudes sociais ruins". Afirmaram ainda que o programa foi transmitido no contexto de um debate público[221].

A Corte Europeia, ao analisar o caso, destacou a importância da liberdade de expressão na sociedade democrática e a importância de salvaguardar a imprensa, que tem a incumbência de difundir informações de interesse público, sendo que a sociedade também tem o direito de receber essas informações. A Corte observou que, na introdução do programa, o apresentador fez referência à discussão sobre o racismo na Dinamarca, "convidando o espectador a ver o programa neste contexto" e retratando a mentalidade dos jovens racistas e o contexto social em que estavam inseridos, de modo que não parecia que a entrevista tivesse um objetivo de propagar o conteúdo racista, mas "expor, analisar e explicar" a situação do grupo de jovens "limitados e frustrados por sua situação social, com antecedentes criminais e atitudes violentas", questão de "grande interesse público". Diferentemente da posição dos tribunais nacionais, a Corte entendeu que o programa buscou equilibrar as posições extremistas dos jovens abordando seu apoio à Ku Klux Klan e apontando os antecedentes criminais de alguns deles. Jersild também refutou algumas declarações racistas durante o programa, destacando importantes trabalhos desempenhados por pessoas negras. Ressaltou a Corte que informar por meio de entrevistas, editadas ou não, é fundamental para que a imprensa seja um "cão de guarda público", de modo que punir o jornalista na divulgação de declarações feitas por outrem seria um modo de "dificultar a contribuição da imprensa para a discussão de assuntos de interesse público": A punição de um jornalista só pode ser relizada se houver forte razão. A Corte também não concordou que a "natureza limitada" da multa seria relevante: o que importa para a Corte é que o jornalista foi condenado. Ademais, a Corte entendeu que não há dúvidas de que a conduta dos Greenjackets não estava protegida pelo artigo 10 da Convenção, mas, considerando-se o contexto, não estava justificada uma sanção penal. Era certo, para a Corte, que a emissão da entrevista editada não era racista e que os tribunais nacionais não levaram isso em

---

[221] FRANÇA. CEDH. Caso Jersild v. Dinamarca. Petição nº 15890/89. Estrasburgo, 23 set. 1994 (Grand Chamber), § 15.

consideração. Em razão dos argumentos acima expostos, a Corte entendeu que as razões apresentadas pelo estado dinamarquês para justificar a condenação de Jersild não eram suficientes para a interferência à liberdade de expressão, configurando, portanto, violação do artigo 10 da Convenção[222].

Outro caso importante foi Lehideux & Isorni v. França. Marie-François Lehideux fora ministro da produção industrial no governo do marechal Pétain[223]. Jacques Isorni fora oficialmente designado para assistir ao Presidente da Ordem dos Advogados da França na defesa do Marechal Pétain em seu julgamento perante o Supremo Tribunal, que o condenou à morte pelo crime de traição, em agosto de 1945. Em julho de 1984, Lehideux (então presidente da Associação em Defesa da Memória do Marechal Pétain) e Isorni publicaram no jornal "Le Monde" um artigo pago com o título "Povo da França, você tem memória curta", seguido por um convite para os leitores escreverem para a Associação em Defesa da Memória do Marechal Pétain e da Associação Nacional de Pétain-Verdun[224]. A Associação Nacional de Ex-Membros da Resistência processou criminal e civilmente os requerentes por defender "crimes de colaboração com o inimigo", e Lehideux e Isorni foram condenados.

A Corte questionou, como de costume, se a interferência na liberdade de expressão no caso seria necessária numa sociedade democrática. Não poderiam, para a Corte, ser os requerentes – ou seus escritos – "equiparados" aos "negacionistas ou revisionistas" do Holocausto. Lehideux e Isorni não tinham negado as atrocidades nazistas ou o Holocausto. Eles tampouco estavam endossando uma política, apenas sugeriam que poderia ter ocorrido na história algo diferente do que o mais comumente aceito, a saber, que Pétain teria desejado a vitória dos Aliados. A Corte

---

[222] FRANÇA. CEDH. Caso Jersild v. Dinamarca. Petição nº 15890/89. Estrasburgo, 23 set. 1994 (Grand Chamber), §§ 43-44.

[223] Henry Phillipe Pétain, líder do governo fantoche nazista instalado na França durante a Segunda Guerra Mundial. BLOND, Georges. "Philippe Pétain". In: *Encyclopædia Britannica*. Disponível em: <http://www.britannica.com/biography/Philippe-Petain>. Acesso em: 25 nov. 2014.

[224] O texto também continha várias afirmações descrevendo as etapas da vida do marechal Pétain e suas ações como uma figura pública. FRANÇA. CEDH. Caso Lehideux & Isorni v. França. Petição nº 24662/94. Estrasburgo, 23 set.1998, § 11, p. 4-5 (tradução nossa).

entendeu que esse ponto deveria ser resolvido por historiadores e não por ela, e que a situação histórica admite controvérsia e não se enquadra nos casos de "fatos históricos claramente estabelecidos – como o Holocausto – cuja negação ou a revisão" não estaria abarcada pelo artigo 10 da Convenção[225]. A Corte ressaltou que no artigo de Lehideux e Isorni não fora, de fato, mencionado que "Pétain tinha conscientemente contribuído para [a] perseguição e deportação para os campos da morte de dezenas de milhares de judeus na França", o que constituiu crime contra a humanidade, mas que, ainda assim, embora tal omissão seja "moralmente repreensível" é importante se "debater a própria história abertamente e de forma desapaixonada": em uma sociedade democrática, não só as ideias inofensivas ou favoráveis estão protegidas, mas também, aquelas que ofendem, chocam e inquietam. Entendeu assim a Corte que uma sanção penal por se defender crimes de colaboração históricos era desproporcional e desnecessária em uma sociedade democrática[226].

Para consolidar a posição da Corte sobre o tema, no caso Erbakan v. Turquia, discutiu-se especificamente a proibição do discurso de ódio por políticos nas campanhas eleitorais. Erbakan era ex-primeiro ministro da Turquia e, na época dos fatos, era presidente do Partido Político Refah (Partido da Prosperidade). Durante as eleições municipais de 1994, o requerente fez um pronunciamento público na cidade de Bingol, sudeste da Turquia, em que dizia, *inter alia*, que seu partido era o único partido "justo", que os outros partidos eram "amantes do infiel", e ainda fazia declarações contrárias ao "Ocidente", e criticava a igualdade dos curdos [227]. Erbakan foi processado e condenado ao pagamento de 220.000 liras

---

[225] Vide o famoso caso Garaudy v. França. Ler também as críticas feitas por BRUGGER, Winfried. Proibição ou proteção do discurso do ódio? Algumas observações sobre o direito alemão e o americano. *Revista de Direito Público*, Brasília, v. 15, n. 117, jan.-mar. 2007, p. 135-136.

[226] No voto concorrente do juiz Meyer, ficou claro que a liberdade de expressão abarca a possibilidade de apresentar favoravelmente ou não uma figura pública, bem como aprovar ou não um julgamento que lhe diga respeito. FRANÇA. CEDH. Caso Lehideux & Isorni v. França. Petição nº 24662/94. Estrasburgo, 23 set.1998, §§ 56-57.

[227] Essa região, além de base para o grupo islâmico extremista Hezbollah, era palco de constantes ataques terroristas. Seis meses antes do discurso, trinta e três pessoas haviam sido mortas em um incêndio criminoso. FRANÇA. CEDH. Caso Erbakan v. Turquia. Petição nº 59405/00. Estrasburgo, 06 jul. 2006, §§11, 31 e 61 (tradução nossa).

turcas e a um ano de prisão por violação ao código penal ao ter abertamente incitado o público ao ódio e à violência ao fazer observações sobre as diferenças de religião, raça e região durante o discurso.

No caso específico, a Corte verificou se as sanções impostas ao conteúdo do discurso de Erbakan possuíam "necessidade social imperiosa" e se foram "proporcionais aos objetivos legítimos visados". Para tanto, verificou como os tribunais nacionais analisaram a questão (especialmente porque o processo contra Erbakan foi instaurado quatro anos e cinco meses depois do comício público considerado ofensivo), e se a natureza e a gravidade das sanções configuravam uma interferência legítima do estado. A Corte reconheceu que o discurso de Erbakan era maniqueísta, divisivo, e ocorrera em uma região traumatizada por ataques terroristas e conflitos étnico-religiosos. Reconheceu ainda que uma visão religiosa que divide a sociedade entre "justos" e "injustos", ou "fiéis" e "infiéis", bem como referências discriminatórias contra o laicismo, o ocidente, e aos curdos que, inclusive, são minoria étnica na Turquia, não se coadunam com o valor da diversidade essencial a uma sociedade democrática contemporânea. No entanto, a existência de um relatório oficial feito após o discurso que afirmava que Erbakan teria tratado de "questões econômicas e políticas, conforme a lei", e que somente quase cinco anos depois foi instaurado um processo, reforçaram a posição da Corte de que os discursos não compreenderam um "risco" ou "perigo iminente" para a sociedade. Além disso, a Corte entendeu que a condenação havia sido muito severa, especialmente em se tratando de "político notório", e que tal condenação teria um efeito dissuasivo na divulgação de ideias, o que seria prejudicial à democracia (mesmo o fato de o requerente não ter cumprido a pena de prisão não mudou esta conclusão da Corte, porque, a despeito do não-cumprimento da pena, a condenação existiu). Concluiu, por fim, a Corte, que não houve justificativa suficiente para justificar a interferência na liberdade de expressão necessária à sociedade democrática, em prol de se "garantir e manter a liberdade do debate político"[228]. Esse caso é uma referência, porque ainda que o discurso pudesse ser reconhecido como um discurso de ódio, a Corte entendeu que não houve

---

[228] FRANÇA. CEDH. Caso Erbakan v. Turquia. Petição nº 59405/00. Estrasburgo, 06 jul. 2006, § 70.

proporcionalidade na aplicação das medidas adotadas pelo estado. Esse fato demonstra que a interferência à liberdade de expressão, mesmo em casos graves, deve ser mínima.

2.1.5. A base fática suficiente

A posição da Corte Europeia foi evoluindo sobre o tratamento que deve ser dado à necessidade de se provar a veracidade de fatos divulgados (liberdade de informação) e a impossibilidade de se provar opiniões.

Em princípio, pareceu que a Corte Europeia seguiria no sentido de trazer uma distinção entre os dois direitos. A análise dos casos Oberschlick v. Áustria, Schwabe v. Suíça, Pedersen e Badsgaard v. Dinamarca, e Dichand v. França mostra a dificuldade de se obter uma posição mais clara e definitiva sobre o assunto. Nestes casos, a Corte exigia (i) prova da veracidade para os juízos de fato, e (ii) admitia a impossibilidade de se provar veracidade de juízos de valor.

No entanto, aos poucos, a Corte, construiu uma teoria mais satisfatória para tratar de fatos, que passou a adotar, denominada de "teoria da base factual (ou fática) suficiente". Basicamente, a Corte substitui o *fato* pela *base fática*, já que é a partir desta que se forma um juízo de valor, e submete o caso a dois testes: (a) a prova da verdade, e (b) a boa-fé, como ocorre na jurisprudência norte-americana. Assim, atualmente, a Corte leva em conta se o interlocutor agiu sabendo que o conteúdo transmitido era falso ou se, mesmo não tendo a certeza da veracidade, não tomou o cuidado suficiente. Se o interlocutor agiu de boa-fé, ou seja, se agiu com razoabilidade para verificar a confiabilidade da notícia ou das fontes – se havia *base fática* suficiente para se acreditar que a informação era verdadeira –, a informação transmitida é considerada *verídica*, e toda informação verídica está protegida pelo direito à liberdade de informação[229], de modo que uma lei que exigisse a *verdade* (no sentido de *verdade absoluta*) dos fatos relatados viola o artigo 10 da Convenção Europeia. Nesse sen-

---

[229] O interlocutor precisa certificar-se de que "as fontes utilizadas podem qualificar-se como plenamente confiável" para considerar uma informação como verídica. GISBERT, Rafael Bustos. Los Derechos de Libre Comunicación en una Sociedad Democrática. In: GARCIA ROCA, Javier e SANTOLAYA, Pablo (coords). Op. cit., p. 600-601 (tradução nossa).

tido, decidiu a Corte nos casos Castells v. Espanha, Dalban v. Romênia, Constantinescu v. Romênia.

No caso Grinberg v. Russia, a Corte tentou estabelecer se o comentário feito por Grinberg de que o político Shamanov "não tinha vergonha e nem escrúpulos" deveria ser entendido como juízo de valor ou de fato. A Corte ressaltou que a lei russa que sanciona a difamação não fazia distinção entre os dois e, em razão disso, partiu da premissa de que a veracidade da declaração feita deveria ser comprovada. No entanto, a Corte entendeu que *a verdade dos juízos de valor não é suscetível de prova* e a exigência de uma prova impossível, neste caso, "viola a própria liberdade de opinião, que é uma parte fundamental do direito garantido pelo artigo 10". A Corte sublinhou que "mostrar que Shamanov não tinha realmente 'vergonha e escrúpulos'" era um ônus da prova, "obviamente, impossível de satisfazer". Assim, para a Corte, a liberdade de expressão de Grinberg fora violada ao exigir-se a comprovação da veracidade de um juízo de valor, impossível de ser realizada, o que atingia diretamente a liberdade de opinião do autor, parte integrante da liberdade de expressão. Além disso, a Corte destacou ainda que o artigo de Grinberg foi escrito no contexto de questão de interesse público, em que se criticou a conduta do então governador regional – Shamanov, reconhecido como "um *político profissional* em relação às quais *os limites da crítica aceitável são mais largos do que no caso de um particular*". Para a Corte, Grinberg apenas expressou seu "ponto de vista de forma inofensiva". Finalmente, vale notar que, ao analisar se a medida restritiva da liberdade fora *necessária e proporcional*, a Corte ainda afirmou que os tribunais locais não haviam conseguido demonstrar a existência de uma "necessidade social imperiosa para colocar a proteção dos direitos de personalidade do político acima do direito do requerente à liberdade de expressão e do interesse geral na promoção dessa liberdade quando questões de interesse público estão em causa" de forma convincente. Ademais, notou ainda a Corte que não ficou demonstrado qualquer prejuízo à carreira política de Shamanov ou à sua vida profissional[230].

---

[230] FRANÇA. CEDH. Caso Grinberg v. Rússia. Petição nº 23472/03. Estrasburgo, 21 jul. 2005, §§ 28-35.

No caso Dichand, a Corte decidiu no mesmo sentido, de que é necessário fazer uma distinção entre juízo de valor e de fato. No entanto, afirmou que, para que um juízo de valor não seja considerado excessivo e admita uma interferência proporcional por parte do estado, é preciso também estar assentado em uma base factual suficiente (ou seja, um juízo de valor sem qualquer respaldo em base fática também poderia ser contestado). Entendeu a Corte que a condenação para a retirada de declarações feitas à Graff – político de relevância – e a proibição de sua repetição no futuro interferiram na liberdade de expressão de Dichand. Na época em que Graff presidiu o Comitê Legislativo do Parlamento aprovou-se uma lei que beneficiava editores de jornais que eram clientes de Graff quando este era advogado. Dichand fez referência à conduta exemplar de um ministro chamado Roland Dumas – que desistiu do seu escritório de advocacia quando se tornou membro do governo francês –, e comparou sua conduta com a de Graff: "Em todas as democracias do mundo este curso de ação é seguido. Só que M.G., que é, obviamente, casca grossa, não quer respeitar este conceito moral". Em seguida, após precisar a conduta de Gaff na função pública, o texto de Dichand afirmava: "Aconteceu que no momento em que M.G. estava presidindo Comitê Legislativo do Parlamento, uma lei foi alterada, que trouxe grandes vantagens para os editores de jornais a quem M.G. representou como um advogado". Continuou Dichand: "a fim de assegurar que, nesses casos, nenhuma suspeita, nem mesmo àquele que não tem justificação objetiva, possa surgir, existe a regra sábia de incompatibilidade; a um advogado não é permitido tomar parte na aprovação de leis que levam à vantagens para seus clientes". A Corte não concordou com os tribunais nacionais franceses a respeito da necessidade de interferência em razão da falta de prova de veracidade dos fatos por parte de Dichand. Para a Corte, Graff participara do Comitê que aprovara a alteração da lei em questão, e exigir-se que Dichand provasse que a alteração da lei teria servido "exclusivamente" para atender os interesses dos clientes de Graff era "impor uma sobrecarga excessiva para o requerente", um ônus que Dichand não poderia cumprir. Para a Corte, havia base factual suficiente – ainda que "magra" – para o juízo de valor que Dichand expressara. O comentário, na visão da Corte, versou sobre uma questão de interesse público geral. A Corte ressaltou que Graff era um político de importância e que o fato de um político "estar em uma situação em que seus negócios e suas atividades políticas sobrepõem-se pode dar origem à discussão pública" sobre eventual incompatibilidade do cargo, o que é importante e saudável para uma democracia[231].

Posicionou-se, assim, a Corte, no sentido *pro veritas*, mas privilegiando a liberdade de expressão. Ressaltou ainda a Corte que o político está sujeito a menos proteção à privacidade do que as outras pessoas, e que a crítica aos políticos é salutar à democracia. Isso significa que a Corte considera todas as evidências que servem para demonstrar a veracidade dos fatos e a boa-fé do interlocutor, e não exige informações precisas, exatas, sob pena de que essa exigência possa comprometer o livre debate de ideias e informações dentro de uma sociedade democrática. Tal postura é consolidada e repetida consistentemente em diversos casos.

A necessidade de boa-fé do interlocutor é evidente no caso Pedersen e Badsgaard v. Dinamarca, em que a Corte condenou a distorção de fatos [232]. Além disso, a Corte também reconheceu a possibilidade de ocorrer falta de veracidade *por omissão, i.e.*, quando o sentido da informação é alterado em razão da *omissão* ou *ocultação* de determinados fatos, como foi verificado no caso Shabanov & Tren v. Rússia[233]. Nos dois casos acima,

---

[231] FRANÇA. CEDH. Caso Dichand e outros v. Áustria. Petição nº 29271/95. Estrasburgo, 26 fev. 2002, § 13. Vide, Ibidem, §§ 42-51 (tradução nossa).

[232] No caso, com relação ao conteúdo impugnado, a Corte buscou fazer uma distinção entre juízos de fato e de valor. A Corte salientou ainda que a imputação de crime grave ao inspetor-chefe, era excessiva, pois ainda que fosse funcionário público e tivesse sujeito amplamente à crítica tal qual os políticos, não poderia ser equiparado a eles. Além disso, a Corte entendeu que os jornalistas não tomaram o cuidado devido para verificar a veracidade de alguns fatos alegados pelo entrevistado que acabou mudando diversas vezes de posição perante a polícia. Não houve base factual suficiente para os jornalistas acusarem o inspetor chefe de ter alterado as evidências. FRANÇA. CEDH. Caso Pedersen e Baadsgaard v. Dinamarca. Petição nº 49017/99. Estrasburgo, 17 dez. 2004, §§ 76-95.

[233] Neste caso, Shabanov & Tren foram condenados a publicar uma retificação e ao pagamento de uma indenização. A Corte analisou a questão e entendeu que o dispositivo existente na lei interna russa era para proteger terceiros contra falsidades que pudessem prejudicar a reputação deles. No caso, tanto a afirmação falsa, como também "deixar de fora os fatos verdadeiros" de modo que a alterar a compreensão do assunto pode configurar uma falsidade. Para a Corte, a ideia que se quis transmitir foi a de que a chefe do departamento jurídico recebia salário superior tendo em conta a idade e a formação educacional, mas os jornalistas não fizeram um estudo sobre este último ponto, de modo que foi apresentado um "relato factual incompleto para os seus leitores"; além disso, na época em que o

a falta de boa-fé do interlocutor ficou evidenciada, de modo que um dos critérios exigidos pela Corte, a boa-fé – que é necessária mesmo nos casos de manifestação de juízos de valor – , não fora devidamente cumprido.

No caso Lingens v. Áustria, que já vimos, Lingens usou as expressões "o oportunismo mais vil", "imoral" e "indigno", "requisito mínimo de ética política" e "monstruosidade" para se referir a fatos cometidos por determinados políticos, notadamente, Kreisky. Na Áustria, Lingens foi condenado por difamação, especialmente porque não conseguira provar a veracidade de fatos que justificassem a atribuição à Kreisky do "oportunismo mais vil". A Corte Europeia entendeu que os comentários à respeito da conduta de Kreisky eram juízos de valor, sendo impossível prová-los. Mais uma vez, a Corte enfatizou que juízos de valor não são suscetíveis de prova, de modo que sua exigência viola a própria liberdade de opinião. Entendeu ainda a Corte que os juízos de valor emitidos por Lingens haviam sido baseados em fatos concretos, indiscutíveis, razão pela qual afimou que Lingens além de base factual suficiente, teria agido de boa-fé[234].

Ainda nesse sentido, no caso Mika v. Grécia[235], a Corte ressaltou a importância de se exercer a transmissão de informações de interesse público com boa-fé, que seria verificada a partir do uso de fatos precisos ou informação "fiável e precisa", especialmente quando quem leva a informação é um jornalista[236]. Como já vimos, a Corte foi tolerante quanto à precisão das informações, exigindo apenas uma base factual suficiente, ainda que fraca (nas palavras da própria Corte, "magra")[237].

---

artigo foi escrito, a chefe do departamento jurídico já tinha quatro anos de formada, de modo que os comentários feitos configuraram um ataque gratuito na reputação da chefe do departamento jurídico. FRANÇA. CEDH. Caso Shabanov e Tren v. Russia. Petição nº 5433/02. Estrasburgo, 14 dez. 2006, §§ 6-10 e 33-42.

[234] FRANÇA. CEDH. Caso Lingens v. Áustria. Petição nº 9815/82. Estrasburgo, 8 jul. 1986, §§ 22-46.

[235] FRANÇA. CEDH. Caso Mika v. Grécia. Petição nº 10347/10. Estrasburgo, 19 dez. 2013, § 30.

[236] Vide Fressoz e Roire, § 54 e Sgarbi v. Itália.

[237] FRANÇA. CEDH. Caso Mika v. Grécia. Petição nº 10347/10. Estrasburgo, 19 dez. 2013, §§ 52-53.

2.1.6. O uso do humor

O uso do humor, por sua vez, está sujeito a um *standard* diferente junto à Corte Europeia: apesar de a base fática suficiente se aplicar à liberdade de opinião, isto é, aos juízos de valor, vale dizer que a liberdade de expressão está protegida, sem necessidade de que se lhe imponham limites quanto à veracidade, nos casos específicos em que não haja intenção de "refletir a realidade por motivos humorísticos ou satíricos", pois, nesse caso, a base fática fica ainda mais relativizada e deve-se levar em conta o *animus iocandi* da comunicação. Neste sentido, decidiu a Corte Europeia nos casos Cumpănă e Mazăre v. Romênia, que veremos adiante, e Nikowitz & Verlagsgruppe News Mbh. v. Áustria.

No caso Nikowitz & Verlagsgruppe News Mbh. v. Áustria, a liberdade de expressão humorística e satírica ganhou mesmo diante do direito à imagem de atleta. Rainer Nikowitz, proprietário e editor do semanário "Profil", foi processado por difamação e condenado pelos tribunais nacionais ao pagamento de multa criminal e custas, além de indenização de natureza civil e suspensão da atividade profissional, por ter feito uma piada sobre Stefan Eberharter, atleta de esqui, em certo artigo. O artigo em questão versou sobre um acidente de Hermann Maier, campeão austríaco de esqui, que lhe resultou em uma perna quebrada, e fez uma brincadeira envolvendo seu concorrente (e amigo), Stefan Eberharter. A manchete, sob o título "Ouch", dizia: "Hermann Maier: a Áustria está mancando". A respeito de Stefan Eberharter, o artigo dizia que ele teria considerado a possibilidade de declarar algo como "ótimo, agora eu vou ganhar alguma coisa finalmente. Tomara que o cachorro louco escorregue em suas muletas e quebre a outra perna também", mas que, no último momento, desistira da ideia. Os tribunais nacionais consideraram que a compreensão da sátira exigia alto grau de "inteligência e concentração", e que transmitiu-se uma "imagem negativa de um atleta de alto nível", Eberharter. A Corte Europeia, no entanto, não concordou que os motivos apresentados pelos tribunais internos para a condenação de Nikowitz eram relevantes e suficientes o bastante para justificar a interferência na liberdade de expressão. A Corte ressaltou que o acidente chamou a atenção da mídia e que o artigo "foi escrito em um estilo irônico e satírico, com comentário bem-humorado", além de trazer uma "contribuição crítica de interesse geral". Para a Corte, os comentários poderiam ser entendidos como um juízo de valor em forma de piada, e a restrição não era necessária em uma sociedade democrática[238].

Também já vimos o quão permissiva é a Corte com o uso do humor em Mamère v. França, em que alusões à "figura sinistra" e "complexo de Asterix" foram protegidos.

2.1.7. A proporcionalidade das sanções

Com relação às sanções que são aplicadas em caso de excesso no exercício da liberdade de expressão, a Corte tem enfatizado que é preciso analisar a natureza e a severidade das penas para avaliar a proporcionalidade de uma interferência[239].

---

[238] Na visão da Corte, o artigo "especula sobre os verdadeiros sentimentos de Eberharter sobre o acidente de seu concorrente e sugere, em primeiro lugar, que estava satisfeito, porque ele esperava se beneficiar deste incidente e, por outro, que esperava que seu concorrente seria ainda mais enfraquecido". Se o artigo tivesse afirmado realmente, haveria um dano à imagem do esportista, mas, pelo contrário, o artigo esclarece que Eberharter não disse nada disso, de modo que o teor dos comentários está "dentro dos limites do aceitável comentário satírico em uma sociedade democrática". FRANÇA. CEDH. Caso de Nikowitz e Verlagsgruppe News Gmbh v. Áustria. Petição nº 5266/03. Estrasburgo, 22 fev. 2007, §§ 6-12 e 17-28.

[239] Vide Ceilão v. Turquia, § 37; Tammer v. Estónia, § 69; Skalka v. Polónia, §§ 41-42, e Lesnik, §§ 63-64. Destacamos alguns deles. No caso Skalka, um preso enviou uma carta para a Divisão Penitenciária do Tribunal Regional de Katowice criticando o juiz sem identificá-lo. Skalka se valeu de palavras insultantes, tais como "palhaços irresponsáveis" que estariam ocupando cargos na Divisão Penitenciária desse tribunal, "cretino de time-pequeno", "um tolo", "um indivíduo limitado", "excelente cretino" e com tom depreciativo. A Corte entendeu que a pena de prisão de oito meses aplicada a Skalka em razão da carta foi muito "dura". A Corte ressaltou que os critérios que são considerados por ela para estabelecer a proporcionalidade da medida são: a gravidade da culpa, a gravidade da infração e a repetição das infrações imputadas. Destacou a Corte que o caso versou sobre uma troca de cartas no âmbito interno que o público sequer tomou conhecimento, de modo que "a severidade da punição aplicada neste caso excedeu a gravidade da ofensa". FRANÇA. CEDH. Caso Skalka v. Polónia. Petição nº 43425/98. Estrasburgo, 27 mai. 2003, §§ 36-43. Em caso semelhante, Lesnik v. Eslováquia, foram feitas críticas ao procurador geral encaminhadas ao Ministério Público, escritas e posteriormente publicadas por Lesnik (a publicação poderia dar um ar de debate público, mas apesar disso, a Corte entendeu que não foi possível provar as alegações). Nesse caso, a prisão de 4 meses que fora suspensa por um período probatório de um ano, a Corte entendeu estar abaixo da escala aplicável,

Com relação às sanções, a Corte enfrentou a questão em diversos casos, alguns dos quais já analisamos neste trabalho, como Castells v. Espanha[240]. Apesar de ser possível aplicar sanção criminal, mas não ser preferível, a Corte Europeia constantemente entende que as penas aplicadas internamente pelos estados, ainda que simbólicas, tanto de natureza civil, quanto penal, acabam gerando uma desproporcionalidade[241]. A razão dessa insatisfação por parte da Corte Europeia decorre do efeito dissuasivo que as sanções podem gerar[242].

---

concluindo pela não violação à liberdade de expressão. FRANÇA. CEDH. Caso Lesnik v. Eslováquia. Petição nº 35640/97. Estrasburgo, 11 mar. 2003, §§ 54-65.

[240] No caso Castells v. Espanha, Castells havia sido condenado à prisão por insultar o governo e funcionários públicos e teve sua prisão preventiva decretada. Foi concedida a liberdade provisória e depois, mesmo com a confirmação do tribunal supremo na Espanha, tanto a prisão como a execução da pena acessória foram suspensas. A Corte entendeu que houve interferência à liberdade de expressão e que a "posição dominante que o governo ocupa torna necessário restringir o uso de procedimentos penais, em especial, quando outros meios estão disponíveis para responder aos ataques injustificados e críticas de seus adversários ou da mídia". FRANÇA. CEDH. Caso Castells v. Espanha. Petição nº 11798/85. Estrasburgo, 23 abr. 1992.

[241] No caso Lopes Gomes v. Portugal, a Corte afirmou que "não é o carácter reduzido da pena infligida ao requerente, mas a existência de condenação, que não teria sido proporcional "à perseguição do fim legítimo visado, tendo em conta o interesse da sociedade democrática em assegurar e a manter a liberdade de imprensa". FRANÇA. CEDH. Caso Lopes Gomes da Silva v. Portugal. Petição nº 37698/97. Estrasburgo, 28 set. 2000, § 36.

[242] No caso Barfod a Corte afirmou que "[...] Quando encontrar um justo equilíbrio entre estes interesses, a Corte não pode ignorar, como a recorrente e a Comissão observaram com razão, a grande importância de não desencorajar os membros do público, por medo de sanções penais e outras, de expressar as suas opiniões sobre questões da preocupação do público". FRANÇA. CEDH. Caso Barfod v. Dinamarca. Petição nº 11508/85. Estrasburgo, 22 fev. 1989, § 29. Esse posicionamento da Corte fica claro no caso Desjardin v. França, em que a Corte analisou se a "severidade das sanções impostas" era proporcional, mas concluiu que as razões alegadas pelo Estado não justificaram a interferência, pois, como constatemente afirma, "uma restrição, mesmo mínima, à liberdade de expressão pode gerar o risco de ter um efeito dissuasivo quanto ao exercício desta liberdade. FRANÇA. CEDH. Caso Desjardin v. França. Petição nº 22567/03. Estrasburgo, 22 nov. 2007, § 51. Semelhante foi a conclusão da Corte no Caso Brasilier v. França. Apesar de Brasilier ter sido condenado a uma pena "simbólica" – com o pagamento de um franco a título de danos decorrentes da difamação–, "não é suficiente por si só para justificar a interferência ao direito de expressão", uma vez que tem ressaltado a Corte sobre o risco de se criar um "efeito dissuasor sobre o exercício dessa liberdade". FRANÇA. CEDH. Caso Brasilier v.

No caso Cumpănă e Mazăre v. Romênia[243], a Corte analisou com detalhes a questão da severidade das sanções aplicadas aos discursos entendidos como excessivos à liberdade de expressão. A Corte considerou que a severidade das sanções é importante para se avaliar a proporcionalidade de uma interferência na liberdade de expressão, especialmente, quando a sanção pode constituir uma forma de inibir a imprensa de participar da discussão de matérias de interesse público. No caso, jornalistas foram condenados por insulto a três meses de prisão e por difamação ao pagamento de indenização por danos morais, bem como a prisão imediata por sete meses e proibição de exercer a profissão de jornalista por um ano, com a suspensão de direitos civis – sanções estas que, na visão da Corte, são muito graves. A Corte entendeu que, ainda que o estado possa legitimamente restringir a liberdade de expressão para preservar a reputação de terceiros, como no caso, não é permitido que o faça de um modo que desencoraje "os meios de comunicação de cumprir o seu papel de alertar o público sobre o uso indevido aparente ou suspeito do poder público". Esse tipo de sanção traz um "efeito paralisante sobre o exercício da liberdade de expressão" e "funciona em detrimento da sociedade como um todo". A pena de prisão de jornalistas só seria compatível com a liberdade de expressão em casos excepcionais, especialmente quando houvesse a violação de outros direitos fundamentais de modo gravíssimo, como em

França. Petição nº 71343/01. Estrasburgo, 11 abril de 2006, p. 43. Também nesse sentido, caso Cumpănă e Mazăre v. Romênia. Petição nº 33348/96. Estrasburgo, 17 dez. 2004, § 114.
[243] Nesse caso, em 1992, o Conselho Municipal de Constança, introduziu uma multa para os condutores de veículos estacionados ilegalmente e confiou a tarefa de remoção, reboque à distância e captação desses veículos a uma empresa. Cumpănă e Mazăre escreveram um artigo com o título "O ex-vice-prefeito [DM] e juíza [RM] responsável pela série de infrações no esquema Vinalex" em que denunciava supostas fraudes cometidas pelo ex-prefeito e a juíza, na época, ex-conselheira jurídica do município. O artigo tinha palavras duras qualificando o prefeito como "trapaceiro [crook]"; mencionou que o tribunal de contas teria verificado que a empresa contratada teria gerado lucros e que a juíza era "ignorante". A notícia estava acompanhada de uma charge com dizeres acusatórios. A Charge mostrava um homem e uma mulher de braços dados, carregando um saco marcado 'Vinalex' que estava cheio de dinheiro. FRANÇA. CEDH. Caso Cumpănă e Mazăre v. Romênia. Petição nº 33348/96. Estrasburgo, 17 dez. 2004, §§ 20-22. Vide também casos Ceilão v. Turquia, § 37, Tammer v Estónia, § 69. Skałka v Polónia, §§ 41-42.

casos de incitação ao ódio ou à violência[244]. Para a Corte, Cumpănă e Mazăre v. Romênia era um caso "clássico de difamação de um indivíduo no contexto de um debate sobre uma questão de interesse público legítimo", que não justificaria a imposição de uma pena de prisão que, "por sua própria natureza, inevitavelmente terá um efeito inibidor" sobre o debate democrático. Mais uma vez, a Corte ressaltou que cumprir ou não a pena privativa de liberdade (no caso, foi concedido indulto) não muda a situação. Ademais, a proibição de se exercer a profissão por um ano seria uma verdadeira censura prévia sobre a atuação jornalística que deveria ser feita somente em situações muito graves e específicas[245].

2.1.8. Conclusões preliminares sobre a jurisprudência da Corte Europeia de Direitos Humanos quanto à liberdade de expressão política

Assim, está clara a proteção que a Corte confere à liberdade de expressão política ao tratar de seus limites com relação ao homem público, em detrimento de seu direito à vida privada, honra e reputação. É possível

---

[244] FRANÇA. CEDH. Caso Cumpănă e Mazăre v. Romênia. Petição nº 33348/96. Estrasburgo, 17 dez. 2004, § 115. Vide também Feridun Yazar v. Turquia, §§ 27, 23, e Sürek e Özdemir v. Turquia, § 63.

[245] Ibidem, § 119. Outro caso em que a Corte manifestou essa preocupação foi em Lingens v. Áustria. A Corte ressaltou que, na linha do que expressou o Governo, a multa aplicada a Lingens não o impediu ou o censurou de expressar-se, mas, "ainda assim equivale a um tipo de censura" que teria o intuito de "desencorajá-lo de fazer críticas desse tipo novamente no futuro". Na visão da Corte, "no contexto do debate político tal sentença seria suscetível de dissuadir os jornalistas de contribuir para o debate público sobre questões que afetam a vida da comunidade", de modo que esse tipo de sanção "é suscetível de afetar a imprensa no cumprimento da sua tarefa como fornecedor de informação e de vigilância pública". FRANÇA. CEDH. Caso Lingens v. Áustria. Petição nº 9815/82. Estrasburgo, 8 jul. 1986, § 44. Ver também o caso Barthold v. Alemanha. FRANÇA. CEDH. Caso Barthold v. Alemanha. Petição nº 8734/79. Estrasburgo, 25 mar. 1985, § 58. No caso Riolo, a Corte também considerou que o valor de danos morais e de indenização, em torno de 41.315 euros, acrescido de juros estimados em 7000 euros, seria capaz de "alterar o equilíbrio necessário", desencorajando Riolo de continuar a informar o público sobre temas de interesse geral. No caso Mika, a Corte deixou claro que as penas de prisão em caso de crimes de difamação somente seriam compatíveis com a proteção do artigo 10 da Convenção em casos excepcionais, quando direitos fundamentais são seriamente prejudicados, como é o caso, por exemplo, a divulgação de discurso de ódio ou incitação à violência. FRANÇA. CEDH. Caso Mika v. Grécia. Petição nº 10347/10. Estrasburgo, 19 dez. 2013, §§ 32-33.

notar também que, em seus argumentos, a Corte sempre leva em conta a questão da existência de um "interesse geral" ou "interesse público" – entendidos mui amplamente – para ponderar o conflito dos direitos em jogo. Capturar-se a noção precisa desses termos não é fácil. A Corte Europeia tem entendido o conceito desses termos de modo amplo, abrangendo assuntos que versam sobre o governo, o estado, a política, ou até mesmo que digam respeito a políticos, eleitos ou não, homens públicos (ainda que não sejam políticos), como também a questões que meramente sensibilizem os cidadãos. O exercício do direito de imprensa está estreitamente ligado ao interesse que a notícia desperta na sociedade.

O direito à liberdade de expressão precisa ser entendido também como parte de outro direito: o do direito da sociedade de receber informações. Esse interesse da sociedade também deve ser levado em conta ao se ponderar a liberdade de expressão contra a honra, reputação e vida privada dos indivíduos. O direito de imprensa também faz parte deste grupo de liberdades de expressão, pois é através da imprensa que, nas sociedades modernas, ideias importantes são divulgadas ao grande público, sendo assim a imprensa um canal de divulgação, informação e debate; nas palavras da Corte, o "cão de guarda da democracia". Jornalistas, assim, gozam de especial proteção.

Críticas feitas a pessoas públicas podem ser significativamente maiores do que as feitas aos cidadãos comuns, tendo em vista o caráter eletivo daquelas – no sentido de que as pessoas públicas normalmente escolhem ser expostas ao público. Os políticos, então, precisam ser ainda mais tolerantes às críticas do que outras pessoas, mesmo outras pessoas públicas, como artistas famosos, por exemplo. Também os governos devem tolerar mais críticas que as demais instituições. A restrição à liberdade de expressão da oposição ao governo tem que ser protegida de forma ainda mais atenta pelas cortes nacionais e internacionais, pois, mesmo a oposição precisa ter voz em uma democracia, justamente por também representar seus eleitores. Neste contexto, o político não só deve ser mais tolerante às críticas, mas também deve ter sua liberdade de expressão mais protegida. O político pode criticar mais, mas também, deve aceitar mais críticas.

Outro aspecto essencial é a importância que a Corte dá à liberdade de expressão como garantia da manutenção de uma sociedade democrática, razão pela qual qualquer interferência por parte do estado deve ser muito restrita. Não só a liberdade de expressão é vista pela Corte como essencial à democracia, mas também, como essencial ao próprio indivíduo. Toda restrição à liberdade de expressão precisa passar pelo crivo de comprovar-se ser realmente necessária a uma sociedade democrática. Em se tratando de assuntos políticos, os únicos casos encontrados envolvem discurso de ódio ou separatismo, com incitação à violência, mas mesmo discursos antidemocráticos costumam ser aceitos pela Corte.

Ademais, a ponderação, para a Corte, no que diz respeito à proporcionalidade da medida restritiva aplicada pelo estado, deve observar o artigo 10.2 da Convenção Europeia, que deixa muito pouco espaço para se restringir a liberdade de expressão na área de discurso político ou questões de interesse geral.

Observamos também que a Corte insiste muito no fato de que juízos de valor – opiniões – não são passíveis de ser provados, bastando-lhes uma mera "base factual suficiente" para caracterizar a boa-fé de quem está se expressando. Tal base factual suficiente tem também um conceito vago e amplo, servindo de exemplo notícias de jornais, simples indícios, inferências ou suspeitas levemente fundamentadas (ainda mais em se tratando de homens públicos no exercício de suas atribuições), podendo-se verificar que a Corte chega ao ponto de reconhecer que até fatos comprovadamente errados e que poderiam ter sido levantados corretamente pelo jornalista no caso concreto constituiram base factual suficiente na época em que haviam sido divulgados para comprovar-lhe a boa-fé, como no caso Dalban v. Romênia. Além disso, a Corte tende também a entender mesmo declarações *prima facie* factuais como juízos de valor, o que reforça a liberdade de expressão. Basta o "fato" estar associado a uma opinião sobre uma questão vista como pública e relevante, para a Corte dar maior peso ao conteúdo opinativo da declaração e tratar algo que poderia ser visto como factual, como juízo de valor.

Mesmo em casos em que a restrição à liberdade de expressão é considerada legítima pela Corte, ela exige que as sanções aplicadas sejam necessárias em uma sociedade de democrática e proporcionais ao dano causado, e também desencoraja a aplicação de sanções criminais, entendidas como necessárias apenas em casos de discurso de ódio e incitação à violência. Neste contexto, vale lembrar que jornalistas gozam de particular proteção, e sanções que lhes sejam aplicadas devem ainda cuidar para que não possam ser entendidas como capazes de ter um efeito dissuasivo ao debate ou à liberdade de que deve gozar a profissão jornalística.

A postura da Corte é tão favorável à liberdade de expressão que, mesmo em casos de discursos antidemocráticos e que podem ser entendidos como incitadores à discriminação, ao ódio ou ao separatismo, sua postura *pro libertate* chega a ser comparada à tolerância admitida à liberdade de expressão nos Estados Unidos[246],[247], famosamente libertária quanto a este assunto, onde se é permitido até o *hate speech*[248]. Como pudemos ver, discursos intolerantes, antidemocráticos, separatistas e discriminatórios tendem a ser tolerados, especialmente em contexto eleitoral, ou quando trazem opiniões, são expostos em debates em que as ideias podem ser contrastadas e discutidas, quando tais ideias são retratadas de modo crítico, ou se dizem respeito a interesses da sociedade em que estão inseridos, o que normalmente é o caso. O limite para esse tipo de discurso parece ser a incitação da violência e discursos racistas e agressivos contra imigrantes ou a negação de fatos comprovados, notadamente, o Holocausto[249].

Finalmente, conforme a Corte, a proteção da liberdade de expressão no campo político deve ser *reforçada* durante as campanhas eleitorais, já que, nesse momento, a defesa do debate livre em uma sociedade democrática é absolutamente fundamental, sendo que o padrão da Corte para

---

[246] No sentido de que não existe na Europa um direito à liberdade de expressão equivalente ao dos Estados Unidos, ver, por exemplo: Bot, Michiel. "The Right to Offend? Contested Speech Acts and Critical Democratic Practice". In: *Law & Literature*, v. 24, p. 232-241, 2012; Douglas-Scott, Sionaidh. "The Hatefulness of Protected Speech: A Comparison of the American and European Approaches". In: *William & Mary Bill of Rights Journal*, v. 7, p. 305-345, 1999; Flauss, Jean-François. "An Ocean Apart? Freedom of Expression in Europe and the United States: The European Court of Human Rights and the Freedom of Expression. In: *Indiana Law Journal*, 84, p. 809-849, 2009.

[247] Sobre estudos de direito comparado, ver interessantes considerações em Ramos, Elival da Silva. *A Proteção aos Direitos Adquiridos no Direito Constitucional Brasileiro*. São Paulo: Saraiva, 2003, p. 85-90.

[248] Nesse sentido, vide Dworkin (Dworkin, Ronald. *O Direito da Liberdade*: a leitura moral da Constitucional norte-americana. Tradução: Marcelo Brandão Cipolla. São Paulo: Martins Fontes, 2006), Waldron (Waldron, Jeremy. *The Harm of Hate Speech*. Cambridge, MA: Harvard University Press, 2012), Lewis (Lewis, Anthony. *Liberdade para as Ideias que Odiamos*: uma biografia da Primeira Emenda à Constituição americana. Trad. Rosana Nucci. São Paulo: Aracati, 2011), e Summer (Summer, L.W. *The Hateful and the Obscene*: Studies in the Limits of Free Expression. Toronto: University of Toronto Press, 2004).

[249] Vide casos Garaudy v. França e Gündüz v. Turquia.

proteção da liberdade de expressão política, ainda mais na campanha eleitoral, é extremamente alto, a ponto de ser entendida como verdadeiro "santo dos santos de liberdade de expressão"[250]. Desse modo, se imaginássemos círculos concêntricos de proteção da liberdade de expressão, a maior proteção seria justamente a conferida aos discursos políticos durante as campanhas eleitorais, quando a liberdade de expressão deve ter o grau máximo de proteção – e, ainda mais quando o discurso é feito por jornalista ou membro da oposição, essenciais à própria democracia.

2.2. A Corte Interamericana de Direitos Humanos

Passamos a analisar a interpretação dada aos dispositivos normativos que tratam da liberdade de expressão no âmbito do Sistema Interamericano de Direitos Humanos pela Comissão Interamericana de Direitos Humanos (CIDH)[251] e pela Corte Interamericana de Direitos Humanos (Corte IDH).

A Corte Interamericana aborda a liberdade de expressão sob duas óticas: uma, individual; outra, coletiva[252]. Na Opinião Consultiva 05/85[253], a Corte Interamericana analisou o artigo 13 da Convenção Americana de Direitos Humanos (CADH)[254], especialmente a respeito da exigên-

---

[250] Bioy, Xavier. *La protection renforcée de la liberté d'expression politique dans le contexte de la Convention européenne des droits de l'homme*. **Le Cahiers de Droit**, vol. 53, nº 4, decembre 2012, p. 739-760, p. 745

[251] A Comissão não é órgão judicial, mas acaba fazendo uma interpretação preliminar, e muitas vezes definitiva, dos documentos normativos, razão pela qual é interessante analisar alguns pontos abordados pela Comissão no que tange à liberdade de expressão política. Ler a respeito: Carvalho Ramos, André de. *Processo Internacional de Direitos Humanos*: análise dos sistemas de apuração de violações dos direitos humanos e a implementação das decisões no Brasil. 4. ed. São Paulo: Saraiva, 2015, p. 201-269. Explica André de Carvalho Ramos que com a jurisdição consultiva "[...] as Cortes podem interpretar normas jurídicas internacionais, fixando seu alcance e conteúdo, mesmo na ausência de casos contenciosos." Ler mais em Ibidem, p. 260-261.

[252] Neste sentido, vide, por exemplo, Rafael Lorenzo-Fernandez Koatz. Op. cit., p.398.

[253] COSTA RICA. CteIDH. Filiação Obrigatória de Jornalistas (arts. 13 e 29 Convenção Americana de Direitos Humanos. Opinião Consultiva OC-5/85. Serie A no. 5. San Jose, 13 de nov. 1985.

[254] Disponível em: < http://www.cidh.oas.org/Basicos/ Portugues /c.Convencao_Americana.htm>. Acesso em: 10 jun. 2012.

cia de diploma de jornalista para o exercício da profissão[255], concluindo pela não obrigatoriedade do diploma, sob pena de violação da CADH. A Corte entendeu que, ao se restringir a liberdade de expressão de um indivíduo, também se restringe um direito coletivo de receber informações e ideias. Destacamos, portanto, as duas dimensões do direito à liberdade de expressão tratadas pela Corte IDH – uma individual e, outra social. Para a Corte, ambas as dimensões devem ser garantidas simultaneamente, e os meios de comunicação social devem estar abertos a todos, sem discriminação. A Corte entendeu, ainda, que não devem existir indivíduos ou grupos que *a priori* sejam excluídos do acesso a tais meios – que devem ser instrumentos da liberdade, e não veículos para restringi-la[256]. A Corte afirmou que nem toda restrição, no entanto, contraria a CADH: as exceções contidas nas alíneas (a) e (b) do art. 13.2[257], que protegem a reputação das pessoas e a segurança nacional, ordem pública, saúde ou moral públicas, e estabelecem responsabilidades ulteriores por condutas que abusam da liberdade de expressão, são aceitáveis[258].

No âmbito contencioso, a Corte Interamericana também analisou o direito à liberdade de expressão em diversos casos.

No caso Olmedo Bustos e outros contra o Chile[259], mais conhecido como o caso da Última Tentação de Cristo, a Corte reiterou a existência das duas dimensões, uma coletiva e uma individual da liberdade de

---

[255] Sobre o tema ler CARVALHO RAMOS, André de. *A Convenção Americana dos Direitos Humanos e a exigência do diploma de jornalista*. Boletim dos Procuradores da República, v. 45, p. 03-12, 2002.

[256] Entendeu a CIDH que a violação do art. 13 da Convenção implica a supressão radical da liberdade de expressão a quem não é jornalista, ainda que a afiliação obrigatória seja a forma normal de organizar o exercício das profissões em geral em diversos países. Afirmou, ainda, que a liberdade de expressão é indispensável para a formação da opinião pública, sendo inerente a todo o ser humano, de modo que não deve estar restrita a um grupo de afiliados a determinada organização. COSTA RICA. CteIDH. Filiação Obrigatória de Jornalistas (arts. 13 e 29 Convenção Americana de Direitos Humanos). Opinião Consultiva OC-5/85. Serie A no. 5. San Jose, 13 de nov. 1985, §§ 60-71.

[257] Disponível em: < http://www.cidh.oas.org/Basicos/ Portugues /c.Convencao_Americana.htm>. Acesso em: 10 jun. 2012.

[258] OC 5/85, §§ 35-36.

[259] COSTA RICA. CteIDH. Caso La Última Tentación de Cristo" (Olmedo Bustos y otros) v. Chile. Serie C No. 73. San Jose, 5 de fev. 2001.

expressão – já discutida no âmbito consultivo, como vimos acima. Neste caso, a Comissão encaminhou à Corte Interamericana o caso entendendo que houve a violação dos artigos 12[260] e 13, que tratam da liberdade de consciência e religião, e pensamento e expressão, bem como dos artigos 1.1[261] e 2[262] da CADH por parte do Chile, ao proibir a exibição do filme a "Última Tentação de Cristo", exigindo a adequação da lei interna[263] ao disposto na CADH. O estado do Chile basicamente alegou que o filme "A Última Tentação de Cristo"[264], baseado no livro (quase) homônimo de Nikos Kazantzakis[265], violaria a Constituição Chilena, que determinava a censura de exibição e publicidade de filmes cinematográficos sob a alegação de violação da honra, pois ofensivo à figura de Jesus Cristo.

A Corte analisou que a CADH estabelece restrições à liberdade de expressão contidas no artigo 13, ressaltando três aspectos importantes: (a) a responsabilidade posterior, (b) a regulamentação do acesso de menores ao entretenimento público, e (c) a obrigação de impedir a

---

[260] O artigo 12 estabelece que a liberdade de consciência e de religião abarca a liberdade de conservar sua religião ou suas crenças, ou de mudar de religião ou de crenças, bem como a liberdade de professar e divulgar sua religião ou suas crenças, individual ou coletivamente, tanto em público como em privado, estando sujeita às restrições legais necessárias para proteger a segurança, a ordem, a saúde ou a moral públicas ou os direitos ou liberdades das demais pessoas. Disponível em: < http://www.cidh.oas.org/Basicos/ Portugues /c.Convencao_Americana.htm>. Acesso em: 10 jun. 2012.

[261] O artigo 1º trata da obrigação de os Estados-partes respeitarem os direitos e liberdades reconhecidos na Convenção, sem discriminação de qualquer natureza.

[262] O artigo 2º estabelece o dever de os Estados-partes adotarem disposições de direito interno necessárias para tornar efetivos tais direitos e liberdades.

[263] Sobre a relação de direito interno e internacional, vale a pena a leitura de André de Carvalho Ramos. CARVALHO RAMOS, André de. *O Impacto da Convenção Americana de Direitos Humanos na Relação do Direito Internacional com o Direito Interno*. In: Boletim Científico da Escola Superior do Ministério Público da União, ano I, número 4, p. 51-71, jul/set. 2002 e CARVALHO RAMOS, André de. *Teoria Geral dos Direitos Humanos na Ordem Internacional*. 2. ed. São Paulo: Saraiva, 2012, p. 221-225.

[264] THE Last Temptation of Christ. Directed by: Martin Scorsese. Produced by: Barbara De Fina & Harry Ulfland. Starring: Willem Dafoe, Harvey Keitel, Barbara Hershey, Harry Dean Stanfon, David Bowie, et al. Screenplay: Paul Schrader. Universal City, CA: Universal Studios Inc., 1988. 1 DVD (162 min.), son., color., original language: English.

[265] KAZANTZAKIS, Nikos. *A Última Tentação*. Tradução de Marisa Ribeiro Donatiello. São Paulo: Grua Livros, 2015.

defesa de ódio religioso. Este caso foi particularmente relevante porque a Corte, em sua fundamentação, elaborou em maiores detalhes a dimensão dúplice (individual e social) do direito à liberdade de expressão. A dimensão individual visaria a reconhecer o direito de falar ou escrever, como também o direito de usar todos os meios adequados para disseminar o pensamento e enviá-lo aos destinatários. A segunda dimensão, a social, abarcaria o "meio para troca de ideias e informações entre as pessoas; inclui o direito de experimentar e comunicar aos outros seus pontos de vista, mas implica também o direito de saber opiniões, histórias e notícias"[266]. Neste sentido, a expressão e a difusão de ideias e informações são indivisíveis, portanto, uma restrição das possibilidades de divulgação representa diretamente, e na mesma medida, uma limitação ao direito de livre expressão. A Corte entendeu ainda que a proibição da exibição do filme violaria a base do pluralismo em uma sociedade democrática; isto é, afetaria tanto aqueles que têm a mesma religião sobre a que o filme versa e que não podem assisti-lo para formular suas próprias ideias a respeito; bem como aqueles que têm outra religião ou nenhuma, e que não podem ter acesso às informações contidas no filme.

Outro elemento que extraímos desta análise feita pela Corte é que, ainda que o desejo de uma maioria seja o de que haja censura, o pluralismo é a base da sociedade democrática e, em razão disso, a liberdade de expressão não pode ser restringida além das previsões estabelecidas pela própria Convenção Americana, ainda que para proteger a vontade "democrática" da maioria. Já a dimensão social exige a troca de ideias, informações e opiniões; daí, a relação direta da liberdade de expressão e a liberdade de informação, como vimos.

No caso Ivcher Bronstein v. Peru, Ivcher Bronstein de origem israelense, recebera a nacionalidade peruana em 1984, tendo em seguida renunciado à sua nacionalidade de origem. Durante aproximadamente 13 anos, exerceu os direitos provenientes da nacionalidade peruana, inclusive tornando acionista majoritário de um canal de televisão, diretor e presidente da operadora Canal 2. Em 1997, o canal veiculou no programa denominado "Contrapunto" uma série de denúncias de tortura e um

---

[266] COSTA RICA. CteIDH. Caso La Última Tentación de Cristo" (Olmedo Bustos y otros) v. Chile. Serie C No. 73. San Jose, 5 de fev. 2001, § 65 (tradução nossa).

assassinato cometidos pelo Serviço de Inteligência do Exército peruano e de corrupção. Ivcher passou a receber visitas de membros da polícia fiscal e de outros oficiais pedindo para que ele mudasse a "linha informativa" que tinha o programa de televisão. Após uma série de medidas intimidatórias, inclusive contra sua família, Ivcher foi denunciado por fazer uma "campanha difamatória para desprestigiar as forças armadas", tendo, por fim, o estado peruano, emitido um decreto do poder executivo regulando a lei de nacionalidade para, a partir de então, estabelecer a possibilidade de cancelamento da nacionalidade conferida aos peruanos naturalizados. Consequentemente, na situação de Ivcher, sua nacionalidade peruana foi declarada sem efeito, o exercício dos direitos como acionista de canal de televisão suspenso, e sua nomeação como diretor, revogada, com a transferência de suas ações ao novo diretor. Depois que a nova administração assumiu o canal de televisão, os jornalistas do programa "Contrapunto" foram proibidos de trabalhar e foi modificada a "linha informativa do programa". A Corte Interamericana entendeu que as denúncias cometidas por membros do Serviço de Inteligência do Exército e suposto assassinato de uma agente, além da denúncia de valores milionários que teriam recebido o assessor do serviço de inteligência, seriam questões de "interesse nacional", e que a resolução que tornou sem efeito a nacionalidade de Ivcher teria indiretamente restringido a sua liberdade de expressão, impedindo a circulação de ideias, notícias e opiniões e, além disso, prejudicou o "direito de todos os peruanos a receber informação, limitando assim sua liberdade de exercer opções políticas e desenvolver-se plenamente em uma sociedade democrática", tendo sido configurada a responsabilidade internacional do estado[267].

A Corte analisou o artigo 13 da Convenção Americana de Direitos Humanos, e partiu das seguintes premissas, que também se repetem nos demais casos que iremos estudar: (i) a Convenção protege não apenas o direito e a liberdade de expressar o próprio pensamento, como também a liberdade de buscar, receber e difundir informações e ideias de todo tipo[268]; (ii) as duas dimensões da liberdade de expressão, a indiviual e

---

[267] COSTA RICA. CteIDH. Caso Ivcher Bronstein v. Peru. Serie C No. 74 .San Jose, 06 fev. 2001, §§ 162-164.

[268] Enfatizou, portanto, a Corte, novamente, a existência das duas dimensões da liberdade de expressão: individual e social. A liberdade de expressão na dimensão social compre-

a coletiva, tem "igual importância e devem ser garantidas simultaneamente para dar efetividade total" à liberdade de expressão protegida pelo artigo 13 da Convenção; (iii) na linha da Corte Europeia, a Corte IDH também reconheceu a liberdade de expressão como um dos pilares da sociedade democrática e condição *sine qua non* para o seu progresso e para o desenvolvimento individual das pessoas, devendo ser respeitada a difusão de todas as ideias, que são inofensivas ou indiferentes, bem como as que ofendem, pertubam e as que não são bem-vindas ao estado ou a qualquer setor da sociedade. Esses, portanto, são os pressupostos usados pela Corte Interamericana nos demais casos sobre liberdade de expressão. A Corte, no caso Ivcher, ainda destacou a importância da liberdade de expressão e o papel dos meios de comunicação em uma sociedade democrática, especialmente quando estes configuram "verdadeiros instrumentos da liberdade de expressão e não veículos para restringi-la, razão pela qual é indispensável que recorram às mais diversas informações e opiniões"[269].

---

ende, para a Corte, um instrumento de troca de ideias e informações entre as pessoas. É o direito à "comunicação", de pontos de vistas, mas "implica também, o direito de todos de conhecer opiniões, relatos e notícias". Na visão da Corte, "para o cidadão comum tem tanta importância o conhecimento da opinião alheia ou da informação que dispõem os outros como difundir a própria". COSTA RICA. CteIDH. Caso Tristán Donoso v. Panamá. Serie C No. 193. San Jose, 27 jan. 2009, §§ 109-152.

[269] COSTA RICA. CteIDH. Caso Ivcher Bronstein v. Peru. Serie C No. 74 .San Jose, 06 fev. 2001, § 149. Vide também COSTA RICA. CteIDH. Caso Ricardo Canese. Serie C No. 111. San Jose, 31 ago. 2004, §§ 77-80 e COSTA RICA. CteIDH. Caso Herrera Ulloa v. Costa Rica. Serie C No. 107. San Jose, 2 jul. 2004, §§ 108-111. No caso Fontevecchia fica mais claro o que a Corte pretende proteger: A Corte salientou que os meios de comunicação "desempenham um papel fundamental como veículos para o exercício da dimensão social da liberdade de expressão em uma sociedade democrática, que é por isso que é essencial para reunir as informações mais diversificadas e opiniões. [...]. Ademais, "[...]o Estado não só deve minimizar as restrições sobre o fluxo de informações, mas também equilibrar, na medida do possível a participação de diversas informações no debate público, promovendo o pluralismo informativo. [...]". A Corte ainda complementa que "'a profissão de jornalista [...] implica precisamente procurar, receber e transmitir informações. A prática do jornalismo [...] 'não pode ser diferenciado de liberdade de expressão, pelo contrário, ambos são obviamente interligados, para o jornalista profissional não é, nem pode ser, diferente de uma pessoa que decidiu exercer a liberdade de expressão de forma

A relação da liberdade de expressão política e sua dimensão individual e coletiva fica muito evidente no caso Ricardo Canese v. Paraguai, em que a Corte Interamericana analisou a restrição à liberdade de expressão durante a campanha presidencial de 1993 no Paraguai. Canese, candidato à presidência, fez declarações contra o presidenciável Juan Carlos Wasmosy, acusando-o de envolvimento em irregularidades na construção da usina hidrelétrica do Itapu. Canese foi processado e condenado a quatro meses de prisão.

Com relação às duas dimensões da liberdade de expressão, a Corte enfatizou que as declarações feitas por Canese ocorreram durante o período eleitoral e foram publicadas em um jornal paraguaio. A Corte entendeu que a crítica de Canese "fomentou a troca de informações com os eleitores, brindando-os com mais elementos para a formação de opinião e a tomada de decisão em relação à eleição do futuro presidente". Fica aqui particularmente claro que a Corte IDH, a exemplo da Corte Europeia, vê o período eleitoral como um momento particularmente importante para se proteger a liberdade de expressão[270]. Ademais, a Corte Interamericana também decidiu que a censura prévia deve ser proibida, bem como qualquer medida sancionatória que venha a causar um "efeito inibidor", novamente, na mesma linha da Corte Europeia[271].

A Corte enfatizou a importância da liberdade de expressão em suas duas dimensões durante a campanha política, reconhecendo a liberdade de expressão como pilar essencial para o debate eleitoral, "ferramenta essencial" para a informação dos eleitores, e que acaba por "fortalecer a disputa política entre os diferentes candidatos e partidos que participam nas eleições e se torna um verdadeiro instrumento de análise de plataformas políticas propostas pelos diferentes candidatos, o que permite uma maior transparência e supervisão das autoridades futuras e sua administração". A Corte Interamericana ainda reforçou sua posição resgatando expressamente os ensinamentos da Corte Europeia, que, como já anali-

---

contínua, regular e remunerada'". COSTA RICA. CteIDH. Caso Fontevecchia e D'Amico v. Argentina. Serie C No. 238. San Jose, 20 nov. 2011, §§ 44-46.

[270] COSTA RICA. CteIDH. Caso Ricardo Canese. Serie C No. 111. San Jose, 31 ago. 2004, § 81.

[271] Vide, por exemplo, o caso Tristán. COSTA RICA. CteIDH. Caso Tristán Donoso v. Panamá. Serie C No. 193. San Jose, 27 jan. 2009, § 110.

sado, atribui enorme importância para os direitos de livre expressão de partidos políticos e seus membros ativos, incluindo-se aí especialmente a oposição, uma vez que "representam seu eleitorado, chamam a atenção para as suas preocupações e defendem os seus interesses". Nesse sentido, qualquer restrição à liberdade de expressão de um membro de um partido político de oposição, deve sempre ser avaliada minuciosa e cuidadosamente pela Corte. Ademais, a Corte Interamericana, assim como o faz a Corte Europeia, entendeu que é importantíssimo resguardar o exercício da liberdade de expressão no debate político especialmente no período que antecede as eleições. Ainda na esteira da Corte Europeia, a Corte Interamericana apontou que o alicerce de qualquer democracia reside na existência de dois elementos agregados: eleições livres e liberdade de expressão no contexto do debate político[272].

Assim, as denúncias feitas por Canese a respeito da empresa Conempa, uma das responsáveis na construção da hidrelétrica de Itaipu, cujo presidente era o candidato adversário Wasmosy, de que repassava valores ao ex-ditador Stroessner, tratavam de questões de interesse público, especialmente levando em consideração que a hidrelétrica era uma das maiores do mundo e a principal obra pública do país. Canese, na visão da Corte, teria exercitado sua liberdade de expressão durante o contexto de uma campanha eleitoral ao questionar a capacidade e idoneidade de um adversário político ocupar um cargo de presidente apontando questões de interesse público. Aqui, a Corte novamente enfatizou a importância da segunda dimensão da liberdade de expressão, pois um dos candidatos

---

[272] Especialmente porque a "formação da vontade coletiva através do exercício do sufrágio individual é alimentada pelas diferentes opções apresentadas pelos partidos políticos através dos candidatos que os representam". Para a Corte Interamericana, o debate democrático "implica que se permita a livre circulação de ideias e informações sobre os candidatos e seus partidos políticos por parte dos meios de comunicação, dos próprios candidatos e de qualquer um que deseje expressar a sua opinião ou dar informações". É essencial para que os eleitores possam formar uma opinião sobre o seu voto, todos poderem "questionar e investigar a capacidade e idoneidade dos candidatos, e discordar e comparar propostas, ideias e opiniões". Por isso, a Corte ressaltou que o "exercício dos direitos políticos e da liberdade de pensamento e de expressão estão intimamente ligados e se reforçam mutuamente". COSTA RICA. CteIDH. Caso Ricardo Canese. Serie C No. 111. San Jose, 31 ago. 2004, §§ 88-90. Conforme os casos da Corte Europeia Mathieu-Mohin e Clerfayt v. Bélgica, § 47, e Lingens v. Áustria, §§ 41-42.

colheu informações e expressou sua opinião a respeito de outro candidato, "contribuindo para que o eleitorado contasse com maior informação e diferentes opiniões prévias para a tomada de decisão"[273].

No caso Ricardo Canese, a Corte IDH também abordou a questão da responsabilização ulterior por eventuais violações de direitos de terceiros: conquanto seja essencial em uma sociedade democrática, a liberdade de expressão não é absoluta, podendo, portanto, receber restrições. As restrições permitidas pela Corte estão disciplinadas no próprio artigo 13 da Convenção Americana. A Corte sublinhou que uma das restrições está prevista no item 2 do artigo, e diz respeito à responsabilidade ulterior, no caso de o exercício da liberdade de expressão ser considerada abusiva. No entanto, para a Corte, a responsabilidade ulterior não pode "de forma alguma limitar, além do que é estritamente necessário, todo o âmbito da liberdade de expressão e tornar-se um meio direto ou indireto de censura prévia" e deve ter, portanto, caráter excepcional, além de ser também necessária sua prévia previsão em lei para que seja válida. Assim, a Corte Interamericana estabeleceu que, para se determinar uma responsabilidade ulterior, é necessário observar três pressupostos: (a) a restrição à liberdade de expressão que dá ensejo à responsabilização ulterior deve estar prevista em lei; (b) a restrição à liberdade de expressão deve ser aplicada para garantir os direitos ou reputação de terceiros, para proteção da segurança nacional, da ordem pública ou da saúde e moral públicas; e (c) a restrição também deve ser necessária em uma sociedade democrática[274]. Aqui, vale notar que previsão de que a restrição esteja prevista em lei que tem como objetivo proteger um outro direito normalmente não tem trazido discussões, pois os países, de um modo geral, estabeleceram tais restrições em seus direitos internos, em legislação civil ou penal própria para casos de abuso do direito da liberdade de expressão. No entanto, uma exigência adicional que a Corte menciona com relação à previsão em lei, é a necessidade de que haja critérios de limitação obje-

---

[273] COSTA RICA. CteIDH. Caso Ricardo Canese. Serie C No. 111. San Jose, 31 ago. 2004, §§ 91-94.
[274] COSTA RICA. CteIDH. Caso Herrera Ulloa v. Costa Rica. Serie C No. 107. San Jose, 2 jul. 2004, § 120.

tivos e claros[275], o que é difícil de se verificar, tanto em teoria, quanto na prática.

A Corte Interamericana estabeleceu que, para que uma restrição à liberdade de expressão seja considerada necessária em uma sociedade democrática, é preciso que "a legalidade das restrições à liberdade de expressão com base no artigo 13.2 da Convenção Americana" esteja fundamentada em "um interesse público imperioso"[276]. Assim, não basta que a restrição tenha previsão na lei e que esta atenda um propósito meramente útil ou desejável: na visão da Corte para que uma restrição à liberdade de expressão seja compatível com a Convenção, "as restrições devem ser justificadas por objetivos coletivos que, devido à sua importância, superem claramente a necessidade social do pleno gozo do direito que o artigo 13 garante e não limitem mais do que o necessário" a liberdade de expressão. Ademais, é preciso que a restrição "seja proporcional ao interesse que a justifica e estreitamente adaptada para a realização desse objetivo legítimo, interferindo o menos possível no exercício efetivo do direito de liberdade de expressão"[277].

No caso Ricardo Canese, a Corte afirmou que a opinião pública tem papel importante no controle democrático feito pela sociedade, pois estimula "a transparência das atividades estatais e promove a responsabilidade dos funcionários sobre sua gestão pública". Esse é o motivo pelo qual a Corte entendeu que deve haver maior tolerância com relação às afirmações e opiniões expressas no contexto de debate político ou questões de interesse público. Para a Corte, funcionários públicos e pessoas que exercem funções de natureza pública devem ser mais tolerantes e aceitar maior margem de abertura em um debate sobre assuntos de interesse público, essencial à democracia, até mesmo porque políticos e pessoas públicas se submetem voluntariamente à avaliação pública, e a socie-

---

[275] COSTA RICA. CteIDH. Caso Ricardo Canese. Serie C No. 111. San Jose, 31 ago. 2004.
[276] Assim como decidiu a Corte Europeia, a "necessidade social preemente" foi confirmada pela Corte Interamericana na Opinião Consultiva 5/85 como tal. Ibidem, § 96.
[277] COSTA RICA. CteIDH. Caso Ricardo Canese. Serie C No. 111. San Jose, 31 ago. 2004, § 96; COSTA RICA. CteIDH. Caso Herrera Ulloa v. Costa Rica. Serie C No. 107. San Jose, 2 jul. 2004, § 123.

dade tem interesse legítimo de se informar sobre assuntos que afetam interesses gerais que podem ter consequências importantes[278].

Limites à liberdade de expressão decorrem naturalmente da existência de conflitos entre direitos diversos em um palco democrático. Partindo-se das premissas de que os direitos não são absolutos e de que todos os direitos devem ser protegidos, a proteção da honra e o direito à privacidade devem ser protegidos e consequentemente constituem limites à liberdade de expressão. A Corte Interamericana também manifestou sua interpretação a respeito deste conflito. Todos tem o direito de ter seus interesses legítimos e direitos protegidos, de modo que a Corte Interamericana também leva em conta a necessidade de se proteger a honra dos funcionários ou pessoas públicas, inobstante a maior margem de tolerância que devem ter acerca de restrições em matérias de interesse público ou políticas, imprescindíveis em uma sociedade democrática. Assim, ao lado do artigo 13 da Convenção que protege a liberdade de expressão, a Corte entende também que o artigo 11 da Convenção Americana determina que toda pessoa tem direito a honra e o reconhecimento da sua dignidade, que pode representar um limite à liberdade de expressão, ataques ou ingerências tanto por parte dos particulares como do estado. Nessa seara, incluem-se os políticos[279].

No caso Fontevecchia, ficou muito clara a preocupação da Corte de buscar um equilíbrio entre a privacidade e a liberdade de expressão, que, "sem ser absolutos, são dois direitos fundamentais garantidos na Convenção Americana e de grande importância numa sociedade democrática"[280].

---

[278] COSTA RICA. CteIDH. Caso Ricardo Canese. Serie C No. 111. San Jose, 31 ago. 2004, § 98.

[279] Nesse diapasão, o artigo 11, portanto, "proíbe qualquer ingerência arbitrária ou abusiva nos mais diferentes aspectos da vidas privadas do indivíduo e de sua família, seu domicílio ou suas correspondências". Esse espaço em que o indivíduo se mantém imune das invasões por parte de terceiros ou do Estado, podendo decidir livremente sua vida, e manter reservados determinados aspectos da vida privada e controlar a divulgação de informações pessoais para o público" é o que caracteriza a vida privada. COSTA RICA. CteIDH. Caso Ricardo Canese. Serie C No. 111. San Jose, 31 ago. 2004, § 48, §§ 101-102.

[280] O exercício de um direito fundamental pressupõe o "respeito e a salvaguarda dos direitos fundamentais dos outros". COSTA RICA. CteIDH. Caso Fontevecchia e D'Amico v. Argentina. Serie C No. 238. San Jose, 20 nov. 2011, § 49.

As responsabilidades e penalidades fazem parte do intrumental necessário à promoção dessa harmonização de direitos.

Como explicou a Corte, as normas protetivas da liberdade de expressão envolvendo situações de direitos à privacidade e reputação possuem uma "fórmula comum" de proteção e trazem "princípios similares relacionados com o funcionamento de uma sociedade democrática". No caso Fontevecchia, a Corte estabeleceu os critérios necessários para a divulgação lícita de informações sobre a vida privada: (i) deve haver *standards* diferentes e mais favoráveis à liberdade de expressão em relação à proteção da privacidade, reputação e honra de funcionários públicos, pessoas que exerçam atividades consideradas públicas e políticos; e (ii) a decisão depende do interesse público da matéria divulgada[281].

Com relação ao primeiro critério, a Corte justificou a existência de *standards* diferentes em razão de que pessoas públicas se expõem voluntariamente à avaliação da sociedade, sabendo que, ao fazê-lo, podem incorrer em riscos a sua privacidade. No caso Fontevecchia, ao analisar a divulgação de que o presidente da república, Carlos Saul Menem – que ocupava o mais alto cargo eletivo da Argentina –, teria um filho fora do casamento, a Corte Interamericana entendeu que Menem deveria mesmo estar sujeito à avaliação rigorosa do público, e não "apenas em suas atividades oficiais ou no exercício das suas funções, mas também em questões que, em princípio, poderiam ser ligados à sua vida privada, pois tratam de matéria de interesse público"[282].

Da mesma forma, a Corte estabeleceu no caso um *standard* menor de proteção à honra ou à reputação, para os funcionários públicos, aqueles que exercem atividades de natureza pública e os políticos[283]. A Corte entendeu que não é a "qualidade do sujeito" que fundamenta essa diferença, mas a natureza do interesse público que envolve suas ativida-

---

[281] Ibidem, § 59.
[282] Ibidem, § 60.
[283] O mesmo se aplica às críticas feitas às instituições e órgãos estatais que "[...] estão expostos ao escrutínio e crítica do público, e as suas atividades estão inseridas no âmbito do debate público. Este limite não se baseia na qualidade do sujeito, mas no interesse do público de suas atividades. (...)". COSTA RICA. CteIDH. Caso Usón Ramírez v. Venezuela. Serie C No. 207. San Jose, 20 nov. 2009, § 83-84.

des[284]. Isso reforça a importância do segundo critério da Corte IDH: a exigência de que os assuntos sejam de interesse público para justificar a disseminação de informações potencialmente lesivas à honra, à reputação ou à vida privada de pessoas públicas[285].

No caso Fontevecchia, a existência de uma criança não reconhecida pelo presidente da república, e seu relacionamento com a mãe e com a criança, estariam ligados "inseparavelmente" aos fatos publicados sobre a transferência de valores altos e a entrega de presentes caros para a mãe e a criança. Para a Corte, a avaliação feita dizia respeito à integridade de funcionário público e, ainda que a declaração não tivesse denunciado claramente o "uso de fundos públicos para fins pessoais", o simples "fornecimento de grandes somas e a compra de presentes caros" por parte de um presidente de uma nação são temas de interesse público, de modo que havia um interesse legítimo da sociedade de tomar conhecimento a respeito do fato[286]. A Corte também criticou a postura dos tribunais

---

[284] Assim, por exemplo, pessoas que "influenciam as questões de interesse público" estariam sujeitas a "um mais intenso escrutínio público e, consequentemente, nesta área estão sujeitos a um maior risco de ser criticado, porque suas atividades vão além da esfera privada para inserir na esfera do debate público". Por essa razão, para a Corte Interamericana "no contexto do debate público, a margem de aceitação e tolerância de críticas por parte do Estado, funcionários públicos, políticos e até mesmo indivíduos que possuem atividades sujeitas ao escrutínio público, deve ser muito maior que a dos indivíduos". COSTA RICA. CteIDH. Caso Ricardo Canese. Serie C No. 111. San Jose, 31 ago. 2004, § 103; COSTA RICA. CteIDH. Caso Herrera Ulloa v. Costa Rica. Serie C No. 107. San Jose, 2 jul. 2004, §§ 125-129; COSTA RICA. CteIDH. Caso Fontevecchia e D'Amico v. Argentina. Serie C No. 238. San Jose, 20 nov. 2011, § 47.

[285] A Corte no caso Tristán, analisou se a condenação de um advogado por difamação e injúria ao denunciar na imprensa a atuação de um funcionário do Estado que teria gravado suas ligações telefônicas e as levado para conhecimento de terceiros, era uma questão de interesse público. COSTA RICA. CorteInteramericana de Direitos Humanos. Caso Tristán Donoso v. Panamá. Serie C No. 193. San Jose, 27 jan. 2009, § 121.

[286] A Corte ressaltou que outros jornais na Argentina e no exterior já haviam publicado o suposto vínculo familiar e a paternidade da criança pelo menos dois anos antes, e, em 1993, um livro biográfico de Carlos Saul Menem trazia detalhes sobre a relação do então Presidente com a mãe da criança, depois sobre o nascimento de seu filho e outras informações que sugeriam uma relação mais próxima entre eles. A Corte ainda complementa que ao levar a mulher e a criança em local oficial, as fotos e a inexistência de pedido contra as publicações anteriores, reforçam um comportamento de não querer "salvaguardar sua

nacionais argentinos, que não ponderaram o respeito dos direitos e da reputação com o valor da liberdade de expressão em uma sociedade democrática sobre questões de interesse público, e que "descontextualizaram" a situação concreta ao entenderem que "em caso de dúvida entre liberdade de expressão e privacidade de um funcionário público deve dar a primazia a este último"[287].

Assim, conforme a Corte IDH, as notícias sobre o relacionamento amoroso de Menem, a avaliação da sua conduta com os "familiares" e o uso de imagens que sustentavam as alegações a este respeito não violaram o direito à reputação, à honra ou à vida privada, pois contribuíram com a difusão de uma informação de interesse público, e não mera curiosidade sobre a vida do presidente. A ausência de uma ponderação entre o direito à privacidade e os aspectos de interesse público pelas cortes argentinas contribuíram para tornar as penalidades impostas pelos tribunais nacionais ao repórter desproporcionais, violando a liberdade de expressão protegida pelo artigo 13 da CADH[288].

Quanto à imposição de penas, em Tristán Donoso v. Panamá, a Corte ressaltou que a aplicação de uma sanção penal no caso envolvendo restrição da liberdade de expressão não poderia ser entendida *per se* como contrária à Convenção[289], assim como, em Kimel v. Argentina, decidiu a Corte que não o poderia ser uma sanção civil em casos de violação da pri-

---

privacidade, a este respeito". COSTA RICA. CteIDH. Caso Fontevecchia e D'Amico v. Argentina. Serie C No. 238. San Jose, 20 nov. 2011, §§ 63-65.

[287] No caso Fontevecchia, a Corte também tratou do direito à imagem e considerou que a proteção à privacidade, embora não esteja expressamente prevista na Convenção Americana, está abarcada pelo artigo 11, mas que ao mesmo tempo, as fotografias correspondem a uma forma de expressão, igualmente assegurada pelo artigo 13 da CADH. Para a Corte, as imagens representam uma contribuição para o debate de interesse geral e não são simplesmente destinadas a satisfazer a curiosidade do público sobre a vida privada do presidente Menem". A Corte complementa que não pareceu existir "qualquer elemento demonstrando que as fotografias em questão foram obtidas em um clima de perseguição ou repressão a Menem ou de outra forma que teriam gerado um forte senso de intrusão (...)". COSTA RICA. CteIDH. Caso Fontevecchia e D'Amico v. Argentina. Serie C No. 238. San Jose, 20 nov. 2011, §§ 66-69.

[288] Ibidem, § 71.

[289] COSTA RICA. CteIDH. Caso Tristán Donoso v. Panamá. Serie C No. 193. San Jose, 27 jan. 2009, §§ 118-120.

vacidade ou intimidade pessoal[290]. Todavia, nada disso significa que um processo sancionatório civil ou penal estabelecendo a responsabilidade ulterior sobre o exercício da liberdade de expressão seja necessário ou proporcional em todos os casos, conforme confirmou a Corte em Usón Ramírez v. Venezuela[291].

Um ponto relevante abordado pela Corte Interamericana diz respeito à responsabilidade criminal em caso de abuso do direito à liberdade de pensamento e de expressão quando envolver questões de interesse público. A Corte de início já entende que o direito penal seria o instrumento mais restritivo e severo para se responsabilizar alguém por ilícitos de conduta[292], especialmente quando prevê penas de prisão[293]. Portanto, é preciso verificar-se o cabimento de medidas alternativas, analisando-se o "grau de nocividade" do discurso ofensivo. Além disso,

---

[290] No caso Kimel v. Argentina, em que o jornalista Eduardo Kimel foi processado e condenado por ter criticado a atuação de um juiz que investigava um massacre no país, a Corte é mais clara, citando alguns casos da Corte Europeia já analisados aqui (Mamére, Castells e Cumpănă e Mazăre). COSTA RICA. CteIDH. Caso Kimel v. Argentina. Serie C No. 177. San Jose, 2 de mai. 2008, § 83. Nesse sentido, caso Palamara, § 85 e Herrera Ulloa, § 78. É possível conferir o teor dos trechos escritos por Kimel impugnados internamente. Vide: <http://www.elortiba.org/sanpa.html#Entrevista_con_Eduardo_Kimel,_autor_del_libro_%E2%80%9CLa_masacrede_San_Patricio%E2%80%9D>. Acesso em: 10 jul. 2015. Vide também_Kimel, Eduardo (1986). La Masacre de San Patricio. Buenos Aires: Ed. Lohlé-Lumen.

[291] COSTA RICA. CteIDH. Caso Usón Ramírez v. Venezuela. Serie C No. 207. San Jose, 20 nov. 2009, § 67. Usón foi condenado a cinco anos e seis meses pelo crime de injúria ao criticar a atuação da Força Armada Nacional a respeito de alguns soldados que foram gravemente feridos.

[292] COSTA RICA. CteIDH. Caso Ricardo Canese. Serie C No. 111. San Jose, 31 ago. 2004, § 104.

[293] No caso Usón, a Corte entendeu que: "Em relação ao grau de comprometimento da liberdade de expressão, o Tribunal considera as consequências de submeter-se a um processo sob jurisdição militar; o processo penal em si; prisão preventiva imposta; a prisão de cinco anos e seis meses a que Usón foi condenado; inscrição no registro criminal; perda de rendimentos durante o tempo na prisão; o efeito sobre o gozo do exercício dos direitos que são restritos por causa da sentença; estar longe da família e dos entes queridos; o risco latente de possível perda de liberdade pessoal, e o efeito estigmatizante de condenação criminal contra Ramírez Usón mostram que a responsabilidade ulterior imposta neste caso era verdadeiramente séria". COSTA RICA. CteIDH. Caso Usón Ramírez v. Venezuela. Serie C No. 207. San Jose, 20 nov. 2009, § 81.

"o processo penal deve respeitar o princípio da intervenção mínima, por causa da natureza do direito penal como *ultima ratio*", levando-se em conta que o poder punitivo criminal "só pode ser exercido na medida do estritamente necessário para proteger os direitos legais fundamentais dos ataques mais graves que podem prejudicar ou pôr em perigo o indivíduo. O oposto iria resultar no exercício abusivo do poder punitivo do Estado"[294].

A Corte, no caso Usón v. Venezuela, analisou a necessidade de um processo penal em caso de suposto abuso do exercício do direito à liberdade de expressão. É preciso observar, conforme fez a Corte: (i) o bem a ser protegido; (ii) "a extrema gravidade" da declaração emitida; (iii) o dolo; (iv) as características do dano injustamente causado; (vi) as características da pessoa cujos direitos se visa a proteger; (vii) os meios usados para causar os danos, e (viii) outras informações que demonstram "a absoluta necessidade" de usar medidas penais[295]. A Corte enfatizou por diversas vezes que seria abusivo e desnecessário proteger o direito à honra quando o delito em questão não envolve a grave lesão a esse direito.

No caso Ricardo Canese, a Corte entendeu ainda que os tribunais nacionais deveriam ter analisado o contexto de campanha eleitoral em que as declarações foram feitas antes de punir Canese. A Corte assinalou que a ponderação do respeito dos direitos e reputação de terceiros deveria ter sido realizada observando-se o valor da liberdade de expressão em uma sociedade democrática sobre questões de interesse público. Além disso, a Corte considerou que o processo penal com condenação restritiva de liberdade (oito anos) e as restrições de deixar o país (durante quase oito anos e quatro meses) seriam um meio indireto de se restringir a liberdade de pensamento e de expressão da sociedade em geral, ainda mais em vista de que, após a condenação perante o tribunal nacional, Canese foi demitido e não pôde mais publicar seus artigos em nenhum jornal. A Corte considerou a punição desnecessária e excessiva em relação às declarações de interesse público feitas contra um candidato durante o curso de uma campanha eleitoral. Por fim, a Corte reconheceu que não

---

[294] Ibidem, § 73.
[295] Ibidem, § 74.

houve um "interesse social imperativo" capaz de justificar uma sanção penal a respeito de declarações de interesse público[296].

No caso Fontevecchia, a Corte entendeu que as dezenove ações cíveis e criminais promovidas pelo ex-presidente, sua família, sócios e ministros contra a revista que publicara sobre os presentes à filha que Menem tinha fora do casamento geraram consequências graves – de quase dissolução da empresa – e a prisão de D'Amico por quase 19 meses e o uso de parte de seu salário para cobrir a indenização de natureza civil pela qual também foi condenado foram consideradas desnecessárias em uma sociedade democrática[297]. No caso Palamara Iribarne v. Chile, a Corte entendeu que a proibição da publicação de um livro criticando a Armada Nacional, com a consequente retirada de circulação de todas as cópias físicas e eletrônicas da obra, escrito por ex-oficial militar chileno condenado por desobediência e quebra dos deveres militares pelo tribunal penal militar, teria sido não apenas desproporcional, mas também um ato de censura prévia e, portanto, desnecessária em uma sociedade democrática[298].

Outro aspecto que a Corte Interamericana enfrentou para avaliar a proporcionalidade das sanções foi o caráter inibidor e intimidante das sanções aplicadas seja no âmbito civil ou penal. No caso Fontevecchia, a Corte destacou que o temor de uma sanção civil desproporcional pode ser tão ou mais intimidante para o exercício da liberdade de expressão do que uma sanção penal[299]. No caso Tristán, multas pecuniárias diárias, que poderiam não ser excessivas, foram consideradas desnecessárias, gerando um efeito inibidor (autocensura) daquele que acusa ou de outros que criticam um funcionário público[300].

---

[296] COSTA RICA. CteIDH. Caso Ricardo Canese. Serie C No. 111. San Jose, 31 ago. 2004, § 106.
[297] COSTA RICA. CteIDH. Caso Fontevecchia e D'Amico v. Argentina. Serie C No. 238. San Jose, 20 nov. 2011, §§ 73-74.
[298] COSTA RICA. CteIDH. Caso Palamara Iribarne v. Chile. Serie C No. 135, 20 nov. 2005, § 70.
[299] COSTA RICA. CteIDH. Caso Fontevecchia e D'Amico v. Argentina. Serie C No. 238. San Jose, 20 nov. 2011, § 74.
[300] COSTA RICA. CteIDH. Caso Tristán Donoso v. Panamá. Serie C No. 193. San Jose, 27 jan. 2009, § 130-134.

Na mesma linha da Corte Europeia, a Corte Interamericana entendeu que não há como se estabelecer a veracidade de uma opinião, de modo que uma "opinião não pode ser objeto de sanção, ainda mais quando essa opinião está condicionada a que se comprovem os fatos sobre os quais se embasa"[301]. No Caso Usón Ramirez v. Venezuela, a Corte considerou que Usón não afirmara que teria havido um crime, mas apenas opinara que teria ocorrido um crime "no caso de ser provada a hipótese". A opinião de Usón ficou, assim, condicionada à necessidade de ser provado um determinado fato, e isso, para a Corte, não poderia estar sujeito a "requisitos de veracidade". Para a Corte, estabelecer sanções desproporcionais simplesmente porque um indivíduo manifestou sua opinião sobre "um suposto ilícito de interesse público envolvendo instituições militares e seus membros", atribuindo maior peso à honra ou reputação dos envolvidos sem considerar a proteção que deve ter a liberdade de expressão em uma sociedade democrática, é incompatível com o artigo 13 da Convenção Americana. A Corte interamericana reforçou que o poder punitivo estatal deve ser regido pela razoabilidade e proporcionalidade, "evitando, assim, tanto a suavidade característica da impunidade como o excesso e o abuso na determinação de sanções"[302].

2.2.1. Conclusões preliminares sobre a jurisprudência da Corte Interamericana de Direitos Humanos quanto à liberdade de expressão política

Salta aos olhos que a Corte IDH tem muito menos casos do que a Corte Europeia – incluindo-se aí casos versando sobre a liberdade de expressão em geral, e sobre a liberdade de expressão política em particular[303].

---

[301] A Corte entendeu que no caso a afirmação impugnada de Tristán continha informação de que o ex-procurador-geral havia gravado uma conversa privada e apresentado a terceiros; mas não fora provada a participação do ex-procurador-geral. No caso concreto, no entanto, a declaração considerada ofensiva era mesmo um "fato" e não uma opinião, e um fato está sujeito à prova da veracidade – diferentemente do que ocorre com uma opinião. COSTA RICA. CteIDH. Caso Usón Ramírez v. Venezuela. Serie C No. 207. San Jose, 20 nov. 2009, § 124.

[302] Ibidem, § 87.

[303] Vale lembrar que o acesso à CteIDH é diferente do acesso à CEDH; Além disso, as descrições dos casos da Corte IDH são substancialmente menos detalhadas do que as da Corte Europeia.

No entanto, pelo que pudemos ver, a Corte IDH não só está bem alinhada com a Corte Europeia no que diz respeito à proteção da liberdade de expressão política, mas também, expressamente menciona e cita os casos europeus em sua jurisprudência.

Do mesmo modo que a Corte Europeia, a Corte Interamericana confere enorme amplitude à liberdade de expressão política, especialmente com relação ao homem público e os políticos em detrimento de seu direito à vida privada, honra e reputação. A Corte IDH também contextualiza as afirmações ofensivas e as protege sempre que digam respeito a um interesse da sociedade, entendido de modo amplo, como na Corte Europeia. Ambas as cortes veem a liberdade de expressão como garantia da democracia, e qualquer restrição deve ser "necessária em uma sociedade democrática".

Também para a Corte IDH, o direito à liberdade de expressão é a outra face do direito da população de receber informações e do direito de imprensa, e esses direitos todos também devem ser considerados e ponderados com a honra, reputação e vida privada dos indivíduos na análise concreta dos casos.

Igualmente, no que diz respeito à penas impostas em casos de abusos da liberdade de expressão, a Corte Interamericana segue a Europeia e exige proporcionalidade com a infração, sempre se levando em conta a necessidade da punição e demandando-se evitar que a punição desencoraje o debate, seja através de intimidação de terceiros, seja através da inspiração à "autocensura" por receio de processos civis, penais, ou das penas impostas.

Assim como na Corte Europeia, juízos de valor e opiniões não são passíveis de ser provados para a Corte IDH. A Corte IDH não fala em "base factual suficiente", porém o *standard* utilizado para se autorizar discursos ofensivos, mas de interesse público, é idêntico ou, no mínimo, muito semelhante ao da Corte Europeia.

Do mesmo modo, jornalistas e políticos – notadamente, a oposição – devem ser particularmente protegidos, ainda mais durante o período eleitoral, em vista de sua importância à democracia.

Enfim, em vista do estudo jurisprudencial conduzido, concluímos que a postura da Corte IDH é no mínimo tão favorável à liberdade de expressão quanto à da Corte Europeia. Se esta, em alguns casos concretos, até chegou a aceitar algumas restrições em casos de incitação ao ódio ou à violência; na Corte Interamericana, ainda que tais restrições estejam previstas normativamente, na prática, ainda não foram sequer julgados casos aplicando tais proibições (aparentemente, o discurso de ódio é menos popular e menos controverso nas Américas do que na Europa).

3
Fundamentos Jurídicos e Teóricos da Liberdade de Expressão Política no Direito Internacional dos Direitos Humanos

Neste capítulo, explicaremos os fundamentos jurídicos e teóricos das decisões das cortes internacionais de direitos humanos sobre a liberdade de expressão política, esclarecendo o mecanismo interpretativo das cortes, bem com sobre quais teorias as cortes internacionais se assentam para respaldar sua abordagem.

No primeiro subcapítulo, explicaremos o mecanismo jurídico das decisões das cortes internacionais, elencando seus critérios, condições e a proporcionalidade que deve haver nas sanções, para, em seguida, analisar também a ponderação que as cortes fazem para solucionar os conflitos entre a liberdade de expressão e outros direitos.

No segundo subcapítulo, vamos fazer uma breve exposição da razão filosófica da abordagem que as cortes internacionais fazem do tema, o que deverá lançar luz sobre o porquê de suas decisões.

3.1. Fundamentos Jurídicos da Liberdade de Expressão Política nas Cortes Internacionais de Direitos Humanos

3.1.1. Critérios, condições e propocionalidade nas restrições e sanções

A partir da análise do texto da Convenção Europeia (art. 10), vemos que é possível admitir formalidades, condições, restrições ou sanções ao exercício da liberdade de expressão, desde que previstas pela lei, sejam necessárias em uma sociedade democrática para proteger a segurança nacional, a integridade territorial, a segurança pública, a defesa da ordem, a saúde ou a moral, e a honra ou os direitos de outrem, ou para prevenir o crime, impedir a divulgação de informações confidenciais, ou, ainda para garantir a autoridade e a imparcialidade do poder judicial.

A Convenção Americana de Direitos Humanos (art. 13) aceita limites ao exercício da liberdade de expressão para garantir o respeito dos direitos e reputação dos demais, bem como a proteção da segurança nacional, da ordem pública, ou da saúde ou moral públicas, e determina expressamente que a lei deverá proibir toda propaganda em favor da guerra, bem como a apologia ao ódio[304] nacional, racial ou religioso que incite à discriminação, hostilidade, ao crime ou à violência.

---

[304] No discurso político, somente foram encontrados casos sobre discurso de ódio e discriminação no âmbito da Corte Europeia. A interpretação dada a esses dispositivos, conforme o estudo de casos, pela Corte Europeia, segue no sentido de que as "expressões que espalham, encorajam, promovam ou justifiquem o ódio baseado na intolerância", como visto no caso Féret, correspondem ao discurso que deve ser evitado e punido. A intolerância e a falta de respeito à dignidade humana são motivos imperiosos para a restrição da liberdade de expressão em uma sociedade democrática e pluralista. A ridicularização, o insulto ou a difamação de grupos ou parte da população justifica uma ação preventiva ou represssiva do estado, pois constituem uma ameaça à paz e estabilidade nos estados democráticos. Muito interessante o estudo comparativo entre o direito americano e o direito alemão feito por BRUGGER, Winfried. Proibição ou proteção do discurso do ódio? Algumas observações sobre o direito alemão e o americano. *Revista de Direito Público*, Brasília, v. 15, n. 117, jan.--mar. 2007. Assim, o discurso de ódio racial, xenofóbico, anti-semita, incluindo o discurso nacionalista e etnocentrista, a disseminação da hostilidade contra minorias, migrantes e imigrantes, e contra religiões, dividindo as pessoas entre fiéis e infiéis, que incita a violência e o terrorismo, não deve ser tolerado. As cortes internacionais reforçam a importância do debate livre em uma sociedade democrática constantemente. O discurso de ódio foi reconhecido como um limite à liberdade de expressão válido inclusive para as questões de interesse público, que, via de regra, permitiriam maior circulação de ideias e informações. O discurso de ódio também é um limite à liberdade de expressão no campo do debate político. E, somente quanto a isso a Corte Europeia faz uma exceção quanto à difusão da informação, opinião e ideias, mesmo durante a campanha eleitoral. Todas as propostas que visem à alimentar a intolerância (discurso racista, xenófobo, homofóbico etc) terão um impacto muito maior e mais prejudicial neste período, conforme a Corte Europeia, pois "ajudaria a promover o ódio e a intolerância", uma vez que os candidatos "tendem a criar fórmulas ou *slogans* fixos", passando a defendê-los com argumentos desenhados para convencer a população. Esse é o discurso que a Corte entende que não pode ser permitido "camufladamente" pelo contexto eleitoral, conforme analisado no caso Féret.

Nos casos concretos analisados, as cortes internacionais levam em consideração alguns elementos para verificar caso a caso quando se trata de um discurso que deve ser proibido e, mesmo quando concluem que o discurso deve ser proibido, verificam também se a medida aplicada foi proporcional e se, ainda, foi necessária a interferência na liberdade de expressão considerando uma sociedade democrática.

Os critérios que a Corte Europeia usa para checar a necessidade de intervenção na liberdade de expressão em uma sociedade democrática são: (i) se o discurso pode causar uma difusão geral (por isso, com relação a este quesito, o meio utilizado para se divulgar o discurso é importante); (ii) se existe uma incitação direta à violência; (iii) se há um perigo real de causar a violência; e (iv) se o discurso contribui para o debate público. A verificação desses elementos auxilia o intérprete particularmente na análise dos limites à liberdade de expressão quando o conteúdo versar sobre o discurso de ódio ou discriminatório.

Aqui, vale observar que, conquanto a Corte Europeia tenha uma postura bastante libertária com relação à liberdade de expressão política, não chega a ser como os tribunais americanos no que tange ao discurso de ódio[305]. Ainda que a Corte afirme que as ideias que ofendem, choquem e pertubem também estão protegidas pela liberdade de expressão, tal proteção não se aplica igualmente ao discurso de ódio no âmbito das

---

[305] Hervieu ressalta que *"Néanmoins, dans le discours strasbourgeois, ce refus de la violence est souvent associé à la prohibition du 'discours de haine'. Or, si la Cour souligne la connexion entre discours de haine et incitation à la violence, la seconde pouvant prendre la forme du premier, cela ne suffit pas à dissimuler la profonde différence de logique qui les sépare et qui est d'ailleurs mise en exergue dans la jurisprudence américaine. Alors que l'incitation à la violence vise le lien de causalité directe entre le propos et le risque d'acte violent, le discours de haine ne présente, lui, qu'un lien indirect et plus diffus. Certes, cette césure n'est pas toujours aussi nette et la Cour entretient parfois l'ambigüité. Mais dans ce second cas, ce n'est pas la conséquence du propos litigieux qui est avant tout sanctionnée mais bien son objet même. C'est alors sur un tout autre terrain que se placent les juges du Palais de Droits de l'homme"*. HERVIEU, Nicolas. La Liberté d'expression des personnages politiques en droit européen: de la démocratie à Strasbourg. CRDF, no. 8, 2010, p. 103-114, p. 110. Vide também a comparação dos sistemas eleitorais feito por Whitman, James Q. *"Liberté d'expression et systèmes électoraux: mutations d'une liberté censée être fondamentale"*. In: **Jus Politicum Revue Internationale de Droit Politique**, no. 4, 2010, p. 1-13.

cortes internacionais[306]. Além de estabelecer que o discurso que incita a intolerância não pode ser admitido, a Corte reconhece a possibilidade de sancionar tais discursos[307], ainda que versem sobre questões de interesse público e sejam proferidos durante a campanha eleitoral. A Corte Europeia fundamenta a restrição da liberdade de expressão política na tolerância[308] que deve existir em uma sociedade democrática[309],[310]. Existe,

---

[306] Ao tratar de discurso de ódio e pornografia, Dworkin salientou "a perigosa confusão" de que os liberais passariam a aceitar a censura de determinados discursos como o ódio e a pornografia. DWORKIN, Ronald. *O Direito da Liberdade*: a leitura moral da Constitucional norte-americana. Tradução Marcelo Brandão Cipolla. São Paulo: Martins Fontes, 2006, p. 348.

[307] O efeito inibidor que pode surgir da aplicação das medidas restritivas à liberdade de expressão política e que as cortes internacionais pretendem coibir não se confunde com o efeito inibidor que alguns autores mencionam no que tange ao discurso de ódio. Fiss, afirma que as expressões de ódio teriam um "efeito silenciador" sobre grupos desfavorecidos, uma vez que atingidos pelas expressões, não teriam forças para reagir aos efeitos, violando a igualdade. FISS, Owen. **La Ironía de la Liberd de Expresión**. Espanha: Editora Gedisa, p. 40. A análise feita por Dworkin sobre o pensamento de Frank Michelman esclarece que: "certas formas de liberdade de expressão, entre as quais a pornografia, podem ter elas mesmas o efeito de 'silenciar' outras formas, de tal modo que acabam por impedir outras pessoas de exercer sua liberdade negativa". DWORKIN, Ronald. *O Direito da Liberdade*: a leitura moral da Constitucional norte-americana. Tradução Marcelo Brandão Cipolla. São Paulo: Martins Fontes, 2006, p. 356.

[308] Bobbio afirma que a visão de que a intolerância como resposta à própria intolerância não tornaria o intolerante um liberal. BOBBIO, Norberto. *A Era dos Direitos*. Tradução Carlos Nelson Coutinho. Apresentação de Celso Lafer. 6ª reimpressão. Rio de Janeiro: Elsevier, 2004, p. 196-197. Na visão de Rawls, "A limitação da liberdade dos intolerantes deve ser justificada apenas quando os interesses dos tolerantes estiverem seriamente ameaçados. Aí será possível obrigar o intolerante a respeitar a liberdade dos outros, dado que se pode exigir a um sujeito determinado que respeite os direitos estabelecidos pelos princípios com que ele concordaria na posição original". Disponível em: http://www2.senado.leg.br/bdsf/bitstream/handle/id/377/r138-16.pdf?sequence=4. Acesso em: 15 out. 2015.

[309] Karl Popper fala no paradoxo da tolerância: ser intolerante com os intolerantes. Disponível em: <https://archive.org/stream/opensocietyandit033120mbp/opensocietyandit033120mbp_djvu.txt>. Acesso em: 10 out. 2015.

[310] Ao analisar a diferença de tratamento do discurso de ódio pelo Tribunal Constitucional Espanhol e a Corte Europeia, relembra LIERN que as teorias revisionistas do holocausto, não estão protegidas pela liberdade de expressão do artigo 10 da CEDH, por aplicação do artigo 17 também da CEDH. LIERN, Göran Rollnert. Revisionismo Histórico Y Racismo En La Jurisprudencia Constitucional: Los Límites De La Libertad De Expresión (A Pro-

portanto, uma preocupação com o discurso intolerante, o discurso violento. O discurso de ódio e a incitação à violência não se enquadram nos valores fundamentais de justiça e de paz, de respeito à igualdade e dignidade. As cortes internacionais de direitos humanos buscam uma democracia de valores que repudia a violência, o racismo e a discriminação, de modo que o exercício da liberdade de expressão política pode ser restringido para se garantir uma sociedade mais tolerante[311].

Além disso, para confirmar se as medidas restritivas à liberdade de expressão adotadas pelos estados correspondem aos valores de direitos humanos perseguidos pelas convenções, as cortes internacionais estabelecem critérios e testes para analisar os casos. As cortes analisam os termos e expressões contidos nos discursos impugnados pelos estados, sempre considerando seu contexto[312]. Além dessa análise inicial, as cortes levam em consideração a pertinência do assunto para o debate público sobre temas de interesse geral, um ponto crucial para se avaliar a validade das medidas adotadas pelos estados [313]. Finalmente, as cortes também verificam se as restrições à liberdade de expressão são compatíveis com a manutenção e desenvolvimento de uma sociedade democrática e

---

pósito De La Stc 235/2007). UNED. Revista de Derecho Político, n. 73, set-dez. 2008, p. 103-146, p. 117.

[311] *"Pour autant, le schéma d'une limitation axiologique fondée sur la prohibition de la haine raciale et de la discrimination qui annihile cette protection préférentielle apparait clairement et dangereusement affirmé"*. HERVIEU, Nicolas. *La Liberté d'expression des personnages politiques en droit européen: de la démocratie à Strasbourg*. CRDF, no. 8, 2010, p. 103-114, p. 112. Continua o autor que *"Dans le domaine de la politique d'immigration, le discours politique doit demeurer dans les limites du 'politiquement correct', défini plus ou moins discrétionnairement par la Cour européenne en fonction des 'tendences' contemporaines qu'elle identifie. La Cour admet la sanction de certains modes d'expression – appel au boycott et propos fortement anti-immigrés – au nom de leurs effets néfastes sur le débat politique et/ou électoral"*. Ibidem, p. 113.

[312] Por exemplo, no Caso Ivcher Bronstein v. Peru, "§ 154. Nessa esteira, seguem os demais casos da Corte IDH. A CEDH também demonstra essa preocupação, conforme se verifica em diversos casos. São exemplos: Jersild v. Dinamarca, Gündüz v. Turquia e Brasilier v. França.

[313] Esclarece a Corte IDH: " *[...] La Corte considera que el señor Tristán Donoso realizó manifestaciones sobre hechos que revestían el mayor interés público en el marco de un intenso debate público sobre las atribuciones del Procurador General de la Nación para interceptar y grabar conversaciones telefónicas, debate en el que estaban inmersas, entre otras, autoridades judiciales"*. COSTA RICA. CteIDH. Caso Tristán Donoso v. Panamá. Serie C No. 193. San Jose, 27 jan. 2009, § 121.

suas instituições, em razão do papel essencial da liberdade de expressão para a democracia.

As cortes também estabelecem condições mais específicas para verificar se as restrições feitas ao exercício da liberdade de expressão pelos estados são compatíveis com os dispositivos das convenções. Essas restrições passam por um modelo de avaliação tripartite feito por essas cortes internacionais.

São três as condições estabelecidas nos artigos 10º da Convenção Europeia e 13.2 da Convenção Americana de Direitos Humanos para se validar uma restrição à liberdade de expressão: (i) qualquer restrição à liberdade de expressão deve estar prevista em lei; (ii) a restrição à liberdade de expressão precisa ser legítima; e (iii) a restrição à liberdade de expressão deve ser necessária em uma sociedade democrática[314],[315],[316].

---

[314] Regra da proporcionalidade. SILVA, Virgílio Afonso da. *Direitos Fundamentais*: conteúdo essencial, restrições e eficácia. São Paulo: Malheiros, 2009, p. 167-169. Não pode ser considerado princípio na teoria de Robert Alexy. SILVA, Virgílio Afonso da. O Proporcional e o Razoável. São Paulo: *Revista dos Tribunais* 798 (2002): 23-50, especialmente, p. 25-27. Nesse sentido, para Walter Claudius Rothenburg, a proporcionalidade não é um princípio, mas um critério. Para o autor, há três aspectos que devem ser considerados: i) em razão do conteúdo, pois a proporcionalidade não diz respeito a valores, mas a como certas normas devem ser aplicadas; ii) em razão do objeto: a proporcionalidade diz respeito "indiretamente ao comportamento", pois diretamente ligada às normas e iii) em razão da pertinência, a proporcionalidade é uma regra de interpretação/aplicação do direito. ROTHENBURG, Walter Claudius. Princípio da Proporcionalidade. In: LOPES, Maria Elisabeth de Castro; OLIVEIRA NETO, Olavo de. (coord). *Princípios Processuais Civis na Constituição*. Rio de Janeiro: Elsevier, 2008, p. 292-294.

[315] É "a mecânica da aplicação do juízo de proporcionalidade" que consiste na "aferição da idoneidade, necessidade e equilíbrio da intervenção estatal em determinado direito fundamental" e "origina-se da lógica da moderação e justiça que deve incidir sobre toda intervenção estatal sobre o direito dos indivíduos, mesmo que o fim do ato restritivo seja evitar dano a outro direito individual". CARVALHO RAMOS, André de. Teoria Geral dos Direitos Humanos na Ordem Internacional. 5. ed. São Paulo: Saraiva, 2015, p. 240; 233-234. Vide artigos 52 da Declaração de Direitos Fundamentais da União Europeia e o artigo 29 da Declaração Universal de Direitos Humanos. Verifica-se i) é uma medida adequada para satisfazer o objetivo da lei? ii) é uma medida necessária? iii) é uma medida proporcional em sentido estrito? Virgílio Afonso da Silva ensina que em alemão o termo alcançar é "fomentar", de modo que "ainda que o objetivo não seja completamente realizado", precisa ser fomentado. SILVA, Virgílio Afonso da. O Proporcional e o Razoável. São Paulo: *Revista dos Tribunais* 798 (2002): 23-50, especialmente, p. 36-37. Com relação à

A primeira condição trata da exigência de uma lei que preveja expressamente a restrição ao exercício da liberdade de expressão, contendo as medidas que serão aplicadas, no caso de ser constatado o abuso ao exercício da liberdade de expressão. É crucial que essas medidas estejam fixadas claramente na lei para evitar arbitrariedades por parte dos estados e a insegurança jurídica[317]. A ideia é que as leis devem ser claras o suficiente para que se dispense o esforço de interpretações jurídicas para as esclarecer, já que tais interpretações podem mudar e causar insegurança jurídica[318].

Vale lembrar que as cortes sempre expressam sua preocupação com os efeitos censórios que podem surgir das medidas restritivas adotadas pelos estados. A censura prévia direta e indireta não é admitida no âmbito das cortes internacionais de direitos humanos. Desse modo, eventuais abusos do exercício da liberdade de expressão estão sujeitos à responsabilização ulterior. Entendem as cortes ainda que um efeito

---

medida adequada explica Walter Claudius Rothenburg que no caso Cicarelli, por exemplo, "a proibição de veiculação das cenas de sexo entre os namorados (esse o meio, restritivo dos direitos de informação e comunicação) seria hábil a proteger-lhes a privacidade (esse o fim)". ROTHENBURG, Walter Claudius. Princípio da Proporcionalidade. In: LOPES, Maria Elisabeth de Castro; OLIVEIRA NETO, Olavo de. (coord). *Princípios Processuais Civis na Constituição*. Rio de Janeiro: Elsevier, 2008, p. 295. A segunda medida é a menos gravosa. Conforme ensina Virgílio Afonso da Silva a primeira medida tem um critério absoluto – decorrente de uma relação de meio e fim, mas na segunda leva-se em conta a "eficiência" da medida e o "grau de restrição ao direito fundamental". SILVA, Virgílio Afonso da. *Direitos Fundamentais: conteúdo essencial, restrições e eficácia*. São Paulo: Malheiros, 2009, p. 171. Em sentido estrito, seria preciso verificar se "o grau de afronta ao direito de privacidade das pessoas envolvidas (invasão de privacidade em grau máximo, por revelar cenas de sexo) é suportável em relação ao grau de restrição do direito à expressão e informação pública (restrição também em grau máximo, pois significaria a proibição de divulgação das cenas mediante a suspensão de exibição dos próprios provedores)". ROTHENBURG, Walter Claudius. Op. cit., p. 299-300.

[316] PULIDO, Carlos Bernal. *El Principio de Proporcionalid Y Los Derechos Fundamentales*: El principio de proporcionalidad como criterio para determinar el contenido de los derechos fundamentales vinculante para el legislador. Madrid: Centro de Estudios Politicos y Constitucionales, 2007, p. 692-783.

[317] Nos termos do artigo 30 da CADH que trata do alcance das restrições.

[318] COSTA RICA. CteIDH. Caso Ricardo Canese v. Paraguai. Serie C No. 111. San Jose, 31 ago. 2004, § 72, r).

inibidor ao exercício da liberdade de expressão também pode surgir de decisões judiciais que venham a restringir indevidamente essa liberdade. Essa é a razão pela qual o conteúdo dos dispositivos legais que abarcam as restrições não pode conter expressões ou termos abertos ou ambíguos que possam gerar uma espécie de autocensura, especialmente quando as medidas restritivas versarem sobre o direito penal[319].

Com relação à segunda condição, a legitimidade da restrição, é importante ressaltar que as cortes sempre apontam para a necessidade de existir uma justificativa imperiosa, um objetivo legítimo que seja capaz de permitir a restrição da liberdade de expressão. A existência de outros direitos e interesses também assegurados pelas convenções de direitos humanos constituem os objetivos legítimos que podem gerar a restrição ao exercício da liberdade de expressão em uma sociedade democrática e plural. Assim, os próprios dispositivos contidos nas convenções estabelecem que o direito dos outros, a proteção da segurança nacional, paz pública, e ordem pública ou saúde e moral públicas poderiam ser invocadas para permitir legitimamente a restrição à liberdade de expressão[320].

Com relação à terceira e última condição, é preciso que a restrição à liberdade de expressão seja necessária em uma sociedade democrática[321]. Insistentemente as cortes internacionais relembram que a liberdade de expressão é a fundação que sustenta toda a base democrática da sociedade[322], razão pela qual as restrições somente podem ser aplicadas observando-se o contexto de uma sociedade com pluralidade de direitos e

---

[319] CIDH. Relatoria Especial para a Liberdade de Expressão. *Marco Jurídico Interamericano Sobre o Direito à Liberdade de Expressão*. Estados Unidos, Washington, D.C.: 2009, 115 p. (OEA/Ser.L/V/II. CIDH/RELE/INF.2/9), p. 24. COSTA RICA. CteIDH. Caso Kimel v. Argentina. Serie C No. 177. San Jose, 2 de mai. 2008, § 63.

[320] Também nesse sentido os artigos 29 e 32 da CADH, além do artigo 10º da CEDH.

[321] Conforme André de Carvalho Ramos, o uso da proporcionalidade concatena-se do seguinte modo: (i) legalidade e idoneidade; (ii) necessidade em uma sociedade democrática e (iii) justo equilíbrio entre o benefício e o sacrifício gerado. CARVALHO RAMOS, André de. *Teoria Geral dos Direitos Humanos na Ordem Internacional*. 5. ed. São Paulo: Saraiva, 2015, p. 240.

[322] De modo que são as necessidades e objetivos da sociedade e instituições democráticas que vão orientar a interpretação. CIDH. Relatoria Especial para a Liberdade de Expressão. *Marco Jurídico Interamericano Sobre o Direito à Liberdade de Expressão*. Estados Unidos, Washington, D.C.: 2009, 115 p. (OEA/Ser.L/V/II. CIDH/RELE/INF.2/9), p. 28.

valores igualmente protegidos, também fundada por objetivos coletivos, pelo interesse público, e em que as partes normalmente têm a possibilidade de se defender de acusações através do livre debate público. Assim, uma restrição à liberdade de expressão se justifica para as cortes somente em caso de uma "necessidade social imperiosa ou preemente"[323].

Medidas necessárias não são medidas meramente úteis, razoáveis ou oportunas, mas aquelas de que o estado realmente precisaria lançar mão para alcançar o objetivo legítimo perseguido, sem que haja a possibilidade de se alcançar o mesmo objetivo através de outro meio menos restritivo. Em outras palavras, não se deve restringir a liberdade de expressão além do que é estritamente indispensável para alcançar os objetivos perseguidos, valendo-se sempre da medida menos restritiva, se houver mais de uma possibilidade.

As cortes também avaliam a proporcionalidade das restrições, ou seja, se a privação da liberdade de expressão é exagerada, desmedida ou simplesmente excessiva em relação ao que se pretende buscar. Para passar neste último teste, ainda será preciso analisar: (i) o grau da lesão de um dos direitos em jogo; (ii) a relevância de se proteger o direito contrário ao da liberdade de expressão; e (iii) se a proteção do direito contrário realmente justifica a restrição da liberdade de expressão[324].

O resultado sempre dependerá da análise *in concreto* do caso. Tendo a restrição à liberdade de expressão passado por esses testes, ela será admitida pelas cortes internacionais.

Esse método levará em conta também as sanções aplicadas quando cabíveis. Como foi possível notar, as cortes internacionais admitem sanções de caráter civil e penal para punir o abuso do exercício da liberdade de expressão[325], mas há que respeitar-se também a proporcionalidade das medidas aplicadas em relação à violação.

---

[323] Como estudado nos casos Roseiro Bento, § 43, Urbino Rodrigues, § 36, Grinberg v. Rússia § 33, Fleury v. França, § 48, Mamère v. França, p. 18, Bowman v. Reino Unido, § 39, Feldek v. Eslováquia, § 87 dentre outros.
[324] A Corte analisa os critérios mais claramente. COSTA RICA. CteIDH. Caso Kimel v. Argentina. Serie C No. 177. San Jose, 2 de mai. 2008, § 83. Nesse sentido, caso Palamara, § 85 e Herrera Ulloa, § 123.
[325] COSTA RICA. CteIDH. Caso Ricardo Canese v. Paraguai. Serie C No. 111. San Jose, 31 ago. 2004, § 72, e).

Como vimos, a previsão dessas medidas precisam estar em lei, previamente criada, sem termos dúbios e abertos[326] que possam dar margem à interpretações arbitrárias por parte dos estados, especialmente no âmbito penal. As sanções também não podem gerar efeitos inibidores.

A Corte Interamericana expressamente afirma que, em princípio, tipos penais como calúnia, injúria e difamação para proteger a honra não violam os dispositivos da CADH, pois o direito à honra está previsto em seu texto. Todavia, a sanção penal que se aplica às questões de interesse público ou expressões políticas, especialmente durante o período eleitoral, viola a liberdade de expressão contida no artigo 13 da CADH, ou porque a sanção é desproporcional, ou porque pode constituir uma censura indireta[327]. Nessa linha, a Corte IDH entende que o processo penal, a imposição de uma sanção penal e o registro da condenação nos antecedentes criminais por si só trazem um efeito estigmatizador que viola a liberdade de expressão, mesmo quando uma penalidade é cabível[328].

Nessa esteira, a CEDH, em diversos casos, entendeu que certas sanções aplicadas, especialmente as penais, ainda que tenham sido suspensas ou fossem simbólicas, foram excessivas; haja vista o caso Brasilier, em que a condenação em um franco foi considerada desproporcional e excessiva.

Na visão das cortes, é preciso se valer dos meios menos danosos à liberdade de expressão política, sempre – mesmo em casos de abuso, deve-se cuidar para que a pena aplicada corretamente não desencoraje o debate ou gere uma autocensura na sociedade. Não se devem aplicar penas que, por sua dureza ou consequência, inibam o debate. No âmbito civil, as sanções devem servir para reestabelecer a reputação do ofendido, e não para indenizá-lo ou castigar o interlocutor. Na ações civis, também se exigem critérios para se punir, como, por exemplo, a constatação de "real

---

[326] COSTA RICA. CteIDH. Caso Kimel v. Argentina. Serie C No. 177. San Jose, 2 de mai. 2008, § 63.

[327] Estabelece a Corte IDH que até mesmo as sanções civis podem servir de um meio indireto de restrição da liberdade de expressão. COSTA RICA. CteIDH. Caso Ricardo Canese v. Paraguai. Serie C No. 111. San Jose, 31 ago. 2004, § 72, h).

[328] COSTA RICA. CteIDH. Caso Kimel v. Argentina. Serie C No. 177. San Jose, 2 de mai. 2008, § 85.

malícia"[329] por parte do interlocutor, isto é, a intenção de causar dano ou o dolo ao de se publicar informações falsas[330]. Assim, outro fator que as cortes consideram ao avaliar medidas restritivas é o impacto na liberdade de expressão política que essas medidas podem causar. O efeito inibidor ou a autocensura também pode decorrer tanto de sanções civis, quanto penais ou administrativas, por isso, é preciso tomar cuidado na aplicação de tais medidas[331]. Com relação à sanção pecuniária, deve ser verificada a proporcionalidade da multa ao dano causado, sendo preferíveis as reparações não pecuniárias, que também devem ser previstas em lei[332].

Assim, as sanções de qualquer natureza são avaliadas pelas cortes internacionais e precisam passar pelo teste da proporcionalidade para

---

[329] Bem na linha do caso New York Times v. Sullivan decidido em 1964 pela Suprema Corte Americana que trouxe um marco importante para a análise da proteção da reputação, alterando a jurisprudência anterior e inserindo o *standard* da *actual malice*. A reputação de funcionário público atingido por informações falsas, somente seria verificada se houvesse a intenção maliciosa, justificada pelo fato de que "no debate livre, falsos enunciados são comuns" e a exigência da prova de veracidade de todas as afirmaçõess "abafaria" o próprio debate. O *standard* da *actual malice* seria o "conhecimento efetivo da falsidade da afirmação infamante ou, pelo menos, um desconhecimento culposo (negligente)". FERRAZ JÚNIOR, Tércio Sampaio. Liberdade de Informação e Privacidade ou o Paradoxo da Liberdade. In: *O Cinquentenário da Declaração Universal dos Direitos do Homem*. AMARAL JÚNIOR, Alberto do; PERRONE-MOISÉS, Cláudia. São Paulo: Editora da Universidade de São Paulo, 1999, p. 385-393. Nesse sentido, GROSSMAN, Claudio. La Libertad de Expresión en el Sistema Interamericano de Derechos Humanos. *ILSA Journal of International & Comparative Law*, v. 7, 2000-2001, 755-784, p. 777.

[330] Nesse sentido, vide casos Tristán, § 120; Herrera Ulloa, § 101.4 c) e Ricardo Canese, § 72 h). Condicionar uma informação ao resultado de uma investigação, por exemplo, como ocorreu no caso Usón, não foi entendida como intencionalmente usada para causar danos pela Corte Interamericana. COSTA RICA. CteIDH. Caso Usón Ramírez v. Venezuela. Serie C No. 207. San Jose, 20 nov. 2009, § 86.

[331] Vide COSTA RICA. CteIDH. Caso Tristán Donoso v. Panamá. Serie C No. 193. San Jose, 27 jan. 2009, § 129.

[332] A Declaração Conjunta Sobre Censura através do Assassinato e Difamação da ONU, OSCE e OEA afirma que: "As punições civis por difamação não devem ser de tais proporções que suscitem um efeito inibidor sobre a liberdade de expressão, e devem ser desenhadas de modo a restabelecer a reputação danificada, e não a indenizar o demandante ou castigar o demandado; em especial, as punições pecuniárias devem ser estritamente proporcionais aos danos reais causados, e a lei deve dar prioridade à utilização de uma gama de reparações não pecuniárias".

serem consideradas convencionais. Mesmo nos casos em que as cortes admitem que houve um abuso no exercício da liberdade de expressão política, a medida não pode ser desproporcional ao fim almejado. Para aquilatar a proporcionalidade da pena e a transgressão, as cortes consideram elementos como a gravidade da culpa, a gravidade da infração e a sua reincidência.

A retratação e o pedido de desculpas são medidas mais aceitas pelas cortes internacionais de direitos humanos como opções menos danosa à liberdade de expressão política. O artigo 14 da Convenção Americana de Direitos Humanos inclusive prevê expressamente a figura do direito de resposta em casos de informações inexatas e ofensivas, não excluindo outros mecanismos de reparação do dano[333]. As cortes entendem que a retratação ou as desculpas são opções menos onerosas para sancionar os abusos do exercício da liberdade de expressão, em geral, preferíveis em relação a outras sanções.

Se a retratação é reconhecida como uma opção válida, quando as pessoas envolvidas são políticos, vale lembrar que as cortes entendem que eles já têm a possibilidade de mais facilmente se defender de acusações inexatas ou ofensivas através da mídia, de modo que, existindo outro

---

[333] Para alguns, o direito de resposta é visto como "instrumento democrático" para "proteger a pessoa de imputações ofensivas e prejudiciais a sua dignidade humana e sua honra" podendo ser aplicado às imputações criminosas ou qualquer outra (inclusive não criminosas) que possam afetar a honra e a reputação de terceiros, ou que alterem a verdade que seria de interesse geral. A questão é que assim como as medidas que o estado pode se valer para intervir na liberdade de expressão, para proteger outros direitos como, por exemplo, indenização proporcional ao dano, o direito de resposta é um limite explícito à liberdade de expressão, especialmente no direito eleitoral. Nesse sentido, "O direito de resposta cabe quando o texto dito ofensivo contenha injúria, calúnia, difamação, inverdade ou erro, e quando consitui ofensa direta a pessoa física ou jurídica". CONEGLIAN, Olivar. *Propaganda Eleitoral*. Curitiba: Juruá, 2014, p. 311. Para Carvalho Ramos, o direito de resposta "Consiste na possibilidade de replicar ou de retificar matéria publicada, sendo invocável para aquele que foi ofendido em sua honra objetiva ou subjetiva". Ainda complementa o autor que "Já no Brasil, adotamos a visão da 'liberdade responsável', ou seja como limite explítico (por exemplo a vedação do anonimato, direito de resposta, indenização proporcional ao dado) e implícitos (ponderação com demais direitos, que, no caso de divulgação de ideias racistas, vulnera o direito à igualdade)". CARVALHO RAMOS, André de. *Curso de Direito Humanos*. São Paulo: Saraiva, 2014, p. 516 e 518. Vide ainda TELLES, Olivia Raposo da Silva. Direito Eleitoral Comparado: Brasil, Estados Unidos e França. São Paulo: Saraiva, 2009, p. 94-97.

meio ainda menos danoso à liberdade de expressão política, deve ser ele preferível em relação a aqualquer outra forma mais onerosa. O objetivo das cortes é evitar o "efeito paralisante" dessas sanções, que desistimulam novas denúncias que seriam de interesse da sociedade, equivalente a uma censura indireta ou autocensura.

Punições educativas também são consideradas aceitáveis, e, inclusive, aparentemente, são as preferidas pela Corte Europeia[334].

3.1.2. A ponderação

Como vimos, a liberdade de expressão política não é absoluta[335]. Com base no que foi estudado, para ponderar[336] os direitos em conflito com a liberdade de expressão política, as cortes internacionais levam ainda em consideração a íntima relação que existe entre a liberdade de expressão e a democracia. E é neste contexto democrático em que as cortes internacionais de direitos humanos avaliam as restrições[337], ponderando os

---

[334] Vide por exemplo o Caso Féret v. Bélgica. Petição nº 15615/07. Estrasburgo, 16 jul. 2009; e Recomendação nº R 97 (20) adotada pelo Comitê de Ministros do Conselho da Europa em 30 out. 1997, que recomenda, *inter alia*, a adoção de penas de prestação de serviços comunitários. A aplicação de penas restritivas à liberdade de ir e vir em casos de violação à liberdade de expressão não é preferível, embora não seja proibido. As penas alternativas podem ser mais úteis para atender os propósitos dos direitos humanos, como ocorreu no caso Féret v. Bélgica, em que houve condenação a 250 horas de trabalho no setor de integração de pessoas de nacionalidade estrangeira para se punir o excesso do discurso proferido contra os estrangeiros.

[335] Nesse sentido, BARROSO, Luís Roberto. Colisão entre liberdade de Expressão e Direitos da Personalidade. Critérios de Ponderação. Interpretação Constitucionalmente Adequada do Código Civil e da Lei de Imprensa. *Revista de Direito Administrativo*, v. 235, 2004. Disponível em: http://bibliotecadigital.fgv.br/ojs/index.php/rda/article/view/45123. Acesso em: 14 nov. 2015.

[336] A ponderação é uma "operação hermenêutica pela qual são contrabalançados bens ou interesses constitucionalmente protegidos que se apresentem em conflito em situações concretas, a fim de determinar, à luz das circunstâncias do caso, em que medida cada um deles deverá ceder ou, quando seja o caso, qual deverá prevalecer". PEREIRA, Jane Reis Gonçalves. *Interpretação Constitucional e Direitos Fundamentais*. Rio de Janeiro: Renovar, 2006, p. 261. para ponderar valores.

[337] COSTA RICA. CteIDH. Caso Ricardo Canese v. Paraguai. Serie C No. 111. San Jose, 31 ago. 2004, § 72, a).

direitos à honra, à reputação, à vida privada e outros com a liberdade de expressão política.

Um aspecto relevante que as cortes internacionais levam em consideração na ponderação é o alto grau de proteção que deve ser conferido ao discurso político sobre assuntos de interesse público em uma democracia. E o discurso político, sobre assunto de interesse público, feito durante a campanha eleitoral, por candidato da oposição, recebe o grau máximo de proteção por parte das cortes internacionais.

Mais um ponto que as cortes internacionais observam durante a ponderação envolvendo a liberdade de expressão política é quem profere, ou contra quem se profere, um determinado discurso. Por um lado, o político que trata de assuntos de interesse público possui o maior grau de proteção do conteúdo do seu discurso; por outro lado, o político no exercício de função pública deve ser também mais tolerante às críticas e, portanto, seus outros direitos possuem menor grau de proteção comparado ao direito de liberdade de expressão. Em outras palavras, o político, como personagem plurifuncional no debate público, recebe uma proteção robusta da sua liberdade de expressão, ao mesmo tempo em que abre mão do proteção à honra, à reputação e à vida privada de que goza um particular. O discurso do político está mais protegido, mas não a sua pessoa[338].

Esta situação faz todo o sentido em uma perspectiva da liberdade de expressão a serviço da democracia. Vale lembrar também aqui que as pessoas públicas normalmente se expõem voluntariamente e, por isso, estão mais sujeitas às críticas advindas de toda a sociedade[339]. Ainda neste sentido, funcionários públicos devem estar submetidos ao controle da sociedade em uma democracia, e, frequentemente, têm, justamente em decorrência de sua função, maior influência social e acesso a meios de

---

[338] "À ce stade, l'idée que 'du degré même de liberté d'expression des candidats – ou hommes politiques – à une éléction dépend la qualité du débat démocratique' est partagée à Strasbourg. Néanmoins, cette qualité n'est qu'une pièce dans le puzzle du raisonnement de la Cour. Le context du débat politique 'essentiel au fonctionnement démocratique', suffit à placer les propos exprimés dans ce cadre sous un halo de protection renforcée". HERVIEU, Nicolas. La Liberté d'expression des personnages politiques en droit européen: de la démocratie à Strasbourg. *CRDF*, no. 8,1010, p. 103-114, p. 106-107.

[339] Por exemplo, como vimos no caso Mamère.

comunicação para explicar fatos que os envolvam – ainda mais, quando são políticos eleitos[340]. Órgãos e instituições estatais também estão sujeitos a mais críticas e, sem dúvida, suas ações são de interesse público, de modo que a transparência de sua atuação é essencial para um debate público amplo[341]. Em uma sociedade democrática deve haver mais proteção dos discursos sobre questões de interesse público, especialmente, quando tais discursos partem de jornalistas, políticos, dos que almejam cargos públicos e dos funcionários públicos no exercício de suas funções, principalmente, para facilitar a fiscalização e o controle da gestão pública e do gestor por parte de toda a sociedade, de modo que deve existir mais tolerância às críticas tanto por parte das instituições democráticas quanto por parte dos detentores de cargos públicos.

A proteção do discurso do político frequentemente se estende aos militantes, dirigentes sindicais e jornalistas[342], que também são figuras importantes na formação da opinião pública, bem como no fornecimento de informações e na apresentação de ideias e opiniões que podem contribuir para o debate aberto e caloroso, essencial para a manutenção da democracia. As cortes reconhecem também a importância da oposição em uma democracia, de modo que minorias políticas da oposição recebem mais proteção de seus discursos livres[343]. Os discursos exagerados e provocativos, especialmente em resposta à ideias também provocativas, também gozam da proteção conferida pelas cortes ao debate amplo.

---

[340] Nesse sentido, "122. [...] *Esta protección al honor de manera diferenciada se explica porque el funcionario público se expone voluntariamente al escrutinio de la sociedad, lo que lo lleva a un mayor riesgo de sufrir afectaciones a su honor, así como también por la posibilidad, asociada a su condición, de tener una mayor influencia social y facilidad de acceso a los medios de comunicación para dar explicaciones o responder sobre hechos que los involucren*". COSTA RICA. CteIDH. Caso Tristán Donoso v. Panamá. Serie C No. 193. San Jose, 27 jan. 2009, § 122. Exatamente nesse diapasão, também os casos Ricardo Canese, § 103, Herrera Ulloa, § 128 e Kimel, § 86.

[341] Nesse sentido, estão abrangidos os particulares que desenvolvem atividades de interesse público.COSTA RICA. CteIDH. Caso Ricardo Canese v. Paraguai. Serie C No. 111. San Jose, 31 ago. 2004, § 103. Vide também o caso Kimel, § 86.

[342] Vide, por exemplo, o caso Mamère v. França e Constantinescu v. Romênia.

[343] Vide, por exemplo, Desjardin v. França, Jerusalém v. Áustria e Incal v. Turquia.

O conflito entre a liberdade de expressão política e o direito à honra e à reputação, merece um destaque nesta análise[344]. As cortes internacio-

---

[344] Na teoria externa, "delimita-se o direito *prima facie* envolvido, ou seja, identifica-se o direito que incide aparentemente sobre a situação fática" e depois verifica-se se há "limites justificáveis impostos para outros direitos, de modo a impedir que o direito aparente (ou *prima facie*) seja considerado um direito definitivo" naquele caso concreto. CARVALHO RAMOS, André de. *Curso de Direito Humanos*. São Paulo: Saraiva, 2014, p. 113. Fala-se em teoria "externa" ou de "concepção ampla", conforme PEREIRA, Jane Reis Gonçalves. *Interpretação Constitucional e Direitos Fundamentais*: uma contribuição ao estudo das restrições aos direitos fundamentais na perspectiva da teoria dos princípios. Rio de Janeiro: Renovar, 2006, p. 146. Vale aqui fazer uma distinção entre as teorias interna e externa. Conforme Virgílio Afonso da Silva, a teoria interna versa sobre a ideia de que "o processo de definição de limite de cada direito é algo íntimo a ele. É sobretudo nessa perspectiva que pode falar em limites imanentes". Explica o autor que a "definição ao conteúdo e da extensão de cada direito não depende de possíveis colisões posteriores –, a conclusão a que se pode chegar, em termos de estrutura normativa, é que direitos definidos a partir do enfoque da teoria interna têm sempre a estrutura de regras, razão pela qual não pode participar de 'sopesamento'". SILVA, Virgílio Afonso da. *Direitos Fundamentais*: conteúdo essencial, restrições e eficácia. São Paulo: Malheiros, 2009, p. 128-129. Carvalho Ramos ensina que "limites internos a todo direito, quer estejam traçados expressamente no texto da norma, quer sejam imanentes ou inerentes a determinado direito que faz com que não seja possível um direito colidir com outro". O autor exemplifica o primeiro caso com o anonimato (limite expresso) e gritar fogo falsamente em uma sala de cinema lotada, já que essa conduta não está protegida pela liberdade de expressão "nunca existiu conflito entre direitos, pois aquele que assim agiu, atuou sem amparo de qualquer direito", uma vez que a liberdade de expressão não protege esse tipo de conduta abusiva. CARVALHO RAMOS, André de. Op. cit., p. 111. O caso Ellwanger é usado como exemplo pelos autores por conta do voto no sentido da teoria interna. Além disso, há uma dificuldade para estabelecer o que será ou não protegido. SILVA, Virgílio Afonso da. Op. cit., p. 131-133; CARVALHO RAMOS, André de. Op. cit., p. 112-113. Ensina Jane Reis que a teoria interna não admitiria um sopesamento nem uma harmonização, mas apenas encontrar as delimitações dos princípios em jogo. No caso da liberdade de expressão não seria possível ser limitada pelo direito à honra ou imagem, uma vez que "as condutas humanas são ou não protegidas pelo direito". Op. cit., p. 140-143. O princípio abarca uma ideia de "mandamento de otimização" que possui um conteúdo *prima facie* ilimitado, em razão de sua carga expansiva, mas deve-se observar que os direitos fundamentais não são absolutos e é possível uma restrição do princípio em decorrência da existência de outros princípios, como é o caso. Ensina ainda o autor que a restrição também pode ocorrer em razão da existência de regras infraconstitucionais que podem limitar uma conduta *prima facie* garantida constitucionalmente. SILVA, Virgílio Afonso da. Op. cit., p. 140-143

nais aceitam, de um modo geral, a ponderação entre o direito à honra ou à reputação[345] e a liberdade de expressão[346], e entendem que constituem direitos legítimos que devem ser protegidos[347]. Entretanto, ao mesmo tempo, a honra ou a reputação devem ser protegidas sem que se prejudique o livre exercício da liberdade de expressão em suas duas dimensões essenciais, a da liberdade de expressão propriamente dita, e a da liberdade de informação, especialmente quando se trata de casos de interesse público[348].

No entanto, apesar da possibilidade de ponderação entre esses direitos, no âmbito da Corte Interamericana não foi encontrado nenhum caso em que se tenha dado prevalência ao direito à honra quando houve tensão entre a liberdade de expressão política e o direito à honra ou à reputação. Os discursos sobre assuntos de interesse público prevaleceram em todos os casos analisados, sem exceção. Isso diz muita coisa sobre a ponderação realizada pela Corte IDH em matéria de conflito entre liberdade de expressão e direito à honra.

A mesma abordagem prevalece também no âmbito da Corte Europeia, em que se chega ao ponto de praticamente ignorar-se o delito de

---

[345] Direito à honra está voltada à estima e valia própria, enquanto que a reputação é a opinião que se tem sobre alguma pessoa. COSTA RICA. CteIDH. Caso Kimel v. Argentina. Serie C No. 177. San Jose, 2 de mai. 2008, § 78.

[346] Conforme o estudo feito por Stijn Smet, ao analisar o conflito entre o direito à reputação e a liberdade de expressão nos casos da Corte Europeia, afirmou que a Corte Europeia durante anos pareceu ignorar a necessidade de ponderação entre o direito à liberdade de expressão contido no artigo 10 da Convenção Europeia e o direito à vida privada estabelecido no artigo 8º da mesma convenção e critica a falta de transparência a respeito dos critérios usados pela corte em suas decisões. De noventa casos relevantes, a Corte Europeia considerou a necessidade de ponderação em apenas vinte e quatro casos. SMET, Stijn. *Freedom of Expression and the Right to Reputation: Human Rights In Conflict*. **American University International Law Review**. Whashington, nº 26, 2011, 183-236, p. 195.

[347] A Corte esclarece que: *"El ejercicio de cada derecho fundamental tiene que hacerse con respeto y salvaguarda de los demás derechos fundamentales. En ese proceso de armonización le cabe un papel medular al Estado buscando establecer las responsabilidades y sanciones que fueren necesarias para obtener tal propósito. Que se haga uso de la vía civil o penal dependerá de las consideraciones que abajo se mencionan"*. Caso Kimel v. Argentina. Serie C No. 177. San Jose, 2 de mai. 2008, § 75. Nesse sentido, Kimel § 71, Tristán, §§ 93 e 118.

[348] COSTA RICA. CteIDH. Caso Kimel v. Argentina. Serie C No. 177. San Jose, 2 de mai. 2008, § 51. Nesse sentido, Tristán, § 93.

difamação envolvendo discursos políticos, numa postura comparável à adotada nos Estados Unidos e Canadá[349],[350], o que demonstra o caráter de essencialidade do discurso, mas não da pessoa do político, quando o assunto versar sobre questões de interesse público, especialmente durante o período eleitoral.

Isso significa dizer que os estados possuem uma margem muito restrita para limitar o discurso político[351]. A Corte Europeia, inclusive, deixa absolutamente claro que uma ponderação que seja feita pelo estado e privilegie o direito à honra, sem observar se o discurso impugnado versava sobre assuntos de interesse público e sua importância para o debate político, não foi feita corretamente[352]. Na mesma linha, a Corte Interamericana ressaltou que, se um estado preferencialmente restringir o direito à liberdade de expressão em benefício do direito à honra quando existir uma tensão entre os dois direitos, não haverá uma harmonização adequada desses direitos[353].

De fato, nas cortes de direitos humanos, a ponderação parte da prevalência da liberdade de expressão política[354], justamente em razão da importância do debate sobre assuntos de interesse público em uma sociedade democrática, de modo que o nível de proteção que é conferido

---

[349] BIOY, Xavier. La protection renforcée de la liberté d'expression politique dans le contexte de la Convention européenne des droits de l'homme. *Le Cahiers de Droit*, vol. 53, nº 4, decembre 2012, p. 739-760, p. 751.

[350] Vide análise sobre a ponderação feita nos EUA e na Alemanha sobre as diferentes razões adotadas por cada estado a respeito da proteção da liberdade de expressão. BRUGGER, Winfried. Proibição ou proteção do discurso do ódio? Algumas observações sobre o direito alemão e o americano. *Revista de Direito Público*, Brasília, v. 15, n. 117, jan.-mar. 2007, p. 130.

[351] Vide Ivcher Bronstein, Ricardo Canese, Kimel e Brasilier

[352] Vale relembrar o caso Fontevecchia v. Argentina.

[353] O que se depreende da leitura: "*Además, hay normas de la Ley de Seguridad Interior del Estado, del Código Penal y del Código de Justicia Militar que también permiten "requisar" preventivamente la edición completa de distintos tipos de obras e impedir su circulación y difusión. No es sólo un problema normativo, es fundamental el criterio jurisprudencial que tienen los tribunales superiores chilenos al hacer preponderar el derecho al honor frente a la libertad de expresión, vulnerando clara y evidentemente el párrafo segundo del artículo 13 de la Convención*". COSTA RICA. CteIDH. Caso La Última Tentación de Cristo" (Olmedo Bustos y otros) v. Chile. Serie C No. 73. San Jose, 5 de fev. 2001, § 45, d).

[354] HERVIEU, Nicolas. *La Liberté d'expression des personnages politiques en droit européen: de la démocratie à Strasbourg*. CRDF, no. 8, 2010, p. 103-114, p. 104.

à liberdade de expressão deve ser muito maior do que deve ser concedido ao direito à honra ou à reputação em geral.

Assim, as cortes internacionais, ao ponderar a liberdade de expressão e o direito à honra, à reputação ou à vida privada, adotam a teoria da posição preferencial ou *preferred position*[355], se aproximando da teoria libertária norte-americana[356]. Esta teoria considera a relevância substancial e instrumental da liberdade de expressão política e, coerentemente, em todos os casos julgados pelas cortes europeia e interamericana – sem exceção – , na ponderação feita entre a liberdade de expressão política e outros direitos, privilegiou-se sempre a primeira[357]. A Corte Europeia

---

[355] Ensina Jane Reis que a teoria preferred freedoms é adotada pela Suprema Corte Americana (no voto do Juiz Stone no caso United States v. Carolene Productos Co.) e um exemplo de hierarquização como "critério adjacente à ponderação". Explica que "não se trata de determinar as prevalências absolutas de alguns direitos, mas de presumir um escalonamento abstrato entre certos bens e interesses constitucionalmente protegidos, o qual poderá ser afastado, na apreciação de casos concretos, mediante justificação". O objetivo é fortalecer o "processo democrático mediante uma tutela diferenciada das liberdades mais relevantes para o funcionamento da democracia, como, por exemplo, a liberdade de expressão e de imprensa. PEREIRA, Jane Reis Gonçalves. *Interpretação Constitucional e Direitos Fundamentais*. Rio de Janeiro: Renovar, 2006, p. 248-249. Outro exemplo de critério hermenêutico da hierarquização para a autora seria a aplicação do *in dubio pro libertate*, de origem europeia. De acordo com esse critério, "a liberdade ocupa posição de primazia" e a presunção da liberdade conduzirá a interpretação, de modo que "tal presunção corresponde à noção de que as liberdades devem ser interpretadas extensivamente e os limites a elas opostos, restritivamente". Para Jane Reis estaria "associada à interpretação mais favorável dos direitos fundamentais" ou princípio pro homine. Finaliza a autora que a "fixação de preferências" somente pode ser válida se for "relativa e superável, de forma a não esvaziar a proteção constitucional dos direitos e bens não preferidos. As hierarquias valorativas, portanto, devem operar exclusivamente como critério de determinação mais intensas quando se trata de fundamentar restrições a direitos preferidos, que são aqueles que ostentam maior relevância na axiologia constitucional". Ibidem, p. 250-252.

[356] SARMENTO, Daniel. Liberdade de Expressão, Pluralismo e o Papel Promocional do Estado. In: *Livres e Iguais*: Estudos de Direito Constitucional. Rio de Janeiro: Editora Lumen Juris, 2006, p. 265-266.

[357] Ensina FARIAS que são dois critérios analisados pela Suprema Corte Americana antes de proceder ao *balancing of interest* não haverá "razão preferente da liberdade de expressão e comunicação, quando essa liberdade se referir ao âmbito *inter privato* dos assuntos ou sujeitos" e verifica "a atitute diligente do comunicador, no sentido de produzir uma notícia correta e honesta". FARIAS, Edilsom Pereira de. *Colisão de Direitos*: a honra, a intimidade, a

em particular é permissiva mesmo com relação ao uso de termos insultantes e ofensivos durante o período eleitoral, existindo uma margem muito pequena em que o estado pode intervir na liberdade de expressão política em quaisquer casos que envolvam interesse público – entendido também de modo extremamente amplo. Quando o discurso é político, versando sobre assuntos de interesse público, especialmente durante o período eleitoral, não há dúvidas sobre a preferência da liberdade de expressão política na ponderação realizada por qualquer das cortes internacionais estudadas[358].

3.2. Fundamentos Teóricos da Liberdade de Expressão Política nas Cortes Internacionais de Direitos Humanos

Há correntes filosóficas que buscam explicar a razão de ser da liberdade de expressão, entender qual a sua importância e o que ela, de fato, protege. Se, de um lado, a liberdade de expressão pode ser um bem em si mesmo, de outro, pode também ser usada como verdadeiro mecanismo para a promoção de outros valores.

O ser humano é um ser comunicativo e, portanto, é essencial à sua natureza que ele exponha suas ideias, ao mesmo tempo em que precisa conhecer o que os outros têm a dizer. É exatamente isso que o diferencia de outros animais[359]. Dessa maneira, a liberdade de expressão é essencial no processo de desenvolvimento individual do ser humano. A teoria

---

vida privada e a imagem *versus* a liberdade de expressão e comunicação. 3ª. ed. rev. atual. Porto Alegre: Sergio Antonio Fabris Editor, 2008, p. 156-157.

[358] Ao analisar o método de interpretação nos casos envolvendo crimes contra a honra usado pela Corte Europeia, Smet destaca que são utilizados alguns critérios para conferir mais proteção à liberdade de expressão. Dentre os critérios identificados, o critério de impacto e de interesse geral são essenciais para conferir a preferência da liberdade de expressão política na ponderação: o primeiro leva em consideração qual o impacto que seria causado pela restrição da liberdade. O critério do interesse geral decorre da intensificação da proteção da liberdade de expressão em razão do interesse que tem a sociedade democrática de ter uma imprensa livre e um debate aberto para questões de interesse público. Vale a pena a leitura dos outros critérios: critério do núcleo protegido por cada artigo, critério de direitos adicionais, critério da finalidade e critério da responsabilidade. SMET, Stijn. *Freedom of Expression and the Right to Reputation: Human Rights In Conflict. American University International Law Review*. Whashington, nº 26, 2011, 183-236, p. 202-232.

[359] CIDH. Relatoria Especial para a Liberdade de Expressão. *Marco Jurídico Interamericano*

libertária subjetiva da liberdade de expressão[360],[361] corresponde exatamente à ideia de que a liberdade de expressão é verdadeira emanação da dignidade humana, reconhecendo que dela depende a realização individual do ser humano[362]. Em outras palavras, a liberdade de expressão em sentido estrito – o direito de manifestar seu pensamento, de expor sua opinião – é nuclear à dignidade humana.

A outra grande vertente filosófica sobre a liberdade de expressão defende uma "perspectiva instrumental" da liberdade de expressão, isto é, a proteção dessa liberdade se faz necessária, não porque seja um bem em si mesmo, mas porque é um meio, um mecanismo para a promoção de outros valores, como a própria democracia e a busca da verdade, por exemplo. Neste sentido, a liberdade de expressão visa a promover o livre "mercado de ideias"[363], em que todos teriam acesso a diferentes opiniões, ideias e informações na sociedade, recebendo-as e fornecendo-as. É o instrumento ideal para uma sociedade democrática, uma vez que o indivíduo poderia escolher as ideias com as quais se identificasse e tam-

---

Sobre o Direito à Liberdade de Expressão. Estados Unidos, Washington, D.C.: 2009, 115 p. (OEA/Ser.L/V/II. CIDH/RELE/INF.2/9), p. 2.

[360] Para Daniel Sarmento a privação de falar o que pensa e o que sente "é umas das mais graves violações à autonomia individual que se pode conceber", pois limita a capacidade do ser humano de realizar-se e ao mesmo tempo de buscar seus objetivos e projetos. SARMENTO, Daniel. A Liberdade de Expressão e o Problema do "Hate Speech". In: *Livres e Iguais*: Estudos de Direito Constitucional. Rio de Janeiro: Editora Lumen Juris, 2006, p. 242.

[361] Owen Fiss critica a teoria libertária sob a perspectiva da primeira emenda da constituição norte-americana, pois não explicaria porque os interesses de quem se expressa deve prevalecer sobre os interesses de quem se fala ou a quem se fala, quando os interesses entram em conflito; diferentemente dessa teoria que vê o Estado como um inimigo, defende uma teoria democrática da liberdade de expressão, em que o Estado passa a promover um debate público, de modo que "pode o Estado ter de silenciar as vozes de alguns para que se ouçam as vozes dos demais". FISS, Owen. *La Ironía de la Liberd de Expresión*. Espanha: Editora Gedisa, p. 13-14 (tradução nossa).

[362] SARMENTO, Daniel. Liberdade de Expressão, Pluralismo e o Papel Promocional do Estado. In: *Livres e Iguais*: Estudos de Direito Constitucional. Rio de Janeiro: Editora Lumen Juris, 2006, p. 274. A liberdade de expressão de ideias, concepções, pensamentos e sentimentos seria a "dimensão essencial da dignidade humana". Ibidem, p. 242.

[363] Teoria sintetizada pelo juiz da Suprema Corte Americana no século XX, no voto do juiz Oliver Wendell Holmes, no caso Abrams v. United State – 20 U.S. 616 (1919).

bém poderia influenciar os demais com as suas próprias. Assim, exposto ao mercado de ideias, o indivíduo seria capaz de aquilatar, diferenciar e escolher dentre aquelas a que fosse exposto as que considerasse melhores. Segundo esta visão, qualquer censura[364] ou intervenção por parte do estado nas opiniões expressadas e, especialmente, a proibição antecipada – censura prévia –, é particularmente perigosa, pois pode restringir e proibir ideias contrárias àquelas defendidas pelo próprio estado[365].

A liberdade de expressão é também essencial para a sociedade alcançar a verdade, produzir políticas de interesse público, identificar possíveis erros e os corrigir[366], pois somente através do diálogo aberto e franco é que a sociedade consegue avaliar todas possibilidades a respeito de determinado assunto e concluir qual é mais apropriada. É nessa perspectiva instrumental que as demais facetas da liberdade de expressão se fazem relevantes: a liberdade à informação e a liberdade de imprensa. A divulgação de informações de interesse geral é importante para que cada um possa fazer suas escolhas de modo informado. Assim, são protegidas a liberdade de manifestação do pensamento e de informação, bem como o meio[367] pelo qual as ideias são difundidas de modo a que todos possam ter acesso a tais ideias, informações e opiniões, a fim de que possam

---

[364] André de Carvalho Ramos conceitua censura como "ato estatal de direcionamento ou vedação da expressão do indivíduo ou da imprensa, o que é proibido pela Constituição". CARVALHO RAMOS, André de. *Curso de Direito Humanos*. São Paulo: Saraiva, 2014, p. 515. Para Alexandre de Moraes, a censura prévia seria o "controle, o exame, a necessidade de permissão a que se submete, previamente e com caráter vinculante, qualquer texto ou programa que pretende ser exibido ao público em geral. O caráter preventivo e vinculante é o traço marcante da censura prévia, sendo a restrição à livre manifestação de pensamento sua finalidade antidemocrática". MORAES, Alexandre de. *Direitos Humanos Fundamentais*: teoria geral, comentários aos arts. 1º a 5º da Constituição Federal da República Federativa do Brasil, doutrina e jurisprudência. 9. ed. São Paulo: Atlas, 2011, p. 52.

[365] Nessa linha, "proibir a livre manifestação do pensamento é pretender alcançar a proibição ao pensamento e, consequentemente, obter a unanimidade autoritária, arbitrária e real". MORAES, Alexandre de. *Direitos Humanos Fundamentais*: teoria geral, comentários aos arts. 1º a 5º da Constituição Federal da República Federativa do Brasil, doutrina e jurisprudência. 9. ed. São Paulo: Atlas, 2011, p. 118.

[366] Outro exemplo de que a liberdade de expressão pode ser entendida na perspectiva instrumental para alcançar a verdade. MILL, Stuart. *Sobre a Liberdade*. Trad. Org. Brito, Ari R. Tank. São Paulo: Hedra, 2011.

[367] A forma como é expressada "não é relevante", como mostrar as nádegas para a plateia.

desenvolver-se individual e coletivamente, reforçando e fortalecendo os ideais de uma sociedade democrática, pluralista e tolerante à dissonância.

Na linha de Stuart Mill, ao tratar dos efeitos perversos que silenciar a manifestação da opinião causam à sociedade, se uma opinião certa for proibida de ser divulgada, impede-se "trocar o erro pela verdade"; e, mesmo se estiver errada, ao proibí-la, se "perde a percepção mais clara e vívida da verdade, produzida pela colisão desta com o erro, um benefício tão grande quanto o primeiro"[368]. Então, porque privar o ser humano dessa experiência essencial para o seu desenvolvimento? As cortes internacionais têm essa mesma preocupação. Por isso permitem a opinião de modo praticamente irrestrito, e, muitas vezes, chegam a considerar coisas que seriam vistas *prima facie* como "fatos" como "juízos de valor", a fim de conferir mais proteção à liberdade de expressão. A Corte Europeia inclusive alerta para a dificuldade de se separar os juízos de valor e de fato. As cortes aproximam muito os juízos de fato e de valor a fim de flexibilizar o rigor da comprovação de certos fatos de interesse público. Ao fazer isso, as cortes internacionais ampliam o debate político, permitem mais a circulação de informações, ainda que negativas e aparentemente ofensivas, em nome da liberdade de expressão política e de sua relevância para o desenvolvimento individual, social, e fortalecimento da democracia. No plano internacional, vale o lema: "quanto mais, melhor", no que tange à informação sobre assuntos de interesse público, ainda mais, durante o período de eleições. As cortes de direitos humanos protegem a difusão da informação que é de interesse público e que irá fomentar o debate e contribuir para a formação da opinião pública e com a escolha do candidato[369].

Carvalho Ramos, André de. Carvalho Ramos, André de. *Curso de Direito Humanos*. São Paulo: Saraiva, 2014, p. 515.

[368] A razão para o autor decorre do fato de que nunca se saberá "se a opinião que se pretende silenciar é falsa, e se ela for falsa, ainda assim silenciá-la seria um mal". Mill, Stuart. Op. cit., p. 59.

[369] Dentre os vários casos estudados, ver, por exemplo, Riolo v. Itália, e Urbino Rodrigues v. Portugal.

É essencialmente nessas duas teorias, a subjetiva e a instrumental, que as cortes internacionais de direitos humanos se apoiam[370]. Note-se que as cortes se apoiam em ambas teorias, que não são mutuamente excludentes. Como foi verificado ao longo da análise da jurisprudência dessas cortes, a liberdade de expressão é vista pelas cortes internacionais como essencial para a sociedade democrática, pois contribui para o desenvolvimento humano e para o progresso e fortalecimento da democracia como instrumento para a formação de uma opinião pública livre.

Como um direito individual, a liberdade de expressão possibilita a comunicação da maneira de pensar o mundo sob uma ótica própria – a do indivíduo – e, ao compartilhar esses pensamentos com os demais integrantes da sociedade, é possível a cada indivíduo contribuir com a construção de uma sociedade onde todos querem viver (daí, inclusive, as restrições que são aceitas, em geral, versarem sobre o discurso de ódio)[371]. Além disso, sob o ponto de vista instrumental, a liberdade de expressão é vista pelos sistemas internacionais de proteção dos direitos humanos como essencial para o exercício de outros direitos individuais, como o direito à participação, os direitos políticos, a liberdade religiosa, a igualdade e vários direitos sociais[372].

---

[370] Nesse sentido, CIDH. Relatoria Especial para a Liberdade de Expressão. *Marco Jurídico Interamericano Sobre o Direito à Liberdade de Expressão*. Estados Unidos, Washington, D.C.: 2009, 115 p. (OEA/Ser.L/V/II. CIDH/RELE/INF.2/9), p. 2.

[371] No âmbito da Corte Europeia, é a interpretação dada ao artigo 10.1 que estabelece que o direito à liberdade de expressão, compreende a liberdade de opinião e a liberdade de receber ou de transmitir informações ou ideias sem que possa haver interferência de autoridades estatais e sem considerações de fronteiras. Mas no âmbito da proteção regional interamericana, a essencialidade aparece *ab initio* em vários dispositivos, estando expressa no artigo 13 da Convenção Americana de Direitos Humanos, no artigo IV da Declaração Americana, e no artigo 4 da Carta Democrática. Nesta última, ressaltou-se inclusive que a transparência das atividades governamentais, a responsabilização dos governos nas gestões públicas e o respeito da liberdade de expressão e de imprensa são basilares para o exercício da democracia. Além disso, dentre os objetivos da Convenção Americana está o fortalecimento das democracias "pluralistas" e "deliberantes", com o necessário estímulo da livre circulação de informações, ideias e expressões de qualquer natureza. Nesse sentido, a Primeira Declaração Conjunta dos Relatores Sobre Liberdade de Expressão da ONU, OSCE e OEA.

[372] Washington. Comissão Interamericana de Direitos Humanos. Caso no. 10.548. Hugo Bustios Saavedra v. Perú. Informe nº 38/97 CASO 10.548, 16 out. 1997.

A relação entre a liberdade de expressão e a democracia para os sistemas internacionais é indissolúvel, é o que se denomina de "relação estrutural"[373], e é também o que explica as interpretações dadas pelas cortes ao tema: as cortes abraçam uma concepção de liberdade de expressão à serviço da democracia[374],[375].

Neste sentido, no entendimento das cortes internacionais, a preservação dos regimes democráticos somente é possível se for permitida grande amplitude do direito de se expressar ideias, de difundir informações para se garantir que assuntos de interesse público possam contribuir para a opinião pública, inclusive para permitir a fiscalização da gestão pública, a responsabilização dos agentes públicos, e a própria democracia, de modo que "a função democrática da liberdade de expressão a converte em uma condição necessária para prevenir a fixação de sistemas autoritários"[376].

Somente depois de entender a verdadeira importância dada pelas cortes internacionais de direitos humanos à liberdade de expressão como fundamento e instrumento de desenvolvimento e manutenção da democracia, é possível compreender a posição de destaque que lhe é concedida. Assim, na visão das cortes, é a liberdade de expressão a pedra angular da sociedade democrática, a quase antitética joia da coroa da democracia.

Ademais, a união das dimensões individual (manifestação da opinião, ideias e informações) e coletiva (o direito de receber e conhecer

---

[373] CIDH. Relatoria Especial para a Liberdade de Expressão. *Marco Jurídico Interamericano Sobre o Direito à Liberdade de Expressão*. Estados Unidos, Washington, D.C.: 2009, 115 p. (OEA/Ser.L/V/II. CIDH/RELE/INF.2/9), p. 3. É a relação bilateral de necessidade mútua entre a liberdade de expressão e a democracia. HERVIEU, Nicolas. *La Liberté d'expression des personnages politiques en droit européen: de la démocratie à Strasbourg*. CRDF, no. 8, 1010, p. 103-114, p. 106-107, p. 105

[374] A análise feita por Nicolas Hervieu a respeito de como a Corte Europeia encara a relação da liberdade de expressão das personagens políticas e ressalta a importância que se dá à livre circulação de ideias e informações para a manutenção da democracia. HERVIEU, Nicolas. Op. cit. p. 104.

[375] A participação popular na democracia não ocorre somente pelo voto, mas "pela atuação na esfera pública, em múltiplos fóruns e espaços que pressionam e fiscalizam a ação dos governantes". Por isso, é preciso o acesso à ideias diferentes e informações. SARMENTO, Daniel. Liberdade de Expressão, Pluralismo e o Papel Promocional do Estado. In: *Livres e Iguais*: Estudos de Direito Constitucional. Rio de Janeiro: Editora Lumen Juris, 2006, p. 281.

[376] Nessa linha, COSTA RICA. CteIDH. Caso Ricardo Canese. Serie C No. 111. San Jose, 31 ago. 2004, § 86.

essas opiniões, ideias e informações) reforçam ainda mais a importância do papel da liberdade de expressão em uma sociedade democrática, e confere adicional proteção a todas as ideias e informações. Não há sociedade democrática e plural se as ideias são homogêneas, se não há críticas, se não há debate público. Não há debate público se todos pensarem da mesma forma.

A proteção dessa dupla dimensão reforça a ideia da instrumentalidade da liberdade de expressão. Essa relação entre liberdade de expressão e liberdade de informação implica afirmar que qualquer restrição feita a uma dimensão, automaticamente, é feita também à outra – afinal, se um não pode falar, os outros também não podem ouvir o que teria sido dito –, razão pela qual, as cortes de direitos humanos protegem ambas dimensões simultaneamente[377]. Essa relação de interdependência é confirmada em todos os casos analisados, tanto no âmbito da Corte Europeia, quanto no âmbito da Corte Interamericana.

O direito de receber informações demanda também a proteção dos meios – ou formas – pelos quais essas informações são transmitidas: assim, a palavra escrita, oral, bem como os gestos, especialmente por meio da imprensa, estão protegidos. Aparece aí a outra faceta da liberdade de expressão – a da liberdade de imprensa – que também vai contribuir à fiscalização contra as arbitrariedades e abusos dos governantes.

Na mesma linha, ainda que não expressamente prevista na Convenção Europeia, mas ostensivamente estabelecida na CADH, as cortes internacionais vedam a censura prévia direta ou indireta, mais uma vez reforçando a importância da livre circulação de opiniões, ideias, informações e críticas.

---

[377] O impacto dessa vinculação de dimensões individual e coletiva é que "não se pode diminuir uma delas invocando como justificativa a preservação da outra". Nesse sentido, "não seria lícito invocar o direito da sociedade a estar informada com veracidade para fundamentar um regime de censura prévia supostamente destinado a eliminar as informações que seriam falsas a critérios do censor". CIDH. Relatoria Especial para a Liberdade de Expressão. *Marco Jurídico Interamericano Sobre o Direito à Liberdade de Expressão*. Estados Unidos, Washington, D.C.: 2009, 115 p. (OEA/Ser.L/V/II. CIDH/RELE/INF.2/9), p. 6. Costa Rica. COSTA RICA. CteIDH. Filiação Obrigatória de Jornalistas (arts. 13 e 29 Convenção Americana de Direitos Humanos. Opinião Consultiva OC-5/85. Serie A no. 5. San Jose, 13 de nov. 1985, § 33.

Assim, a liberdade de expressão completa tem várias facetas, sendo considerada um direito poliédrico: a faceta *stricto sensu* corresponde ao direito individual de manifestar o pensamento, opiniões, ideias, sentimentos (a liberdade de expressão propriamente dita); a liberdade de informação é a faceta que corresponde ao direito de informar e de ser informado; e a liberdade de imprensa é a faceta que estaria mais voltada ao meio pelo qual as informações, ideias e opiniões serão expressadas e difundidas. A liberdade de expressão sob esta perspectiva pode ser até estudada separadamente, mas o estudo de qualquer de uma de suas faces isoladamente seria incompleto, uma vez que as cortes internacionais de direitos humanos não dissociam a liberdade de expressar, difundir e receber informações.

De seu valor à democracia e ao próprio ser humano emerge a razão porque a proteção da liberdade de expressão precisa ser robusta: contribui para o desenvolvimento individual e para o progresso da sociedade. Assim, as cortes internacionais são claras ao dizer que a liberdade de expressão deve ser a regra, e a restrição, a exceção; de modo que a interpretação da liberdade de expressão deve ser ampla, e a interpretação de seus limites, restritiva.

A liberdade de expressão e a liberdade de informação abarcam a possibilidade de o indivíduo formular as próprias "convicções relativas a assuntos públicos", tendo o direito de receber informações[378] que englobam inclusive as opiniões "errôneas ou não comprovadas em juízo", desde que o interlocutor não tenha agido de má-fé ou com negligência[379].

Em princípio, qualquer conteúdo está protegido pela liberdade de expressão, especialmente, aquele que desagrada, que choca, que ofende; o discurso impopular e contramajoritário. São esses discursos os que mais precisam ser protegidos, pois estão sujeitos a sofrer maior restrição. Ideias

---

[378] As cortes internacionais são *pro veritas*, mas não exigem o rigor que o Brasil exige, como será analisado mais adiante.

[379] MORAES, Alexandre de. *Direitos Humanos Fundamentais*: teoria geral, comentários aos arts. 1º a 5º da Constituição Federal da República Federativa do Brasil, doutrina e jurisprudência. 9. ed. São Paulo:Atlas, 2011, p. 181."A Constituição Federal não protege as informações levianamente não verificadas ou astuciosas e propositadamente errôneas, transmitidas com total desrespeito à verdade, pois as liberdades públicas não podem prestar-se a tutela de condutas ilícitas". Ibidem, p. 182.

que não desagradam ninguém, ou que agradam a todos, normalmente não carecem de proteção para ser divulgadas[380],[381]. Daí porque durante a análise dos casos foi possível perceber que as opiniões que desagradam realmente são as que precisam de mais proteção. Essas são as exigências do pluralismo, tolerância e abertura de espírito ressaltadas pelas cortes internacionais em seus julgamentos[382].

Especialmente no que tange ao discurso político, as cortes internacionais de direitos humanos conferem uma particular proteção à liberdade de expressão: há uma superproteção ou supervalorização desse tipo de discurso. Como visto, a manutenção e progresso da democracia depende do amplo debate sobre assuntos de interesse público, entendido tal interesse também de forma bastante ampla pelas cortes internacionais[383].

---

[380] Conforme explica a relatoria especial para a liberdade de expressão da Comissão Interamericana, a cláusula geral de proteção de qualquer discurso está justificada pela "obrigação primária de neutralidade do Estado diante dos conteúdos e, como consequência, pela necessidade de garantir que, em princípio, não existam pessoas, grupos, ideias ou meios de expressão excluídos *a priori* do debate público". CIDH. Relatoria Especial para a Liberdade de Expressão. *Marco Jurídico Interamericano Sobre o Direito à Liberdade de Expressão*. Estados Unidos, Washington, D.C.: 2009, 115 p. (OEA/Ser.L/V/II. CIDH/RELE/INF.2/9), p. 10.

[381] Ensina André de Carvalho Ramos que dentre as relatorias especiais criadas pela Organização dos Estados Americanos, a mais importante é a Relatoria Especial para a Liberdade de Expressão que visa a "incentivar a plena liberdade de expressão e informação nas Américas, direito essencial para o enraizamento da democracia em Estados de passado ditatorial recente [...]". Seus relatórios não possuem força vinculante, mas podem embasar eventual processo movido pela Comissão Interamericana de Direitos Humanos gerando eventual responsabilização internacional do estado violador. CARVALHO RAMOS, André de. *Curso de Direito Humanos*. São Paulo: Saraiva, 2014, p. 250-251.

[382] Vide os diversos casos analisados, dentre eles, Roseiro Bento, §§ 35-36, Urbino Rodrigues § 25, i) e Almeida Azevedo §§ 23-24, Lopes Gomes da Silva, § 30, Mamère da Corte Europeia e o caso La Última Tentación de Cristo" (Olmedo Bustos y otros), § 69 da Corte IDH, por exemplo.

[383] Interesse público, não é sinônimo de interesse estatal, que poderia limitar o direito dos indivíduos, mas "assume um conceito de direito público", em sentido amplo, que compreende o estatal e o não estatal, que abarca as manifestações da sociedade civil e da participação cidadã. GONZÁLEZ, Felipe. *Algunas preguntas Recurrentes En Materia de Acciones de Interés Público*. In: GOZÁLEZ, Felipe (Ed). *Litigio y Políticas Públicas en Derechos Humanos*. **Cuadernos de Análisis Jurídico**. Santiago: Universidad Diego Portales, nov. 2002, p. 11. Interessante mencionar as críticas ao uso do interesse público como justificativa para restrições aos direitos fundamentais feitas por Daniel Sarmento e Gustavo Binenbojm.

Além do desenvolvimento individual que a liberdade de expressão fomenta, o controle da gestão pública que deve ser realizado por toda a sociedade democrática necessita da crítica e da difusão de informações que devem circular livremente para a formação da opinião pública.

As ações, erros e omissões do estado e seus agentes devem passar pela constante avaliação dos indivíduos, da imprensa e dos órgãos de controle interno dos próprios estados[384]. De acordo com a jurisprudência das cortes internacionais, a liberdade de expressão é o mecanismo mais eficiente para denunciar a corrupção, razão pela qual os agentes públicos, os candidatos a cargos públicos, e funcionários públicos de qualquer setor do estado devem ser mais tolerantes às críticas[385]. Assim, quando o assunto tratar de questões de interesse público, as cortes conferirão maior proteção à liberdade de expressão, devendo o estado se abster de restringir as informações e ideias nesses casos. Não significa que o estado não possa em hipótese alguma restringir a liberdade de expressão quando os assuntos versarem sobre o interesse público, mas qualquer restrição ao debate político feito pelo estado deve ser administrado com muito cuidado e com justificativas que demonstrem a necessidade realmente imperiosa da restrição em uma sociedade democrática. Em todos os casos, as cortes internacionais discorreram constantemente nesse sentido.

Esta é a razão pela qual a margem de atuação do estado para restringir o debate político em questões de interesse público em uma sociedade democrática é menor: em razão da necessidade do controle da gestão pública por meio da opinião[386]. O debate precisa ser aberto e amplís-

---

SARMENTO, Daniel. Interesses Públicos vs. Interesses Privados na Perspectiva da Teoria e da Filosofia Constitucional. In: SARMENTO, Daniel (organizador). Interesses Públicos versus Interesses Privados: Desconstruindo o Princípio de Supremacia do Interesse Público. Rio de Janeiro: Lúmen Júris, 2007 e BINENBOJM, Gustavo. Da supremacia do interesse público ao dever de proporcionalidade: um novo paradigma para o direito administrativo. In: SARMENTO, Daniel (organizador). Op. cit.

[384] COSTA RICA. CteIDH. Caso Kimel v. Argentina. Serie C No. 177. San Jose, 2 de mai. 2008, § 57 e 87. Nesse sentido, vide também caso Herrera Ulloa v. Costa Rica, § 127.

[385] COSTA RICA. CteIDH. Caso La Última Tentación de Cristo" (Olmedo Bustos y otros) v. Chile. Serie C No. 73. San Jose, 5 de fev. 2001, § 69. Vide também, os casos Ricardo Canese v. Paraguai, § 83 e Kimel v. Argentina, § 88.

[386] COSTA RICA. CteIDH. Caso Herrera Ulloa v. Costa Rica. Serie C No. 107. San Jose, 2 jul. 2004, § 127. Vide nessa linha: FRANÇA. CEDH. Caso Dichand e outros v. Áustria. Peti-

simo sobre temas que interessem à sociedade. Somente com o livre acesso às informações de interesse público a sociedade pode questionar, indagar e verificar se as funções públicas estão sendo adequadamente realizadas[387],[388].

As cortes internacionais ainda trazem mais um aspecto que confirma a relevância do discurso político sobre questões de interesse público: durante as campanhas e processos eleitorais, a liberdade de expressão deve ser reforçada. É justamente durante esse período que o exercício da liberdade de expressão, nas suas duas dimensões, mais contribuirá para a formação da vontade coletiva, que será refletida no sufrágio a respeito das escolhas daqueles que governarão o estado. É a liberdade de expressão, principalmente, a dos políticos e da imprensa, que permite ao público conhecer e comparar propostas de partidos e candidatos, fortalece a disputa política, e confere mais transparência às gestões públicas[389].

Não é à toa que a Corte Europeia enfatizou que, durante a campanha eleitoral, o debate político está vinculado à manutenção da sociedade democrática, de modo que, a proteção da liberdade de expressão deve ser reforçada e qualquer interferência por parte do estado na liberdade de

ção nº 29271/95. Estrasburgo, 26 fev. 2002, § 39. Vide também ver Sürek v. Turquia, § 61.

[387] Edwin Rekosh traz três conceitos de interesse público: i) interesse público (origem nos EUA) voltado à concepção dos "interesses dos pobres" contra o poder dos "poderosos", chamado de concepção social do interesse público; ii) interesse público em uma concepção substantiva, no sentido de buscar o que for melhor para a sociedade; iii) interesse público no sentido de fórum aberto, envolvendo uma esfera pública (concepção processual). REKOSH, Edwin. Quem define o interesse público? Estratégias do direito de interesse público na Europa Centro-Oriental. In: *Revista Internacional de Direitos Humanos/Sur* – Rede Universitária de Direitos Humanos – v.2, n.2, jan. 2005 – São Paulo, 2005, p. 176-183.

[388] Nesse sentido, também se faz necessária a liberdade da imprensa, que pode investigar fatos e auxiliar na difusão das informações de interesse público, de modo que eventuais restrições à liberdade de expressão dos jornalistas também devem ser cuidadosamente aplicadas para não desestimular o debate público ou gerar o que as cortes denominam de efeito inibidor ou autocensura, que impede a livre circulação de ideias e informações. COSTA RICA. CteIDH. Caso Tristán Donoso v. Panamá. Serie C No. 193. San Jose, 27 jan. 2009, § 129.

[389] Vide COSTA RICA. CteIDH. Caso Ricardo Canese. Serie C No. 111. San Jose, 31 ago. 2004, § 88 e vide ainda os casos Brasilier e Mika, ambos da Corte EDH.

expressão dos representantes populares, especialmente da oposição ao governo[390], deve ser feita restritivamente e com justificativa imperiosa.

Para o processo de decisão e escolha daqueles que irão governar, é importante que todos possam questionar a capacidade e idoneidade dos candidatos – incluindo-se aí seus atos como cidadãos comuns – , bem como comparar e discordar das ideias e opiniões apresentadas[391].

Assim, para as cortes internacionais de direitos humanos, via de regra, todos os discursos estão protegidos, especialmente aqueles que irritam, desagradam ou chocam determinados setores da sociedade e o próprio estado. Além disso, está especialmente protegido o discurso político que trata de questões de interesse público, notadamente durante o período de campanhas eleitorais. E as pessoas públicas, especialmente, os políticos e o próprio estado, devem também aceitar mais as críticas que sofrem, justamente em favor da transparência, do debate e da própria democracia.

---

[390] O balanço realizado pela Procuradoria Regional da República mostrou que nas eleições 2014 a maioria dos direitos de resposta concedidos pelo tribunal eleitoral de São Paulo favoreceu a situação. Vide relatório completo. CARVALHO RAMOS, André de; SILVA, Paulo Thadeu Gomes da. *PRE-SP EM AÇÃO*. RELATÓRIO ANUAL DE ATIVIDADES DA PROCURADORIA REGIONAL ELEITORAL EM SÃO PAULO – ANO 2014. fev/2015. Disponível em: <http://www.presp.mpf.mp.br/>. Acesso em: 10 nov. 2015.

[391] Nesse sentido, destacamos os casos Ricardo Canese da Corte Interamericana e o caso Schwabe na Corte Europeia, em que ficou claro que a avaliação da vida pregressa dos candidatos e sua conduta privada pode ser relevante na hora de a população avaliar sua capacidade de exercer uma função pública. COSTA RICA. CteIDH. Caso Ricardo Canese. Serie C No. 111. San Jose, 31 ago. 2004, § 90. FRANÇA. CEDH. Caso Schwabe v. Áustria. Petição nº 13704/88. Estrasburgo, 28 ago. 1992, § 32. Vide também outros casos da Corte Europeia Mathieu-Mohin e Clerfayt v. Bélgica, §§ 22 e 47, e Lingens v. Áustria, §§ 41-42.

4
Sistematização dos Limites à Liberdade de Expressão Política nas Cortes Internacionais de Direitos Humanos

Como vimos, a jurisprudência da Corte Europeia traçou alguns limites à liberdade de expressão que são permitidos à luz da Convenção Europeia de Direitos Humanos. A Corte Europeia repetidamente se vale de alguns argumentos que consolidam a sua interpretação sobre a liberdade de expressão, especialmente, a política. Para entendermos quais são esses limites foram analisados os casos paradigmáticos sobre a liberdade de expressão, dos quais foi possível extrair os fundamentos que justificam a proteção desta liberdade.

A Corte repetidamente utiliza como premissas gerais para avaliar os limites da liberdade de expressão política: o reconhecimento da liberdade de expressão como fundamento essencial de uma sociedade democrática e uma das condições básicas para o progresso dessa sociedade e para a realização e desenvolvimento individual. Assim, a liberdade de expressão protege todas as ideias e informações, inofensivas ou indiferentes, mas também as que ofendem, chocam ou perturbam. Essa proteção é necessária porque, para que uma sociedade democrática floresça, é preciso permitir que se difundam ideias que não são homogêneas, as críticas e o debate público.

Não há debate público se todos pensarem da mesma forma. Sem o pluralismo, a tolerância e a largueza de espírito, não há sociedade democrática. A Corte avalia se as opções feitas pelos estados estão de acordo com os compromissos firmados nos tratados internacionais dos quais fazem parte, um controle de convencionalidade.

Para que uma restrição à liberdade de expressão política seja admitida pela Corte, é preciso observar três critérios: (i) existência de previsão legal interna para a restrição; (ii) se as medidas restritivas são proporcionais aos objetivos legítimos perseguidos pelo estado, com justificativas relevantes e suficientes; e (iii) se as medidas restritivas adotadas são necessárias em uma sociedade democrática. Assim, a análise da Corte é ampla na medida em que observa não apenas se o objetivo é legítimo e previsto em lei, mas também se as sanções foram proporcionais para se atingir o objetivo legítimo almejado, com justificativas suficientes, proporcionais e relevantes e, ainda, necessárias em uma sociedade democrática.

A Corte Interamericana tem menos jurisprudência a respeito da liberdade de expressão do que a Corte Europeia. No entanto, a Corte Interamericana claramente segue a mesma linha da Corte Europeia de Direitos Humanos no que tange à liberdade de expressão em geral, e à liberdade de expressão política em particular, chegando a citar jurisprudência da Corte Europeia em suas decisões.

Passamos a fazer uma sistematização das duas cortes, entendendo que, como vimos acima, suas abordagens da liberdade de expressão política são perfeitamente compatíveis. Onde uma ou outra corte se destacar com relação a determinada abordagem ou assunto, indicaremos.

4.1. A Liberdade de Expressão como um Direito Poliédrico: Relação entre Liberdade de Informação, Opinião, Liberdade de Imprensa, Direito à Comunicação e Proibição da Censura Prévia

As Cortes tratam de dois aspectos da liberdade de expressão: um individual, em que a liberdade de expressão representa o direito de determinada pessoa manifestar sua opinião e suas ideias livremente e, de outro lado, um aspecto coletivo, porque a liberdade de expressão seria a pedra angular da sociedade democrática, condição para o fortalecimento da democracia e, ao mesmo tempo, o progresso humano, ferramenta essencial para a formação de uma opinião pública livre, e, portanto, essencial também à coletividade.

Daí a sua relação com o direito à informação e sua preocupação com a liberdade de imprensa: a liberdade de comunicar aos demais as próprias opiniões e ideias em uma sociedade democrática é um obstáculo, *inter alia*, às arbitrariedades dos governantes.

A proteção da expressão do próprio pensamento (âmbito individual) e a liberdade de buscar, receber e difundir informações e ideias (âmbito coletivo ou social), de acordo com as Cortes Europeia e Interamericana de Direitos Humanos – ambas – , devem ser consideradas simultaneamente, dada a igual importância e a indissociabilidade entre elas. A razão está na sua relação com o direito de se comunicar: é o direito de todos de transmitir e conhecer opiniões, relatos, notícias, sendo que é tão importante o conhecimento da opinião alheia quanto a difusão da própria opinião.

Também é em razão dessas dimensões que emerge a importância dos meios de comunicação como um veículo essencial para o exercício da dimensão social da liberdade de expressão de reunir e divulgar as mais diversas informações e opiniões. Embora o trabalho não verse sobre liberdade de informação ou de imprensa, a relação entre a liberdade de expressão e a liberdade de informação é tamanha, que se admite que esta é mais uma das faces da primeira, assim como a própria liberdade de opinião.

A liberdade de expressão possui ampla proteção, pois integra um direito à comunicação pública, do qual o debate político e o debate sobre assuntos de interesse geral fazem parte.

Nos vários casos estudados, não foi possível excluir da análise o tratamento dado pelas cortes à liberdade de expressão e de informação. Normalmente, nos casos em que o discurso impugnado foi feito por um jornalista a respeito da atuação de um determinado funcionário público ou político, essa relação entre liberdade de expressão e de informação fica muito evidente. As Cortes sempre fazem referência, inclusive, ao importante papel da imprensa na divulgação de informações no desenvolvimento da sociedade democrática, servindo como verdadeiro cão de guarda[392] dos assuntos de grande interesse público.

Por fim, as Cortes têm vedado a censura prévia, ainda que não haja previsão expressa na Convenção Europeia a respeito (na Interamericana, há), dando preferência a um sistema de responsabilização *ex post* para coibir abusos.

---

[392] Os antigos romanos advertiam: "*Cave tibi a cane muto et aqua silenti*". No caso da imprensa, não se aplica: Aqui, o cão de guarda deve mesmo ser barulhento.

4.2. A Existência de Outros Direitos como Limite à Liberdade de Expressão e as Questões de Interesse Geral: Interpretação Ampla da Liberdade de Expressão e Restritiva de seus Limites

Como vimos, o direito à liberdade de expressão não é absoluto e pode, portanto, sofrer restrições. O direito à liberdade de expressão é interpretado pelas cortes de forma ampla, e as restrições a esse direito, restritivamente. Isso, para garantir, como vimos acima, o debate necessário em uma sociedade democrática.

A existência de outros direitos como, por exemplo, o direito à intimidade, à reputação, à honra, à imagem, à privacidade, à segurança nacional, e à moral pública permitiriam, em um primeiro momento, restrições ao exercício da liberdade de expressão. As cortes reconhecem a necessidade de uma harmonização entre esses direitos e a liberdade de expressão.

O conceito de vida privada foi melhor trabalhado nos casos Polanco Torres e Movilla Polanco v. Espanha e Von Hannover v. Alemanha, em que a Corte Europeia entendeu que todos os aspectos relacionados à pessoa, como o seu nome, imagem, integridade física e moral, que propiciem o desenvolvimento da personalidade individual nas relações com seus semelhantes, estão abarcados pelo direito à vida privada.

Para harmonizar o direito à vida privada e o direito à liberdade de expressão, as cortes levam em consideração se as informações divulgadas são de interesse público ou tratam de questões de interesse geral, acrescentando mais esse aspecto na análise da ponderação. Checam também as cortes se uma restrição eventualmente imposta é necessária em uma sociedade democrática. Costumam também as cortes, como vimos, decidir de modo normalmente favorável à liberdade de expressão, especialmente em se tratando de pessoas públicas. No entanto, o direito à vida privada deve prevalecer quando há abuso.

As cortes não autorizam a divulgação de assuntos que não tratam de interesse geral em detrimento ao direito à vida privada, notadamente, a Corte Europeia. Quando tais assuntos são divulgados ou publicados, caracterizam o abuso do exercício da liberdade de expressão. Isso foi analisado no caso Von Hannover v. Alemanha. Hannover teve diversas fotos de sua vida diária, bem como artigos sobre coisas triviais, publicados sem sua autorização. Apesar de Von Hannover pertencer à família real de Mônaco – e, portanto, ser uma pessoa pública – , não exerce nenhuma função dentro ou em nome do estado. A Corte Europeia, portanto, entendeu que as informações publicadas serviam apenas para "satisfazer a curiosidade" do público, sem relevância para o debate democrático. O respeito e a proteção da vida privada estão garantidos a todos, inclusive às pessoas públicas.

O direito à intimidade está vinculado ao grau de conhecimento dos fatos transmitidos. É na interpretação ampliativa desse direito que se insere o direito à honra, no sentido de reputação, isto é, a "consideração que os demais possuem de um cidadão"[393]. A Corte Europeia entendeu que esse direito está protegido pelo artigo 8º da Convenção Europeia, que trata da vida privada. No entanto, para que fique configurado o abuso à liberdade de expressão, é preciso que a violação à reputação de um indivíduo seja grave a ponto de comprometer a sua integridade pessoal.

Além disso, as cortes fazem uma distinção entre pessoas públicas e não públicas, atribuindo às públicas, especialmente, aos políticos, menor grau de proteção. A Corte Europeia, no entanto, alerta para o fato de que não existem "pessoas públicas universais", que sempre e em qualquer circunstância são públicas e gozam de menor proteção. Na verdade, o que existe são graus de proteção. A maior proteção à vida privada é concedida ao particular ou à pessoa comum, e o menor grau de proteção é concedido ao político, pois dentre as pessoas públicas, como, *e.g.*, artistas e atletas famosos, aqueles que exercem uma função governamental pública estão menos protegidos a fim de possibilitar a transparência e o controle da sociedade com relação à coisa pública. Ademais, o homem público em geral voluntaria e conscientemente se sujeitou à avaliação atenta de seus gestos e de suas palavras pela mídia, adversários e toda a sociedade. A menor proteção, inclusive, pode se estender do político e adentrar a esfera de seus familiares, colaboradores e amigos próximos, dependendo do interesse público envolvido. A publicação de informações sobre envolvimento com o mau uso de dinheiro público, não apenas de magistrados no exercício de suas funções, mas também de suas esposas, por exemplo, foi considerado de interesse público no caso Castells, e a Corte Europeia entendeu inclusive que a citação dos nomes das esposas

---

[393] Lembra a virtude romana "dignitas". BALSDON, J.P.V.D. "Auctoritas, dignitas, otium". In: *The Classical Quarterly*, Cambridge, UK, n. 10, 1960, p. 43-50. Sobre a relação de dignidade, honra, e privacidade na tradição ocidental, ver: WHITMAN, James Q. "The Two Western Cultures of Privacy: Dignity Versus Liberty". In: *Yale Law Journal*, v. 113, p. 1151-1221, 2004.

dos juízes envolvidos era necessária, de modo que sua identificação não foi considerada um abuso da liberdade de expressão.

As pessoas públicas devem mostrar mais tolerância às críticas e invasões a suas vidas privadas do que os particulares. Isso ficou muito claro nos casos analisados. No caso Morar v. Romênia, a acusacão ao conselheiro de uma candidata às eleições presidenciais de era uma "espião", "traidor", com informações baseadas em uma carta, dando a ideia de que supostamente teria sido escrita pelo acusado, não ultrapassaram os limites da crítica, pois havia um interesse geral que a Corte Europeia entendeu que deveria ser protegido. O conselheiro, por ser colaborador próximo de uma política, foi equiparado à figura pública, reforçando a posição da Corte Europeia que essas pessoas estão mais sujeitas à críticas. Em Nilsen e Johnsen v. Noruega, a Corte Europeia privilegiou a liberdade de expressão em detrimento do direito à reputação do policial responsável pelas investigações sobre a violência policial, já que, para a Corte Europeia, as críticas de Nilsen e Johnsen contra Bratholm e suas considerações a respeito de sua conduta "animaram" a discussão pública e, por isso, não houve abuso do exercício da liberdade de expressão, ainda que Bratholm não fosse um político, mas um policial (funcionário público). Em Fontevecchia, a Corte IDH autorizou a publicação de imagens de filha fora do casamento do presidente argentino Menem.

Se o político tem que aceitar mais críticas por um lado, por outro, também deve ter seu direito de expressão reforçado, ainda mais quando é oposição ao governo. Ambas as cortes mostram o relevante papel dos adversários políticos que precisam encontrar espaço na arena política, ter a oportunidade de discutir e criticar o governo.

A Corte Europeia também analisou a conduta do homem público, entendendo que condenações criminais anteriores ou a simples conduta pública desabonadora podem ser divulgados por tratar-se de fatores relevantes para a sociedade avaliar sua capacidade de exercício de funções públicas. Não foi considerado abuso do exercício da liberdade de expressão acusar determinado político de "sem vergonha e sem escrúpulos" ao avaliar-lhe a conduta moral privada, como no Caso Grinberg; nem divulgar a conduta pregressa de determinado político envolvido em acidente de trânsito com vítima, que fugiu da cena sem prestar a assistência devida, como no caso Schwabe. A crítica feita a político de defender os interesses da máfia, inclusive com o uso de termos desabonadores como "imitador atrapalhão" e "Mr. Hyde", como visto no caso Riolo v. Itália, também foi aceita pela Corte Europeia como expressão legítima; bem como a crítica à gestão do patrimônio público por empresa estatal e senador, como foi verificado no caso Dalban v. Romênia. As expressões "máfia política", "métodos mafiosos", "passado inaceitável", "oportunismo vil", "imoral", "indigno" referindo-se às condenações públicas de políticos ligados aos Socialismo Nacional e ex-nazistas também foram reconhecidas como perfeitamente dentro dos limites aceitáveis abarcados pela liberdade de expressão política no caso Jerusalém v. Áustria.

As Cortes ainda estabelecem que os limites da liberdade de expressão admissíveis às críticas feitas ao governo devem ser ainda mais amplos. Para a Corte Europeia em particular, como ficou claro no caso Castells v. Espanha, as ações ou omissões do governo também estão sujeitos à análise das autoridades judiciais, legislativas, imprensa e opinião pública. Críticas a associações privadas que entram no campo do debate público também recebem o mesmo tratamento: estão essas organizações mais sujeitas à crítica, como foi verificado no caso Jerusalém v. Áustria, em que certa congregação privada, mas atuante no debate público e político, e que inclusive recebia benefícios fiscais do governo, teve que aceitar ser criticada e descrita como "seita com caráter totalitário".

No campo político, durante o período eleitoral, ambas as cortes salientam que a liberdade de expressão deve ser reforçada. A Corte Europeia é até mais clara quando diz que a criatividade política pode extravasar o plano pessoal e isso faz parte do jogo político e do livre debate de ideias, essencial para uma sociedade democrática. É normal encontrar no período das eleições discursos que trazem uma conotação negativa de um candidato, como visto no caso Brasilier, por exemplo. Desse modo, a Corte reconhece que há pouco espaço para se restringir a liberdade de expressão no campo do debate político e nas questões de interesse geral, especialmente em período eleitoral. É o que ficou claro, dentre outros casos, em Mika v. Grécia. A Corte Europeia inclusive flexibilizou a necessidade de se provar a corrupção alegada, simplesmene por tratar-se de matéria de interesse público, entendido também pela Corte, sempre de modo muito amplo, incluindo-se aí até mesmo o mero interesse que determinada notícia pode despertar na sociedade. A Corte Interamericana entendeu que declarações que acusavam um candidato às eleições presidenciais de envolvimento na construção de uma usina hidrelétrica do país, publicadas em jornal pelo candidato adversário, constituíam exercício regular da liberdade de expressão para difundir e trocar informações, auxiliando a formação da opinião pública e a tomada de decisões por parte dos eleitores.

Ambas as cortes são permissivas quanto a ofensas dirigidas a políticos, especialmente em período eleitoral, conforme visto em inúmeros casos analisados: um jornalista que acusou o ministro da educação de ter uma conduta "típica de mafiosos" e omitir deliberadamente informações foi aceitável; a declaração de um presidente da câmara municipal de que o prefeito seria um "autista político", "sem crédito", com "hálito político fétido" (halitose política!) também foi aceita; bem como a acusação feita por político de oposição contra presidente da câmara municipal de que "manipulava politicamente" os cidadãos com uma "sucessão de mentiras".

Assuntos como denúncias sobre a construção de estradas e críticas sobre a omissão de autoridades públicas na punição de suspeitos de homicídio e eventual conluio com os culpados, também foram considerados questões de interesse geral, assim como a mera suspeita da má gestão das finanças públicas. No caso Dichand v. Áustria, foi julgada aceitável também a expressão de um jornalista que questionou a moral de um membro do parlamento que participou da aprovação de leis que poderiam beneficiar clientes de seu escritório de advocacia. Aqui a Corte Europeia entendeu que atividades políticas e negócios que se sobrepõem podem dar origem ao debate público, ou seja, também era matéria de interesse geral.

Por natureza, o debate político está vinculado à manutenção da sociedade democrática, de modo que, para as Cortes Europeia e Interamericana, qualquer interferência por parte do estado na liberdade de expressão dos representantes populares deve ser feita restritivamente e com muito cuidado. Por isso, durante a campanha eleitoral, a proteção da liberdade de expressão deve ser reforçada. No caso Desjardin v. França, mais uma vez a Corte Europeia ressaltou esse ponto. No caso Brasilier v. França, a Corte destacou que as acusações ditas ofensivas foram feitas contra homem público durante a campanha eleitoral, e admitiu a acusação feita por um candidato à eleição ao seu adversário de "roubar" cédulas de voto. A acusação direta de subtrair as cédulas de voto foi reconhecida como juízo de valor, que não poderia ser provado, e não, fato (passível de prova). A Corte Europeia entendeu que fora verificada fraude na eleição, e que a pessoa "difamada" era responsável pela organização das eleições e seu bom funcionamento, existindo, portanto, base fática suficiente para proteger-se a liberdade de expressão sem que se tivesse que comprovar a verdade das alegações. Ou seja, a base fática aceitável poderia ser satisfeita pela mera possibilidade de uma culpa *in elegendo* ou *in vigilando*, por exemplo. A liberdade de expressão, é condição necessária para se garantir a livre expressão da opinião do povo, especialmente durante as campanhas eleitorais, na escolha dos representantes; por isso que o período que antecede as eleições é o momento para que todas as ideias, opiniões e informações circulem livremente, como destacou a Corte Europeia no caso Bowman v. Reino Unido. Neste momento, a sociedade está atenta à escolha de seu representante, e tem o direito e o dever de receber todas informações que possam ser relevantes. Também em defesa da liberdade de expressão em período eleitoral decidiu a Corte Interamericana no caso Ricardo Canese.

A Corte Europeia também admite o exagero, o escárnio e a provocação nas declarações. O uso de termos polêmicos, imoderados, duros e deselegantes também são admitidos como, por exemplo, "grotesco", "boçal", "reacionarismo alarve", como se viu nos casos Lopes Gomes da Silva v. Portugal e Sanocki v. Polônia, dentre tantos outros. A crítica feita por partidos políticos, com linguagem extremamente agressiva contra a administração pública, inclusive direcionada a minorias – em Incal v. Turquia – , descrevendo as ações das autoridades como "uma guerra de terror contra o povo curdo" e, sugerindo que essa parcela da população se opusesse às medidas tomadas contra os comerciantes de rua, não foi considerado um discurso de incitamento à violência, hostilidade ou ódio, e foi permitido.

As cortes também ressaltam a importância do debate, mesmo no período logo após as eleições, especialmente se o assunto for de interesse público. A Corte Europeia também não impede que informações antigas sejam trazidas à tona, pois entende que o debate sempre se nutre de novos dados, e o tempo pode ajudar compreender melhor a história como no caso Lehideux. No caso Feldek v. Eslováquia, as críticas feitas ao ministro da cultura sobre seu "passado fascista" e o pedido de sua renúncia diante da incompatibilidade com o desenvolvimento da democracia foram duras, mas estavam protegidas pela liberdade de expressão. No caso Lingens v. Áustria, a Corte Europeia entendeu que as discussões ocorridas quatro dias depois das eleições faziam parte da "controvérsia pós-eleitoral", comum em disputas, em que cada político se vale das "armas" que tem.

No caso Mamère v. França, mesmo fora do período eleitoral, a Corte Europeia entendeu que as afirmações sobre a responsabilidade das autoridades francesas e das pessoas com funções oficiais e eventual exposição de riscos à saúde dos cidadãos em decorrência do acidente de Chernobyl foi considerada uma expressão política relevante. Além disso, a Corte Europeia entendeu que se tratou de uma crítica à gestão e ao modo como as autoridades públicas trataram os efeitos do acidente com relação à saúde pública. Ademais, o tom humorado da crítica, fazendo referência ao "complexo de Asterix" francês, e se referindo ao responsável como "personagem sinistro", bem como o imaginário de uma nuvem radioativa "bloqueada" pelas fronteiras da França, assim como os termos que davam a ideia de que as autoridades haviam mentido deliberadamente sobre a gravidade do acidente para a sociedade francesa, foram considerados como perfeitamente aceitáveis em um contexto de grande emoção pela Corte, estando, portanto, protegidos pela liberdade de expressão. De um modo geral, essa é a posição consolidada da Corte Europeia, que se replica em outras situações de conflito entre a liberdade de expressão e outros direitos, inclusive questões de segurança nacional, e ordem e moral públicas.

Com relação aos discursos que incitam a violência, os discursos de ódio e discriminatórios, no entanto, a Corte Europeia não os admite. É nesse aspecto que é possível encontrar uma verdadeira justificativa para limitar a liberdade de expressão, especialmente em discursos de intolerância contrários a uma parte da população ou certos grupos. Termos vexatórios, humilhantes ou discursos que defendam a discriminação contra determinados grupos em razão da cor, raça, origem, etnia, religião, etc, ou a incitação de violência ou reações não compatíveis com uma sociedade democrática e pluralista não são permitidos, pois ameaçam a paz social e a estabilidade política, como estudado no caso Féret v. Bélgica. Tais discursos não estão protegidos pelo interesse geral e devem ser evitados também pelos políticos em seus discursos. Tais discursos admitem uma interferência estatal na liberdade de expressão, sendo que esta deve ser proporcional e necessária em uma sociedade democrática, como vimos em Gündüz v. Turquia. A Corte Interamericana não tem casos julgados sobre este assunto, mas o discurso de ódio está expressamente proibido pelo artigo 13 da Convenção Americana de Direitos Humanos.

4.3. Juízo de valor e de fato: exigência da base fática suficiente e boa-fé

Conforme as cortes, *juízos de valor* e *opiniões* não são passíveis de comprovação e, para a Corte Europeia, basta a mera *base factual suficiente*, entendida de modo bastante amplo e favorável à liberdade de expressão, para comprovar a boa-fé de quem os divulga. No caso Tristán, a Corte Interamericana exige real malícia, intenção de causar dano, a ciência de só publicar informação falsa para caracterizar o abuso da liberdade de expressão. Na mesma linha da Corte Europeia, a Corte Interamericana entende que juízos de valor não são passíveis de prova.

A despeito do acima, no caso de fatos alegados não serem provados, poderia estar justificada uma restrição à liberdade de expressão. Dito isso, a Corte Europeia não costuma ser rigorosa na prova dos fatos, e, muitas vezes, interpreta eventos que *prima facie* pareceriam fatos como juízos de valor. E, mesmo em caso de fatos, a Corte não exige precisão nas informações, desde que haja boa-fé na divulgação. A Corte Europeia também admite que, em casos de falsidade de informação ou informações que possam induzir a erro, o direito de resposta é válido como modo de esclarecer a alegação controversa sem necessidade de uma grande interferência na liberdade de expressão como, por exemplo, a proibição do discurso, o recolhimento de folhetos ou jornais, etc, como afirmou a Corte no caso Sanocki v. Polônia. Ademais, a Corte Europeia condena a ausência de oportunidade para se fazer prova de alegações factuais quando seria possível fazê-la, como tratado no caso Almeida Azevedo v. Portugal. A simples juntada de documentos que comprovavam a má qualidade da água no caso Desjardin v. França já foi suficiente para demonstrar base fática suficiente para autorizar a divulgação de acusações feitas ao prefeito da cidade com relação à má gestão da água.

No caso de o discurso impugnado versar sobre um juízo de valor, como vimos, não poderia ser exigida a prova da veracidade, uma vez que, para a Corte Europeia e para a Corte Interamericana, seria uma prova impossível e a sua exigência violaria a liberdade de opinião, uma das facetas da liberdade de expressão. Para evitar abusos da liberdade de expressão de opiniões, a Corte Europeia cria a teoria da base fática suficiente, de modo que exige ao menos uma base fática razoável para servir de embasamento a um juízo de valor. Em caso de informações erradas, a Corte Europeia verifica se o interlocutor sabia se o conteúdo de seu discurso era falso quando o proferiu, ou se, inexistindo a certeza sobre a sua veracidade na época, agiu com a cautela devida, a fim de comprovar se houve boa-fé no caso. A Corte Interamericana também analisa, nesses casos, se houve intenção e má-fé na divulgação para caracterizar o abuso.

Na maioria dos casos analisados, foi entendido pela Corte Europeia que expressões ofensivas tratavam-se de juízos de valor. Nesses casos, a Corte aplicou consistentemente a teoria da base fática suficiente. Foram reconhecidos como exemplos de juízo de valor, por exemplo, chamar um político de "sem vergonha e sem escrúpulos", conforme analisado pela Corte Europeia no caso Grinberg v. Rússia. No caso Dichand, a denúncia de participação no processo de aprovação de leis que poderiam favorecer clientes de um membro do parlamento francês também foi entendida como um juízo de valor. Isso reforça a ideia de que a Corte tem sido tolerante com relação à base fática, exigindo que ela seja apenas suficiente o bastante para não caracterizar má-fé. A Corte Europeia também entendeu como juízo de valor o uso de expressões como "oportunismo mais vil", "imoral", "indigno", "requisito mínimo de ética política" e "monstruosidade" atribuídas a político que pretendeu minimizar as atrocidades nazistas defendidas por seu colega de partido, no caso Lingens v. Áustria. A expressão "típica de mafiosos", no caso Urbino Rodrigues v. Portugal, também foi entendido como juízo de valor.

Outro aspecto interessante diz respeito à proteção da liberdade de expressão nos casos de humor e sátira, em que não se exige a prova da verdade, pois, no humor, não há intenção de se refletir a realidade com acuidade. Em casos irônicos em que está em jogo um interesse geral, mesmo brincadeiras e pilhérias que não têm necessariamente uma base fática foram consideradas legítimas em detrimento do direito de imagem dos ofendidos, inclusive de particulares, como, por exemplo, no caso Nikowitz & Verlagsgruppe News Mbh v. Áustria.

4.4. O Teste da necessidade em uma sociedade democrática e a proporcionalidade das medidas aplicadas

Ambas as cortes, a Corte Europeia e a Interamericana, analisam consistentemente se a formalidade, condição, restrição ou sanção imposta por um estado em casos envolvendo a liberdade de expressão é proporcional à violação cometida: toda restrição deve ser interpretada de forma restritiva e convincente, e é preciso checar-se se a ingerência é realmente necessária, no sentido de que decorre de uma necessidade social imperiosa. As sanções também não podem ser pesadas o bastante para desencorajar a liberdade de expressão de outros, ou criar medo de represálias ou autocensura na sociedade. As cortes analisam se a restrição é realmente necessária dentro de uma sociedade democrática, mesmo nos casos em que se entende que o discurso tenha sido ofensivo, de modo que somente uma justificativa muito relevante é suficiente para permitir uma restrição à liberdade de expressão, tendo em vista que uma sociedade democrática tem como sua verdadeira essência a livre circulação de ideias e a troca de informações. Este é, assim, o teste final que as cortes exigem em suas análises. É a prova final para se limitar a liberdade de expressão em uma sociedade democrática: sua *necessidade imperiosa*. Então, mesmo se o objetivo da restrição à liberdade de expressão for legítimo e estiver previsto em lei – que também são requisitos exigidos pelas cortes – como, por exemplo, a proteção do direito de terceiros, sua honra, reputação, o direito à imagem, a proteção da ordem pública, etc, é preciso avaliar-se se a restrição é uma *necessidade imperiosa em uma sociedade democrática*.

Por exemplo, no caso Piermont, as medidas tomadas pelo estado francês, entre elas, a proibição da manifestação anti-nuclear de ativista ambiental, que foi considerada pela França um abuso ao exercício da liberdade de expressão, não foram consideradas pela Corte Europeia necessárias para a proteção da ordem pública dentro de uma sociedade democrática.

Para completar o teste da necessidade, as cortes analisam também se as medidas sancionatórias aplicadas pelo estado foram proporcionais ao abuso. A Corte Europeia analisa a severidade das sanções escolhidas para punir o abuso da liberdade de expressão a fim de verificar se a interferência estatal ao exercício da liberdade de expressão foi proporcional ao delito. A Corte Europeia entende que toda interferência, ainda que mínima, pode ter efeitos catastróficos à liberdade de expressão, especialmente, em razão de seu efeito paralisante e prejudicial à sociedade como um todo, como ficou claro no caso Cumpănă e Mazăre v. Romênia. Assim, mesmo quando é de fato constatado um extravazamento dos limites da liberdade de expressão, a Corte Europeia verifica ainda se as medidas aplicadas foram proporcionais ao objetivo (legítimo) perseguido pelo estado.

Com relação às sanções penais, ambas as cortes consideram que, embora seja possível aplicá-las, não é o preferível, notadamente, as sanções restritivas de liberdade. A prisão somente é admitida em casos extremamente graves, mas, ainda assim, as sanções de natureza penal devem ser preferencialmente evitadas, especialmente se existirem outras sanções possíveis, como se viu no caso Incal v. Turquia. Com relação à prisão, as cortes Europeia e Interamericana são sempre relutantes e, normalmente, consideram a pena restritiva de liberdade como abusiva e desproporcional, como se pode verificar no caso Castells v. Espanha pela Corte Europeia, e no caso Tristán pela Corte Interamericana. No caso Lenik v. Eslováquia, a prisão por sete meses devido a críticas feitas aos juízes também foi considerada desproporcional. A prisão de sete meses, proibição do exercício da profissão de jornalista, e suspensão de direitos civis também foram considerados excessivos no caso Cumpănă e Mazăre v. Romênia. A Corte Europeia destaca ainda que as medidas de caráter criminal devem ser adequadas e comedidas; ou seja, devem ser proporcionais aos ataques injustificados, às críticas de adversários e da mídia, ou quando feitos de má-fé. O estado é garante da ordem pública, mas, em razão da posição que ocupa, precisa restringir o uso de procedimentos criminais.

Ademais, mesmo no caso de sanções civis ou administrativas, a simples existência da condenação pode ser desproporcional ao objetivo que se pretende promover. Essa desproporcionalidade existe especialmente quando pode gerar um efeito inibidor ou dissuasivo na liberdade de expressão da sociedade em geral, e é isso que a Corte Europeia pretende evitar, por exemplo, como se viu nos casos Lopes Gomes v. Portugal e Desjardin v. França. A desproporcionalidade tem, portanto, um efeito paralisante e desestimula que a mesma pessoa ou outras denunciem práticas que violem o interesse da sociedade. Equivale a uma espécie de censura. No caso Lingens, a Corte Europeia entendeu que a imposição de uma multa alta poderia desencorajar novas críticas no futuro, especialmente no contexto político, alterando o equilíbrio necessário dentro da sociedade democrática.

A apreensão de revistas, jornais, folhetos de campanha, etc, foram medidas entendidas por diversas vezes como desproporcionais, como, por exemplo, no caso Obersclick v. Áustria, Incal v. Turquia, e Schwabe v. Áustria. O pagamento de indenização no âmbito civil, de reparação por danos morais, também foi entendido como desproporcional no caso Riolo v. Itália, e no caso Roseiro Bento. Até mesmo a exigência de um pedido de desculpas foi considerado excessivo e desproporcional no caso Sanocki v. Polônia. Assim, para se avaliar a proporcionalidade de uma punição, a Corte Europeia estabeleceu os seguintes critérios a serem levados em conta, caso a caso: (a) a gravidade da culpa; (b) a gravidade da infração; e (c) a repetição das infrações imputadas. No clássico conflito entre liberdade de imprensa e crimes contra a honra, a reputação, etc, a Corte alerta para que as sanções não sejam severas ao ponto de impedir o papel de cão de guarda da democracia que tem a imprensa.

Como vimos, nos casos de intolerância (discriminação, discurso de ódio, incitação à violência), a Corte Europeia, na linha dos dispositivos internacionais, admite sanções de natureza civil, penal e administrativa. Mas, mesmo nessas situações, a Corte não abre mão da proporcionalidade das medidas em relação ao objetivo que se pretende proteger. A pena de prisão de um ano e multas altas, especialmente, no campo político, foram vistas como desproporcionais, como decidiu a Corte no caso Erbakan v. Turquia. Um bom exemplo de sanção contra o discurso de intolerância pode ser verificado no caso Féret v. Bélgica: a Corte Europeia entendeu que as medidas de inabilitação por 10 anos a cargos políticos e a prestação de 250 horas de trabalho no setor de integração do estrangeiro eram aceitáveis e educativas[394] como sanção ao discurso discriminatório e xenófobo em uma sociedade democrática, mesmo para um político.

---

[394] As penas podem ser: i) privativas de liberdade "como *ultima ratio* (princípio da excepcionalidade ou da intervenção mínima); ii) prestação social; iii) suspensão ou interdição de direitos; iv) multa e v) perda de bens. Com relação a "previsão das formas alternativas de penas, o preceito constitucional é aberto ('dentre outras'), possibilitando que o legislador ordinário crie novas formas de resposta penal ao delito. Nesse sentido, a inovação no campo das drogas: o artigo 28 da Lei n. 11.343/06, rompendo com a lógica carcerocêntrica predominante na política criminal brasileira, estabelece como penas autônomas (a) advertência sobre os efeitos das drogas; (b) prestação de serviços à comunidade; e (c) medida educativa de comparecimento a programa ou curso educativo". CARVALHO, Salo de; WEIGERT, Mariana de Assis Brasil e. As alternativas às penas e às medidas socioeducativas: estudo comparado entre distintos modelos de controle social punitivo. *Sequência Florianópolis*, Florianópolis, n. 64, p. 227-258, Jul. 2012. Disponível em: <http://www.scielo.br/scielo.php?script=sci_arttext&pid=S2177-70552012000100010&lng=en&nrm=iso>.

4.5. A Liberdade de Expressão como Pilar Essencial de uma Sociedade Democrática para o Debate Durante o Período Eleitoral

A liberdade de expressão é vista como um dos pilares de uma sociedade democrática e condição para o progresso da sociedade e o desenvolvimento individual das pessoas por ambas as cortes. É a ferramenta capaz de contribuir para a formação da opinião pública dos eleitores e fortalecer a disputa política para: (i) permitir a análise de plataformas políticas dos diferentes candidatos; (ii) conferir maior transparência e supervisão das autoridades futuras e sua administração; (iii) conferir maior transparência também aos partidos políticos e seus membros ativos como representantes de um eleitorado, chamando atenção para suas preocupações e interesses (daí porque qualquer restrição deve ser analisada cuidadosamente); e (iv) formentar o debate político no período que antecede e que precede as eleições, o que é importante para alimentar as diferentes opções apresentadas pelos partidos e pelos candidatos que os representam, bem como para se avaliar a lisura do processo eleitoral.

As cortes entendem que a liberdade de expressão contribui para o debate democrático e implica a livre circulação de ideias e informações sobre os candidatos e seus partidos pelos meios de comunicação, pelos próprios candidatos, e até mesmo por qualquer um que queira dar informações. É importante que o eleitor possa formar sua opinião, questionar e investigar a capacidade e idoneidade dos candidatos, discordar, comparar propostas, ideias e opiniões.

Por essa razão, o questionamento feito por um candidato a respeito da capacidade e idoneidade de seu adversário para ocupar um cargo político, colhendo informações e expressando sua opinião, contribui para que o eleitor tenha mais informações e ouça diferentes opiniões para alimentar a sua tomada de decisão, contribuindo para o debate democrático. Vimos que, *inter alia*, nos casos Morar e Ricardo Canese, a liberdade de expressão prevaleceu sobre o direito à proteção da honra do candidato criticado.

Acesso em: 18 dez. 2015. Vale relembrar que as cortes internacionais sempre preferem penas alternativas às privativas de liberdade.

PARTE 2

Limites da Liberdade de Expressão Política no Direito Brasileiro Durante a Campanha Eleitoral

1
Análise *In Abstracto* e *In Concreto* dos Limites da Liberdade de Expressão Política no Brasil

A partir da análise feita da jurisprudência das Cortes Europeia e Interamericana, foi possível identificar os limites que os tribunais de proteção de direitos humanos entendem ser compatíveis com a liberdade de expressão, conforme estabelecido nos documentos internacionais a que os estados se obrigaram; bem como, o que deve ser respeitado na prática por esses estados.

Nesta parte do trabalho, pretendemos estudar os limites brasileiros à liberdade de expressão política *in abstracto* e *in concreto* durante a campanha eleitoral, que é particularmente regulada no Brasil.

In abstracto, isto é, na legislação brasileira, os dispositivos normativos mais relevantes que regulam a matéria são a Constituição Federal de 1988, o Código Eleitoral Brasileiro (Lei 4.737 de 15 de julho de 1965), a Lei de Inelegibilidade (Lei Complementar 64 de 18 de maio de 1990), a Lei Orgânica dos Partidos Políticos (Lei 9.906 de 19 de setembro de 1995), a Lei das Eleições ou Lei Eleitoral (Lei 9.504 de 30 de setembro de 1997), a Lei 11.300 de 10 de maio de 2006 e outras, que fizeram minirreformas políticas[395]. Serão expostos os principais limites normativos que regulam a matéria quanto ao conteúdo.

---

[395] Vale notar também que o art. 105 da Lei das Eleições permite ainda ao TSE emitir Instruções para a regulamentar. Neste sentido, vide: RIZEK, Fernanda Montenegro de Menezes; RIZEK JÚNIOR, Rubens Naman. "Marketing político x Legislação eleitoral". In: CAGGIANO, Monica Herman S. (Coordenadora). *O direito eleitoral em debate*: estudos em homenagem a Claudio Lembo. 1. ed. São Paulo: Saraiva, 2013, p. 165.

Tendo estudado como o legislador tratou dos limites à liberdade de expressão política no Brasil durante a campanha eleitoral, passaremos a estudar qual a interpretação dada pelos tribunais nacionais aos dispositivos indicados, a fim de conhecermos os limites *in concreto* no direito brasileiro. Analisaremos as principais decisões dos tribunais superiores, em especial o Supremo Tribunal Federal e o Tribunal Superior Eleitoral, nas eleições de 2010 e 2014. Espera-se que, conhecendo como os dispositivos legais têm sido interpretados, seja possível compreender quais são os verdadeiros limites à liberdade de expressão política no Brasil.

1.1. Classificação dos Limites da Liberdade de Expressão Política

Os limites à liberdade de expressão política podem ser materiais ou formais. São *materiais* quando a restrição incide sobre o conteúdo da expressão política do indivíduo; e *formais* quando a liberdade de expressão política do indivíduo é limitada por razões alheias ao conteúdo da mensagem transmitida. Assim, nossa tese ocupar-se-á especificamente de limitações *materiais* à liberdade de expressão; assim, quaisquer limites que não sejam estritamente materiais, referentes ao conteúdo das mensagens, serão tratados como formais, e não farão parte da análise desse trabalho[396].

Além dos limites que serão objetos desse livro estarem voltados ao conteúdo contido nos discursos utilizados pelos candidatos e partidos, tais limites também estarão limitados especificamente pelo que é veiculado *durante a campanha eleitoral*, que é regulada de modo bastante específico.

Desse modo, apesar de igualmente fascinante o estudo de outros limites à liberdade de expressão, o trabalho tratará exclusivamente da análise dos limites existentes quanto ao *conteúdo durante o período de campanha eleitoral*, procurando verificar se esses limites seriam reconhecidos como práticas violadoras de direitos humanos *vis à vis* o entendimento das cortes internacionais de direitos humanos europeia e interamericana.

---

[396] Dentre os limites à liberdade de expressão que tratamos aqui como formais estão incluídos, por exemplo, o direito de votar e ser votado, questões referentes à "ficha limpa" (*i.e.*, à necessidade de os candidatos não terem condenação, etc), à limites de representatividade política (*e.g.*, o limite máximo de deputados federais que o Estado de São Paulo pode eleger), etc. Tais limites estão fora do escopo de nosso trabalho.

1.2. Os Limites Normativos Quanto ao Conteúdo

Desde os artigos inaugurais da Constituição brasileira é possível verificar que os direitos, ainda que fundamentais, como a liberdade de expressão, não são absolutos. Como objetivos, nos termos dos incisos I e IV, do artigo 3º, a Constituição busca a construção de uma sociedade livre, justa e solidária e sem preconceitos de qualquer natureza. Como princípios, o constituinte originário escolheu a prevalência dos direitos humanos e a autodeterminação dos povos, conforme o artigo 4º, inciscos II e III, respectivamente.

A Constituição de 88 prevê ainda a liberdade de expressão como direito fundamental nos incisos do artigo 5º X e XIV: o inciso X trata da liberdade de expressão de atividade intelectual, artística científica e de comunicação, independentemente de censura ou licença, e o inciso XIV estabelece o direito à informação e garantia do sigilo da fonte jornalística.

O artigo 220, *caput*, da Constituição garante a manifestação do pensamento, da criação, da expressão e informação, sob qualquer forma de veículo. O parágrafo 1º desse artigo protege a liberdade de informação jornalística em qualquer veículo de comunicação social e o parágrafo 2º veda qualquer tipo de censura[397].

No entanto, a própria Constituição Federal estabelece alguns limites à liberdade de expressão. Esses limites podem ser outros direitos fundamentais[398], quando se estabelece uma indenização por dano moral ou à imagem, nos termos do artigo 5º, inciso V, ou a inviolabilidade da intimi-

---

[397] Ao tratar das regras de colisão entre a liberdade de expressão e direito à intimidade, honra, imagem e vida privada André de Carvalho Ramos ressalta diversos casos em que o judiciário interviu previamente para evitar o dano aos direitos do indivíduo, restringindo a liberdade de expressão. CARVALHO RAMOS, André de. *Curso de Direito Humanos*. São Paulo: Saraiva, 2014, p. 124-125. No âmbito eleitoral, o artigo 53 da Lei 9504/97 veda a censura prévia. BRASIL. Lei nº 9504, de 30 de setembro de 1997. Estabelece as normas para eleições. *Diário Oficial da União*, Brasília/DF, 01 out. 1997.

[398] André de Carvalho Ramos ensina que dado o "fenômeno" da "força expansiva dos direitos humanos" surgem novos "conflitos aparentes" entre os diversos direitos tutelados e, conforme o autor, "não é mais possível que o intérprete apele para fórmulas vazias de reiteração da 'dignidade humana' quando, no caso concreto, ambos os interesses em choque revelam direitos de titulares diversos". O autor fala ainda que o Brasil optou por uma liberdade de expressão responsável. CARVALHO RAMOS, André de. *Curso de Direito Humanos*. São Paulo: Saraiva, 2014, p. 109.

dade, da honra, da vida privada e da imagem dos indivíduos, conforme preceitua o artigo 5º, X. Assim, também na arena política, a liberdade de expressão e de opinião podem ser restringidas em razão desses outros direitos, com base na própria Constituição Federal.

No Código Eleitoral, encontramos limites normativos à liberdade de expressão política no art. 242, que dispõe: "A propaganda, qualquer que seja a sua forma ou modalidade, mencionará sempre a legenda partidária e só poderá ser feita em língua nacional, **não devendo empregar meios publicitários destinados a criar, artificialmente, na opinião pública, estados mentais, emocionais ou passionais**" (grifo nosso).

O subjetivismo deste artigo quanto ao conteúdo é evidente. Faz referência ao intuito subjetivo de quem faz a propaganda, expressa através dos "meios publicitários" – mas como identificá-lo? Como dizer quando determinado conteúdo publicitário se *destina a criar tais estados mentais*? O "artificialmente" usado pelo artigo causa ainda mais dificuldades: então, se a propaganda visa a criar os estados emocionais mencionados de modo "não artificial" ela é permitida? Mas como distinguir uma tal criação "artificial" de uma que não o seja? Finalmente, como medir ou identificar os tais "estados mentais, emocionais ou passionais" da "opinião pública"? Através de pesquisas sociológicas, científicas? O juiz consegue identificá-los? Como? Através de perícia – psicológica, sociológica? Até mesmo de um ponto de vista lógico a disposição traz desafios: o estado "passional" é distinguível do estado "emocional"?[399]

Também o art. 243 do Código Eleitoral enumera vários limites materiais à liberdade de expressão: "Não será tolerada propaganda: I – de guerra, de processos violentos para subverter o regime, a ordem política e social ou de preconceitos de raça ou de classes; II – que provoque ani-

---

[399] Como bem aponta o ministro Tarcisio Vieira de Carvalho Neto no seu voto na RP 1201-33: "Não se pode emprestar ao caput do (vetusto) art. 242 do Código Eleitoral uma interpretação que desnature a liberdade de expressão, mormente a partir da compreensão puramente gramatical de dispositivo legal que ostenta redação defeituosa ou no mínimo dúbia, que, se aplicada a ferro e fogo, acaba por esvaziar a própria utilidade das propagandas eleitorais, as quais têm por escopo precípuo criar estados emocionais, mentais ou passionais, favoráveis a determinadas candidaturas, forradas por ideias mais ou menos atraentes". BRASIL. TSE. Representação nº 120133/ DF. Relator: Ministro Tarcisio Vieira De Carvalho Neto, Rel. designado: Gilmar Ferreira Mendes. Brasília, 23 set. 2014, p. 12.

mosidade entre as forças armadas ou contra elas, ou delas contra as classes e instituições civis; III – de incitamento de atentado contra pessoa ou bens; IV – de instigação à desobediência coletiva ao cumprimento da lei de ordem pública; V – que implique em oferecimento, promessa ou solicitação de dinheiro, dádiva, rifa, sorteio ou vantagem de qualquer natureza; (...)[400] VIII – que prejudique a higiene e a estética urbana ou contravenha a posturas municipais ou a outra qualquer restrição de direito; IX – que caluniar, difamar ou injuriar quaisquer pessoas, bem como órgãos ou entidades que exerçam autoridade pública." Desnecessário dizer, os incisos acima são excessivamente amplos. O inciso V, de tão amplo, poderia ser entendido até no sentido de vetar qualquer promessa eleitoral. Ao longo deste trabalho, veremos casos em que a interpretação do art. 243 é claramente inconvencional, especialmente, seu inciso I.

O Código Eleitoral também traz restrições quanto à calúnia, difamação e injúria em seus artigos de 324 a 326[401], que correspondem aos artigos 138 a 140 do Código Penal, que tratam dos crimes contra a honra[402],[403]. O problema aqui é que o processo penal normalmente é extremamente lento, e não chegaria ao fim antes do período eleitoral, de modo que, conforme a jurisprudência do TSE, os crimes contra a honra no âmbito eleitoral acabam não tendo o mesmo tratamento que lhes é conferido pelo direito penal e, uma vez que os tribunais entendem que houve ofensa à honra no âmbito eleitoral, que poderia caracterizar calúnia, injúria ou difamação, aplica-se o direito de resposta e a suspensão da propaganda ofensiva, independentemente do que poderá ocorrer no âmbito penal.

---

[400] Os incisos VI e VII do artigo 243 contêm limites formais à liberdade de expressão, que não estão compreendidos no objeto deste trabalho. BRASIL. Lei nº 4737, de 15 de julho de 1965. Institui o Código Eleitoral. *Diário Oficial da União*, Brasília/DF, 19 jul. 1965.
[401] BRASIL. Lei nº 4737, de 15 de julho de 1965. Institui o Código Eleitoral. *Diário Oficial da União*, Brasília/DF, 19 jul. 1965.
[402] BRASIL. Decreto-Lei nº 2.848. Institui o Código Penal. *Diário Oficial da União*, Rio de Janeiro/RJ, de 7 dez. 1940.
[403] O art. 58 da Lei das Eleições também trata do direito de resposta à calúnia, difamação e injúria, mas também ao sabidamente inverídico. BRASIL. Lei nº 9504, de 30 de setembro de 1997. Estabelece as normas para eleições. *Diário Oficial da União*, Brasília/DF, 01 out. 1997.

Na Lei das Eleições, o art. 40 dispõe: "O uso, na propaganda eleitoral, de **símbolos, frases ou imagens, associadas ou semelhantes às empregadas por órgão de governo, empresa pública ou sociedade de economia mista** constitui crime, punível com detenção, de seis meses a um ano, com a alternativa de prestação de serviços à comunidade pelo mesmo período, e multa no valor de dez mil a vinte mil UFIR" (grifo nosso). Mas um artigo restritivo ao conteúdo da propaganda eleitoral, e que injeta subjetividade à normatização da matéria, especialmente quando proíbe o uso até mesmo de "símbolos, frases ou imagens" meramente "associadas" às empregadas por órgãos de governo, etc.

Também o art. 45 da Lei das Eleições, em seus incisos II, III, IV e V, traz restrições à liberdade de expressão política em contexto eleitoral quanto ao conteúdo em propaganda gratuita no rádio e televisão: "A partir de 1º de julho do ano da eleição, é vedado às emissoras de rádio e televisão, em sua programação normal e noticiário: [...] II- usar trucagem, montagem ou outro recurso de áudio ou vídeo que, de qualquer forma, **degradem ou ridicularizem candidato, partido ou coligação**, ou produzir ou veicular programa com esse efeito; III- veicular propaganda política ou **difundir opinião favorável ou contrária** a candidato, partido, coligação, a seus órgãos ou representante; IV – **dar tratamento privilegiado** a candidato, partido ou coligação"; V – veicular ou divulgar filmes, novelas, minisséries ou qualquer outro programa **com alusão ou crítica a candidato ou partido político, mesmo que dissimuladamente**, exceto programas jornalísticos ou debates políticos [...] (grifos nossos).

Mais uma vez, no inciso IV do art. 51 da Lei Eleitoral, a degradação ou ridicularização dos candidatos é proibida: "IV – na veiculação das inserções, é vedada a divulgação de mensagens que possam **degradar ou ridicularizar** candidato, partido ou coligação, aplicando-se-lhes, ainda, todas as demais regras aplicadas ao horário de propaganda eleitoral, previstas no art. 47" (grifo nosso).

Também o art. 53 da Lei das Eleições restringe a liberdade de expressão política, repetindo a proibição de se degradar ou ridicularizar candidatos, e agregando mais uma proibição fortemente subjetiva – a de se reapresentar (já que não se admite, no *caput*, censura prévia) propaganda "ofensiva à honra de candidato, à moral e aos bons costumes": "Não serão admitidos cortes instantâneos ou qualquer tipo de censura prévia nos programas eleitorais gratuitos. § 1º **É vedada a veiculação de** propaganda que possa degradar ou ridicularizar candidatos, sujeitando-se o partido ou coligação infratores à perda do direito à veiculação de propaganda no horário eleitoral gratuito do dia seguinte. § 2º Sem prejuízo do disposto no parágrafo anterior, a requerimento de partido, coligação ou candidato, **a Justiça Eleitoral impedirá a reapresentação de propaganda ofensiva à honra de candidato, à moral e aos bons costumes**"[404].

Muito graves são os problemas que podem surgir com relação a estes dispositivos: mais uma vez, a subjetividade – como identificar objetivamente o que "degrada ou ridiculariza" candidato, partido ou coligação? Como identificar um "tratamento privilegiado" a determinado candidato? E como proibir filmes, novelas, etc devido a mera "alusão ou crítica" a candidatos *et al.*? Além disso, o que é ainda mais grave é proibição da divulgação de opinião do inciso III – então, não se pode divulgar qualquer opinião? Uma aplicação rigorosa deste artigo suprimiria qualquer comentário político no período eleitoral – justamente quando a sociedade está mais atenta e mais precisa das mais diversas opiniões políticas[405].

Vemos, assim, que a matéria eleitoral é fortemente normatizada no Brasil quanto ao conteúdo. Some-se a isto, o fato de que o TSE tem poderes para emitir normas que regulamentam a Lei das Eleições, e que, a cada eleição, novas normas são assim emitidas pelo TSE, "provocando um extraordinário inchaço no bloco normativo"[406]. Ademais, as disposições normativas (tanto das leis, quanto das instruções normativas do TSE) são muitas vezes vagas e abrem espaço ao subjetivismo das partes e dos julgadores quanto a sua aplicação, o que, por sua vez, se reflete, em um emaranhado de interpretações muitas vezes contraditórias, e em um enorme volume de ações, propiciando ampla judicialização do processo eleitoral, como veremos nos próximos capítulos deste trabalho.

---

[404] O art. 53-A também traz algumas restrições, que deixaremos na nota de rodapé por não terem sido objeto de controvérsias e terem seu conteúdo determinado de forma razoavelmente objetiva, não gerando maiores discussões. *Diário Oficial da União*, Brasília/DF, 01 out. 1997.
[405] Os incisos II e III foram objeto da ADIN 4451 que será analisada abaixo.
[406] CAGGIANO, Monica Herman S. "Eleições". In: CAGGIANO, Monica Herman S. (Coordenadora). *O direito eleitoral em debate*: estudos em homenagem a Claudio Lembo. 1. ed. São Paulo: Saraiva, 2013, p. 38.

1.3. A Interpretação Judicial dos Limites Normativos

Depois da exposição dos limites normativos expressos na Constituição, no Código Eleitoral, e na Lei das Eleições, cabe, agora, analisar a interpretação judicial que concretiza tais limites. Essa interpretação judicial traça os limites *in concreto* da liberdade de expressão política na campanha eleitoral, permitindo, após, seu cotejo com os tratados de direitos humanos para que se detecte a inconvencionalidade da intepretação judicial brasileira.

Iniciaremos esta parte do trabalho analisando decisões convencionais de nossos tribunais para, posteriormente, analisar as inconvencionais.

1.3.1. A crítica política e a informação inverídica

Via de regra, os tribunais nacionais aceitam os discursos com conteúdo crítico. As críticas ásperas, duras, ácidas feitas pelo político ou contra os políticos e a sua administração são toleradas durante as campanhas eleitorais. Serão abordados, abaixo, precedentes judiciais que apreciam em geral pedidos de direito de resposta contra peças de propaganda eleitoral que teriam (i) trazido informações inverídicas ou (ii) violado a honra do adversário. O limite a ser traçado pelos tribunais envolve a necessidade da manifestação política não ser utilizada para abranger o chamado "direito à mentira", bem como não servir para violar o direito à honra e à vida privada.

Na RP 2878-40[407], o TSE, em 2010, decidiu no sentido de que a crítica feita ao reajuste de tarifa de energia, configura mera crítica política. O teor da propaganda foi o seguinte:

> Vídeo (*letterings*):
> Serra: Genéricos.
> Serra: FAT – Fundo de Amparo ao Trabalhador.
> Serra: 60 mil casas populares.
> Serra: Grandes obras de metrô.
> Dilma aumentou a conta de luz dos brasileiros.
> [Assinatura da campanha Serra.]

---

[407] BRASIL. TSE. RRP nº 2878-40.2010.600.0000. Relator: Ministro Joelson Costa Dias. Brasília, 29 set. 2010. Por maioria foi desprovido o recurso.

Áudio (locutor):
Serra fez os genéricos, o fundo de amparo ao trabalhador, 60 mil casas populares, grandes obras de metrô.
Dilma foi a ministra que mais aumentou a conta de luz dos brasileiros nos últimos 8 anos.
Quem compara, vota Serra.

O TSE entendeu que a "propaganda apenas fazia referência aos aumentos das tarifas de energia elétrica durante o período em que a candidata também participou do alto comando da administração do governo federal", configurando mera crítica política, "natural ao embate eleitoral, sujeita à censura do eleitor", e não foi concedido o direito de resposta, pois não ficou configurado fato sabidamente inverídico[408].

Afirmar que determinado candidato não cumpre promessas de campanha e o uso de alcunhas estão protegidas pela liberdade de expressão. O TSE em 2010 entendeu, por maioria[409], nesse sentido, como podemos verificar na RP 343879[410]. Neste caso, a coligação "O Brasil Pode Mais" e José Serra requereram a concessão de direito de resposta a propaganda realizada pela coligação "Para o Brasil Seguir Mudando", veiculada em rádio. O conteúdo da propaganda era o seguinte:

Olha aí gente, cuidado hein?
Cuidado minha gente, que lá vem o Zé Promessa,
o Zé do Bico, o Zé Conversa.
Mas, o Serra não me engana, não.
Esse Serra não dá bola pra população.
Quando tava no governo não fez nada "pró-Povão"[411].

Alegaram os representantes que o conteúdo não objetivou criticar "a postura política do candidato, nem sua capacidade administrativa, pos-

---

[408] Ibidem, p. 9-10.
[409] Parte dos ministros seguiram o voto de Henrique Neves. Vencido o Ministro Marco Aurélio.
[410] BRASIL. TSE. Representação nº 3438-79.2010.6.00.0000/DF. Relator: Ministro Henrique Neves. Brasília, 13 out. 2010. Não foi concedido o direito de resposta por maioria.
[411] Ibidem, p. 2.

síveis desvios éticos apontados pela imprensa", mas "um dos predicados morais do caráter do candidato [...]: a honestidade"[412].

O relator ministro Henrique Neves seguiu no sentido da liminar, no sentido de que "Zé Promessa", "Zê do Bico" e "Zé Conversa" são críticas visando a mostrar que as "promessas realizadas em período de campanha nem sempre são cumpridas pelos políticos"[413]. Além disso, citando vasta jurisprudência do TSE a respeito[414], enfatizou o ministro que a crítica a homens públicos, a falta de cumprimento de promessas eleitorais, apresentando os problemas , "meio jocosa, conquanto um tanto ácida, faz parte de uma campanha eleitoral, não estando a merecer censuras"[415]. Nessa linha, decidiram também os demais ministros[416].

Outras decisões no sentido de que é possível a mera crítica à administração do candidato, a seus equívocos, bem como menções ao descumprimento de promessas de campanha, desde que de conteúdo político e de interesse público, também são facilmente encontradas no repertório de decisões do TSE, algumas inclusive mais ácidas.

Na RP 3533-12, por exemplo, o conteúdo veiculado no rádio e televisão foi o seguinte:

> De oito mandatos, o candidato Serra deixou metade incompletos, rasgando compromissos para tentar novas eleições e projetos pessoais. Foram tantos abandonos que na disputa para Prefeito de São Paulo teve que assinar

---

[412] Ibidem, p. 2.
[413] Ibidem, p. 3.
[414] Precedentes: Respe nº 20.480, de 27.9.2002, Rp nº 381, de 13.8.2002, RP nº 440, Rel. Min. Caputo Bastos, red. desig. Min. Elien Gracie de10/09/2002, RP nº444, RP nº 817, rel. Min. José Delgado, 20.10.2005 e RESPE 26730, rel. Min. Cesar Asfor Rocha de 20/09/2006.
[415] BRASIL. TSE. Representação nº 3438-79.2010.6.00.0000/DF. Relator: Ministro Henrique Neves. Brasília, 13 out. 2010, p. 5.
[416] Posição contrária e vencida foi apresentada pelo Ministro Marco Aurélio. Destacou sua perplexidade diante do "grau de agressividade" nas campanhas eleitorais de segundo turno que descambou para "a pilhéria, para a galhofa", para a "falta de urbanidade". No caso em tela, na visão do ministro, houve um "golpe baixo, desqualificando-se o candidato, apontando-se práticas que seriam genéricas e, quem sabe, até exclusivas, apenas do candidato, aludindo-se a 'José do Bico', a 'José Promessa', mencionando-se 'cuidado, não acredite', com o fim de, simplesmente, desacreditá-lo". Ibidem, p. 6-7.

e registrar em cartório um documento se comprometendo em levar o mandato até o final. Sabe o que aconteceu? Serra renunciou para ser candidato a governador. Agora responda: dá para confiar num candidato a presidente que não honra nem mesmo um compromisso registrado em cartório?

De oito mandatos, o candidato Serra deixou metade incompletos, rasgando compromissos para tentar novas eleições e projetos pessoais. Foram tantos mandatos abandonados, que na disputa para Prefeito de São Paulo, ele teve que assinar e registrar em Cartório um documento se comprometendo em levar o mandato até o final. Mas adivinha o que aconteceu. Adivinhou? Dá para confiar num presidente que não honra nem mesmo o que ele assina?[417]

Na RP 3512-36, o trecho impugnado foi o seguinte[418]:

Vídeo com diversas imagens gravadas e fotos.	Locutor em off: Dilma foi a primeira mulher da nossa história a ser Ministra de Minas e Energia e presidente do Conselho de Administração da Petrobrás. Com ela, a maior e mais brasileira das nossas empresas cresceu como nunca e hoje é a segunda maior petrolífera do mundo. A Petrobrás também descobriu o pré-sal, uma gigantesca reserva de petróleo que vai tornar o Brasil um dos maiores produtores do mundo, gerando uma nova fonte de riqueza para o país.
Em fundo preto, *lettering* com a seguinte frase: "É justo privatizar a Petrobrás e privatizar a Petrobrás e o pré-sal?"	Locutor em *off*: Agora responda: é justo alguém pensar em privatizar a Petrobrás e o pré-sal?'

---

[417] BRASIL. TSE. Representação nº 3533-12.2010.6.00.0000/DF. Relator: Ministro Henrique Neves. Brasília, 19 out. 2010, p. 2
[418] BRASIL. TSE. Representação nº 3512-36.2010.6.00.0000/DF. Relator: Ministro Joelson Dias. Brasília, 20 out. 2010, p. 2-4.

Cena de Dilma em estúdio.	Dilma: Desde já eu afirmo a minha posição: é um crime privatizar a Petrobrás ou o pré-sal. Falo isso porque há poucos dias **o principal assessor do candidato Serra para a área de energia e ex-presidente da Agência Nacional de Petróleo durante o governo FHC defendeu a privatização do pré-sal.** **Isso seria um crime contra o Brasil.** Porque o pré-sal é o nosso grande passaporte para o futuro. Com ele, o Brasil vai arrecadar bilhões de dólares. Essa riqueza, será investida nas áreas de educação, saúde, cultura, meio ambiente, ciência e tecnologia e combate à pobreza. Graças a uma lei criada pelo nosso governo com a minha participação. Essa é a grande diferença entre o nosso projeto de governo e o projeto da turma do contra. Nós acreditamos que o fortalecimento das nossas empresas é bom para todo o povo brasileiro. Eles só pensam em vender o patrimônio público.
Ator em local externo.	Ator: No governo deles, a relação com outros países também era diferente. Era só, "pois não" pra lá, "Sim, senhor!" pra cá. **Ou melhor: *"Yes Sir, of course!"* Sim. Porque eles sabiam se humilhar muito bem em inglês na frente dos poderosos.**
Em fundo preto, uma mesa no formato do mapa geográfico do Brasil, com diversas peças, simulando fichas de *poker*, sobre a mesa. Em cada ficha está escrito o nome de uma empresa estatal que foi privatizada.	Voz do ator em *off*: E gostavam de vender **sem o menor pudor o patrimônio público.**

Neste momento, *close* em uma revista Época cuja capa traz uma bandeira com o símbolo de navio pirata e com o escrito: "Privataria". Há destaque para o que seria a manchete da capa, com os seguintes dizeres: "Bastidores da Privatização" – Suspeita na Telemar: troca de ações serviu para pagar propina – Executivos confirmam: foi pago suborno na Vale. Abaixo da revista e da manchete há *lettering* em caixa alta: "A PROPINA FOI PAGA".	Voz do ator em *off*: Entregando de bandeja as riquezas do Brasil em **negócios, às vezes, muito mal explicados.**
Nessa passagem, há *close* nas "fichas" com os nomes e símbolos estampados: Banco do Brasil, Caixa Econômica e Petrobrás, e as mãos de crupiês chegam até as fichas para tirá-las da mesa e hesitante, desistem.	Voz do ator em *off*: O Banco do Brasil escapara por pouco. A Petrobrás também. Até tentaram mudar seu nome para Petrobrax, porque achavam que assim seria mais fácil vendê-la a grupos estrangeiros.
Em fundo preto, *close* em jornais com as seguintes manchetes: "FHC deve transferir para Serra comando do plano de privatização" e "Serra reafirma privatização das teles".	**Voz do ator em *off*: E sabem quem era coordenador do programa de privatizações de FHC? Ele: José Serra.**
Atrizes em estúdio.	Atriz 1: Essa ânsia dos tucanos em privatizar o patrimônio público também se repetiu nos governos que eles fizeram em São Paulo. Atriz 2: Lá, dezenas de empresas foram vendidas nos últimos anos. Algumas já no governo de Serra. Como a Nossa Caixa. Ela só não foi privatizada porque o Banco do Brasil se antecipou e a adquiriu antes.

Dilma em estúdio.	Dilma: Nem eu nem ninguém é dono da verdade. Mas a minha visão de governo de construção de um Brasil mais justo e mais próspero é totalmente contrária à visão da turma do contra. Eu acredito que as empresas públicas desempenham um papel fundamental para o país. Foi assim que fortalecemos a Petrobrás e alcançamos a auto-suficiência na produção de petróleo e descobrimos o pré-sal. Foi assim que fortalecemos o BNDES, o Banco do Brasil e a Caixa Econômica. E conseguimos vencer a crise mundial do ano passado. Ou seja, enquanto eles enfraqueceram o país, nós fizemos justamente o contrário. Fortalecemos o Brasil e o povo brasileiro.

Com relação aos trechos destacados, o ministro relator asseverou que a frase "o principal assessor do candidato José Serra para a área de energia e ex-presidente da Agência Nacional de Petróleo durante o governo FHC defendeu a privatização do pré-sal. Isso seria um crime contra o Brasil", teria sido feita pela candidata durante um debate, de modo que a oposição poderia ter apresentado sua defesa em diversas oportunidades. Ademais, para o relator, a propaganda tratou do assessor e não do candidato em si. O relator afirmou que o TSE defende, na linha da procuradoria eleitoral, que é "da natureza do debate de ideias o exercício de crítica veemente, como forma de discordar dos pontos de vista apresentados pela parte contrária"[419].

Com relação à "posição de subserviência do governo do qual participou o candidato representante diante daqueles que os representados chamaram de 'poderosos'", o relator entendeu tratar-se de "mera crítica a governo, à forma de administrar dos seus adversários, à época em que conduziram os negócios e a política externos do País, segundo a concepção e ideologia políticas dos representados", tratando, apenas, de "crítica genérica dirigida ao modo de atuação do governo anterior". O mesmo

---

[419] BRASIL. TSE. Representação nº 3512-36.2010.6.00.0000/DF. Relator: Ministro Joelson Dias. Brasília, 20 out. 2010, p . 6-7.

ocorreu com relação às privatizações, de modo que não caberia o direito de resposta. Já no que diz respeito à associação à "coordenador de privatizações" e "negócios 'muito mal explicados'", em que teria ocorrido o pagamento de "propina", a propaganda se limitou a transcrever manchete de capa de revista, também sem ter feito "distorção" do texto[420].

Na RP 26730[421], o TSE reformou decisão que proibira a frase "tem político que vai prometer dar o céu de papel passado e tudo" em *charges* com plaquinhas que traziam as promessas de campanha. O ministro relator afirmou que apresentar ou explorar "temas políticos e de interesse da população sem ataques pessoais, mas de caráter geral" não enseja o direito de resposta.

Podemos ver mais exemplos. Sobre as decisões de 2014, destacamos a RP 143175[422] e RP 139448[423], destinadas a analisar o mesmo trecho de propaganda:

> Narrador: Aécio Presidente.
>
> Aécio Neves: Hoje eu quero mostrar pra vocês como os erros do Governo Dilma, que vêm se acumulando, causam enormes prejuízos aos brasileiros e paralisam o Brasil. Nós nem podemos dizer que esse governo é um governo que não faz obras. Só que, enquanto as obras aqui, **as obras começadas no Brasil, não terminam nunca**, as obras que o governo do PT faz fora do Brasil têm ido muito bem. Mas aqui na nossa casa, no Brasil, as coisas não andam, nada vai em frente. E nós chegamos a esse ponto, **porque esse Governo que aí está faz sempre as escolhas erradas, não planeja, é o governo do improviso. E um governo que não cuida do dinheiro do seu imposto. Isso, porque o PT se julga dono do Brasil e acha que pode fazer tudo que quer.** O Brasil claro que precisa de portos mais modernos. Ou alguém tem dúvida disso? Pois vejam.

---

[420] O ministro Marco Aurélio teve voto vencido novamente. Ibidem, p. 8-9.
[421] BRASIL. TSE. RESPE nº 26.730. Relator: Ministro Cesar Asfor Rocha. Brasília, 20 set. 2006, p. 7. Decisão reformada por unanimidade. Não configurada ofensa.
[422] BRASIL. TSE. Representação nº 1431-75.2014.6.00.0000/DF. Relator: Ministro Admar Gonzaga. Brasília, 02 out. 2014. Votação unânime pela improcedência.
[423] BRASIL. TSE. Representação nº 1394-48.2014.6.00.0000/DF. Relator: Ministro Admar Gonzaga. Brasília, 02 out. 2014. Votação unânime pela improcedência.

Trecho do Jornal da Globo 27/10/2014: A Presidente Dilma Rousseff inaugurou hoje um projeto de prestígio para a ditadura comunista em Cuba, financiado pelo BNDES.

Narrador: Há tempos, os portos do Brasil sofrem com a falta de modernização e investimentos. Produtores e caminhoneiros brasileiros sofrem a cada safra para escoar a produção nacional. Enquanto isso acontece, o Governo Dilma investiu no porto de Manciel, em Cuba, cerca de um bilhão de dólares. Isso mesmo, um porto em outro país com o dinheiro dos impostos que você paga. Ao mesmo tempo, para reformar e ampliar os portos brasileiros, o governo Dilma investiu cerca de metade desse valor.

João Souza da Silva: Eu acho que devia investir aqui, não é? Olhar pela classe trabalhadora, os motoristas daqui do Brasil.

Janilton Silva: O porto inteiro, desde este terminal em que nós estamos, até o último lá, está abandonado.

Mizael de Avila Ferrelra: Nós pagamos os maiores impostos do mundo para ter uma infraestrutura desta aqui? Isso não pode ser verdade, né?

Aécio Neves: Esse vale-tudo que tomou conta do atual governo não pode mais continuar. Porque a verdade é que o Brasil tem jeito. O que não tem jeito é esse jeito de governar do PT. Nós temos tudo a nosso favor, matérias-primas, terras férteis, um povo trabalhador, criativo, que se supera a cada dia, mas falta colocar isso para funcionar. A Dilma tinha tudo a seu favor, tinha tudo pra fazer o Brasil andar e não conseguiu. Não conseguiu porque faltaram as pessoas corretas, faltou seriedade e faltou capacidade para tomar as decisões certas em benefício dos brasileiros. Faltou saber liderar o Brasil. E quem tem as condições de encerrar esse ciclo de governo do PT somos nós, e mais do que isso, somos nós que temos a capacidade de colocar no lugar gente séria, gente experiente, gente honesta, para fazer a sua vida melhorar. Para fazer obras aqui no Brasil. E, mais uma vez, eu peço o seu voto e o seu apoio, porque a onda da razão está chegando e a nossa vitória está cada dia mais perto.

Narrador: Aécio é neto de Tancredo Neves. É economista, casado e pai de 3 filhos. Como presidente da Câmara, Aécio liderou a aprovação da lei que permitiu que políticos fossem presos por crimes comuns. Como governador de Minas, Aécio pegou o estado em graves dificuldades e cortou seu próprio salário para dar o exemplo. Seu choque de gestão virou referência de administração pública eficiente para o Brasil. E seu jeito novo de governar foi reconhecido internacionalmente. Aécio terminou seu governo com mais de 92% de aprovação. Aécio está pronto para mudar o Brasil.

Música: A força que o Brasil precisa chamou! Aé Aé Aé Aécio eu vou! A força que o Brasil precisa chamou! Aé Aé Aé Aécio eu vou!

Narrador: A força que o Brasil precisa. Marina e Dilma foram ministras do governo do PT e permaneceram lá mesmo depois do Mensalão. Aécio era oposição e defendia a mudança. Quando Lula escolheu Dilma para ser candidata, Marina saiu do PT. Foi para o Partido Verde e perdeu a eleição. Depois não conseguiu criar um outro partido e foi para o PSB, que apoiava o PT. Agora Dilma promete as mudanças que não fez. E Marina, a nova política que nem sempre praticou. Enquanto isso, Aécio segue defendendo a mudança[424].

As representantes alegaram tratar-se de propaganda eleitoral com "informação inverídica, degradante, injuriosa e caluniosa, além de provocar confusão na mente do eleitor acerca de um suposto investimento na construção de um porto em Cuba por parte do Governo da Representante"[425].

O ministro relator entendeu em sede de liminar que "exercício de direito de resposta viabiliza-se apenas quando for possível extrair, da afirmação apontada como sabidamente inverídica, ofensa de caráter pessoal a candidato, partido ou coligação", posiciosamento confirmado na RP nº 1201-33, que ainda acrescenta que o fato sabidamente inverídico "não demanda investigação, ou seja, deve ser perceptível de plano, a 'olhos desarmados'"[426]. O ministro não verificou "declarações ofensivas ou veiculação de afirmações sabidamente inverídicas em desfavor da candidata Representante, mas apenas críticas inseridas no contexto do debate político", entendendo ser "mais prudente" proteger a liberdade de expressão. Também não entendeu tratar-se de "fato sabidamente inverídico e gravoso à imagem ou à candidatura das Representantes", mas, sim, de "divergência de interpretação e opinião sobre ações políticas do governo

---

[424] BRASIL. TSE. Representação nº 1431-75.2014.6.00.0000/DF. Relator: Ministro Admar Gonzaga. Brasília, 02 out. 2014, p. 3-4.

[425] Especialmente nas frases: "as obras começadas no Brasil, não terminam nunca", "esse governo que aí está faz sempre as escolhas erradas, não planeja, é o governo do improviso" e "é um governo que não cuida do seu imposto. Isso, porque o PT se julga dono do Brasil e acha que pode fazer tudo que quer". Ibidem, p. 3-8.

[426] Cita também a RP 587 de 2002, analisada neste trabalho.

da candidata Representante, de tema manifestamente controvertido e passível de ser politicamente explorado e questionado em debate político eleitoral", existindo a possibilidade de rebater tais questões por vias próprias e não por meio do direito de resposta[427].

No RRP 588 de 2002, o TSE entendeu que a "crítica aos homens públicos, por suas desvirtudes, seus equívocos, falta de cumprimento de promessas eleitorais sobre projetos", indicando a posição do partido com relação aos problemas, por mais ácida que seja, não enseja direito de resposta[428].

Nesse sentido também entendeu o TSE no AgRgRP 482[429], em que o uso de determinados termos como "candidato dos poderosos", "ambição desmedida de se manter no poder, ainda que seja um modelo de poder que destruiu nossos empregos", e até "corrupção generalizada" constituía mera crítica política.

Nas RPs 440[430] e 444[431], o TSE analisou se o uso da palavra "mentira" para caracterizar uma promessa de campanha não cumprida ensejava direito de resposta, por injúria. O TSE entendeu que a mera palavra

---

[427] BRASIL. TSE. Representação nº 1431-75.2014.6.00.0000/DF. Relator: Ministro Admar Gonzaga. Brasília, 02 out. 2014, p. 9.

[428] O ministro relator entendeu que não houve violação ao artigo 58 da Lei Eleitoral, pois, para ele, não verificou "crítica de natureza ofensiva à honra e/ ou à imagem dos requerentes, que desborde dos padrões admitidos pela Corte". Afirmar que um "governo é ruim" não é ofensivo. O ministro Luiz Carlos Madeira complementou no sentido de que "a palavra incompetência que, parece-me, é a crítica feita. Na Corte temos admitido palavras fortes, como incompetência, inverdade, mentira, e parece-me que a propaganda está dentro dos limites da crítica política". BRASIL. TSE. Representação nº 588/DF. Relator: Ministro Carlos Eduardo Caputo Bastos. Brasília, 21 out. 2002, p. 3.

[429] BRASIL. TSE. AgRgRP nº 482. Relator: Ministro José Gerardo Grossi. Brasília, 24 set. 2002. Esse caso se assemelha ao caso da AgRgRP nº 487 também de relatoria do ministro José Gerardo Grossi, de 19 set. 2002 em que se analisou o termo "candidato dos poderosos". Recurso desprovido por unanimidade, mantendo o uso da expressão na esfera da crítica.

[430] BRASIL. TSE. AgRgRP nº 440. Relator: Ministro Caputo Bastos. Brasília, 10 set. 2002. Provimento ao recurso por maioria em favor à liberdade de expressão.

[431] BRASIL. TSE. AgRgRP nº 444. Relator: Ministro Caputo Bastos. Brasília, 10 set. 2002. A diferença nesse caso da AgRgRp nº 440 é que "o popular profere a expressão, é colocado um bip e você só faz a leitura labial". Provimento ao recurso por maioria em favor à liberdade de expressão.

"mentira", por si só, não é injuriosa[432]. Mas também é preciso verificar o seu contexto. O contexto do uso da palavra foi: "'Mas não adianta nada falar agora que é segunda feira, que o negócio é azul", finalizando a propaganda com a frase "É tudo mentira". A ministra Ellen Gracie deu o voto vencedor e foi seguida pelos demais ministros. Entendeu a ministra que a frase "aparentemente, espontânea e aproveitada pelo programa, na qual um popular afirma que seriam mentirosas ou inverídicas as promessas veiculadas num projeto de governo para criação de empregos" é "o exercício normal da crítica política". Acrescentou que "dentro do contexto e de todas as críticas que foram apresentadas, inclusive ao governo atual e a todas as promessas anteriormente feitas em campanha, vejo apenas uma continuação dessa crítica ao governo atual e sua projeção a uma possível atuação do próximo governo"[433].

Afirmar que um determinado modelo econômico defendido pelo candidato adversário é "desumano", ou que traz "muita corrupção", também foi permitido, porque não vincularia o candidato pessoalmente a esses atributos[434]. Também faz parte do debate eleitoral a "crítica veemente, como forma de discordar dos pontos de vista apresentados pela parte contrária", desde que respeitados os direitos individuais e institucionais[435].

---

[432] O ministro Caputo Bastos analisa a injúria do artigo 58, da Lei 9504/97 a partir do seu conceito penal.

[433] O ministro Sálvio de Figueiredo acrescentou que há "uma crítica no sentido de apontar-se algo que o programa do partido do candidato está a defender"; seria "uma propaganda de mau gosto, a colidir com a excelência que deveria nortear a propaganda gratuita que ora se realiza. Chego a questionar se uma propaganda dessa espécie favorece ou prejudica a própria candidatura". BRASIL. TSE. AgRgRP nº 440. Relator: Ministro Caputo Bastos. Brasília, 10 set. 2002, p. 12-13.

[434] Foi o que decidiu por unanimidade o TSE na RP nº 501. Não foi concedido o direito de resposta. Na linha do MPE, o relator assevera que "a mensagem não vincula o nome do representante à corrupção, mas ao 'modelo econômico de globalização'. Corrupto seria o modelo – não o candidato ora recorrente". BRASIL. TSE. Representação nº 501/DF. Relator: Ministro Humberto Gomes de Barros. Brasília, 01 out. 2002, p. 4.

[435] O TSE analisou essa questão na RP 817, indeferido o pedido de resposta, mantido em fase de agravo. BRASIL. TSE. AgRgRP nº 817. Relator: Ministro José Delgado. Brasília, 20 out. 2005. BRASIL. TSE. AgRgRP nº 817. Relator: Ministro José Delgado. Brasília, 20 out. 2005, p. 3, 5 e 6.

Em 2006, na RP 1162[436], o TSE entendeu que os truísmos também não autorizam o direito de resposta. A coligação "A Força do Povo" (PT, PRB e PC do B) ingressou com representação contra a coligação "Para um Brasil Decente" (PSDB/PFL), afirmando que a propaganda política do presenciável Geraldo Alckmin era ofensiva. As partes mais relevantes do conteúdo impugnado eram as seguintes:

> Alckmin: segurança é assim. Não resolve de uma hora para outra, mas tem que trabalhar desde o primeiro dia. Tem que investir, é uma batalha por dia. Eu trabalhei, investi: outros governadores também trabalharam e investiram. Mas você vê que tem problema em praticamente todos os Estados do Brasil. E por quê? Porque o atual presidente simplesmente não fez a parte dele. E enquanto não entrar um presidente com vontade e energia para tratar do assunto segurança, não vai resolver. Quer um exemplo? O policiamento das fronteiras. É obrigação federal. Podia ter usado o exército para isso. Não usou. Aliás, ele não fez nada. E pelas nossas fronteiras abertas entra o contrabando, as armas que estão nas mãos dos bandidos e as drogas que destroem os nossos jovens.
>
> Mas o governo precisa dar o exemplo. Em primeiro lugar, tem que ser honesto. A corrupção é a pior das violências, porque tira dinheiro do pobre para dar para o malandro, que às vezes é alto funcionário e trabalha na sala ao lado[437].

O ministro relator Ari Pargendler entendeu que o primeiro trecho só acarretaria o direito de resposta se contivesse informação sabidamente inverídica, o que não tem. Já o segundo trecho, entendeu o ministro que apenas traz truísmos como "o governo precisa dar o exemplo", e "a corrupção é a pior das violências, porque tira dinheiro do pobre para dar

---

[436] Prejudicou o julgamento RP 1163 de 21/09/2002, rel. Min. Ari Pargendler que foi improcedente por unanimidade. BRASIL. TSE. Representação nº 1162. Relator: Ministro Ari Pargendler. Brasília, 02 set. 2006.

[437] BRASIL. TSE. Representação nº 1162. Relator: Ministro Ari Pargendler. Brasília, 02 set. 2006, p. 6-9.

para o malandro, que às vezes é alto funcionário e trabalha na sala ao lado", e julgou improcedente o pedido[438].

Na RP 1524-38[439], o TSE mais uma vez privilegiou a liberdade de expressão, entendendo dever existir ofensa de caráter pessoal para se ensejar o direito de resposta. Neste caso, a coligação "Com a Forca do Povo" (PT, PMDB, PSD, PP, PR, PROS, PDT, PC DO B, e PRB) e a candidata Dilma Roussef apresentaram representação contra a coligação "Unidos pelo Brasil" (PHS, PRP, PPS, PPL, PSB E PSL) e Marina Silva, pleiteando direito de resposta de afirmações veiculadas em propaganda eleitoral alegando conteúdo ofensivo e degradante da dignidade e honra da candidata representante. O principal trecho impugnado foi:

> Quem não foi nem vereadora e vira Presidente do Brasil não entende isso, come pela boca do marqueteiro, come pela boca do assessor. Não me venha chamar de mentirosa! Mentira é quem diz que não sabe que tinha roubo na Petrobrás. Mentira é quem diz que não sabe o que está acontecendo na corrupção desse país[440]

---

[438] O ministro Gerardo Grossi, vencido em parte, entendeu que na parte em que o candidato fala que "o atual governo nada faz", é "significativa" pois, "seguem as outras observações". Para o ministro, a injúria pode ocorrer de formas variadas. Para o ministro, "o atual presidente ou o presidente nada faz vai em uma sequência. Em decorrência de nada fazer, o que é? O seu governo é corrupto". Seria então injuriosa, a propaganda nessa parte final. Já o ministro Marcelo Ribeiro, que havia concedido a liminar, reconsiderou sua posição no julgamento definitivo. Verificou que a palavra "acovardar" que aparece no texto, dentro do contexto, é crítica. O ministro Cezar Peluso entendeu que para configurar ofensa seria preciso alguma referência sobre a existência de uma pessoa com esse perfil de corrupto na sala ao lado. Não existindo comprovação do fato, haveria uma injúria. Não se julga em tese e o tribunal não está obrigado a conhecer desses fatos. Complementou o ministro que não se sabe ao certo o que se imputa quando são apontadas as críticas de um mal governante; faz-se apenas "afirmações teóricas". Nesse sentido, o ministro Ayres Brito que entendeu que as críticas foram feitas de modo genérico, no "plano impessoal". BRASIL. TSE. Representação nº 1162. Relator: Ministro Ari Pargendler. Brasília, 02 set. 2006, p. 9-14.
[439] BRASIL. TSE. Representação nº 1524-38.2014.600.0000, Relator: Ministro Tarcisio Vieira De Carvalho Neto. Brasília, 02 out. 2014. Decisão unânime.
[440] Ibidem, p. 2.

O ministro relator não concedeu a liminar e entendeu que "o exercício de direito de resposta viabiliza-se apenas quando for possível extrair da afirmação apontada como sabidamente inverídica ofensa de caráter pessoal a candidato, partido ou coligação". Para o ministro, essa condição não ficou demonstrada na propaganda, constituindo "apenas contundente crítica política, inerente ao debate democrático". Complementou ainda que, especialmente em "prol da liberdade de expressão", não iria deferir a liminar "muito menos no programa final em que essa suspensão deveria ser motivada por fato extremamente grave"[441].

Conforme decisão proferida na RP 1323-46[442], o uso dos termos "falar mal" e "pra falar a verdade" não ofende. A representação, movida pela coligação "Com a Força do Povo" e Dilma Roussef e contra a coligação "Unidos pelo Brasil" e Marina Silva, tratou de duas inserções de rádio supostamente com teor sabidamente inverídico e ofensivo.

O teor da propaganda impugnada era o seguinte:

> Abertura: Coligação Unidos Pelo Brasil
> Narrador: Dilma tem pelo menos onze minutos no programa de rádio e TV, você já notou que nesse tempo todo, ela só fala mal da Marina? Ela está preocupada com quem? Com o Brasil ou com a Marina?
> Música: E vamos juntos com Marina.
> Narrador: A gente só precisou de quinze segundos pra falar a verdade.

Alegaram as representantes que, em seus programas, diversos assuntos como segurança pública, educação e incentivo ao pequeno e micro empreendedor[443] foram debatidos, portanto, a alegação da propaganda

---

[441] O ministro ainda afirmou que "uma coisa é a crítica enfática com base em fatos, outra coisa são os juízos desprimorosos que envolvem a imputação de delito, de crime". O homem público poderá apresentar a sua defesa, mas, para Mendes, "o critério de ponderação não deve ser o mesmo para as pessoas públicas e para as pessoas naturais em geral". Complementou o ministro Luiz Fux que "é importante o minimalismo judicial. O jogo democrático está sendo jogado e está quase no final, penso que não devemos interferir em absolutamente nada". BRASIL. TSE. Representação nº 1524-38.2014.600.0000, Relator: Ministro Tarcisio Vieira De Carvalho Neto. Brasília, 02 out. 2014, p. 4-7.

[442] BRASIL. TSE. Representação nº 1323-46.2014.6.00.0000/DF. Relator: Ministro Tarcisio Vieira de Carvalho Neto. Brasília, 25 set. 2014. Votação unânime.

[443] Ibidem, p. 2-3.

de Marina, de que Dilma "nesse tempo todo (...) só fala mal da Marina" era sabidamente inverídico. Além disso, o trecho "a gente precisa apenas de quinze segundos para falar a verdade" sugere que "Dilma mente ao falar mal de Marina durante todo o tempo do seu programa eleitoral"[444].

O relator entendeu tratar-se de crítica própria do debate político. Para configurar a ofensa, é preciso que a inverdade seja manifesta e incontestável. Além disso, na visão do ministro, a "discussão deve ser ampla e democraticamente debatida no meio social, sendo inoportuna, na espécie, a intervenção do Poder Judiciário". Somente "excepcionalmente" será concedido o direito de resposta, valorizando-se a liberdade de expressão, sendo necessária, para que haja intervenção, a ofensa de caráter pessoal a candidato, partido ou coligação[445].

Interessante a decisão do TSE na RP 131302[446], que foi movida pela coligação "Com a Força do Povo" e Dilma Roussef contra a Editora Abril – Revista Veja. Aqui a impugnação foi de trechos e imagens supostamente ofensivos e sabidamente inverídicos veiculados em matéria da revista. Os trechos são[447]: (i) Título da capa da revista: "A FÚRIA CONTRA MARINA: Nunca antes neste país se usou de tanta mentira e difamação para atacar um adversário como faz agora o PT"; (ii) "Marina: ataques violentos da campanha petista" (no índice da revista); (iii) ao abrir a revista, *charge* da candidata Dilma Rousseff, desenhada com feição de fúria e sentada à direção de uma grande escavadeira, com a pá abaixada, como se fosse "atacar" e, em sua frente, a figura de Marina Silva, "'fincada em terra e com aspecto de fragilidade – com galhos em punho e semblante de uma pessoa indefesa'", dando a impressão do uso de força

---

[444] Ibidem, p. 4.
[445] Entendeu ainda o tribunal que as "críticas, mesmo que veementes, fazem parte do jogo eleitoral, não ensejando, por si sós, o direito de resposta, desde que não ultrapassem os limites do questionamento político e nem descambem para o insulto pessoal, para a imputação de delitos ou de fatos sabidamente inverídicos". BRASIL. TSE. Representação nº 1323-46.2014.6.00.0000/DF. Relator: Ministro Tarcisio Vieira de Carvalho Neto. Brasília, 25 set. 2014, p. 7-8.
[446] BRASIL. TSE. Representação nº 1313-02.2014.6.00.0000/DF. Relator: Ministro Admar Gonzaga. Brasília, 25 set. 2014. Unanimidade. O parecer do MPE foi pela denegação da representação. Ibidem, p. 7-8.
[447] É possível consultar a revista no link: <http://veja.abril.com.br/acervodigital/home.aspx>.

desproporcional; (iv) frase próxima à *charge*, "O PT PASSA O TRATOR. E MARINA RESISTE: Apavorados diante da perspectiva de deixar o poder, petistas adotam a tática de atacar Marina Silva a qualquer custo. O resultado é uma campanha como nunca antes se viu nesse país"; e (v) juntamente com a frase "PT PASSA O TRATOR", o trecho "afirma que o Partido dos Trabalhadores e a candidata desrespeitam leis, princípios e qualquer outra barreira limítrofe do lícito para o fim de 'atropelar' a adversária Marina Silva"[448].

Alegaram, sintetizadamente, os representantes que as afirmações eram ofensivas e inverídicas. O uso dos termos "falta de ética, falta de escrúpulos, falta de decência, desonestidade e infâmias", usados pela revista, ofendem o partido e a candidata, descaracterizando o texto "como reportagem jornalística, que deve ser protegida pela liberdade constitucional de informação". A afirmação de que "a linguagem adotada pela campanha eleitoral da candidata representante tem inspiração "nas campanhas de erradicação do pensamento da Revolução Cultural de Mão Tsé-Tung", não seriam, adequadas ao "dever de informação"[449]. Ademais, os representantes defenderam as acusações que fizera a candidata Dilma contra a candidata Marina, e que teriam dado origem ao artigo da "Veja": Que Marina "abandonaria" o pré-sal, seria o novo Collor, seria sustentada por banqueiros, tiraria 1,3 trilhões de reais do orçamento da educação e saúde, acabaria com a Bolsa Família, e que um Banco Central independente (como defendido por Marina) traria miséria[450].

A representada, Editora Abril, defendeu a licitude do conteúdo da revista, alegando não ter existido ofensa ou inverdade, pois só teria relatado a "condução do embate eleitoral nas campanhas para as eleições presidenciais de 2014, especialmente quanto 'às reviravoltas no jogo político a partir do falecimento de Eduardo Campos, a assunção de Marina Silva da candidatura e seu expressivo crescimento nas pesquisas de intenção de votos'". Afirmou ainda que a notícia é de interesse da sociedade "sem

---

[448] BRASIL. TSE. Representação nº 1313-02.2014.6.00.0000/DF. Relator: Ministro Admar Gonzaga. Brasília, 25 set. 2014.
[449] BRASIL. TSE. Representação nº 1313-02.2014.6.00.0000/DF. Relator: Ministro Admar Gonzaga. Brasília, 25 set. 2014, p. 3.
[450] Ibidem, p. 4-6.

ter havido extravasamento da boa e necessária informação garantida pelo texto constitucional"[451].

O ministro relator da representação, Admar Gonzaga, no mérito, entendeu que não caberia direito de resposta porque "a matéria é toda voltada a fazer contraponto com o que as Representantes têm veiculado em sua propaganda eleitoral". Assim, a reportagem, para Gonzaga, constituia "legítimo exercício do direito de informação, tão caro aos regimes democráticos, sobretudo quando voltado a confrontar propostas políticas de candidatos a cargos eletivos". Usando os pontos destacados pelos representantes, entendeu o ministro que as "6 mentiras de Dilma" não foram mencionadas na matéria, e que o objetivo do direito de resposta não é o de "rebater questões que podem e devem ser debatidas nas vias próprias para a exposição política". Na linha de posição adotada anteriormente pelo ministro Fux, o ministro defendeu o minimalismo judicial nas propagandas eleitorais, de modo que "o exercício de direito de resposta, em prol da liberdade de expressão, é de ser concedido excepcionalmente"[452].

A crítica genérica e inespecífica também não gera o direito de resposta nem a possibilidade de suspensão da propaganda, assim como a crítica desabonadora à administração pública. Vários julgados certificam esse ponto. Na RP 37337 de 2014, por exemplo, o TSE decidiu que a mera crítica às administrações anteriores, sem destinatário individualizado, desde que observados temas de discussão político-comunitários e a vedação de ofensas pessoais ao governante e a seu partido político está permitida[453].

Na RP 1192-71, o TSE, por unanimidade, entendeu que a crítica genérica, sem especificação de determinado governo, candidato, partido ou coligação, está inserida no âmbito de proteção da liberdade de expressão. Não configura ofensa, mas apenas a "promessa difusa de um governo probo, livre de corrupção, como convém". Entendeu o tribunal que "a concessão de direito de resposta pressupõe inverdades manifestas e/ou

---

[451] Ibidem, p. 7.
[452] Ibidem, p. 12-13.
[453] BRASIL. TSE. Representação nº 373-37.2014.6.00.0000/DF. Relator: Ministro João Otávio de Noronha. Brasília, 11 nov. 2014. Não foi concedido o direito de resposta por unanimidade.

ofensas objetivas", não cabendo à Justiça Eleitoral "complementar falas, adicionar novos elementos, preencher lacunas e edificar ilações de todo subjetivas"[454].

No caso, basicamente, as representantes da coligação "Com A Força Do Povo" (PT, PMDB, PDT, PC DO B, PP, PR, PSD, PROS E PRB) e Dilma Rousseff alegaram que teria havido a imputação de ato passível de condenação por crime de responsabilidade à candidata, com conteúdo inverídico, calunioso, difamatório e injurioso, pois lhes atribuiria desvio dos recursos do pré-sal. O trecho impugnado é o seguinte:

> Marina Silva: Isso é resultado de um investimento sério na educação de tempo integral. E isso que vamos fazer em todos os estados do Brasil. Investir os recursos disponíveis agora e acrescentar os que virão do pré-sal. No meu governo os recursos do pré-sal vão ser usados para a saúde e a educação, não para a corrupção.

Entendeu o relator, divergindo do parecer da PGE e mantendo sua decisão anterior, que não houve "alusão clara a governos outros, de quem quer que seja. Também não se promoveu, a meu sentir, uma comparação sutil que fosse entre governos passados. Nem entre o atual e o que vier a ser materializado com a eventual eleição de Marina Silva", mas "uma crítica inespecífica à corrupção. E não referência a uma corrupção qualquer em curso, relativamente ao uso dos recursos advindos do pré-sal". Apesar de as palavras terem sido "pesadas", "fortes", a ideia que a candidata passou, conforme o ministro, foi a de que "no seu Governo, não haverá espaço para corrupção, referindo-se ao uso de recursos advindos do pré-sal, o que, aliás, parece bastante óbvio e inerente a qualquer (boa) governança", de modo que não se poderia proibir o discurso[455].

---

[454] BRASIL. TSE. Representação nº 1192-71.2014.6.00.0000/DF. Relator: Ministro Tarcisio Vieira de Carvalho Neto. Brasília, 23 set. 2014, p. 1. O Tribunal, por unanimidade, negou provimento ao recurso. Também nesse sentido, Rp nº 2744-13, Relatora designada a Ministra Cármen Lúcia, PSESS 8.9.2010.

[455] BRASIL. TSE. Representação nº 1192-71.2014.6.00.0000/DF. Relator: Ministro Tarcisio Vieira de Carvalho Neto. Brasília, 23 set. 2014, p. 3-8.

Na Representação 769-14[456], o TSE analisou se discurso do Presidente da República configuraria propaganda negativa ou mera crítica política. Entendeu o TSE que o discurso feito durante a entrega de unidades habitacionais do programa "Minha Casa, Minha Vida", em que o presidente Lula falou de o quanto o governo estava fazendo com o programa, "apesar de muita gente ficar azarando", estava inserido na necessária publicidade de prestação de contas, com a finalidade de garantir maior controle das ações públicas. Além disso, criticar o "pessimismo difuso", sem individualizar o destinatário, também não foi entendido como propaganda negativa, configurando mera crítica política[457].

Na RP 1362-43, de 2014, o TSE analisou uma propaganda política em forma de "bate-papo" entre o candidato Aécio Neves e eleitores representando alguns segmentos da população. O conteúdo impugnado pelos opositores do presidenciável Aécio Neves era o seguinte:

> João Inocentini: Senador, como você sabe, ESSE GOVERNO ATUAL NÃO DEU UM CENTAVO DE AUMENTO PARA OS APOSENTADOS. Você, eleito Presidente da República, qual a política que você vai aplicar para recuperação do poder de compra das aposentadorias?
>
> Aécio Neves: João, você é testemunha de que nós temos conversado muito sobre isso. No meu governo, o aposentado vai ser tratado com a dignidade que ele merece. E nós vamos incluir, no cálculo do reajuste, despesas que são típicas dos aposentados, como aumento dos medicamentos, por exemplo. E

---

[456] BRASIL. TSE. RRP nº 769-14/DF. Relator: Ministro João Otávio de Noronha. Brasília, 7 ago. 2014, p. 1-2. Vide também BRASIL. TSE. RP 77181, Rel. Min. Admar Gonzaga, publicado na Sessão de 7 ago. 2014. Disponível em: <http://www.tse.jus.br/pss/PssWeb_3129_1_1_77181.mp3>. Acesso em: 22 abr. 2015. Nesse caso, que tratou fundamentalmente sobre propaganda antecipada, destacamos o voto do ministro Gilmar Mendes mencionado na R-Rp 769-14/DF, mas não colacionado no arquivo. O ministro Gilmar Mendes afirma que em casos semelhantes se posicionou no sentido de que há propaganda eleitoral inequívoca, pois aparece ideia de "nós e eles" e a "continuidade". Defende uma inovação na aplicação da multa, insuficiente nesses casos. Devendo os ministros pensarem se caberia o mesmo tempo de resposta para a oposição. O ministro ainda destaca que sempre existe a visão "pessimista" em contrapartida à visão "otimista e realista" do governo.

[457] Decisão por maioria. Vide o texto impugnado que foi interpretado no sentido de não configurar como propaganda negativa. BRASIL. TSE. RRP nº 769-14/DF. Relator: Ministro João Otávio de Noronha. Brasília, 7 ago. 2014, p. 1-2.

você, João, é quem vai me ajudar a estabelecer esta nova política de reajuste diferenciado para os aposentados no Brasil.

João Inocentini: Você já ganhou meu voto e de todos os aposentados do país. Nós vamos te cobrar[458].

A candidata Dilma Rousseff e sua coligação entenderam que a propaganda de Aécio Neves não trouxe "críticas de natureza política", mas "afirmação de cunho negativo" e, além disso, seria inverídica, porque "67% dos beneficiários da Previdência Social teriam obtido ganhos reais em seus benefícios, impulsionados pelo reajuste do salário mínimo" e "os demais aposentados tiveram seus benefícios atualizados pela variação do INPC, conforme previsto em lei, e que, por isso, tiveram o valor real de seus benefícios preservados". Alegaram também que não seria "legítimo e razoável" trazer uma informação inverídica com o objetivo de "desqualificar o governo da representante", e que "não se faz necessária qualquer investigação aprofundada para que se verifique que a afirmação de que nenhum centavo foi dado de aumento revela-se, pela imperatividade com que proferida, sabidamente inverídica"[459].

O ministro relator entendeu que cabe direito de resposta caso exista uma mensagem ofensiva ou afirmação sabidamente inverídica, ou seja, "que não dependa de investigação e que desborde de debate político apropriado, para o qual reservado o horário eleitoral no rádio e na televisão". Na visão do ministro, a inverdade precisa ser "manifesta e incontestável". No caso, ainda que a afirmação pudesse ser entendida como uma afirmação sabidamente inverídica, não há ofensa, mas apenas crítica política; ademais, o direito de resposta não tem o propósito de "rebater questões que podem ser debatidas nas vias próprias para a exposição política, quais sejam, por meio de discursos, entrevistas, impressos, sítios

---

[458] BRASIL. TSE. Representação nº 1362-43.2014.6.00.0000. Relator: Ministro Admar Gonzaga. Brasília, 10 out. 2014, p. 2. Votação unânime pela improcedência do pedido.

[459] Em defesa, os representados alegaram que a propaganda fez uma "crítica política, legítima e comum no ambiente da propaganda eleitoral, em que é abordado o tema da aposentadoria, fazendo referência à ineficiência da política previdenciária do atual governo". BRASIL. TSE. Representação nº 1362-43.2014.6.00.0000. Relator: Ministro Admar Gonzaga. Brasília, 10 out. 2014, p. 3-4.

de internet[460], rede sociais e propaganda eleitoral no horário gratuito". Entendeu o ministro, portanto, inexistir "divulgação de fato sabidamente inverídico e gravoso à imagem ou à candidatura" de Dilma Rousseff[461].

Neste sentido também foi decidida a RP 1452-51, também de 2014. O TSE analisou o seguinte trecho da mensagem contida em propaganda eleitoral:

> Narrador: Nas mãos de Dilma e do PT podemos dizer que a Petrobrás: Ficou valendo a metade do que valia? Ficou com uma dívida quatro vezes maior do que tinha? Está envolvida em denúncias de corrupção? Comprou uma refinaria velha por 28 vezes o que valia? Ou todas as anteriores? Está na hora de mudar. Escolha a alternativa correta, Vote 40, Vote Marina[462].

Alegaram as representantes que a propaganda não teceu críticas de natureza política, mas informação sabidamente inverídica, pois "informações contidas nos sítios eletrônicos da Petrobrás e do G1" mostravam que a estatal "teria, na verdade, aumentado seu valor de mercado" durante o governo de Dilma Rousseff. A propaganda, na visão das representadas, tinha o intuito de enganar o eleitor quanto à Petrobrás, e veicular ofensa "de caráter pessoal"[463]. O ministro relator Admar Gonzaga entendeu que caberia direito de resposta apenas se a mensagem veiculada não dependesse de investigação e desbordasse do "debate político apropriado", isto é, se se tratasse de inverdade "manifesta, incontestável". Assim, julgou o TSE que o caso não trouxera ofensa e constituíra mera crítica política[464].

---

[460] A respeito da regulamentação da propaganda eleitoral conforme o "Marco Civil da Internet", ver: BRITO, Auriney; LONGHI, João Victor Rozatti. *Propaganda Eleitoral na Internet*. São Paulo: Saraiva, 2014.

[461] BRASIL. TSE. Representação nº 1362-43.2014.6.00.0000. Relator: Ministro Admar Gonzaga. Brasília, 10 out. 2014, p. 5-7.

[462] BRASIL. TSE. Representação nº 1452-51.2014.6.00.0000/DF. Relator: Ministro Admar Gonzaga. Brasília, 02 out. 2014, p. 2. Votação unânime pela improcedência do pedido.

[463] Ibidem, p. 2-3.

[464] Cita os seguintes precedentes: Rp nº 1.281, rel. Min. Carlos Alberto Menezes Direito, PSESS de 23.10.2006, R-Rp nº 2962-41, rel. Min. Henrique Neves da Silva, PSESS de 28.9.2010 e o entendimento fixado na Rp 1083-57, na sessão de 9.9.2014 de que "o exercício de direito de resposta, requestado por alegada afirmação sabidamente inverídica, poderá ser concedido quando a manifestação for expressada de forma ofensiva a candidato, partido

O uso de notícias veiculadas pela imprensa não estão proibidas de ser utilizadas nas propagandas políticas. Foi nesse sentido que o TSE decidiu na RP 1269[465], em outubro de 2006. Basicamente, a coligação de Luis Inácio Lula da Silva tentou impugnar propaganda da coligação do PSDB, em que se alegava que "gente do PT", "pessoas muito próximas do presidente" haviam sido presas com dinheiro de origem até então inexplicada e que seria usado para comprar suposto dossiê com provas de irregularidades na administração de Geraldo Alckmin no governo de São Paulo.

O texto impugnado dizia:

APRESENTADOR – O segundo turno mal começou e Lula já está espalhando boatos sobre Geraldo Alckmin. Você lembra, no primeiro turno, Geraldo já foi vítima de um falso dossiê. O escândalo estourou no mês passado. Gente do PT foi presa com dinheiro vivo num quarto de hotel. Pessoas muito próximas do presidente foram envolvidas no escândalo. Gedimar Passos, um dos presos, era membro da campanha de Lula. Osvaldo Bergas, ajudou no programa de governo. Expedito Veloso, diretor do Banco do Brasil, membro da campanha de Lula. Ricardo Berzoin,, era chefe da campanha. Jorge Lorenzetti, churrasqueiro do Lula. Freud Godoy, assessor do Lula, tinha sala no mesmo andar do presidente. E aqui está o dinheiro pego pela polícia. Um milhão e 700 mil em dinheiro vivo para tentar prejudicar Geraldo Alckmin. Mais uma vez, Lula disse que não sabia de nada. E até hoje seu governo não disse de onde veio o dinheiro.

MANOEL BARROS – O homem nunca sabe de nada, meu amigo. Eu que sou dono da minha casa, eu sei de tudo que se passa. Eu sei que te faltando um café, um arroz, um feijão. Saio de manhã e olho: muié, o que que la faltando? Quando eu chego de tarde eu já trago meu arroz, meu café, meu feijão. Agora ele, dentro da presidência, o cara ligado cara a cara com ele e o homem não sabe de nada.

---

ou coligação". Precedentes já tratados ao longo do trabalho. BRASIL. TSE. Representação nº 1362-43.2014.6.00.0000. Relator: Ministro Admar Gonzaga. Brasília, 10 out. 2014, p. 5-7. Neste exato sentido entendeu o TSE analisando o mesmo trecho impugnado na RP 1439-52. BRASIL. TSE. Representação nº 1439-52.2014.6.00.0000/DF. Relator: Ministro Admar Gonzaga. Brasília, 02 out. 2014. Improcedente por unanimidade.
[465] BRASIL. Tribunal Superior Eleitoral. Representação nº 1269 DF. Relator: Ministro Ari Pargendler. Brasília, 24 out. 2006.

Por se tratar de notícias veiculadas na mídia, o ministro relator Ari Pargendler julgou improcedente a representação. O ministro Ayres Brito seguiu o relator, mas ainda destacou que, apesar da "pessoalização" ocorrida em "e o homem não sabe de nada", a propaganda "impessoalizou a crítica, direcionou para o governo do qual faz parte a Polícia Federal". Na visão de Ayres Brito, há uma crítica feita com relação "ao alheamento do governo, à omissão do governo e sua postura de desconhecimento de algo que demandava conhecimento", e não configurou uma "crítica de acobertamento, de trapaça, de intencional obstrução da verdade". Também seguindo o relator, o ministro Cesar Asfor Rocha complementou que, apesar de não concordar que feitos da Polícia Federal sejam vistos como obra do governo, se o candidato Lula traz para si o mérito do combate a muitos ilícitos, "também poderá receber as críticas de algum retardamento como sendo omissões de sua parte"[466].

Também na RP 1264, o TSE não concedeu direito de resposta por suposta ofensa. A frase "faz 27 dias que o Governo Lula não diz qual a origem do dinheiro", referindo-se a dinheiro encontrado com "pessoas próximas ao governo do PT", e que serviria para comprar suposto dossiê com denúncias contra a gestão de Geraldo Alckmin no governo de São Paulo, objeto da RP comentada acima, foi vista pelo ministro relator Marcelo Ribeiro como não ofensiva, pois, "como se pode ver na imprensa todos os dias, não foi, ainda, identificada a origem do dinheiro em questão". Ademais, para o ministro, havia notoriedade e publicidade sobre a citação de certos filiados ao PT no envolvimento da compra do dossiê. Nesse sentido, discorreu também o ministro Cezar Peluso, que ainda afirmou que "membros de um partido político foram encontrados com dinheiro supostamente destinado a atos menos ilícitos na seara da atividade político-partidária e na eleição", razão pela qual, trata-se de assunto

---

[466] Em posição contrária, o ministro Ricardo Lewandowski entendeu que, ainda que o dossiê pudesse prejudicar a campanha do candidato Geraldo Alckmin, tinha sido direcionado ao candidato Serra; afirmou que com relação aos assessores, houve mera reprodução de informações veiculadas na imprensa. No entanto, alertou para o fato de que é preciso ler nas "entrelinhas", pois a mensagem imputada ao presidente Lula o "malfeito", isto é, "retardamento das apurações, ou pelo menos para saber a origem do dinheiro e não revelá-la publicamente". BRASIL. TSE. Representação nº 1.269 DF. Relator: Ministro Ari Pargendler. Brasília, 24 out. 2006.

de pertinência eleitoral, sendo que, além disso, afirmar que determinada informação não foi dada por quem teria competência para fazê-lo, atribuindo a omissão ao governo, constituiria "mera crítica"[467].

Na Representação nº 1.264 de 2010, o TSE entendeu que não houve ofensa em propaganda criticando a espera para ser atendido nos postos de saúde municipal baseada em reportagem, e, ainda que a propaganda não tenha indicado o ano da notícia vinculada, e que o candidato atacado não era prefeito na época da reportagem, entendeu o TSE tratar-se de mera crítica política[468].

O teor da propaganda foi o seguinte:

VÍDEO	AUDIO
Imagem de ator.	Locução do ator: Agora o Serra diz que vai fazer muita coisa pela saúde.
Efeito *fade out*, em que o ator aparece de pé sobre imagem reproduzida de jornal com manchete.	Locução do ator: Mas uma coisa é o que ele diz...
Imagem da manchete destacada com efeito visual: "POSTO CHEGA A TER 2 MIL PAULISTANOS EM FILA DE ESPERA POR CONSULTAS".	Locução do ator: Outra coisa é o que ele faz...
Letterings em movimento: "O que o Serra diz é uma coisa. O que o Serra que o Serra faz é outra."	Locução em *off*: O que o Serra diz, é uma coisa. O que o Serra que o Serra faz é outra.

Apesar de o relator ter reconhecido que não houve a indicação de gestão específica na propaganda e, portanto, não dava para o eleitor saber se

---

[467] Nessa esteira, acrescentou o ministro Ayres Brito que a frase em questão não é ofensiva, pois Governo Lula "significa governo federal, máquina administrativa federal, de que faz parte a Polícia Federal, sob a direção do Ministério da Justiça. E é fato que o Presidente da República é o hierarca maior de toda a administração pública federal". BRASIL. Tribunal Superior Eleitoral. Representação nº 1.264. Relator: Ministro Marcelo Ribeiro. Brasília, 17 out. 2006, p. 3-5.

[468] BRASIL. Tribunal Superior Eleitoral. Representação nº 3469-02.2010.600.0000. Relator: Ministro Henrique Neves. Brasília, 19 out. 2010.

a crítica referia-se ao período em que o candidato José Serra fora prefeito (2006) ou governador (2009), entendeu o ministro que a União, Estados e Municípios devem em conjunto "cuidar da saúde" e, portanto, tratava--se de crítica, não de fato inverídico[469].

Conquanto o discurso do medo tenha sido aceito como limite à liberdade de expressão em algumas liminares, não é o entendimento que tem prevalecido em julgamentos de mérito.

A concessão de liminar foi verificada em dois casos recentes, os RPs 37337/DF[470] e 39765/DF[471], em que a ministra Laurita Vaz concedeu o pedido do PSDB contra propaganda do PT, suspendendo alguns trechos da propaganda eleitoral que entendeu irregulares. Os requerentes pleiteavam a suspensão da propaganda, inclusive porque se tratava de propaganda antecipada ao dizer que Dilma Rousseff seria "a mais apta para continuar na função pública de Presidente da República", e fazendo também "propaganda negativa dos opositores ao Governo", ao incutir na mente do eleitorado que não se pode "deixar que os fantasmas do passado voltem e levem tudo que conseguimos com tanto esforço". Além disso, alegaram que também consistia em propaganda negativa, visando a inspirar medo, em trechos em que dizia que a população não deveria "dar ouvidos a falsas promessas" e "o Brasil não quer voltar atrás", mediante "a associação de imagens e trilhas sonoras dramáticas com o propósito de alertar o eleitor sobre um risco iminente"[472]. O parecer do

---

[469] No entanto, em sentido contrário, para o ministro Marco Aurélio veiculou-se notícia sabidamente inverídica porque "o jornal foi lido, e a reportagem não diz respeito, repito, a serviço prestado pelo Estado, mas pelo município, e há, ainda o aspecto da deturpação da própria folha do jornal em que divulgada a notícia, no horário da propaganda eleitoral", atribuindo a responsabilidade ao José Serra, que "não é um aspecto positivo em relação ao perfil do candidato". BRASIL. TSE. Representação nº 3469-02.2010.600.0000. Relator: Ministro Henrique Neves. Brasília, 19 out. 2010, p. 4-6

[470] BRASIL. TSE. Representação nº 373-37.2014.6.00.0000/DF. Relator: Ministro João Otávio de Noronha. Brasília, 11 nov. 2014. O Tribunal, por unanimidade, julgou improcedente a representação, nos termos do voto do Relator.

[471] BRASIL. TSE. Representação nº 397-65.2014.6.00.0000/DF. Relator: Ministro João Otávio de Noronha. Brasília, 11 nov. 2014. Por unanimidade, julgada improcedente a representação, nos termos do voto do Relator.

[472] Violando, portanto, para os Requeridos, os artigos 45 da Lei nº 9.096, de 1995 e o art. 36 da Lei nº 9.504, de 1997, segundo a reclamante. [...]". BRASIL. TSE. Representação

PGE foi favorável à procedência da representação sob o fundamento de que houve propaganda negativa e de que buscou-se, por meio dela, subliminarmente, incutir no eleitor – os telespectadores – a ideia de que, se dessem "ouvidos às falsas promessas", voltaríamos ao passado, com fome, inflação, desemprego, etc, e que se perderiam todas as conquistas socioeconômicas alcançadas[473]. Em fase de liminar, o TSE suspendeu trechos da propaganda. No entanto, a decisão definitiva do TSE não abraçou essa posição. O ministro relator João Otávio de Noronha entendeu que o conteúdo impugnado "situa-se na linha fronteiriça da violação às diretrizes fixadas no art. 45 da Lei nº 9.096, de 1995, a tanto não se prestando, de molde a caracterizar a realização de propaganda eleitoral antecipada ou a divulgação de críticas negativas de legendas adversárias". Continuou o ministro que o partido representado – o Partido dos Trabalhadores – apenas apresentou suas realizações à sociedade e "o compromisso de continuar as mudanças que o país necessita para avançar, criticando o passado de forma genérica, sem qualquer individualização e sem divulgação de nome, de pedido de votos ou menção a pleito futuro". A simples "ideia de que representam avanços econômico-sociais" não geram por si só uma propaganda negativa dos adversários[474].

Em 2010, o TSE, reiterando decisões dos tribunais eleitorais regionais, trouxe alguns critérios para entendermos o que pode ser tido como "sabidamente inverídico". Afirmou o ministro Henrique Neves que críticas feitas à acontecimentos que "efetivamente ocorreram", mesmo que em passado remoto, não ensejam o direito de resposta. Para tanto, a divulgação deve conter *inverdade flagrante*, e não pode ser sequer polêmica[475]. A inverdade "deve ser sabida de todos sem rebuços, pois há de

---

nº 373-37.2014.6.00.0000/DF. Relator: Ministro João Otávio de Noronha. Brasília, 11 nov. 2014, p. 4-5. BRASIL. TSE. Representação nº 397-65.2014.6.00.0000/DF. Relator: Ministro João Otávio de Noronha. Brasília, 11 nov. 2014, p. 5.

[473] Parecer 101.063/PGE. Disponível em: <http://cf-internet.pgr.mpf.mp.br/gap/consulta/index.cfm?orgao=TSE>. Acesso em: 29 mar. 2015, p. 4. Parecer 101.065/PGE. Disponível em: <http://cf-internet.pgr.mpf.mp.br/gap/consulta/index.cfm?orgao=TSE>. Acesso em: 29 mar. 2015, p. 34.

[474] BRASIL. TSE. Representação nº 373-37.2014.6.00.0000/DF. Relator: Ministro João Otávio de Noronha. Brasília, 11 nov. 2014, p. 7.

[475] A RP 2775-33/DF citada traz mais critérios para caracterizar o que o tribunal entende por sabidamente verídico. Além disso, citando precedentes da Corte (RP 1269, Rel. Min.

ter valor absoluto e não relativo; exige-se a certeza absoluta da inverdade. Há, portanto, de ser verdade universal e verdadeiro truísmo"[476].

Também nesse sentido têm decidido os tribunais regionais, por exemplo, o TRE do Paraná, que entendeu que "não atinge o patrimônio moral do candidato à reeleição a crítica à administração baseada em fatos que, não sendo sabidamente inverídicos, são amplamente noticiados pela imprensa [...]. Fato sabidamente inverídico não é aquele que se tem por provavelmente não verdadeiro, mas aquele sobre o qual recai a certeza de seu total alheamento com a realidade. Hipótese em que dita inverdade é objeto de múltiplas e notórias opiniões e interpretações, críveis em sua maioria"[477]. Essa decisão traz um bom resumo do que o TSE entende por fato sabimente inverídico. A ofensa existe apenas quando a inverdade for flagrante, incontroversa, não polêmica, absoluta e não dependa de investigação. Os truísmos, o óbvio, a verdade universal estão protegidos pela liberdade de expressão.

Na Representação 1456-88[478], o TSE entendeu que o direito de resposta deve ser concedido apenas excepcionalmente, somente se a propaganda realmente tratar de fato inverídico e houver ofensa contra partido, coligação ou candidato. Entendeu ainda que o direito de resposta não serve para "rebater a liberdade de expressão e de opinião, inerentes à crítica política e ao debate eleitoral". Neste caso, acordaram os ministros por unanimidade[479] julgar improcedente o pedido movido pela coligação "Com a Força do Povo" (PT, PMDB, PSD, PP, PR, PROS, PDT, PC DO B, E PRB) e Dilma Rousseff contra a coligação "Unidos Pelo Brasil" (PHS,

---

Ari Pargendler, 24.10.06; Respe 20419, Rel. Min. Sepúlveda Pertence, 5.10.02), mantém a sua posição em liminar, afirmando que a propaganda foi baseada em notícia veiculada pela Folha de São Paulo e que a jurisprudência admite a exploração crítica de notícias veiculadas nos jornais. BRASIL. TSE. Representação nº 2775-33. Relator: Ministro Henrique Neves da Silva. Brasília, 01 dez. 2012.

[476] Vide TRE (SP). REPAG nº 129031SP. Acórdão nº 143599. Relator: Juiz Rui Stocco. São Paulo, 22 out. 2002.

[477] BRASIL. TRE (Paraná). Ag RP nº 1395. Acórdão nº 31.445. Curitiba, 21 ago. 2006. Relator: Renato Lopes de Paiva.

[478] BRASIL. TSE. Representação nº 1456-88/DF. Relator: Ministro Tarcisio Vieira De Carvalho Neto. Brasília, 03 out. 2014.

[479] Idem.

PRP, PPS, PPL, PSB E PSL) e de Marina Silva. A propaganda objeto do pleito foi a seguinte:

> Narrador: A caneta da Dilma aprovou a compra de uma refinaria americana por 28 vezes o seu valor real. A caneta da Dilma diminuiu o repasse para cuidar da segurança pública. A caneta da Dilma empossou vários ministros envolvidos em escândalos. Você vai deixar que a caneta da Dilma continue decidindo o destino do Brasil? Para mudar tudo isso, você não precisa de uma caneta, apenas o seu dedo. Vote 40. Vote Marina.

A representante alegou que a propaganda divulgou informação sabidamente inverídica ao imputar à candidata Dilma "uma falsa responsabilidade pela compra da Refinaria de Pasadena". Para tanto, apresentaram direitos *links* da internet com notícias para sustentar o argumento de que o Tribunal de Contas não teria responsabilizado a candidata[480].

O pedido liminar foi negado por não ter sido verificada qualquer ofensa ou afirmação sabidamente inverídica, "mas apenas exposição de fatos e contundente crítica política, inerentes ao debate democrático"[481].

Outro caso decidido pelo TSE nesse sentido foi a RP 136765 de 2014[482]. Nesse caso, a coligação "Com a Força do Povo" e a presenciável Dilma Rousssef ingressaram com representação contra "O Estado de São Paulo" pleiteando direito de resposta de matéria veiculada no jornal, alegando conteúdo ofensivo e sabidamente inverídico. A reportagem objeto da ação, basicamente, vinha com a manchete "Correios entregam panfletos de Dilma em São Paulo sem registro de controle". O trecho da reportagem que foi considerado inverídico e ofensivo pela coligação de Dilma Rousseff dizia "ao contrário do que acontece com outros candidatos nas campanhas eleitorais, esse material da candidata Dilma está sendo distribuído aos carteiros sem qualquer chancela ou anotação que demonstre o pagamento por sua postagem, levando-nos a crer numa irregularidade eleitoral". Alegaram ainda os requerentes que a notícia teria buscado

---

[480] Ibidem, p. 2.
[481] BRASIL. TSE. Representação nº 1456-88/DF. Relator: Ministro Tarcisio Vieira De Carvalho Neto. Brasília, 03 out. 2014, p. 4-6.
[482] BRASIL. TSE. Representação nº 1367-65.2014.6.00.0000. Relator: Ministro Admar Gonzaga. Brasília, 30 set. 2014. Julgado improcedente por unanimidade.

"atrair, irresponsavelmente, para a candidatura da Representante a conduta de utilizar uma empresa pública federal para desequilibrar o pleito, se beneficiando de expediente que seria negado aos seus adversários nas eleições", e incluiram na reclamação reportagem da edição seguinte do jornal, em que o representado ainda adicionou o subtítulo "As cartas sem selo do PT", tratando a situação como se fossem "trambique armado nos Correios pela sua campanha", com a intenção de difamar a "candidatura da Representante, associando sua imagem a uma suposta ingerência em empresa pública para benefício eleitoral". Em defesa, o jornal alegou que no texto fora também indicada com destaque a resposta dos Correios no sentido de que "a dispensa de estampa, em casos especiais, é prevista em manual e já foi dada a mais clientes", que a irregularidade fora levantada por funcionários do próprio Correio, e que inclusive "a Representada tinha a obrigação ética de obter informações complementares com as partes envolvidas". Para o ministro relator do caso, "o jornal apenas cumpriu com o dever de informar e como convém a todo veículo de comunicação social, considerando as circunstâncias que deram ensejo à matéria jornalística e que o texto registra versões e opiniões dos envolvidos nos fatos noticiados", e eventual "insinuação aparente de exclusivo privilégio à candidata Dilma Rousseff parece se desfazer, ao longo da matéria". O ministro entendeu ainda que, apesar de a notícia ter destacado a exclusividade de tratamento à presenciável Dilma Rousseff, versou sobre "mera crítica política, cuja divergência de interpretação é natural". Destacou o ministro que a posição do tribunal está consolidado no sentido de que, para se caracterizar fato como sabidamente inverídico, é mister "inverdade flagrante que não apresente controvérsias". O pedido de resposta não pode ser transformado em "processo investigatório com intuito de comprovar a veracidade das versões controversas sustentadas pelas partes". A reportagem apenas "explora um fato, ainda que em abordagem controvertida"[483], [484].

---

[483] BRASIL. TSE. Representação nº 1367-65.2014.6.00.0000. Relator: Ministro Admar Gonzaga. Brasília, 30 set. 2014, p. 8.
[484] Interessante estudo feito por Adam Przeworski demonstrou que é extremamente comum o uso da máquina pública pelo governo para ganhar as eleições. As pesquisas neste sentido são impressionantes; apenas a título de exemplo, em somente três vezes em toda a história da América Latina um chefe de estado candidato à reeleição foi derrotado.

Na RP 1083-57, o TSE, por votação unânime, reiterou a sua posição sobre a necessidade de que o fato deve ser sabidamente inverídico, incontroverso e de conhecimento notório para caracterizar o "sabidamente inverídico", não cabendo direito de resposta a respeito de um "conteúdo passível de dúvida, controvérsia ou de discussão na esfera política"[485]. Neste caso, a coligação "Muda Brasil" (PSDB, DEM, SD, PTB, PMN, PTC, PEN, PT do B e PTN) ajuizou representação com pedido de liminar contra a coligação "Com a Força do Povo" (PT, PMDB, PSD, PP, PR, PROS, PDT, PC do B e PRB) e Dilma Rousseff, alegando que a mensagem veiculada pelas representadas continha mensagem ofensiva ou afirmação sabidamente inverídica.

A mensagem veiculada foi a seguinte:

APRESENTADOR:
Na área de energia, temos outros exemplos dos desafios que Dilma vem enfrentando e vencendo.
NARRADOR:
Antes, era impossível transmitir a energia que sobrava em uma região para socorrer outras que estivesse em dificuldades. Com Dilma, isso mudou: Todas as regiões do País foram integradas pelo SIN: Uma conquista que só foi possível, porque em apenas quatro anos, Dilma implantou 23 mil km de linhas de transmissão, o equivalente a metade da circunferência do planeta.

A liminar foi indeferida pelo ministro relator porque o artigo 58 da Lei nº 9.504/97 e artigo 40 da Res. TSE nº 23.404/2014, "pressupõe a propagação de mensagem ofensiva ou afirmação sabidamente inverídica – que não dependa de investigação. A inverdade, portanto, deve ser manifesta, incontestável". Em recurso, a representante afirmou que a propaganda eleitoral traz "inverdade manifesta e incontestável", quando a candidata afirma que não havia sistema de distribuição de energia entre regiões do país (SIN) anteriormente ao seu governo, pois, "independentemente de investigação probatória", poder-se-ia verificar que o sistema existia

---

Przeworski, Adam. *Self-Government in Our Times*: Democracy and Its Limits. New York: Cambridge University Press, 2009, p. 103-104.
[485] BRASIL. TSE. REC-Rp nº 1083-57.2014.6.00.0000/DF. Relator: Ministro Admar Gonzaga. Brasília, 09 set. 2014, p. 2. Decisão unânime.

"desde o início dos anos 2000, conforme comprovação do site oficial da ANEEL (Agência Nacional de Energia Elétrica)". Basicamente, entendeu o relator, na mesma linha já apresentada, que, se havia inverdade na propaganda da candidata Dilma, ela não era manifesta e incontestável, acrescentando ainda que não se alude na propaganda a que o SIN – Sistema Interligado Nacional teria sido criado pelo governo da candidata representada, mas que todas as regiões do país haviam sido ligadas ao SIN, isto é, que houvera uma ampliação, não criação, do SIN[486].

Na RP 1253-29[487],[488], a coligação "Unidos pelo Brasil" e Marina Silva moveram representação contra a coligação "Com a Força do Povo" e Dilma Roussef, pleiteando direito de resposta de propaganda com suposto fato sabidamente inverídico. Alegaram que certo fato veiculado era "falso na sua origem – baseado numa distorção maliciosa", com o intuito de dar a "falsa percepção de que a candidata Marina Silva seria contra a exploração do petróleo do pré-sal e favorável à subtração de 'um trilhão e trezentos bilhões assegurados para a educação'"[489]. Além disso, alegaram que a propaganda também daria a falsa impressão de que somente a presenciável Dilma seria capaz de aplicar os recursos na saúde e educação, "distorcendo" o plano de governo da também presenciável Marina Silva.

A mídia contestada tinha o seguinte conteúdo:

Vídeo:
Homens discutem em torno de uma mesa, evocando um ambiente empresarial.
Música incidental de tom grave, quase fúnebre.
Corte para uma cena de crianças estudando em torno de uma mesa. Corte para os empresários apertando as mãos e comemorando.

---

[486] BRASIL. TSE. REC-Rp nº 1083-57.2014.6.00.0000/DF. Relator: Ministro Admar Gonzaga. Brasília, 09 set. 2014, p. 3-8.

[487] BRASIL. TSE. Representação nº 1253-29.2014.6.00.0000/DF. Relator: Ministro Admar Gonzaga. Brasília, 25 set. 2014. Votação unânime.

[488] Exatamente nesse sentido, inclusive sobre o mesmo trecho impugnado, a RP 1241. BRASIL. TSE. RP nº 1241-15.2014.6.00.0000, Ac. de 25/09/2014, Rel. Min. Admar Gonzaga. Votação unânime.

[489] BRASIL. TSE. Representação nº 1253-29.2014.6.00.0000/DF. Relator: Ministro Admar Gonzaga. Brasília, 25 set. 2014, p. 2.

Neste momento, as páginas do livro usado por uma criança ficam em branco.
Câmera volta para as crianças, agora sem mais nenhum livro à mesa.
Lettering: Coligação Com a Força do Povo.
Áudio:
Locutor: Marina tem dito que, se eleita, vai reduzir a prioridade do pré-sal. Parece algo distante da vida da gente, né? Parece, mas não é.
Isso significa que a educação e a saúde poderiam perder 1 trilhão e 300 bilhões de reais.
E que milhões de empregos estariam ameaçados em todo país.
Ou seja, os brasileiros perderiam uma oportunidade única de desenvolvimento. É isso que você quer para o futuro do Brasil?
Coligação Com a Força do Povo.

As representadas, por sua vez, alegaram tratar-se de "debate político 'inerente à dialética democrática'" que destaca as "opções de política energética de cada proposta de governo", incapaz de ofender ou atingir a honra da candidata Marina.

O ministro relator indeferiu a representação, entendendo que "o direito de resposta não se presta para rebater questões que podem ser debatidas nas vias próprias para a exposição política, a exemplo das redes sociais, da internet, por meio de entrevistas, da propaganda eleitoral gratuita, etc". Em fase de recurso, mantendo sua posição anterior, o ministro relator ressaltou que o direito de resposta, para ser concedido deve conter uma mensagem ofensiva ou afirmação sabidamente inverídica, que não dependa de investigação e que ultrapasse o debate político apropriado[490].

Exatamente nesse sentido foi decidida também a RP 1241-15[491]. O ministro relator, no entanto, neste caso, interpretou até o verbo usado

---

[490] BRASIL. TSE. Representação nº 1253-29.2014.6.00.0000/DF. Relator: Ministro Admar Gonzaga. Brasília, 25 set. 2014, p. 7. Apresentou alguns julgados da Corte nesse sentido: RP 1281, Rel. Min. Carlos Alberto Menezes Direito, PSESS de 23 out. 2006, R-Rp 2962-41, de 28 set. 2010, Rel. Min. Henrique Neves da Silva, PSESS de 28 set. 2010 e a Rp 1083-57, na sessão de 9 set. 2014.

[491] BRASIL. TSE. Representação nº 1241-15.2014.6.00.0000. Relator: Ministro Admar Gonzaga. Brasília, 25 set. 2014. Votação unânime. O trecho impugnado é o mesmo tratado

na propaganda, asseverando que "a locução é pronunciada no futuro do pretérito, circunstância que denota expressão de hipótese, ou seja, de possibilidade e não de afirmação, no sentido taxativo percebido pelas Representantes".

A RP 681084[492] do TRE/GO analisou se os termos "vendedor de ilusões" e "embromeichon", em alusão a que determinado político eleito e candidato à reeleição não entregaria obras e não cumpriria promessas de campanha; "Tranca Rádio", em alusão a que ele teria também ordenado o fechamento de uma radiodifusora (a "Rádio K"); e "maracutaia com dinheiro do povo", em alusão a corrupção em sua administração, durante transmissão de programa jornalístico de entrevista, ofenderiam a boa fama e a reputação do homem público – como mencionado, político eleito e candidato à reeleição. Esse caso é interessante devido à ampla fundamentação e porque nele se ressaltou a necessidade de ponderação entre os direitos fundamentais.

O representante basicamente alegou que as expressões acima difamavam o candidato em questão, nos termos do artigo 139 do Código Penal, ofendendo a "boa fama e reputação do administrador público". Além disso, no programa, o entrevistado teria debochado do candidato quando o denominou de "Embromeichon" com o objetivo de dar a ideia de "que o mesmo enrolava, ludibriava a populacão goiana, e apenas inaugurava obra para imprensa noticiar". A entrevista também traria informações inverídicas ao afirmar que o candidato só fazia obra para fins de propaganda, e que determinara o fechamento da "Rádio K", chamando-o de "Tranca Rádio". Ao acusá-lo de fazer "maracutaia com dinheiro do povo", difamaria, caluniaria e injuriaria o candidato. Por fim, afirmou o representante que a entrevista associava o sobrenome do candidato – Perillo – com "perigo": "Um perigo para sociedade", difamando-o e ridicularizando-o[493].

A representada, resumidamente, por sua vez, alegou que o programa trouxera críticas à administração do representado, que, entre outras coi-

---

na RP 125329. BRASIL. TSE. Representação nº 1241-15.2014.6.00.0000. Relator: Ministro Admar Gonzaga. Brasília, 25 set. 2014, p. 7-9.
[492] BRASIL. TRE (Goiás). Representação nº 6810-84.2010.6.09.0000. Relator: Juiz Lead Aparecido Alves. Goiânia, 25 out. 2010. Votação unânime pela procedência.
[493] Ibidem, p. 5-6.

sas, prometera construir um trem bala, metrô em Goiânia, 245 mil casas, mas as promessas de campanha não foram cumpridas[494].

O relator Lead Aparecido Alves entendeu que o direito de resposta não é absoluto e deve ser harmonizado com as demais "garantias constitucionais relativas a liberdade de comunicação de ideias e de pensamento, de informação e de imprensa". Serve no âmbito do direito eleitoral para "resguardar a honra objetiva e subjetiva dos candidatos" contra propagandas que violem a honra (subjetiva ou objetiva) de candidatos ou que são sabidamente inverídicas. Para o relator, as exceções à liberdade de expressão devem ser interpretadas restritivamente[495], e que em caso de eventual colisão entre princípios constitucionais e regras, aqueles prevalecerão. Para ele, a "Constituição somente permite restrição à liberdade de expressão e de manifestação do pensamento, na exata medida necessária ao controle das atividades que colocam em risco a regularidade da disputa eleitoral". Além disso, homens públicos estão mais sujeitos à crítica, não cabendo o direito de resposta quando forem apontados descumprimentos de promessas eleitorais, opiniões desfavoráveis ao desempenho na administração pública, comparação entre gestões, ou rememoração de fatos antigos, entre outros. O limite à liberdade de expressão seria a "integridade e honorabilidade alheias"[496].

Ressaltou o relator que a sociedade deve ter acesso a todas as informações sobre o comportamento político dos agentes – incluse àquelas anteriores à ocupação do cargo, não ensejando direito de resposta nem constituindo propaganda eleitoral vedada[497].

Aquele que deseja o cargo público, se sujeita a esse tipo de ataque, "pois é induvidoso o interesse dos cidadãos em conhecer inclusive acerca da intimidade dos seus mandatários", e daí a necessidade de se fazer um

---

[494] Dessa forma, seria como se, ao invés de embromeition, fosse utilizado a expressão "demora com gingado". Ibidem, p. 7.
[495] Nessa esteira, esclarece o relator que segue a posição do TSE de que a liberdade de manifestação é a regra e sua limitação é a exceção: TSE, RESPE nº 15732, Ac. nº 15732 de 15 abr. 1999, Rel. Min. Jose Eduardo Rangel de Alckmin, Publicado em 07 mai. 1999.
[496] BRASIL. TSE. Representação nº 599. Relator: Peçanha Martins, PSESS – Publicado em Sessão, Data 21 out. 2002. BRASIL. TRE (Goiás). Representação nº 6810-84.2010.6.09.0000. Relator: Juiz Lead Aparecido Alves. Goiânia, 25 out. 2010, p.11-12.
[497] Ibidem, p. 11-14.

"balizamento a ser extraído da ponderação entre os direitos fundamentais em jogo". No caso de um político, "depositário da confiança e das esperanças dos eleitores, o direito à intimidade fica bastante enfraquecido. Ao contrário, fortalece-se o direito a informação, de maneira que os cidadãos exerçam o sufrágio com plena consciência". Um político eleito, como um "prestador de serviços à comunidade", pode ser objeto de críticas do "discurso de oposição"[498]. Asseverou ainda o relator que os limites à liberdade de informação, de imprensa e de manifestação do pensamento encontram-se na Constituição, que garante o direito de resposta proporcional ao agravo no artigo 5º, inciso V, bem como a indenização por dano material ou moral em decorrência da violação da intimidade, vida privada, honra ou imagem das pessoas, no artigo 5º, inciso X[499],[500]. Ressaltou o relator ainda que é preciso que a verdade dos fatos seja preservada para "assegurar a igualdade entre os contendores, sem prejuízo do exercício da liberdade de expressão"[501].

Em vista da análise feita, foi concedido ao candidato "ofendido" direito de resposta somente para refutar a alegação de que fora o responsável pelo fechamento da Rádio K, que fora devida, na verdade, a suspensões em decorrência de decisões judiciais. Os demais termos todos, caracterizariam "críticas à conduta do Representante, no sentido de que ele inaugura obras sem terminar", inclusive, com o uso do humor para apresentação das críticas.

O entendimento do TSE tem sido no sentido de que o direito de resposta só pode ser concedido se o fato envolver injúria, calúnia, difama-

---

[498] Ibidem, p. 15-16.
[499] Para o relator, há dúvidas se "[a]s limitações impostas a veiculação de propaganda eleitoral não afetam os direitos constitucionais de livre manifestação do pensamento e de liberdade de informação". TSE, AG 4806, Relator Carlos Velloso, DJ, Volume 1, Tomo –, Data 11/03/2005, p. 134. BRASIL. TRE (Goiás). Representação nº 6810-84.2010.6.09.0000. Relator: Juiz Lead Aparecido Alves. Goiânia, 25 out. 2010, p. 18.
[500] Voto do ministro Marco Aurélio: "O preço a pagar pela manutenção da liberdade de expressão, garantida na Constituição é ínfimo, se comparado com os males que a censura tem o poder de causar". STF, HC 92142/RJ, julgado em 16/08/2007, publicado em DJ 24/08/2007, p. 86. BRASIL. TRE (Goiás). Representação nº 6810-84.2010.6.09.0000. Relator: Juiz Lead Aparecido Alves. Goiânia, 25 out. 2010, p. 20.
[501] RESPEBRASIL. TRE (Goiás). Representação nº 6810-84.2010.6.09.0000. Relator: Juiz Lead Aparecido Alves. Goiânia, 25 out. 2010, p. 25.

ção, inverdade ou erro. Com relação ao "fato sabidamente inverídico", é preciso que haja ofensa de caráter pessoal a candidato, partido ou coligação para que possa fundamentar o direito de resposta. Ademais, se houver controvérsia, não é concedido o direito de resposta ou suspensão da propaganda, pois a controvérsia sobre um fato impede sua configuração como "afirmação sabidamente inverídica".

Na RP 1190-04, esse critério foi analisado. A mensagem impugnada foi a seguinte:

> Vídeo:
> Atriz em estúdio. Neste instante, a bancada exibe manchetes do jornal "O Globo": "Marina planeja tirar prioridade do pré-sal". "Pré-sal em segundo plano".
> *Close* em ator.
> Neste instante, aparece *lettering*: "R$ 1,3 trilhão para a saúde e educação", que é cortado ao meio por uma linha vermelha.
> Áudio:
> Atriz: Você viu como o pré-sal será importante para construirmos um Brasil mais forte e independente. Por isso é tão difícil entender o que a Marina pretende quando planeja reduzir a importância do pré-sal.
> Ator: Na prática, isso significaria desperdiçar a maior oportunidade de desenvolvimento que tivemos em toda nossa história.
> Atriz: Significaria retirar um trilhão e trezentos milhões que Dilma já assegurou por lei para a saúde e a educação pagar melhor os professores[502].

No caso em tela, as representantes alegaram que o conteúdo era ofensivo à imagem pública da candidata Marina Silva, ao se buscar incutir no eleitorado a ideia de que ela seria contrária à exploração de petróleo, com a consequente perda de investimentos na saúde, distorcendo, assim, a prioridade de se produzir energia limpa, mas sem extinguir a exploração do petróleo. Além disso, a propaganda teria versado sobre "fato falso e não de mera especulação sobre um eventual governo da Representante", já que o uso de *royalties* do petróleo na saúde e educação está previsto no

---

[502] BRASIL. TSE. RRP nº 1190-04.2014.6.00.0000/DF. Relator: Ministro Admar Gonzaga. Brasília, 23 set. 2014, p. 2. Desprovimento do recurso – votação unânime.

plano de governo da presidenciável. As representadas alegaram que a propaganda tratou de debate político, com conteúdo sem caráter ofensivo, a respeito dos programas de governo e "opções de política energética dos governos Lula e Dilma e da representante Marina Silva". Acrescentaram que a matéria é de interesse público e que "trouxeram ao debate as diferenças de opinião e de prioridades", devendo cada candidato "defender seu ponto de vista e se responsabilizar pelas eventuais consequências".

O relator julgou improcedente a representação, pois entendeu que a mensagem carecia de uma inverdade "manifesta, incontestável"[503]. Reafirmou o entendimento da primeira instância de que, para que o direito de resposta esteja configurado, é preciso que a mensagem com conteúdo ofensivo ou sabidamente inverídico "não dependa de investigação e que desborde de debate político apropriado". Assim, a inverdade da propaganda deve ser flagrante, incontroversa e não pode depender de investigação[504]. Complementou ainda o ministro que o direito de resposta não tem o objetivo de "rebater questões que podem ser debatidas nas vias próprias para a exposição política", como discursos, entrevistas, impressos, sítios de internet, redes sociais e no horário destinado à propaganda eleitoral"[505].

Na RP 3677-83, de 2010, o TSE seguiu nesse mesmo sentido. Para configurar fato sabidamente inverídico, é necessário que a "inverdade

---

[503] Ibidem, p. 4-5.

[504] Não basta que o conteúdo não seja apropriado ou factível; a inverdade deve ser manifesta e não "admita, sequer, o debate político". Nesse sentido: Rp 3677-83, Rel. Min. Henrique Neves, PSESS de 26.10.2010. Vide ainda Rp nº 1.281, Rel. Min. Carlos Alberto Menezes Direito, PSESS de 23 out. 2006. BRASIL. TSE. RRP nº 1190-04.2014.6.00.0000/DF. Relator: Ministro Admar Gonzaga. Brasília, 23 set. 2014, p. 7. Vide ainda caso similar Rp nº 1192-71e Rp nº 2744-13, Rel. designada Min. Cármen Lúcia, PSESS 8 set. 2010.

[505] O ministro Gilmar Mendes acompanhou o voto do relator e ressaltou que neste caso "há um elemento básico, supostamente uma declaração feita em entrevista a jornal em que se fala de prioridade de política energética". O ministro julgou improcedente o recurso "porque não me parece que deva haver nesse campo ampla liberdade de distorção". Nessa linha, também acompanhando o relator, o ministro Luiz Fux destacou que "a contraposição de opiniões faz parte do jogo democrático. Se se é a favor ou não, se se prioriza ou não determinada fonte energética, isso faz das críticas recíprocas da política e da liberdade de expressão". BRASIL. TSE. RRP nº 1190-04.2014.6.00.0000/DF. Relator: Ministro Admar Gonzaga. Brasília, 23 set. 2014, p. 9.

seja manifesta e não admita, sequer, o debate político". Um caso polêmico, portanto, não configuraria fato sabidamente inverídico, como, por exemplo, tratar sobre o "altíssimo potencial de exploração dos reservatórios de petróleo existentes abaixo da camada de sal"[506],[507].

Um caso muito citado como precedente é a RP nº 1.281 de 23 outubro de 2006, de relatoria do ministro Carlos Alberto Menezes Direito[508]. Aqui o TSE entendeu que a controvérsia concernente a dados de política habitacional não configura fato sabidamente inverídico e, por isso, não enseja o direito de resposta. Neste caso, alegaram as representantes (Partido dos Trabalhadores e outros) que, na propaganda da oposição (PSDB e outros), os representados divulgaram fato sabidamente inverídico quando o candidato Geraldo Alckmin disse que "a Caixa Econômica Federal praticamente só financia casa para quem ganha mais de 5 mínimos", porque a Caixa financiaria, sim, pessoas que ganham menos. Por sua vez, os representados afirmaram que fizeram claro uso do advérbio "praticamente", o que conferiria veracidade à afirmação, e que estavam criticando, portanto, a política do atual governo federal de não priorizar o "finaciamento à população de baixa renda", e que os dados que usaram para tecer a crítica são fornecidos pela própria Caixa Econômica. O ministro relator analisou o termo "praticamente" contido na propaganda, e apontou que a diferença entre os financiamentos feitos pela Caixa Econômica Federal para pessoas com renda de até 5 salários mínimos e aquelas que possuem renda superior a isso, foi de R$ 343.000.000,00. A palavra "praticamente" em conjunto com a assertiva de que "é preciso dar prioridade para as pessoas com renda de até 3 salários mínimos", para

---

[506] BRASIL. TSE. Representação nº 3677-83.2010.600.0000. Relator: Ministro Henrique Neves da Silva. Brasília, 26 out. 2010, p. 6. Unanimidade pela improcedência da Representação.

[507] O texto impugnado foi: "Um copo, com um líquido preto, sendo sugado por um canudo sugando. Lettering: OGX/DE VON/ANADARKO /. E aí, Dilma, dá pra explicar? – Locutor: Imagine que este é o Pré- Sal. Sabe o que a turma da Dilma fez? Deu parte do Pré Sal para empresas privadas e para estrangeiras. Primeiro foi OGX. Depois a DE VON e a ANADARKO, americanas. E aí, Dilma, dá pra explicar". Ibidem, p. 2.

[508] BRASIL. TSE. Representação nº 1281. Relator: Ministro Carlos Alberto Menezes Direito. Brasília, 23 out. 2006. Votação pela improcedência da RP por maioria. BRASIL. TSE. Representação nº 1281. Relator: Ministro Carlos Alberto Menezes Direito. Brasília, 23 out. 2006, p. 3.

o ministro "quebra a ideia de que se faz afirmação sabidamente inverídica", e indeferiu o pedido[509].

Também é possível usar informações baseadas em publicações feitas pela mídia. Nesse sentido, a jurisprudência do TSE é vasta. Destacamos, a RP 1267 como exemplo.

Neste caso, a coligação "Com a Força do Povo" (PT, PMDB, PDT, PC do B, PP, PR, PSD, PROS e PRB) e a candidata Dilma Roussef moveram a representação contra a coligação "Muda Brasil" (PSDB/PMN/SD/DEM/PEN/PTN/PTB/PTC/PT do B) e Aécio Neves, pleiteando direito de resposta sobre propaganda que se valia de fato amplamente divulgado pela mídia, com base no no art. 58 da Lei 9.504/1997, regulamentado pelos artigos 16 a 21 da Resolução-TSE 23.398/2013. Na propaganda em tela, o candidato Aécio Neves rememorou a Ação Penal 470 do STF (vulgarmente chamada de "mensalão"), e passou a tratar da corrupção da Petrobrás veiculada pela mídia como se fossem uma continuidade um do outro. Para as representantes, a propaganda fez uma associação entre a candidata e o "novo mensalão" (ou, como tem sido chamado, o "petrolão"), e que não havia denúncia sobre isso, afirmando tratar-se de calúnia e fato sabidamente inverídico.

O conteúdo impugnado da propaganda foi uma declaração de Aécio Neves:

> Primeiro foi o mensalão. Dirigentes importantes do PT foram condenados e presos. A Dilma e a Marina sabem bem do que eu estou falando, pois eram colegas de ministério desse governo e lá permaneceram durante o maior escândalo de corrupção da história. Agora temos a denúncia de um novo mensalão. Desta vez com o dinheiro da Petrobrás. Chegou a hora de dar um basta em tanta corrupção, em tanto desgoverno, em tanto desrespeito[510].

---

[509] O ministro Ayres Britto concordou com o ministro relator: O "praticamente" no sentido de "'quase só financia' (...) não é categórico, não é peremptório. Então, foge daquele padrão de comunicação que se poderia chamar de sabido, reconhecido, generalizado (...)". O ministro Joaquim Barbosa entendeu que além de incontroverso, o fato não pode demandar uma investigação. BRASIL. TSE. Representação nº 1281. Relator: Ministro Carlos Alberto Menezes Direito. Brasília, 23 out. 2006, p. 4.

[510] BRASIL. TSE. Representação nº 1267-13.2014.6.00.0000. Relator: Ministro Herman Benjamin. Brasília, 30 set. 2014, p. 1. Votação unânime.

Os representados sucintamente alegaram que usaram a expressão "denúncia" no sentido coloquial, e não técnico-jurídico, e que usaram fatos "irrefutáveis" amplamente veiculados em imprensa nacional, como, por exemplo, a condenação de dirigentes do PT na Ação Penal 470, que Dilma e Marina faziam parte do governo na época do escândalo de corrupção, que foram feitas novas denúncias de corrupção envolvendo "o alto escalão" do governo federal e da Petrobrás; enfim, que foram críticas políticas, legítimas e comuns no ambiente da propaganda eleitoral[511]. Para o ministro relator, os precedentes do TSE autorizaram fazer crítica à administração fundamentada em fatos que foram veiculados pela imprensa, o que não constitui fato sabidamente inverídico, que só se caracteriza se houver "inverdade flagrante que não apresente controvérsias"[512],[513], e se a inverdade causar prejuízo à parte. Quanto ao termo "denúncia", que aparece no trecho da propaganda, o ministro entendeu que não foi usado no sentido jurídico, mas "se limitou a uma informação sobre fato (escândalo da Petrobrás) ligado ao nome da candidata Representante", e afastou, assim, o significado de denúncia como "peça processual penal acusatória". Acrescentou o ministro que teria sido o "episódio da Petrobrás amplamente divulgado pela mídia. Isso é fato público e notório, e não inverídico", inexistindo ofensa à honra ou à imagem da candidata representante. Ressaltou o ministro que o direito de resposta, só deve ser concedido em hipóteses excepcionais[514].

---

[511] Cita os seguintes precedentes: RP 240.9911/DF, Rel. Min. Cármen Lúcia; RPs 3675-16 e 3677-83, Rel. Min. Henrique Neves da Silva, PSESS de 26 out. 2010 e RP 1083-57, Rel. Min. Admar Gonzaga, PSESS de 9 set. 2014.
[512] BRASIL. TSE. Representação nº 1267-13.2014.6.00.0000. Relator: Ministro Herman Benjamin. Brasília, 30 set. 2014, p. 2. Apresenta como precedentes as decisões do tribunal nas R-Rp 2962-41, de 28 set. 2010, Rel. Min. Henrique Neves da Silva, PSESS de 28 set. 2010. Na mesma linha, a Rp 3681-23/DF, Rel. Min. Joelson Dias, publicada no mural em 28 out. 2010.
[513] Vide Rp nº 1.281, Rel. Min. Carlos Alberto Menezes Direito, PSESS de 23 out. 2006 em que exige-se incontrovérsia para configurar "fato sabidamente inverídico".
[514] Vide casos semelhantes de 23/09/2014 em que o TSE decidiu no sentido de que imagens das candidatas Dilma Roussef e Marina Silva usadas em propaganda em que declarava que ambas faziam parte do governo ao tempo do "mensalão" não configurava direito de resposta. RPs 127.842, 128.449, 129.311 e 130.610, todas da relatoria do Min. Tarcisio Vieira

Nas representações 129311[515], 130610[516], 127842[517], e 128449[518], o TSE analisou se a propaganda eleitoral veiculada pela coligação "Muda Brasil" (PSDB, DEM, SD, PTB, PMN, PTC, PEN, PT do B e PTN) estaria viciada por afirmação sabidamente inverídica com o objetivo de ofender a dignidade e a honra da candidata à presidência da coligação "Com a Força do Povo " (PT, PMDB, PSD, PP, PR, PROS, PDT, PC do B e PRB).

O trecho da propaganda impugnada foi o seguinte:

> Marina foi ministra do governo do PT junto com a Dilma. Durante o escândalo do mensalão, Marina e Dilma continuaram no governo do PT. Enquanto isso, Aécio era oposição e já defendia a mudança. Quer mudar de verdade? Aécio Presidente.

Alegaram as representadas que, no trecho "durante o escândalo do mensalão", aparece fotografia das candidatas com "uma espécie de 'crachá'", contendo a palavra "MENSALÃO", para, conforme as representantes "rotular à ofendida o envolvimento no chamado 'mensalão', fato sabidamente inverídico e calunioso". As representadas alegaram que a candidata da representante "foi Ministra do PT e permaneceu em seus quadros na época do mensalão", fato sabidamente verídico e que o termo "mensalão" é uma "expressão popularizada e que não foi criada pelos representados"[519].

---

de Carvalho Neto. BRASIL. TSE. Representação nº 1267-13.2014.6.00.0000. Relator: Ministro Herman Benjamin. Brasília, 30 set. 2014, p. 3-10.

[515] BRASIL. TSE. Representação nº 129311/DF. Relator: _____; Rel. designado: Gilmar Ferreira Mendes. Brasília, 23 set. 2014. Julgado improcedente por maioria.

[516] BRASIL. TSE. Representação nº 130610/DF. Relator: _____; Rel. designado: __. Brasília, 23 set. 2014. Julgado improcedente por maioria.

[517] BRASIL. TSE. Representação nº 127842/DF. Relator: _____; Rel. designado: __. Brasília, 23 set. 2014. Julgado improcedente por maioria.

[518] BRASIL. TSE. Representação nº 128449/DF. Relator: _____; Rel. designado: __. Brasília, 23 set. 2014. Julgado improcedente por maioria.

[519] Afirmaram os representados que a mensagem não foi veiculada no sentido "que pudesse levar o expectador a crer na participação das representantes no chamado Mensalão", mas "foi feita para narrar o fato verdadeiro de que ela foi Ministra do PT e continuou Ministra no período do mensalão". BRASIL. TSE. Representação nº 129311/DF. Relator: Ministro Herman Benjamin ; Rel. designado: Gilmar Ferreira Mendes. Brasília, 23 set. 2014, p. 2-3.

O voto vencedor, do ministro Gilmar Mendes, usou como base caso anterior decidido pelo TSE, em que prevaleceu a liberdade de expressão, mesmo diante de afirmação supostamente inverídica quanto ao Banco Central. Para Mendes, não é possível fugir dos fatos: ter integrado o governo em que houve "o escândalo do mensalão". Assim como ele mesmo não poderia fugir do fato de ter sido ministro do FHC "se [esse fato] tiver uma conotação pejorativa, será pejorativa, tenho que conviver com ele". Para o ministro não pode existir *double standard*. O ministro Fux foi na mesma linha de Mendes e entendeu que o caso traz a "narrativa de um fato público e notório". O ministro João Otávio de Noronha, afirmou que a indicação da candidata Marina para ser ministra da Casa Civil teve o intuito também "notório" de que lhe incumbir de "organizar a casa", razão pela qual, para ele, "não houve fato inverídico, não houve ofensa à honra". Ademais, para Noronha, a candidata poderia responder de vários modos: "A candidata foi realmente ministra. E seu papel, qual foi? Há como responder isso sem cercear o outro lado de dar uma informação verídica. Foi ministra, e qual o problema? Aliás, o nome dela sempre correu tão a parte, que ela foi sacada como grande gestora, na visão do PT, para pôr a casa em dia. Esse foi o papel dela, e passou por todo o seu governo intacta". Mais adiante complementou o ministro que, no direito de resposta, é preciso existir ofensa ou injúria e falseamento da verdade, o que não teria ocorrido no caso concreto[520].

---

[520] Os ministros Tarcísio Vieira de Carvalho Neto e Henrique Neves tiveram seus votos vencidos. O relator Tarcisio Vieira de Carvalho Neto entendeu que, apesar de o trecho da fala impugnada não configurar "ofensa específica à candidata", o "uso editado da imagem das candidatas Dilma Rousseff e Marina Silva, lado a lado, amparadas por uma espécie de legenda, em que salta aos olhos a expressão 'MENSALÃO', ofende a honra das candidatas, ao vinculá-la ao "notório episódio de corrupção". O ministro Henrique Neves afirmou que ao "identificar com uma tarja" a candidata, criou uma "confusão" acerca de um possível envolvimento dessas pessoas, capaz de gerar o direito de resposta no sentido de consignar que não "estiveram envolvidas, apesar de parecer óbvio o fato conhecido de que elas não estiveram envolvidas". BRASIL. TSE. Representação nº 129311/DF. Relator: Ministro Tarcisio Vieira de Carvalho Neto; Rel. designado: Gilmar Ferreira Mendes. Brasília, 23 set. 2014, p. 5,14.

Nas RP 120133 e RRP 121177[521], propaganda veiculada pela coligação "Com a Força do Povo" (PT, PMDB, PDT, PC do B, PP, PR, PSD, PROS e PRB) também foi questionada. A coligação "Unidos pelo Brasil" (PSB, PPS, PPL, PHS, PRP e PSL) e Marina Silva apresentaram representação com pedido de liminar, pleiteando direito de resposta à propaganda da outra coligação, alegando ofensa e veiculação de fato sabidamente inverídico na propaganda eleitoral. Basicamente, as representantes alegaram propaganda com conteúdo sabidamente inverídico, atingindo a imagem da candidata, pois teriam sido ultrapassados os limites da crítica política. Além disso, a representada teria criado "artificialmente estado de pânico nos eleitores"[522]. Alegaram ainda que a representada "distorceu a realidade", mostrando que haveria falta de comida na mesa decorrente da política de autonomia do Banco Central, constituindo "verdadeiro estelionato com o eleitor, na medida em que o leva a crer que os bancos seriam os responsáveis pela condução da política de controle de juros e da inflação", e que o artifício usado na propaganda – ao "retirar da mesa de uma família o seu alimento – atinge o que há de mais digno para o cidadão, que é o sustento de sua família"[523].

O conteúdo impugnado da propaganda foi o seguinte:

> Ator: O que mais dó na corrupção é saber que o dinheiro público, que deveria ser usado para o bem de todos, vai para o bolso de alguns aproveitadores.
>
> Atriz: Mas também devemos estar atentos a outras formas mais sutis de desvio da riqueza da nação para o bolso de uns poucos privilegiados. É o que acontece com certas decisões econômicas erradas.
>
> Por exemplo: Dar autonomia jurídica ao Banco Central, é privilegiar o interesse de poucos em prejuízo dos que mais precisam.
>
> Vídeo: Cenário em que homens trajados de roupas sociais representam banqueiros em uma reunião ao redor de uma mesa.

---

[521] BRASIL. TSE. RRP nº 1211-77.2014.600.0000. Relator: Ministro Tarcisio Vieira De Carvalho Neto. Brasília, 23 set. 2014. Foi negado provimento ao recurso por maioria, cf. voto do relator.
[522] BRASIL. TSE. Representação nº 120133/ DF. Relator: Ministro Tarcisio Vieira De Carvalho Neto, Rel. designado: Gilmar Ferreira Mendes. Brasília, 23 set. 2014, p. 3.
[523] Ibidem, p. 3-5.

Locutor: Marina tem dito que, se eleita, vai fazer a autonomia do Banco Central. Parece algo distante da vida da gente, né? Parece, mas não é.

Vídeo: Neste instante, surge a imagem de uma família tomando uma refeição em volta de uma mesa redonda. Ao passo em que a locução desfia as supostas consequências da autonomia, a comida que está sendo servida na refeição da família vai sumindo de cena.

Locutor: Isso significaria entregar aos banqueiros um grande poder de decisão sobre a sua vida e de sua família. Os juros que você paga, seu emprego, preços e até seu salário.

Vídeo: Volta a cena em que os banqueiros em reunião se cumprimentam.

Locutor: Ou seja, os bancos assumem um poder que é do Presidente e do Congresso, eleitos pelo povo.

Vídeo: Ao final da cena, a família está em volta da mesa completamente vazia, todos com feições desoladas.

Locutor: Você quer dar a eles esse poder?

A liminar foi indeferida em nome da liberdade de expressão e do princípio do contraditório. A defesa alegou que a propaganda trouxe apenas as "divergências quanto aos regimes de gestão do Banco Central (BACEN)" presentes em um e outro plano de governo, e que, apesar de "algum tempero mais forte (absolutamente legítimo nos debates políticos)", decorrente do uso de meras "técnicas de *marketing*, com vistas a chamar à atenção do telespectador e prender sua atenção", o que se buscara fazer fora apenas a "discussão absolutamente política", "nos exatos limites do diálogo e do debate políticos, em ambiente próprio para esse tipo de discussão".

Para o ministro Tarcísio Vieira de Carvalho, a concessão do direito de resposta baseia-se na "divulgação de mensagem ofensiva ou afirmação sabidamente inverídica reconhecida *prima facie* ou que desborde de debate político apropriado". A inverdade "deve ser manifesta e incontestável". Na visão do ministro, a propaganda apenas apresentou um "cenário econômico, que, sob sua ótica [das representadas], resultaria de eventual concessão de autonomia ou independência ao Banco Central do Brasil". Como o tema "é controvertido e de muita relevância eleitoral, uma vez que envolve questões diretamente ligadas à política econômica do País", não deve o judiciário interferir, devendo a questão ser debatida "ampla e democraticamente" na sociedade, já que a eleição é o momento para se debater ideias. Além disso, ressaltou o ministro que é a posição do TSE conceder apenas "excepcionalmente" o direito de resposta, entendendo que em regra deve prevalecer a liberdade de expressão, sendo esta limitada apenas quando for verificada afirmação sabidamente inverídica e ofensa de caráter pessoal candidato, partido ou coligação. Ademais, examinou em seu voto a interpretação do artigo 242 do Código Eleitoral e a dificuldade de interpretar o artigo. Afirmou que, apesar de forte, a propaganda "continua albergada pela liberdade de expressão" e que interpretar o art. 242 do Código Eleitoral de uma maneira que "desnature a liberdade de expressão", conferindo-lhe mera interpretação gramatical, "acaba por esvaziar a própria utilidade das propagandas eleitorais, as quais têm por escopo precípuo criar estados emocionais, mentais ou passionais, favoráveis a determinadas candidaturas, forradas por ideias mais ou menos atraentes". Mesmo que de "mau gosto", é lícito debater e criticar no campo eleitoral, e cabe "à Justiça Eleitoral confiar no eleitor, que saberá fazer as suas análises, para concordar ou não com conteúdos críticos e até mesmo (por que não?) com o tom e a adequação da propaganda"[524].

O ministro Gilmar Mendes, por outro lado, entendeu que a informação é para atingir um determinado público, já que a propaganda chega a ser "caricata, ridícula" para aqueles que possuem "informação mediana", que sabem qual a função de um banco central independente. Ter um banco central independente, para o ministro, é ter um "guardião da moeda", contra a inflação. A propaganda é direcionada a "pessoas analfabetas e semialfatetizadas; não é um diálogo com alguém minimamente informado!". Para essas pessoas – que correspondem grande parte da população – a mensagem gera um impacto: "informação claramente enganosa". Não é opinião, mas "clara propaganda distorcida", caracterizando "informação sabidamente inverídica". Para Mendes, ficou evidente o intuito de manipular a população, e a propaganda deveria ser, ao menos, suspensa,

---

[524] Continua o ministro que "lançar-se no embate eleitoral é correr riscos, dentre os quais o de ter as suas ideias devassadas, às inteiras, em tom crítico, como requer a boa prática democrática", razão pela qual julga improcedente os pedidos formulados. BRASIL. TSE. Representação nº 120133/ DF. Relator: Ministro Tarcisio Vieira De Carvalho Neto, Rel. designado: Gilmar Ferreira Mendes. Brasília, 23 set. 2014, p. 7-15.

cabendo ainda para o ministro o direito de resposta, pois se trataria de propaganda mentirosa[525].

O ministro Fux fundamentou sua decisão no que ele chamou de "três pilares": (i) soberania popular; (ii) igualdade de chances, e (iii) liberdade de expressão, essencial ao "jogo democrático". Calcado na visão de Cass Sunstein[526], o ministro sustentou a necessidade de prudência do intérprete para não privar ou limitar a liberdade de expressão. Baseando-se na teoria de Robert Dahl[527], destacou a importância da liberdade de expressão para a democracia. Além disso, para Fux, ao "oferecer o direito de resposta, a Justiça acaba engendrando uma propaganda eleitoral inversa", pois o direito de resposta garante o direito de o candidato se justificar, "tendo em vista que, potencialmente, aquele fato, que pode até ser inverídico, irrompe artificialmente na opinião pública estados mentais e emocionais ou passionais". Fux concordou com Mendes a respeito de a propaganda não iludir "os mais técnicos e os alfabetizados"; e, para o ministro, não é certo que a propaganda alcançaria os não alfabetizados, "que nem sabem o que é um banco central, desconhecem o seu atuar e nem sabem como se realiza a conversa entre banqueiros". Assim, para Fux, a propaganda era dirigida aos "alfabetizados", para quem "não tem verossimilhança e, o mais importante, dispensa completamente o direito de resposta", que surge "no dia seguinte pelo maior controle social que tem no jogo democrático, que é a imprensa"[528]. Desse modo, julgou improcedentes os pedidos.

---

[525] BRASIL. TSE. Representação nº 120133/ DF. Relator: Ministro Tarcisio Vieira De Carvalho Neto, Rel. designado: Gilmar Ferreira Mendes. Brasília, 23 set. 2014, p. 16-18.

[526] SUNSTEIN, Cass R. *Democracy and The Problem of Free Speech*. New York: Free Press, 1995.

[527] DAHL, Robert A. *On Democracy*. New Haven: Yale University Press, 2000. Sobre a similaridade entre o que o romano antigo entendia por "república", e o grego antigo entendia por "democracia" (*politeia*), no pensamento de Dahl, ver: AMARAL JÚNIOR, José Levi Mello do. "O Constitucionalismo". In: FRANCISCO, José Carlos (Coord.). *Neoconstitucionalismo e Atividade Jurisdicional*: Do passivismo ao ativismo judicial. Belo Horizonte: Editora Del Rey Ltda., 2012, p. 5.

[528] BRASIL. TSE. Representação nº 120133/ DF. Relator: Ministro Tarcisio Vieira De Carvalho Neto, Rel. designado: Gilmar Ferreira Mendes. Brasília, 23 set. 2014, p. 20- 21.

No sentido de permitir-se a exploração de fatos veiculados na imprensa, na RP 1393-63[529], o TSE entendeu que não configura fato sabidamente inverídico aquele baseado em "fatos noticiados na mídia".

A propaganda impugnada era a seguinte:

> Narrador: O Brasil todo está vendo que a Petrobrás virou caso de polícia[530]. Na operação Lava Jato, prende o ex-diretor da empresa. Após acordo de delação premiada, Paulo Roberto Costa falou que o dinheiro da corrupção sustentava a base aliada do PT no Congresso. Dilma era presidente do Conselho da Petrobrás, e tinha acesso a detalhes da compra da refinaria. Por isso, o Tribunal de Contas da União chegou a pedir que Dilma responda pelo rombo na empresa. O valor da empresa caiu 50% desde o começo do governo Dilma. A perda de 200 bilhões de reais equivale a 15 anos de passe livre para todos os alunos que utilizam transporte público no Brasil.
>
> Marina Silva: Temos um programa, coisa que a presidente Dilma não tem. Coisa que o governador Aécio não tem. Eu preferia que a nossa presidente reconhecesse os problemas e apresentasse um programa na forma de um pedido de desculpas, porque ela vai entregar um país pior do que encontrou. As coisas boas, nós vamos manter. Mas as coisas erradas nós vamos corrigir. Acabar com a corrupção na Petrobrás, recuperar a Eletrobrás, fazer os investimentos para que esse país deixe de ser gigante pela própria natureza, e passe a ser gigante pela natureza das decisões que tomamos.

As representantes alegaram que a propaganda não trazia apenas críticas políticas, mas fazia "alusão direta à prática de crimes capitulados na legislação penal e relacionando-a ao atual governo petista e à candidata Representante, difundindo, portanto, informação sabidamente inverídica, caluniosa e difamatória". Alegaram que a mensagem traz "como técnica de *marketing* negativo, para que os eleitores associem a imagem da candidata Dilma a notícias de corrupção cujos fatos sequer tramitam

---

[529] BRASIL. TSE. Representação nº 1393-63.20146.00.0000/DF. Relator: Ministro Admar Gonzaga. Brasília, 02 out. 2014. Decisão unânime pela improcedência do pedido.

[530] Vale a pena ler a decisão monocrática do ministro Herman Benjamin que suspendeu a propaganda eleitoral na RP1430-90. BRASIL. TSE. Representação nº 1430-90. Decisão monocrática. Relator: Ministro Antonio Herman de Vasconcellos e Benjamin. Brasília, 27 set. 2014.

perante a [sic] Poder Judiciário Brasileiro". Afirmam existir "ofensa pessoal, imputação inverídica, conforme reportagens que citam, de que o Tribunal de Contas da União teria responsabilizado a candidata Dilma Rousseff pelo roubo na Petrobrás"[531].

As representadas afirmam, resumidamente, que os fatos foram publicados em jornais e por isso são "notórios e dispensam prova processual". Sustentaram que se trata de um "caso de polícia", inclusive porque já conta com a prisão de um de seus ex-diretores, Paulo Roberto Costa. Afirmaram ainda que não houve a indicação do nome da candidata Dilma entre os envolvidos, mas que apenas se reproduziram as reportagens veiculadas na mídia de que a compra de Pasadena "gerou um rombo grave aos cofres públicos", com a indicação, inclusive, da solicitação de esclarecimentos pelo Tribunal de Contas da União à Dilma. Negaram que tivesse havido qualquer acusação de aproveitamento de dinheiro de corrupção pelo PT, já que apenas trouxeram notícia publicada na revista "Veja", que dizia que "com o dinheiro desviado se sustentava a base aliada do PT no Congresso". Por fim, asseveraram que cabe "aos candidatos, especialmente os de oposição, o direito de apontar o que considera errado, incoerente ou inconfiável em seus concorrentes", de modo que a propaganda quer apresentar "dúvida acerca da capacidade e isenção da candidata do Governo de identificar pessoas idôneas o suficiente para exercerem cargos estratégicos na alta administração federal", limitando-se a "criticar a desvalorização da Petrobrás e a necessidade de se recuperar esse patrimônio nacional"[532].

Para o ministro relator, as afirmações feitas na propaganda foram aludidas pela mídia (Folha de São Paulo, Uol Notícias, Carta Capital, e Jornal da Globo) e, em razão disso, não se tratava de afirmações sabidamente inverídicas[533]. Baseou-se em precedente jurisprudencial em que se entendeu que, se o fato contiver fonte e decorrer de exploração de fatos divulgados na imprensa, não se configura fato sabidamente inverídico, que se caracteriza pela incontrovérsia e inverdade flagrante. O ministro

---

[531] BRASIL. TSE. Representação nº 1393-63.20146.00.0000/DF. Relator: Ministro Admar Gonzaga. Brasília, 02 out. 2014, p. 4.

[532] BRASIL. TSE. Representação nº 1393-63.20146.00.0000/DF. Relator: Ministro Admar Gonzaga. Brasília, 02 out. 2014, p. 6.

[533] Ibidem, p. 8. Apresenta o ministro, nesse mesmo sentido, como precedente a RP 1425-68 de relatoria do ministro Herman Benjamin.

ainda entendeu que o Ministério Público ajuizou representação no Tribunal de Contas da União (TC 005.406/2013-7) para verificar eventuais irregularidades na compra da refinaria Pasadena, e que o nome de Dilma Rousseff figurava na lista feita pelo MP sobre o caso, pois era Presidente do Conselho de Administração da Petrobrás na época. Para o ministro, tais críticas "fazem parte do jogo eleitoral, inexistindo, desse modo, violação ao art. 58 da Lei nº 9.504197"[534].

A decisão monocrática do ministro Herman Benjamin na RP 1425-68 é interessante e vale ser mencionada aqui, porque entendeu que a "exploração de fatos noticiados de forma massiva pela imprensa" é permitida. No caso, analisou-se o seguinte texto:

> Vinheta: Deu na TV, deu nos jornais.
> Narradora: Jornal Nacional da TV Globo, O Estado de São Paulo, Folha de S. Paulo.
> Narrador: Paulo Roberto Costa, ex-diretor da Petrobrás, preso pela Polícia Federal, que negocia a Delação Premiada, confirma.
> Narradora: Houve propina na compra de Pasadena, só ele recebeu pelo menos 1 milhão e meio de reais.
> Narrador: SÓ PRA LEMBRAR, Dilma Rousseff era presidente do conselho da Petrobrás, quando isso aconteceu.
> Narradora: Imagine o que pode acontecer se a Petrobrás continuar MAIS QUATRO ANOS nas mãos dessa turma.
> Narrador: Isso não pode continuar. Ouça Marina Silva.

A propaganda foi considerada crítica política porque é sabido que "existe até um possível acordo de delação premiada de um dos ex-dirigentes da Petrobrás", e era notória a participação de Dilma Rousseff no Conselho de Administração da Estatal ao tempo das negociações referentes à refinaria". Na visão do relator, não é fato inverídico, mas público e notório. O que faz a propaganda: "Cogita apenas de vínculo político que a candidata representante mantém, ou de apoio que recebe, limi-

[534] Ibidem, p. 9.

tando-se, portanto, a abordar fato notório, atual, amplamente explorado pela imprensa"[535].

Vistos esses precedentes, é possível concluir, no tocante à crítica política, que: (i) os juízos de valor, mesmo que com uso de adjetivos pejorativos, são em geral permitidos; (ii) o direito à honra do político é comprimido, sem maiores aprofundamentos (neste ponto, vimos que, muitas vezes, a oposição afirmar que o "governo é corrupto" é considerado crítica política, desde que não "fulanize" quem é o corrupto – , mesmo que, obviamente, atinja indiretamente o governante candidato à reeleição); (iii) o "sabidamente inverídico" é um limite legítimo à liberdade de expressão – não há um "direito à mentira" – , no entanto, o "sabidamente inverídico" deve ser apenas aquilo que é facilmente comprovável como mentiroso, que não demande investigação (de outro modo, privilegia-se a liberdade de expressão); (iv) a crítica política é, em geral, permitida, especialmente quando baseada em fatos facilmente comprováveis (por exemplo, o não cumprimento de promessas eleitorais) e quando versa sobre fatos objetivos e temas importantes para a sociedade (saúde, educação, segurança, política habitacional, etc); (v) truísmos e críticas genéricas, como "o governo tem que ser honesto" ou "o governo tem que dar o exemplo", também são em geral permitidos, ainda que possam sugerir que o governo seja corrupto; e, finalmente, (vi) de um modo geral, informações divulgadas na imprensa podem ser usadas pelos candidatos (ainda que, como veremos nos próximos capítulos – os que versam sobre decisões inconvencionais – , também há várias decisões em sentido contrário).

1.3.2. Conteúdo sensacionalista, apelativo e dramático

Com relação ao conteúdo apelativo e oportunista, podemos destacar a decisão do TRE/SP de setembro de 2014[536], que abordou diretamente o

---

[535] BRASIL. TSE. Representação nº 142568. Decisão monocrática. Relator: Ministro Antonio Herman de Vasconcellos e Benjamin. Brasília, 26 set. 2014, Mural em 28 set. 2014.

[536] Em muitos casos, o tribunal eleitoral analisa o apelo emocional ou apelativo da propaganda, mas menos com relação ao seu conteúdo e mais com relação a sua regularidade (se trata de propaganda antecipada) e se traz um desequilíbrio para a disputa (showmício com chamadas apelativas para fazer propaganda indireta, por exemplo. Vide: BRASIL.

tema. Na RE 408087[537], os recorrentes alegaram o conteúdo sensacionalista, apelativo e dramático da propaganda, que trataria do tema do estupro "de forma baixa e apelativa" e, ainda, "explora cenas de violência e agressão, com depoimento de vítimas e reação de pessoas comuns para criar estados emocionais":

> É difícil saber para quem é pior, me arrepio quando penso que tenho uma filhota de 17 anos. O que nós vamos falar hoje é mil vezes pior que um assalto. Mil vezes pior que uma surra. Às vezes é até pior que a própria morte. Porque a morte acaba e esse outro sofrimento pode durar para toda a vida. [...] Programa de hoje: o estupro. Na guerra da Bósnia o estupro foi usado como arma de intimidação; entre 20 e 50 mil mulheres foram estupradas. Em São Paulo nos últimos 3 anos e meio foram 40.651 estupros registrados. [...] Enquanto você assiste uma partida de futebol, duas mulheres estão sendo estupradas em São Paulo! [...] Você conhece alguma mulher que já foi violentada? [...] Medo, vergonha, medo, constrangimento na verdade. Receio de ser maltratada. [...] Se fosse com a sua mulher ou sua filha, o que você faria? Eu pegava o cara e matava. Matava. É, arrebento o cara. Eu ia fazer três vezes pior com ele o que ele fez com ela. E se fosse com você? [...] Nos últimos 25 anos foram feitas apenas 135 delegacias da mulher em São Paulo. Sendo que dessas 135 delegacias, nos últimos 20 anos governados pelo PSDB, foram feitas apenas 13. Isso é um absurdo, isso é muito pouco. E o pior: nos últimos três anos e meio, o nosso Governador, foi ele quem menos deu atenção a esse problema. E o que menos fez delegacias da mulher[538].

O relator entendeu que o tema da segurança pública é de interesse coletivo e, na propaganda, é tratado de "forma clara e realista. Surgindo daí a sua natural dramaticidade". Os dados não foram contestados e "considerando que a narrativa traz temática social presente na nossa coletividade com referências incontestáveis, dela não se pode dizer que está a incutir artificialmente estados passionais ou emocionais". O obje-

---

TSE. RESPE nº 26011/SP. Relator: Ministro Antonio Cezar Peluso. Brasília, 22 mar. 2007. No entanto, tais análises não serão objeto deste trabalho.
[537] BRASIL. TRE (SP). RRP nº 4080-87.2014.6.26.0000/SP. Relator: Desembargador Cauduro Padin. São Paulo, 04 set. 2014. Recurso desprovido por unanimidade.
[538] Ibidem, p. 3-4.

tivo da propaganda, na visão do relator, foi o de "convencer o destinatário e assim, sugestioná-lo. Este objetivo não é ilegal". Ao afirmar que o candidato foi o que "menos deu atenção ao problema e que menos fez delegacias especializadas, faz a ele uma crítica de suas opções de gestão das questões sociais e políticas", com o objetivo de mostrar "fatos que ensejam preocupação e exigem soluções e atitudes da coletividade". A propaganda também "transborda a indignação que gera nas pessoas". O tema é "sério", mas "não significa que deva ser proibido e, muito menos, não seja objeto de divulgação, de publicidade". Pelo contrário, "se há problemas graves, isto não quer dizer que a referência a eles gera artificialmente conclusões ou pensamentos artificiais; são desagradáveis efetivamente, mas estão dentro da pertinência da temática e do debate eleitoral"[539].

Assim, notamos que a alegação de conteúdo sensacionalista, apelativo e dramático não é suficiente, *per se*, para restringir a liberdade de expressão em casos de interesse público, ainda mais quando respaldados por dados estatísticos. É assim conferido maior peso à objetividade dos dados apresentados e ao tema abordado do que à subjetividade do que se poderia entender como sensacionalista, apelativo ou dramático.

1.3.3. Propaganda obscena[540]

O famoso caso do diretor de teatro Gerald Thomas trouxe à baila o interminável debate sobre liberdade de expressão e atos considerados obscenos[541]. Após ser vaiado pela plateia, o diretor de teatro simulou uma masturbação no palco e, virando-se de costas para o público, exibiu suas nádegas[542]. O caso chegou ao Supremo Tribunal Federal, que concedeu *habeas corpus* ao teatrólogo. Gilmar Mendes deferiu a ordem,

---

[539] BRASIL. TRE (SP). RRP nº 4080-87.2014.6.26.0000/SP. Relator: Desembargador Cauduro Padin. São Paulo, 04 set. 2014, p. 5-7.
[540] Em muitas decisões e na própria lei, o conteúdo ofensivo à "moral e aos bons costumes" é proibido. Esse termo, embora usado nas decisões analisadas, não se coaduna mais com a nova realidade social amparada pelo princípio da dignidade humana (artigo 1º, inciso III, da Constituição Federal), especialmente diante da exacerbada carga moralista que contém.
[541] Previsto no artigo 233 do Código Penal.
[542] BRASIL. STF. HC nº 83996/RJ. Relator: Ministro Gilmar Mendes. Brasília, 17 ago. 2004, fl. 333.

pois entendeu que "ainda que se cuide, talvez, de manifestação deseducada e de extremo mau gosto, tudo está a indicar um protesto ou uma reação – provavelmente grosseira – contra o público". Mendes reforçou que o público era adulto, às duas da manhã, e que o roteiro da peça "envolveu até uma simulação de masturbação"; seria difícil aceitar que o ato atingiu o pudor público, na visão do ministro. Para o ministro, o ato está inserido no contexto da liberdade de expressão, e a crítica seria o mecanismo da sociedade moderna adequado para solucionar a situação, sendo desnecessário o "enquadramento penal". Relembrando decisões anteriores da corte constitucional a respeito do conceito de "obsceno", "imoral" e "contrário aos bons costumes" que deve levar em conta "o tempo e o espaço"[543].

A legislação eleitoral proíbe o uso de propaganda para prometer vantagens, incitar a guerra e a violência, promover preconceito de raça ou de classes, instigar a desobediência às leis ou atacar os símbolos nacionais. Críticas entre rivais são permitidas, desde que os candidatos não pratiquem injúria, calúnia ou difamação. Ao dizer que os candidatos não devem empregar meios publicitários destinados a criar, artificialmente, na opinião pública, estados mentais, emocionais ou passionais[544], a lei não explicita o que seriam esses estados. A legislação comum, no entanto, expressamente considera crime atos contra a dignidade sexual[545], como se pode verificar nos artigos 213 e seguintes do Código Penal.

---

[543] Em sentido contrário, o ministro Carlos Velloso observou que "em razão da evolução cultural, a nudez humana tem-se apresentado constantemente nos veículos de comunicação, mas nem por isso tem sido considerada ofensiva ao pudor público". Porém, salientou o ministro que, mesmo observando a evolução cultural e as circunstâncias do caso (interior de um teatro, às duas da madrugada), é possível que o ato agredisse o pudor das pessoas presentes se tivesse ocorrido "fora do contexto teatral". BRASIL. STF. HC nº 83996/RJ. Relator: Ministro Gilmar Mendes. Brasília, 17 ago. 2004, fl. 341. O processo penal foi extinto, tendo o STF deferido o trancamento da ação penal em razão de empate na votação.
[544] Vide artigo 242 do Código Eleitoral.
[545] O termo antigo "crime contra os costumes" foi alterado pela lei 12015/09, por não se coadunar com o texto constitucional e à nova realidade social de que a liberdade ao próprio corpo está ligada à dignidade humana e não mais à ideia de que os costumes se relacionavam aos hábitos da vida sexual aprovados pela moral praticada pela sociedade.

A exploração da sexualidade também tem sido um dos mecanismos mais apreciados entre os candidatos[546]. Destacamos alguns casos famosos: a candidata a vereadora em Fortaleza, no Ceará, a ex-*stripper* Déborah Soft, optou por usar decote em seu santinho e o *slogan* "Vote com Prazer e Sem Preconceiro"[547]; em São Paulo a candidata Suelem Aline Mendes Silva ou, como é conhecida, Mulher Pêra[548], postou uma foto só de calcinha no seu site oficial, com o número de registro eleitoral gravado nas nádegas, o "zero" localizado bem no centro. Também não podemos ignorar as propagandas do candidato a deputado federal, Jefferson Camillo. As propagandas gravadas em um quarto de motel têm apelo sexual, trazendo experiências hétero e homossexuais, bem como, situações atípicas como, por exemplo, uma mulher que urina em pé; um casal num motel, na cama, e o jovem pergunta à moça: "É sua primeira vez... Você está pronta?", e, em seguida, a resposta: "Sim, estou. Porque confio no Jeferson Camillo" – a seguir, ouvem-se gemidos femininos; outra propaganda sugere um *ménage à trois* em um ofurô com dois homens e uma mulher, sendo que, após a cena, aparece *lettering* dizendo: "Experimente algo novo. Com certeza você vai gostar"[549].

Como vimos acima, não há previsão expressa na legislação eleitoral que proíba a exploração da sexualidade ou atos obscenos, mostrando partes nuas ou seminuas do corpo. Não parece ser proibido apelar para o

---

[546] Na Itália, a atriz pornô também mostrou sua "intimidade" em cartaz da propaganda eleitoral. EFE, Da. "Atriz pornô mostra intimidade em cartaz de campanha eleitoral". In: *Globo.com*, 10 abr. 2008. Disponível em:<http://g1.globo.com/Noticias/Mundo/0,,MUL395165-5602,00-ATRIZ+PORNO+MOSTRA+INTIMIDADE+EM+CARTAZ+DE+CAMPANHA+ELEITORAL.html>. Acesso em: 01 jul. 2015.

[547] A candidata foi eleita com mais de 11 mil votos em 2004 pelo PTN. Atualmente, é vereadora em Fortaleza pelo PSC. Disponível em: <http://www.quadropolitico.com.br/DadosCandidato/1891724/Edvania-Matias-Goes>. Acesso em: 01 jul. 2015.

[548] Foi candidata a deputada federal pelo Estado de São Paulo, pelo PTN; em 2010 (recebeu apenas 3.136 votos) e, em 2012, para o cargo de vereadora, pelo PT do B (recebeu 2.126 votos, também não sendo eleita). As fotos da candidata estão disponíveis em: <http://fotos.noticias.bol.uol.com.br/entretenimento/2012/09/05/veja-fotos-da-suellem-rocha-mais-conhecida-como-mulher-pera.htm?fotoNavId=pr8756807>. Acesso em: 01 jul. 2015.

[549] Vídeos disponíveis em: <http://politica.estadao.com.br/noticias/geral,candidato-do-pp-faz-propaganda-eleitoral-erotica-mas-critica-beijo-gay-em-video-do-psol,597960>. Acesso em: 01 jul. 2015.

baixo-ventre, nem defender uma maior liberdade sexual, o uso de drogas, o porte de armas.

No entanto, encontramos algumas decisões restritivas. Não é claro se seu conteúdo é inconvencional, por isso, as deixamos nesta parte do trabalho. Em uma decisão, a distribuição de *"santinhos" com apelo sexual* – um verdadeiro paradoxo *per se* – , por exemplo, "não deixa de abrir possibilidade à indução da lascívia, caracterizando afetação de cunho mental, emocional ou passional como prática vedada"[550]. A decisão seguiu no sentido de se proteger o "princípio da preservação dos valores sociais" para justificar a apreensão dos "santinhos". No entanto, não houve aplicação de multa ou reprimenda de conduta. Tampouco entendeu o tribunal que se teria caracterizado a conduta prevista no artigo 234 do Código Penal[551], pois a distribuição de "santinhos" não corresponde à "conduta prejudicial à higiene e à estética urbana"[552].

O candidato a vereador em Florianópolis, Lucas de Oliveira, que tinha como principal proposta a legalização da maconha, distribuía "santinhos" com a folha da *cannabis ativa* impressa, junto com trituradores da erva e papel de seda, comumente usados para consumo da droga. Nessa decisão, o juiz Luiz Felipe Siegert Schuch, apoiando-se na ADI 4274 do STF[553], demonstrou os limites da liberdade de manifestação. Dentre elas, destacou que não deve haver incitação, incentivo ou estímulo ao consumo de entorpecentes, que não pode haver consumo durante a realização da manifestação, e fundamentou a decisão em preocupação para com crianças e adolescentes. Entendeu o juiz que é preciso cuidar-se para que "o

---

[550] BRASIL. TRE (Minas Gerais). RE nº 44392004, acórdão nº 762/2005. Relator: Juiz Marcelo Guimarães Rodrigues. Jeceaba, 23 mai. 2005, p.3. Recurso desprovido. Decisão unânime.

[551] Vide art. 234, Código Penal, *in verbis*.

[552] Outra decisão, esta mais antiga, de 2000, do TRE do Paraná, analisou gesto ofensivo à "moral e bons costumes" feito em propaganda eleitoral, e determinou a pena da perda do direito à veiculação de propaganda, com base nos art. 53, §§ 1º e 2º, da Lei nº 9.504/97; e no art. 30, §§ 1º e 2º, da Resolução nº 20.562 do TSE. BRASIL. TRE (Paraná). RE nº 1093, acórdão nº 24519. Relator: Joel Ilan Paciornik. Curitiba, 18 set. 2000.

[553] Por unanimidade foi dada interpretação conforme à Constituição Federal para excluir qualquer significado que proíba manifestações ou debates públicos sobre uso de drogas e entorpecentes. BRASIL. STF. ADI nº 4.274/DF. Relator: Ministro Ayres Britto. Brasília, 23 nov. 2011.

exercício das liberdades e garantias [não] se transforme em irregularidades, ilicitudes, abusos ou excessos vulneradores das normas consitucionais e infraconstitucionais", e que é preciso "preservar as discussões em padrões morais e éticos permitidos e elevados, proporcionando ao eleitor as condições necessárias ao livre exercício da cidadania, representado pelo direito democrático de escolha de seus representantes"[554]. A defesa pela descriminalização não caracteriza conduta ilícita, mas, para o juiz, no caso havia propaganda da "própria droga": A impressão da imagem da folha da planta, a entrega de *kit* com vários papéis de seda cortados, e a inscrição "Presidente TCH", fazendo alusão ao tetrahidrocanabiol, princípio ativo da droga, descaracterizavam a propaganda política, em que pese constarem do *kit* o número, nome do candidato, e o cargo a que se candidatava[555]. Por fim, determinou o juiz a proibição da distribuição do material de propaganda, o uso de imagens e frases que façam referência à droga, ressalvando a possibilidade de o candidato manifestar sua proposta de descriminação da maconha[556].

Outra questão que teve muita repercussão foi o "beijo gay" nas propagandas eleitorais. Em várias propagandas eleitorais[557], foram exibidos beijos de casais homossexuais, especialmente, para que os candidatáveis pudessem apresentar propostas voltadas aos grupos homoafetivos. Em 2010, o deputado estadual do PTB, Waldir Agnello, pediu para que fosse retirado do ar o programa eleitoral do PSOL, do candidato Paulo Búfalo, em que se exibiu um beijo entre dois homens. A propaganda, segundo Agnello, não condiz com os "bons padrões da moralidade", nem possui qualquer relação com propostas políticas. O juiz auxiliar do TRE, Anto-

---

[554] BRASIL. Justiça Eleitoral de Santa Catarina (13ª Zona Eleitoral). Representação nº 176-45.2012.6.24.0013. Juiz Eleitoral: Luiz Felipe Siegert Schuch. Florianópolis, 6 set. 2012, p. 5-6.

[555] Ibidem, p. 7. Além disso, ficou demonstrado que adolescentes ajudaram na distribuição dos kits. O promotor de justiça eleitoral também entendeu que a propaganda pode incentivar o consumo e a distribuição de drogas entre os jovens e adolescentes. Ibidem. Idem.

[556] Ibidem, p. 8.

[557] A propaganda do PSOL e do PSTU. O candidato a governador do Ceará pelo PSOL, Ailton Lopes, admitiu ser homossexual no horário eleitoral. Disponível em: <http://diariodonordeste.verdesmares.com.br/cadernos/politica/online/ailton-lopes-exibe-beijo-gay-na-tv-e-defende-o-amor-tem-causado-mais-choque-do-que-a-guerra-1.1089561>. Acesso em: 01 jul. 2015.

nio Carlos Mathias Coltro, no entanto, entendeu que a união civil de pessoas do mesmo sexo é um assunto inserido no dia-a-dia da sociedade e que interessa ao debate político[558].

1.3.4. Conteúdo humorístico: *ridendo castigat mores*
Há muito tempo, tem sido comum que determinados programas, especialmente os de televisão, façam sátiras sobre diversos famosos. Mas, em ano eleitoral, as sátiras acabam invadindo também o horário eleitoral gratuito, muitas vezes, fazendo alusão a certos candidatos a cargos eletivos[559].

Quanto ao conteúdo desonroso e humorístico, a lei eleitoral não deixa dúvidas e proíbe qualquer prática que exponha candidatos, partidos ou coligações. Destacamos o artigo 51, IV, da Lei das Eleições (Lei 9.504/97)[560], que estabelece que é proibida qualquer mensagem que

---

[558] CHAPOLA, Ricardo. "TRE-SP nega pedido de deputado contra propaganda de beijo gay do Psol". In: O Estado de São Paulo, 02 set. 2010. Disponível em: <http://politica.estadao.com.br/blogs/radar-politico/tre-sp-nega-pedido-de-deputado-contra-propaganda-de-beijo-gay-do-psol/>. Acesso em: 01 jul. 2015.

[559] O Programa "Viva o Gordo" que foi ao ar na década de 80, por exemplo, tinha um quadro humorístico a esse respeito. Ainda hoje é possível encontrar alguns trechos no youtube. Disponível em: <https://www.youtube.com/ watch?v=HVmFTU9pGvM> e em: https://www.youtube.com/watch?v=V36OR4IPTlM. Acesso em: 08 jan. 2015. Outro programa – Casseta e Planeta – tinha quadro de humor do candidato fictício "Sr Creysson" satirizando o horário eleitoral. Ambos os programas eram transmitidos pela Rede Globo. O candidato teve tanta repercussão pública que chegou realizar um showmício em São Paulo em 2002. Disponível em: <http://cultura.estadao.com.br/noticias/geral,seu-creysson-faz-comissio-recorde,20020928p6963>. Acesso em: 08 jan. 2015. Na época, a mídia cogitou que a atuação da personagem poderia ser impugnada pela justiça. A alegação era a de que a personagem poderia ser interpretada como uma sátira à algum presidenciável. Disponível em: <http://www1.folha.uol.com.br/folha/ilustrada/ult90u62439.shtml>. Acesso em: 08 jan. 2015. Mais recentemente o Programa "Pânico na TV", transmitido pela Band, fez diversas sátiras com os presidenciáveis de 2014. No entanto, muitas emissoras de tv acabam por retirar do ar programas dessa natureza para evitar a multa estipulada na lei eleitoral 9504/97. Foi o que aconteceu com o quadro humorístico do "Casseta e Planeta" que teve três personagens retiradas do ar, no período das eleições 2010: Dilmandona, José Careca e Magrina Silva que imitavam os candidatos Dilma Roussef, José Serra e Marina Silva. Disponível em: <http://oab-rj.jusbrasil.com.br/noticias/2298747/lei-eleitoral-bane-humor-da-tv>. Acesso em: 08 jan. 2015.

[560] Vedação declarada constitucional pelo Supremo Tribunal Federal na ADI 956.

possa degradar ou ridicularizar candidato, partido ou coligação durante o período eleitoral.

O artigo 45, II da mesma lei[561] acrescenta que é proibido "usar trucagem, montagem ou outro recurso de áudio ou vídeo que, de qualquer forma, degradem ou ridicularizem candidato, partido ou coligação, ou produzir ou veicular programa com esse efeito"[562].

Assim, um pouco diferente do que ocorre com o discurso odioso ou *hate speech* na arena política, é possível encontrar expressamente limites à liberdade de expressão política no direito eleitoral brasileiro no que tange ao conteúdo desonroso e humorístico que pode degradar ou ridicularizar o candidato.

O Tribunal Superior Eleitoral já se pronunciou a respeito, ora concedendo, ora não, direito de resposta em casos de alegada degradação ou ridicularização de candidato. Notamos que o uso de determinadas expressões, imagens ou frases foram consideradas "excessos" à liberdade de expressão e, por essa razão, foram suficientes para a concessão do direito de resposta. Por outro lado, há casos semelhantes àqueles em que não foi concedido direito de resposta, e é difícil identificar qual o critério utilizado pelo TSE – não há, na verdade, uniformidade nas decisões. De um modo geral, o TSE tende a autorizar o humor e, ao fazê-lo, seus ministros fundamentam sua decisão no sentido de que tais propagandas não teriam tido a "intenção" de degradar ou aviltar o candidato oponente, porque foram consideradas meras críticas políticas, ou ainda, porque não teriam desvirtuado a verdade dos fatos. No entanto, encontramos também ampla jurisprudência em sentido contrário, especialmente quando se apela ao uso de *charges* ou desenhos animados e as críticas são mais virulentas ou sugerem crimes, constituindo propagandas "ofensivas" aos candidados.

O Supremo Tribunal Federal, em 2010, decidiu a respeito da possibilidade ou não do uso de sátiras nas eleições na Ação Direta de Inconsti-

---

[561] A proibição das sátiras foi declarada inconstitucional pela maioria do Supremo. BRASIL. STF. Referendo na MC na ADI nº 4.451. Relator: Ministro Ayres Britto, Brasília, 02 set. 2010.

[562] Vide Acórdão do TSE, de 30.3.2006, na Rp nº 782: caracterização do desvio de finalidade ainda que não se faça uso de montagem ou de trucagem de imagens.

tucionalidade (ADI) 4451 MC-REF/DF, que serve de paradigma para se analisar a questão no Brasil[563].

A Associação Brasileira de Emissoras de Rádio e Televisão – ABERT impugnou os incisos II e III do artigo 45 da Lei 9504 de 1997, alegando que tais dispositivos "silenciam" as emissoras, que evitam veicular "temas políticos polêmicos", incluindo sátiras, *charges* e programas humorísticos, durante o período eleitoral, para evitar que sejam condenadas por "difundir a opinião favorável ou contrária" a candidatos, partidos ou coligações, violando os incisos IV, IX e XIV do artigo 5º e artigo 220 da Constituição Federal[564].

Alegou a ABERT essencialmente que "a ideia de um procedimento eleitoral justo não exclui, mas antes pressupõe, a existência de um livre, aberto e robusto mercado de ideias e informações, só alcançável em sociedade que asseguram em sua plenitude" a liberdade de expressão, de imprensa e o direito à informação, de modo que a lei eleitoral cria "verdadeira censura de natureza política e artística"[565], pleiteando a inconstitucionalidade dos dispositivos ou a sua interpretação conforme.

O ministro relator Ayres Britto manteve sua decisão da liminar da medida cautelar na ADI 4451, tendo decidido que não deve o estado, "por qualquer de seus órgãos, definir previamente o que pode ou não ser dito por indivíduos ou jornalistas"; e que a liberdade de manifestação do pensamento, expressão e informação e criação são "bens de perso-

---

[563] A minirreforma eleitoral aprovada (Lei 12.891 de 11/12/2013) somente será aplicada a partir das eleições 2016. A discussão é que a lei trouxe, aparentemente, mais restrição à liberdade de expressão. Vide o inciso IV do artigo 51 da lei que proíbe mensagens que "possam degradar ou *ridicularizar* candidato, partido ou coligação". Como a lei ainda não estava sendo aplicada quando da realização deste trabalho, sua análise e repercussões não foram objeto deste trabalho. BRASIL. Lei nº 12.891, de 11 de dezembro de 2013. Altera as Leis nos 4.737, de 15 de julho de 1965, 9.096, de 19 de setembro de 1995, e 9.504, de 30 de setembro de 1997, para diminuir o custo das campanhas eleitorais, e revoga dispositivos das Leis nos 4.737, de 15 de julho de 1965, e 9.504, de 30 de setembro de 1997. *Diário Oficial da União*, Brasília, DF, 12 dez. 2013, retificado em 09 jan. 2014.

[564] Os dispositivos da Lei Eleitoral vedam trucagem, montagem e outros recursos que degradem ou ridicularizem candidato, partido ou coligação ou que difunda opinião favorável ou contrária a candidato, partido, coligação, a seus órgãos ou representantes.

[565] BRASIL. STF. ADI nº 4451 MC-REF/DF. Relator: Ministro Ayres Britto. Brasília, 24 ago. 2008. Voto do Ministro Ayres Britto, p. 2.

nalidade", fundamentais, considerados "sobredireitos". Para o ministro, o acesso à informação "mantém com a cidadania o mais vistoso traço de pertinência", e o humorismo também está relacionado à informação. Citando Ziraldo, Ayres Britto afirmou que o conceito de humorismo não trata apenas de "fazer rir", mas é tido como "uma visão crítica ao mundo e o riso, efeito colateral pela descoberta inesperada da verdade que ele revela". Para ele, os programas humorísticos, *charges* e caricaturas são uma maneira de circular ideias e opiniões, entendidos como "atividades de imprensa" e "sinônimos" de informação jornalística. Desse modo, entende o ministro Ayres Britto que, estando a liberdade de imprensa relacionada à democracia, não poderia sofrer qualquer restrição, menos ainda em período eleitoral[566].

Para o ministro, é impossível a emissora de rádio e televisão não esboçar sua opinião (favorável ou não) a determinado político, coligação ou partido, o que significaria não ter opinião alguma. O que estaria vedado, na verdade, na visão de Ayres Britto, seria o favorecimento de qualquer um dos candidatos, isto é, quando "a crítica ou matéria jornalísticas venham a descambar para a propaganda política, passando nitidamente a favorecer uma das partes na disputa eleitoral". Ainda assim, a análise do Poder Judiciário somente pode ser realizada *a posteriori*, sendo vedada a censura prévia[567]. Além disso, o ministro entendeu ainda que o inciso III do artigo 45 da Lei Eleitoral é uma afronta direta à liberdade de expressão:

> A continuidade é esta: ou difundir opinião favorável ou contrária a candidato, partido, coligação, a seus órgãos ou representantes. Ora, isso é uma censura direta à crítica, à opinião ainda que não constitutiva de veiculação de

---

[566] É que o próprio das atividades de imprensa é operar como formadora de opinião pública, lócus do pensamento crítico e necessário contraponto à versão oficial da coisas [...]". BRASIL. STF. ADI nº 4451 MC-REF/DF. Relator: Ministro Ayres Britto. Brasília, 24 ago. 2008. Voto do Ministro Ayres Britto, p. 5.

[567] Mais adiante, o ministro Ayres Britto entendeu que os parágrafos 4º e 5º do mesmo dispositivo precisam ser lidos em conjunto. Ibidem, p. 5-6. Vide Respe 35899/CE Julg. 10/11/2009, em que o TSE se baseou no inciso III do art. 45 para proibir a veiculação da opinião. A observação feita pelo ministro Ayres Britto durante a leitura do voto do ministro Lewandowski trouxe um aspecto interessante: Ao citar uma jurisprudência da Suprema Corte Americana, lembrou que restringir o humor baseado no sentimento de "ultraje" seria perigoso. Ibidem. Voto do Ministro Ricardo Lewandowski, p. 4.

propaganda política, porque o dispositivo tem dois núcleos significativos ou deônticos.

A maior preocupação do Supremo Tribunal Federal foi com relação aos efeitos "censórios" que o inciso III do artigo 45 da Lei Eleitoral poderia trazer, e essa foi a razão pela qual decidiu o STF em favor da suspensão total dos efeitos do inciso II e sobre suspensão da segunda parte do inciso III [568],[569].

---

[568] Os ministros Dias Toffoli, Ricardo Lewandowski e Marco Aurélio seguiram no sentido contrário àquele do ministro relator. Conforme o ministro Dias Toffoli, a norma estava "em vigor há mais de dez anos" e buscar a manifestação do tribunal seria "exercer esse ato radical e de profundas implicações políticas que é desfazer (quando necessário) o ofício do Legislador, responsável pela edição da norma e legitimado diretamente pela vontade popular". Rememorou o caso do notório apresentador de programas televisivos, Silvio Santos, candidato à presidência em 1989 (que teve seu registro cassado pelo Tribunal Superior Eleitoral), em que se decidiu que simplesmente apresentar regularmente seu programa de televisão com "o acesso permanente aos meios de comunicação de massa" já o deixava em vantagem em relação aos concorrentes. Apesar da presente tese não versar sobre liberdade de imprensa, esta relaciona-se com a liberdade de expressão e a de informação. Desse modo, quando o ministro analisa os meios de comunicação, o caso passa a ser relevante para o nosso trabalho porque é o meio ou instrumento em que a liberdade de expressão se manifesta, especialmente, no período eleitoral (radio e tv, exceto imprensa escrita). Assim, o ministro diferencia o meio de comunicação social concedido, permitido ou autorizado pelo poder público do meio de comunicação social independente de licença prévia das manifestões autônomas de liberdade comunicativa. O problema, como bem o lembra Dias Toffoli, acaba sendo a relação entre a isonomia e a liberdade de expressão entre candidatos. Para o ministro, historicamente não há vedações ao humor aplicadas pelo TSE, e tanto a jurisprudência quanto a doutrina não reconhecem os dispositivos questionados como lesivos. O ministro distingue o jornalismo e o humorismo, afirmando que aquele deve ser pautado em fatos verídicos e concretos com o intuito de informar, embora às vezes possa ser realizado com "uma visão alegre e, algumas vezes, jocosa mesmo". O ministro analisa a sátira e a paródia e afirma que "não ficam restritas à realidade e encontram na ficção um campo extremamente fecundo. Por isso não podem ser confundidas com a divulgação de informação". BRASIL. STF. ADI nº 4451 MC-REF/DF. Relator: Ministro Ayres Britto. Brasília, 24 ago. 2012. Voto do Ministro Dias Toffoli. Vide também consulta 1053, Ministro Fernando Neves, DJ de 21/06/04 (negrito nosso).

[569] A preocupação dos tribunais sempre segue no sentido da isonomia entre os postulantes, razão pela qual o TSE negou a participação de candidatos à cargos políticos de propagandas comerciais. TSE, Consulta 423, Min. Néri da Silveira, DJ de 19/6/98). Vide RO 759. Ag. 2549/SP Min. Salvio Figueiredo Teixeira. Respe 19.466/AC; Respe 18802/

A ministra Carmén Lúcia seguiu o voto do relator. Para ela, a lei impõe uma limitação prévia à liberdade de programação das emissoras que viola o artigo 220, *caput* e §§ 1º e 2º da CF/88. "A censura é a mordaça da liberdade"; é necessário verificar as restrições da liberdade que já existem no sistema, mas não é possível "censura de natureza política, ideológica e artística". Para Cármen Lúcia, a trucagem e a montagem, como definidas pelos parágrafos do artigo 45 da Lei 12.037/09, são técnicas legítimas e impedi-las, seria incompatível com o sistema jurídico. Vale dizer que estaria proibida, em ambas as práticas, qualquer "degradação", entendido pela ministra como sendo "aviltamento, a desmoralização social"[570].

Para a ministra, a reparação, em regra, deve ser *a posteriori*, mas não descarta a necessidade de intervenção judicial diante da impossibilidade de reparação posterior. Indaga a ministra que:

> Como reparar o candidato a determinado cargo político que se vê derrotado nas urnas em decorrência de notícia ou crítica inverídica ou cujo conteúdo seja caracterizado como conduta vedada pela legislação eleitoral? Fixa-se um montante indenizatório? Baseado em quê? No salário do cargo para o qual concorreu? Seria esse o único objetivo do candidato, ou seja, ganhar salário? E como associar a derrota do candidato à conduta vedada praticada por instituição midiática?[571]

O voto do ministro Gilmar Mendes também acompanhou o voto do ministro relator e desde logo afirma que não há um "usucapião da legalidade". Para o ministro, é natural que às vésperas da eleição o tema seja suscitado, já que as restrições estabelecidas em lei se iniciam "a partir de 1º de julho do ano da eleição". Para Mendes, a restrição não se limita aos

---

AC, Respe 12374/TO Torquato Jardim; e RP 1256, Min. Ari Pargendler, 17/10/06 e ARP 1169, Min. Menezes Direito, 26/09/09.

[570] Para Cármen Lúcia, "em nome de uma salvaguarda da lisura e do não desiquilíbrio do pleito" não se pode restringir o humor (como liberdade artística) e a liberdade de expressão e de informação. Seria "demasia legislativa" que viola a Constituição. Na visão da ministra, a "liberdade tem um núcleo que não pode ser atingido (...)". BRASIL. STF. ADI nº 4451 MC-REF/DF. Relator: Ministro Ayres Britto. Brasília, 24 ago. 2012. Voto da Ministra Cármen Lúcia, p. 6.

[571] Ibidem, p. 9.

programas de humor, mas também às opiniões divulgadas em quaisquer programas de rádio e televisão; assim como "o melhor juiz de futebol não aparece no jogo", deve ser o tribunal eleitoral[572],[573].

Já a ministra Ellen Gracie, que igualmente seguiu o voto do relator, relembrou o seu voto na ADPF 130 sobre liberdade de imprensa e parte da sua interpretação dada ao artigo 220 da Constituição Federal à época para afirmar que (i) "não há hierarquia entre direitos fundamentais que autorize, em nome do resguardo de um deles, a completa blindagem legislativa desse direito aos esforços de efetivação de todas as demais garantias individuais"; e (ii) a Lei 9.504/97 traria uma "ponderação de princípios constitucionais, na qual nenhum valor maior em jogo precisou ser resguardado à custa do sacrifício integral de todos os demais". Na visão de Ellen Gracie, a lei tem como objetivo equilibrar o processo eleitoral. Para tanto, citou os incisos IV, V e VI do art. 45 da Lei 9.504/97, que vedam que a transmissão de rádio e TV conceda tratamento diferenciado a candidato, partido ou coligação, a alusão ou crítica a candidato ou partido político em filmes, novelas e minisséries, ou a divulgação de nome de programa que acabe, involuntariamente ou não, "representando clara referência a determinado candidato". Afirmou ainda a Ministra que, à luz do artigo 220 da Constituição Federal, não se deve permitir "qualquer

---

[572] BRASIL. STF. ADI nº 4451 MC-REF/DF. Relator: Ministro Ayres Britto. Brasília, 24 ago. 2012. Voto do Ministro Gilmar Mendes, p. 3.

[573] Em voto divergente, o ministro Ricardo Lewandowski ponderou que a lei estava em vigor há dezessete anos (e a lei 9.504/97, em vigor há treze anos) à época do julgamento, mas, ainda assim, conferiu uma interpretação conforme à Constituição. Trouxe à baila recente caso ocorrido no TSE, em que concedeu direito de resposta ao PSDB, tendo em vista o uso da trucagem em frase do ex-presidente Fernando Henrique Cardoso, em que este aparecia chamando os aposentados de vagabundos. Para o ministro, não existe inconstitucionalidade em censurar trucagem ou montagem, se degradar o candidato. E, ainda, definiu ele o que seria considerado "degradar" o candidato: "Significa colocar alguém abaixo do patamar mínimo constitucional, que é o patamar da dignidade humana, um dos pilares de sustentação de todo o nosso arcabouço constitucional. Não é possível degradar, não se pode degradar ninguém". Citou ainda o ministro o conceito de degradação apresentado pelos Ministros Carlos Ayres Brito e Ministro Menezes Direito como sendo respectivamente: "Degradar é uma espécie de plus em relação à ofensa, por implicar cometimento ou assunção de uma conduta ultrajante, beirando o escândalo, ao passo que ridicularizar é fazer pouco do opositor, é achincalhar o opositor, é fazer deboche". Ibidem. Voto do Ministro Ricardo Lewandowski.

interpretação que represente empecilho gratuito e desarrazoado ao exercício da liberdade de informação e de manifestação do pensamento". Para ela, o inciso II do art. 45, da Lei 9504/97 "deixou de ser remédio para se tornar veneno". No que concerne ao inciso III do artigo 45, entendeu a ministra haver um "excesso ofensivo à liberdade de manifestação do pensamento o impedimento generalizado à difusão de opiniões favoráveis ou contrárias a candidatos e partidos, que somente se torna efetiva ameaça ao processo eleitoral quando representar explícito exercício de propaganda política"[574],[575].

O ministro Cezar Peluso em seu voto, observou que os incisos impugnados tratam de limites impostos à liberdade de imprensa e que isso, por si só, são irrazoáveis e incompreensíveis, pois, a *contrario sensu*, as críticas da imprensa de rádio e televisão aos políticos estariam proibidas exatamente no período eleitoral, mas seria "permitido tudo o que se proíbe aqui à imprensa escrita, aos políticos, em fase não eleitoral, e aos políticos que não estão em situação de candidato. Quer dizer, um absurdo"[576].

No entanto, ressaltou o ministro que a gravidade do problema reside na restrição da "crítica político-social, de fazer crítica a candidatos, a partidos etc. – , é que, quando a lei se refere a trucagem, montagem ou outro recurso, não se está referindo a artifícios que sejam ou são imorais em si mesmos". Para Peluso, a trucagem e a montagem "como recursos análogos são técnicas de transmissão de informação. Noutras palavras,

---

[574] BRASIL. STF. ADI nº 4451 MC-REF/DF. Relator: Ministro Ayres Britto. Brasília, 24 ago. 2012. Voto da Ministra Ellen Gracie.

[575] No conciso voto divergente do ministro Marco Aurélio, ele ressalta que a liberdade de expressão não se sobrepõe ao direito à privacidade, e que cabe uma interpretação conforme aos incisos II e III do artigo 45 da Lei Eleitoral. Para Marco Aurélio, "aquele que se apresenta para a disputa de um cargo eletivo o faz sem receio de sofrer críticas ou mesmo de ser alvo de alguma colocação mais jocosa quanto ao respectivo perfil. E não é demais ressaltar que se imagina que o homem público seja um livro aberto". Ibidem. Voto do Ministro Marco Aurélio, p. 3.

[576] Ademais, para o ministro, os termos contidos na norma, "degradem" e "ridicularizem", devem ser compreendidos na perspectiva penal, mas como a lei penal não faz distinção com relação ao agente, o "jornalista não está isento do crime de injúria, de difamação, nem de calúnia. Isso bastaria para proteger os políticos de eventuais abusos da imprensa". BRASIL. STF. ADI nº 4451 MC-REF/DF. Relator: Ministro Ayres Britto. Brasília, 24 ago. 2012. Voto do Ministro Cezar Peluso, p. 1.

a lei alude aqui a esses recursos para impedir que sejam usados como meios de programação baseada em sátiras, farsas, caricaturas". Assim, na visão do ministro, não há dúvidas sobre a interferência da lei na liberdade de expressão. Relembrou voto anterior proferido no Tribunal de Justiça, em que ressaltava o valor social da crítica e as técnicas para chamar a atenção e aguçar o pensamento crítico dos telespectadores próprias da imprensa[577], razão pela qual, o ministro acompanhou o relator.

Com isso, é possível conhecer a interpretação do Supremo a respeito do humor durante as eleições, que parece bastante consonante com as cortes internacionais de direitos humanos que estamos estudando[578]. Como vimos nas decisões das cortes internacionais sobre o tema, o conteúdo sarcástico, debochado, irônico e que se vale do humor, em uma democracia, não poderia, ao menos em princípio, *per se*, ser restringido. Inclusive, o humor em geral, recebe uma proteção mais elástica da liberdade de expressão[579]. Infelizmente, tal posicionamento do STF é replicado apenas parcialmente pelo TSE e tribunais eleitorais, como veremos ao tratar das inconvencionalidades de nossos tribunais.

O Tribunal Superior Eleitoral também analisou diversas questões sobre este assunto. As comparações irônicas e jocosas e imitações humorísticas normalmente são tidas como crítica ou análise política pelo tribunal[580]. A título de ilustração, a encenação de um comediante no papel de político corrupto, ironizando candidato opositor, foi interpretado como

---

[577] Ibidem, p.2-6.
[578] Ainda que em vista dos votos divergentes de Toffoli, Lewandowski e Marco Aurélio, como vistos nas notas de rodapé acima.
[579] Vide os casos Mamère e Nikowitz analisados pela Corte Europeia de Direitos Humanos.
[580] Nesse caso, foi analisado se a matéria da jornalista e articulista Arlete Salvador no Correio Brasiliense ridicularizava o candidato Garotinho. O relator entendeu que as expressões usadas pela jornalista, tais como "meio folclórico", "elemento exótico", "tratamento quase galhofa", "o próprio nome do candidato abre espaço para comparações irônicas e jocosas" e "sua candidatura é um deserviço à democracia e ao processo eleitoral", tratavam-se de análise política e não apenas crítica e que a jornalista partia de fatos reais, não ensejando censura judicial. BRASIL. TSE. Representação nº 577. Relator: Ministro Gerardo Grossi, Brasília, 5 out. 2002, p. 2-3.

crítica à atuação de políticos, que mesmo "dura, severa ou amarga, não enseja direito de resposta"[581].

O Recurso Especial Eleitoral nº 20.475 foi referente a outro caso que versava sobre uma propaganda eleitoral que trazia uma paródia com comediante famoso interpretando um político corrupto representando o candidato recorrente, com tom de deboche. O relator entendeu que a crítica ao homem público é permitida e que a paródia ou sátira "podem dar relevo às críticas", não podendo ser proibido para não "inibir a imaginação nas campanhas eleitorais"[582].

Na mesma linha decidiu o tribunal com relação ao "teatrinho do baralho", propaganda eleitoral do presenciável Garotinho do PSB nas eleições de 2002, em que três jogadores (um de boné, outro de cabelo preto e outro de cabelo branco) encenavam um jogo de cartas para decidir em quem votariam, tomando como base quem estava apoiando os candidatos à presidência. O texto impugnado era o seguinte:

> Boné: Sabe o presidente dos 80% de inflação? Cabelo Preto: Sarney? Cabelo Branco: Tá com o Lula. Cabelo Preto: Ih! Descarta o Lula (imagem do candidato Lula). Cabelo Preto: E o presidente que foi mandado embora do Congresso? Cabelo Branco: O Collor? Cabelo Preto: Tá com o Ciro. Cabelo Branco: Ih! Descarta o Ciro (imagem do candidato Ciro Gomes). Cabelo Branco: E o presidente que vai deixar o Brasil com doze milhões de desempregados? Cabelo Preto: Fernando Henrique? Boné: Ih! Descarta o Serra (imagem do candidato Serra). Cabelo Branco: Tem algum que não esteja comprometido com nada disso? Cabelo Preto: Tem, ora, o Garotinho (imagem do candidato Garotinho). Locutor: Vote no melhor para o Brasil: Garotinho[583].

O relator ministro Gerardo Grossi entendeu não existir ofensa. A ministra Ellen Gracie seguiu a mesma linha e ainda afirmou que se tratava de "propaganda de excelente qualidade, das mais criativas que se tem

---

[581] BRASIL. TSE. RESPE nº 20.475. Relator: Ministro Luiz Carlos Madeira, Brasília, 26 set. 2002. Decisão unânime pela improcedência do recurso.
[582] Ibidem, p. 7.
[583] BRASIL. TSE. Representação nº 514, 519 e 527. Relator: Ministro Gerardo Grossi, Brasília, 26 set. 2002. Negado provimento por unanimidade.

visto nesta campanha. Realmente inteligente, ambiente informal de um botequim, quatro amigos no carteado vão descartando os candidatos de acordo com apoios políticos que tenham". A decisão foi unânime no sentido considerar inexistente a ofensa à honra.

Em 2002, o TSE analisou se a ironia e sarcasmo representados principalmente por gestos configurariam ofensa à honra do candidato. Na RP 601 de 18/10/2002 por unanimidade, entenderam os ministros do TSE que a alusão a sabonete escorregando das mãos de imagem de propaganda, referindo-se ao candidato Lula, que estaria se esquivando de debates e de dar respostas claras e questionamentos da oposição, não seria ofensiva. A coligação "Lula Presidente" (PT/PL/PC do B/PMN/PCB) e o candidato Lula pleitearam a suspensão de propaganda veiculada durante o horário eleitoral da coligação "Grande Aliança" (PSDB/PMDB), pois entendeu que estaria configurado o intuito de ridicularizar e degradar o candidato[584].

Nesse caso, entendeu o TSE melhor não proibir a veiculação da propaganda. O ministro relator Carlos Eduardo Caputo Bastos afirmou que, no direito eleitoral, a decisão sobre a propaganda tem "indubitável e intrinsecamente, alto grau de subjetivismo", pois o que, para alguns, pode ser "inaceitável", para outros, "não produz nenhuma reação intolerável". Para o ministro, existem dois aspectos que devem ajudar o juiz a fiscalizar a propaganda: (i) É preciso coibir a ofensa à honra e à imagem de candidato, partido ou coligação; e (ii) não se deve "inibir a criatividade do autor da propaganda, a ponto de exacerbar as restrições naquilo que a lei permite". Na visão do ministro, é a jurisprudência que estabelece os limites do que pode ou não ser veiculado na propaganda, "sopesando, caso a caso, os valores a serem preservados, sempre fiel aos respectivos contextos". O ministro afirmou que o "Tribunal, todavia, tem sido mais

---

[584] A propaganda impugnada era a seguinte: "Enquanto a [imagem] no vídeo mostra as mãos de uma pessoa tentando segurar um sabonete dentro de uma pia, sem nenhum sucesso, é falado o seguinte texto: 'Quando perguntam ao Lula que papel teria a CUT e o MST no seu governo, ele escorrega. Quando perguntam ao Lula o que ele vai fazer na segurança, ele também não diz. Escorrega. Vai ver que é por isso que ele não quer ir aos debates na TV, porque lá, ele não vai poder escorregar'." BRASIL. TSE. Representação nº 601/DF. Relator: Ministro Carlos Eduardo Caputo Bastos, Brasília, Data de Publicação: PSESS – Publicado em Sessão, em 18 out. 2002, p. 2.

tolerante na apreciação das propagandas", demonstrando uma postura menos subjetiva, a fim de "alcançar a plenitude da generalidade". Entendeu o ministro não existir ofensa e indeferiu a liminar pretendida[585].

Outro caso interessante envolveu a possibilidade de concessão do direito de resposta ao uso de *charges* que insinuavam que um determinado candidato não gostava de nordestinos. O TRE de São Paulo, no RE 30409 SP, em 30 de setembro de 2008, analisou se o jornal "Folha de Louveira" teria publicado *charges* e expressões com o intuito de induzir o leitor a acreditar que o candidato Karmanghia ao cargo de prefeito de Louveira não gostava de nordestinos. O título da manchete era "Acho que Karmanghia não gosta de nordestino". Referida reportagem teve como base a entrevista de um munícipe que dizia ter sido agredido por "simpatizantes do candidato" que, como chefe do executivo, teria se valido de medidas para barrar a entrada de migrantes nordestinos na cidade. O juiz entendeu que a reportagem teria sido mesmo baseada em uma entrevista concedida pelo candidato, e que também a *charge* não seria "agressiva", tendo apenas "humor ácido"[586], de modo que o jornal não teria extrapolado os limites da informação jornalística e sequer trazia informações inverídicas; apenas teria procurado "informar os acontecimentos locais e relembrar fatos da vida política"[587], estando, portanto, protegidos pela liberdade de expressão.

Os *jingles* e animações também foram objeto de análise dos tribunais eleitorais.

Em 2010, o Tribunal Superior Eleitoral analisou o *jingle* de propaganda de rádio do candidato à presidência José Serra, da coligação "O Brasil

---

[585] Nessa linha, complementou o ministro Sepúlveda Pertence que a propaganda tratava menos de ridicularização, mas mais de ironia. Já a ministra Ellen Gracie entendeu que "mais rigor seria exigirmos que cada candidato elogiasse o outro. Acredito que está dentro dos limites". Por fim, também acrescentou o ministro Sálvio de Figueiredo que na propaganda existia "certo toque de inteligência"; não entendeu existir agressão ou ridicularização, apenas ironia que "integra o campo da inteligência". BRASIL. TSE. Representação nº 601/DF. Relator: Ministro Carlos Eduardo Caputo Bastos, Brasília, Data de Publicação: PSESS – Publicado em Sessão, em 18 out. 2002, p. 2-5.

[586] BRASIL. TRE (SP). RE nº 30409. Relator: Juiz Paulo Alcides Amaral Salles. São Paulo, 30 set. 08, p. 3.

[587] BRASIL. TRE (SP). RE nº 30409. Relator: Juiz Paulo Alcides Amaral Salles. São Paulo, 30 set. 08, p. 4.

Pode Mais", criticando a candidata Dilma Roussef, da coligação "Para o Brasil Seguir Mudando". A música tinha o seguinte texto:

> Ninguém sabe de onde veio
> Ninguém sabe o que ela fez
> Mas diz que é dona de tudo
> O Brasil inteirinho foi ela que fez
> Dona Dilma pega leve
> Que o povo tá reparando
> Tira a mão do trabalho do Lula
> Tá pegando mal [...]
> Que o Brasil tá olhando
> Tudo que o Lula criou
> Ela diz "fui eu, fui eu"
> Tudo que é coisa do Lula
> A Dilma diz "é meu, é meu"
> Tudo que o Lula criou
> Ela diz "fui eu, fui eu"
> Tudo que é coisa do Lula
> A Dilma diz "é meu, é meu"
> Coisa feia, hein?[588]

Essa decisão é importante porque o TSE desenhou alguns critérios (ainda que subjetivos e até mesmo auto-referentes ou "circulares") para se investigar se o *jinggle* ou humor pode ser considerado degradante ou difamante à imagem do candidato. Segundo o TSE, é preciso verificar-se: (i) se causou danos à imagem com intenção de confundir o eleitorado; e (ii) se as referências interpretativas podem ser tidas como degradantes ou infamantes; levando-se também em conta (a) que há que se aceitar

---

[588] Além disso, continua o texto: "Locutor: Estamos de volta aqui minha gente. Locutor 2: Ô Joca, desculpa interromper, mas essa musiquinha mostra bem o que tá acontecendo com a candidata de Lula, tentando 'pegá' carona na garupa dele. Locutor: Eu sou obrigado a concordar. É verdade, viu! Tá pegando carona mesmo. Acho que tá todo mundo vendo isso. E por isso que cada um de nós tem que se perguntar: O quê que cada candidato já fez de verdade". BRASIL. TSE. Representação nº 2409-91.2010.600.0000. Relator: Ministro Joelson Dias, Brasília, 25 ago. 2010, p. 2-3. Improcedente por maioria.

uma certa "margem de liberdade", que é natural das campanhas políticas; e (b) que há também um limite para preservação da dignidade da pessoa.

A representante alegou basicamente que a propaganda mostrava a candidata como "pessoa desconhecida, desocupada e sem origem", a fim de "degradar e ridicularizar sua imagem"; como a alguém que "busca usurpar o que não lhe pertence e o que não produziu", e que a música foi o mecanismo para "propalar informações inverídicas e pejorativas" com o intuito de "confundir o eleitorado", constituindo "desvio de finalidade". Sem prejuízo das alegações de caráter formal, que não são relevantes para este trabalho, a parte contrária alegou basicamente que a propaganda tratou de crítica política com afirmações verídicas: (i) vínculo Lula-Dilma é o mote da campanha; e (ii) não se conhece a história e realizações na vida pública da candidata[589].

Conquanto o voto do ministro relator Joelson Dias tenha sido no sentido de reconhecer que a propaganda degradava e ridicularizava a candidata[590], prevaleceu a posição contrária, do voto da ministra Carmen Lúcia, que entendeu não haver ridicularização, que, para que seja "degradante e infamante", é "preciso que se tenha algo muito forte", que, especialmente durante uma campanha eleitoral, é notório "que as pes-

---

[589] BRASIL. TSE. Representação nº 2409-91.2010.600.0000. Relator: Ministro Joelson Dias, Brasília, 25 ago. 2010, p. 3-4.

[590] Para Joelson Dias, a propaganda viola o artigo 53, §1º da Lei 9501/97, na linha defendida pela PRE, isto é, degrada e ridiculariza a candidata Dilma, pois imputa-lhe a ideia de que "é uma pessoa diversa do que aparenta ser, de origem desconhecida, sem opiniões próprias, que se apropria do trabalho alheio e, portanto, não é confiável para ocupar o cargo almejado", de modo que "ultrapassou o limite de crítica, inerente à atividade política; e transmitiu mensagem negativa". O ministro ainda afirmou que é possível "se valer da crítica política e mesmo do humor na veiculação da propaganda eleitoral, sem descambarem, no entanto, para a degradação ou ridicularização do candidato adversário". Para o relator, a propaganda foi "além, para insinuar, senão afirmar expressamente", a apropriação do trabalho alheio. Para o relator, "mais do que rebaixar a dignidade", degradar é "desgraduar"; destituir alguém justamente das normas de seu grau ou cargo, resvalando, portanto, para a desqualificação pessoal. Degradar é o "menosprezo, a depreciação e, consequentemente, a ridicularização" que decorre dessa insinuação de que a candidata indevidamente reivindica o que não lhe pertence, nem teria feito". O direito de resposta deveria ser autorizado para o relator, pois, ao "[...] conceder 'à candidata conduta socialmente reprovável (crítica ao seu caráter e não propriamente política)'", degradou ou ridicularizou a sua imagem, configurando a perda de um minuto na propaganda seguinte após a decisão. Ibidem, p. 6-9.

soas falam e, não ultrapassando aquilo que deva ser considerado ofensivo à dignidade humana, não há nada que não possa ser interpretado com certa leveza", que não seria desejável que o TSE passasse a estabelecer "como se faz propaganda", e que tinha "muito medo da censura", um "caminho perigoso", e que, na "festa democrática", não se vai "vestido de forma tão sisuda"[591].

Em 2008, na campanha eleitoral da coligação "São Paulo no Rumo Certo", o candidato Gilberto Kassab usou um *jingle* que foi objeto de representação da coligação "Uma Nova Atitude para São Paulo", da candidata Marta Suplicy. A música dizia: "Ao invés de Hospital, fez túnel pro bacana. Não soube usar dinheiro, mesmo quando teve grana, toc, toc, toc, bate na madeira, Marta outra vez, nem de brincadeira"[592]. Nesse caso, o Tribunal Regional Eleitoral de São Paulo entendeu que o conteúdo "sem dúvida, possui contornos de sátira" e, apesar disso, "não se vislumbra o propósito ridicularizante ou degradante". Para o relator, o caso versou sobre "contudente crítica satírica, na medida em que, inegavelmente, constitui censura e pedido de votos formulados de forma jocosa e indireta, com a utilização de expressões populares, sem comprometer a especial normalidade da disputa eleitoral"[593].

---

[591] O voto da ministra Carmen Lúcia, em que se basearam os demais ministros, veio de encontro com a posição do ministro relator. Para a ministra, para que algo seja "degradante e infamante" é "preciso que se tenha algo muito forte. [...]". Para Carmén Lúcia, "fazer a ligação com um presidente tão popular pode até ser bom". Não seria desejável que o TSE passe a estabelecer "como se faz propaganda". Ainda entendeu a ministra que não haveria debate se "todos falassem a mesma coisa" e justamente porque duas pessoas disputam o mesmo cargo é natural que "uma delas tentando mostrar o que faz de bom e o que a outra não daz tão bem". Nessa linha, o ministro Marco Aurélio entendeu que "quem decide entrar numa campanha eleitoral deve abandonar o não me toques" e que o artigo 53, § 1º da Lei 9504/97 deve ser interpretado de forma "parcimoniosa". Para o ministro, "não há campo propício [...] a não ser que se parta, realmente, para tutelar as campanhas eleitorais, parta-se quase para a verdadeira censura, para dizer que incide, na espécie, o preceito legal em jogo". Os demais ministros seguiram seu voto. BRASIL. TSE. Representação nº 2409-91.2010.600.0000. Relator: Ministro Joelson Dias, Brasília, 25 ago. 2010, p. 11-16.

[592] BRASIL. TRE. (SP). Representação nº 31721/SP. Relator: Ministro Waldir Sebastião de Nuevo Campos Júnior. São Paulo, 24 out. 2008.

[593] BRASIL. TRE. (SP). Representação nº 431117/SP. Relatora: Juíza Claudia Lucia Fonseca Fanucchi. São Paulo, 29 set. 2014, p. 5.

Em 2014, nessa mesma linha, decidiu o TRE/SP sobre alguns *jingles* da campanha do candidato Geraldo Alckmin. A primeira, é uma espécie de jogo de futebol, em que a propaganda eleitoral do candidato Alckmin cogita a ideia de que, se Skaf cobrou taxa no SESI, que era gratuito, poderia cobrar também nas ETEC e na FATEC. De acordo com a juíza relatora, a propaganda não foi abusiva, nem teve o intuito de causar medo ou um "estado passional desfavorável", mas foi uma "bem humorada transmissão de um jogo de futebol". Para ela, a propaganda está "dentro dos limites da dialética política, do debate eleitoral que pode ser mais grave, mais acerbo, menos delicado ou simplesmente bem humorado. O próprio humor também já produz o exercício do absurdo ou do não real, verdadeiro, por todas essas razões"[594].

A segunda, foi uma espécie de animação. Propaganda de Geraldo Alckmin mostrava um barco de papel dando a entender que ia naufragar, e nele estavam políticos que apoiavam o candidato adversário Skaf[595]. A relatora do processo afirmou que, no campo político, não cabe a "excessiva sensibilidade"[596], de modo que aquele que almeja ao cargo público "não pode angustiar-se com termos ou elementos de oração próprios do acerbo debate eleitoral". Conforme a relatora, apesar de "provocativa", a campanha não extrapolara os limites aceitáveis da liberdade de expressão[597].

---

[594] Nesse sentido, continua a relatora que o humor pode "persuadir o eleitor da mensagem que se quer passar, conquistando a sua confiança e voto. Isso faz parte da democracia e da dialética processo eleitoral. Não há como se evitar o embate. A propaganda questionada não excede os limites da crítica política própria do debate político-eleitoral". Ibidem, p. 7-8. Vide também decisão citada pela juíza relatora RP 422631.

[595] BRASIL. TRE. (SP). Representação nº 431117/SP. Relatora: Juíza Claudia Lucia Fonseca Fanucchi. São Paulo, 29 set. 2014, p. 3. Situação analisada também no RRP nº 4157-96.2014.6.26.0000. Julg. 17 set. 2014.

[596] BRASIL. TRE. (SP). Representação nº 416221/SP. Relatora: Juíza Claudia Lucia Fonseca Fanucchi. São Paulo, 17 set. 2014, p. 3. Negado provimento por unanimidade.

[597] Além disso, para a juíza, a campanha política "não é ambiente asséptico nem pode ser traduzida como óbice ao alinhamento de críticas à atuação pública do candidato e à difusão de fatos que, extrapolando sua privacidade, revistam-se de interesse público por serem aptos a interferirem na formação da convicção do eleitor, à medida que a liberdade de pensamento político tem como palco mais eloquente a propaganda eleitoral, e, como espécie da liberdade de expressão assegurada e resguardada pelo legislador constituinte, tem como limite somente a honra alheia [...]". Ademais, para a juíza é natural que o "apoio

Na terceira situação, envolvendo as mesmas partes, o candidato Skaf alegou que a propaganda de Alckmin buscava "difundir ao eleitor a desonrosa afirmação de que ele [Skaf], pelo simples fato de ter supostamente nascido em berço de ouro, não gosta de pobre"[598]. O texto impugnado está especialmente na música de campanha "*funk* ostentação", que dizia: "Ele nasceu em berço de ouro, sempre teve vida boa, vida de barão. Skaf fica só na posse e seu negócio é ostentação. Hospital público Skaf só conheceu fazendo comercial e vai pra televisão pagando de bacana. Ele só gosta de fama e de pobre quer distância. Ele não gosta não [...]"[599].

O Tribunal Regional Eleitoral seguiu a mesma linha das outras duas decisões tratadas acima, reforçando a ideia de que "a análise contextual da mídia que instruiu a inicial não evidencia ofensa proeminente, objetiva ou subjetiva, pois, conquanto provocativa, a mensagem político-publicitária — externada por meio de *jingle* em tom de sátira — não tem o condão de configurar a alegada mancha na reputação do candidato" e, citando a Procuradoria Regional Eleitoral, concluiu que "a propaganda dos representados vale-se do estilo musical '*funk* ostentação' para, através do jogo de palavras e do humor, tecer críticas ao representado, ainda que ácidas. Trata-se de conteúdo que não constitui ofensa e, portanto, não enseja direito de resposta"[600].

Este caso é também particularmente interessante porque, diferentemente do que decidira o *mesmo tribunal* ao suspender propaganda que dizia que o candidato a governador Geraldo Alckmin "odeia pobre", como veremos no capítulo que trata de inconvencionalidades, neste caso, permitiu a Alckmin dar a entender que Skaf não gosta de pobre.

---

de pessoas públicas" podem ser bem ou mal avaliadas pela população, sendo comum "das alianças partidárias, enfim, [que] colhem-se os bônus e os ônus políticos". Ibidem, p. 3-4. Negado provimento por unanimidade.

[598] BRASIL. TRE. (SP). Representação nº 417435/SP. Relatora: Juíza Claudia Lucia Fonseca Fanucchi. São Paulo, 17 set. 2014, p. 2. Negado provimento por unanimidade. Vide também TRE-SP. RE 30409.

[599] Ibidem, p. 4.

[600] A inverdade "deve ser sabida de todos sem rebuços, pois há de ter valor absoluto e não relativo; exige-se a certeza absoluta da inverdade. Há, portanto, de ser verdade universal e verdadeiro truísmo". Ibidem, p. 5.

1.3.5. O sabidamente inverídico e a acusação séria sem provas

Como vimos, o sabidamente inverídico, no entender de nossos tribunais nacionais, é a informação com "inverdade flagrante", que não pode ser sequer polêmica, que é *prima facie* e indiscutivelmente falsa[601].

Na RP 3476-91[602], em 2010, o TSE entendeu que distorcer a realidade com fatos e números facilmente apuráveis enseja o direito de resposta.

VÍDEO	AUDIO
Ator em estúdio.	ATOR: O Brasil que Dilma quer seguir construindo é bem diferente daquele que Serra imagina ser o melhor.
Atriz em estúdio.	ATRIZ: E só ver o trabalho que ele realizou como ministro de Planejamento de FHC e como Governador de São Paulo.
Ator em estúdio.	ATOR: Compare e tire suas próprias conclusões.
Em fundo preto, foto em preto e branco de José Serra e *lettering* embaixo da foto com os dizeres "ministro do planejamento de FHC". Abaixo, *lettering* que vai surgindo na tela: "BRASIL NÃO TINHA GRANDE PROGRAMA HABITACIONAL".	LOCUTOR EM *OFF*: Na época de Serra, ministro de FHC, o Brasil não tinha nenhum grande programa.

---

[601] A RP 2775-33/DF citada traz mais critérios para caracterizar o que o tribunal entende por sabidamente verídico. Entendeu o relator que "a polêmica sobre o tema não permite considerar que os fatos narrados sejam flagrantemente inverídicos". Além disso, citando precedentes da Corte (RP 1269, Rel. Min. Ari Pargendler, 24.10.06; Respe 20419, Rel. Min. Sepúlveda Pertence, 5.10.02), mantém a sua posição em liminar, afirmando que a propaganda foi baseada em notícia veiculada pela Folha de São Paulo e que a jurisprudência admite a exploração crítica de notícias veiculadas nos jornais. BRASIL. TSE. Representação nº 2775-33. Relator: Ministro Henrique Neves da Silva. Brasília, 01 dez. 2012.

[602] BRASIL. TSE. Representação nº 3476-91.2010.600.0000. Relator: Ministro Joelson Costa Dias. Brasília, 19 out. 2010. Por maioria, julgou parcialmente procedente o pedido formulado.

Em fundo preto, foto em preto e branco de José Serra e *lettering* embaixo da foto com os dizeres "Governador de São Paulo". Abaixo, *lettering* que vai surgindo na tela: "SÃO PAULO: 16 ANOS" e "SÃO PAULO: MAIOR DÉFICIT HABITACIONAL DO PAÍS".	LOCUTOR EM *OFF*: Na época em que Serra governou São Paulo, aconteceu a mesma coisa. O resultado é que o nosso Estado, o mais rico, governado há 16 anos pelos tucanos, tem o maior déficit habitacional do país.
Dilma em estúdio.	DILMA: Nessa questão da habitação, o nosso governo avançou muito. Criei e coordenei o programa Minha Casa, Minha Vida que até o final deste ano vai garantir um milhão de moradias para a nossa população. É um programa que deu resultados tão bons, que agora vamos duplicar a sua meta, construindo 2 milhões de moradias nos próximos 4 anos. Essa é uma grande diferença entre o nosso modelo de governo e o modelo do PSDB. Nós não ficamos falando que vamos fazer, nós fazemos. Porque temos planejamento, rapidez e, acima de tudo, compromisso com a nossa população mais carente. A maior prova disso é que hoje o governo federal coloca dinheiro na mão do cidadão beneficiário do Minha Casa, Minha Vida. Para que ele compre diretamente a sua moradia. Antes, o governo do PSDB não colocava um tostão pra ajudar as famílias mais pobres a pagar a sua casa própria.
Em fundo preto, foto em preto e branco de José Serra e *lettering*, embaixo da foto, com os dizeres "Ministro do Planejamento de FHC". Abaixo, *lettering* que vai surgindo na tela: "NENHUM GRANDE PROGRAMA DE TRANSFERÊNCIA DE RENDA".	LOCUTOR EM *OFF*: Na época de Serra, ministro de FHC, o Brasil não tinha nenhum grande programa de transferência de renda.

Em fundo preto, foto em preto e branco de José Serra e *lettering* embaixo da foto com os dizeres "Governador de São Paulo". Abaixo, *lettering* que vai surgindo na tela: "BOLSA FAMÍLIA NÃO TEVE APOIO" e "RENDA CIDADÃ: SÓ 140 MIL FAMÍLIAS".	LOCUTOR EM *OFF*: Na época de Serra Governador, o Bolsa Família não teve o apoio do Estado. O único programa do governo tucano, o Renda Cidadã, só atende 140 mil famílias.
Atriz em estúdio.	ATRIZ: Outra grande diferença entre o Brasil de Lula e Dilma e o Brasil de Serra, está na maneira como cada um encara aquelas empresas que são o verdadeiro patrimônio do povo Brasileiro. Vamos lembrar?
Em fundo preto, foto em preto e branco de José Serra e *lettering* embaixo da foto com os dizeres "Ministro do Planejamento de FHC". Abaixo, *lettering* que vai surgindo na tela: "PRIVATIZAÇÃO DE GRANDES EMPRESAS. BRASILEIRAS" e "PETROBRÁS IA SE CHAMAR PETROBRAX".	LOCUTOR EM *OFF*: Como ministro do Planejamento, Serra comandou o processo de privatização de algumas das principais empresas brasileiras, como a Vale do Rio Doce e a Companhia Siderúrgica Nacional. A Petrobrás ia pelo mesmo caminho. Até tentaram mudar o seu nome para Petrobrax.
Em fundo preto, foto em preto e branco de José Serra e *lettering* embaixo da foto com os dizeres "Governador de São Paulo". Abaixo, *lettering* que vai surgindo na tela: "PRIVATIZAÇÃO DE 31 EMPRESAS" e "PETROBRÁS IA SE CHAMAR PETROBRAX" e "CRIAÇÃO DE PEDÁGIOS A CADA 40 DIAS COM PREÇOS EXTORSIVOS".	LOCUTOR EM *OFF*: Em São Paulo, o Serra e os tucanos fizeram igual. Privatizaram 31 empresas e, na média, criam um novo pedágio nas estradas paulistas a cada 40 dias, cobrando um preço extorsivo da população.

Nesse caso, destacou o ministro relator que o texto traz as expressões "nenhum grande programa", o que é "absolutamente diferente" de dizer "que não havia nenhum programa". Assim, estaria caracterizada a crítica política. No entanto, com relação à privatização da CSN – Companhia Siderúrgica Nacional – , diferentemente do que foi apresentado na propaganda, ela ocorrera em 1993, no governo de Itamar Franco. Além disso, não aparece a fonte que contém o número exato das empresas que teriam sido privatizadas em São Paulo. Por essas razões, o tribunal entendeu tratar de afirmação sabidamente inverídica[603].

Em decisão com fundamentação semelhante, na RP 3485-53, o TSE entendeu que afirmar que determinado candidato comandara privatização ocorrida em governo do qual não participou enseja o direito de resposta, por ser fato sabidamente inverídico[604].

Acusações muito sérias, mas sem uma base fática razoável, também não são aceitas pelo TSE, mesmo se veiculadas pela imprensa. Neste sentido, a RP 1312-17[605] é exemplar: a ofensa ficou configurada e foi concedido o direito de resposta ao ofendido. Aqui, entendeu o TSE que houve afirmação difamatória – e não apenas isso: a ofensa ou informação inverídica extrapola o direito de informar. No caso em tela, a coligação "Com a Força do Povo" e o Partido dos Trabalhadores ajuizaram representação contra a Editora Abril – Revista Veja, pleiteando o direito de resposta em razão da veiculação de mensagem com conteúdo supostamente ofensivo. A revista impugnada foi a de nº 2.391, de 17 de setembro de 2014. Os trechos questionados são:

– O título: "O PT SOB CHANTAGEM:

---

[603] Na visão vencida do ministro Marco Aurelio, a ideia de "desqualificar aqueles que estejam integrados ao Partido opositor" precisa ser "freada", pois "agressividade, adota-se, também, para mitigar essa mesma agressividade, o tom respectivo – em crescente gradação. E ainda há onze dias até o segundo turno. Se a Justiça Eleitoral não atuar, com punhos de aço e luvas de pelica, iremos de mal a pior". Para o ministro, é muito difícil apurar, sem uma perícia técnica, por exemplo, que "nenhum grande programa habitacional teria sido promovido, que não teria havido transferência de renda no Governo Fernando Henrique Cardoso". BRASIL. TSE. Representação nº 3476-91.2010.600,0000. Relator: Ministro Joelson Costa Dias. Brasília, 19 out. 2010, p. 2-13.

[604] Neste caso, foi concedido o direito de resposta com relação às "afirmações realizadas na propaganda referentes à privatização da CSN e de 31 empresas paulistas", tendo sido a primeira notoriamente privatizada no governo do presidente Fernando Collor em 1993, e somente 9 das outras foram privatizadas durante o governo de José Serra em São Paulo. Teor impugnado semelhante ao da RP 3476-91. Representação julgada parcialmente procedente por maioria. O Tribunal, por maioria, julgou parcialmente procedente a representação.

[605] BRASIL. TSE. Representação nº 1312-17.2014.6.00.0000/DF. Relator: Ministro Admar Gonzaga. Brasília, 25 set. 2014. Votação unânime pela procedência do pedido, concedendo o direito de resposta.

– O texto: "Para evitar que o partido e suas principais lideranças sejam arrastados ao epicentro do escândalo da Petrobras às vésperas da eleição, a legenda comprou o silêncio de um grupo de criminosos – e pagou em dólar", nas páginas 64/65;

– O texto: "O PT conhece como poucos o que o dinheiro sujo é capaz de comprar"; e

– O texto: "Caso Celso Daniel: Prefeito de Santo André foi assassinado em circunstâncias até hoje misteriosas e seu fantasma ainda assusta alguns petistas".

Alegam os representantes que o texto teria "tom imperativo", sem deixar margem para dúvidas – e sequer para mostrar que os fatos ainda estão sendo investigados – e ainda se valeria de "termos debochados". Afirmam ainda que o conteúdo não se enquadra no dever de informação, "revelando, na verdade, conteúdo ardiloso com a nítida intenção de difamar especificamente o Partido dos Trabalhadores durante o período crítico de campanha eleitoral". Por fim, asseveram que a liberdade de informação não é absoluta[606] e não pode ser pretexto para violar outros princípios constitucionais, tais como, os direitos da personalidade (inclusive da pessoa jurídica), tais quais a honra e a imagem[607].

O ministro relator entendeu, no mérito, que cabia direito de resposta no caso, pois as imagens e asserções da revista seriam de fato ofensivas. Afirmou ainda que não existe relação entre o título "O PT SOB CHANTAGEM", a mensagem na página seguinte, a saber: "Para evitar que o partido e suas principais lideranças sejam arrastados ao epicentro do escândalo da Petrobrás às vésperas da eleição, a legenda comprou o silêncio de um grupo de criminosos – e pagou em dólar", e o quadro com o texto:

---

[606] Apoiaram-se no precedente RP 1975-05.

[607] A Abril Comunicações S.A. alega que trata-se de matéria jornalística e de interesse público. Por fim, afirmou que o conteúdo não versa sobre matéria eleitoral e sim, informativa, e que não haveria ofensa ou inverdade na notícia, pois foi baseada em "fontes oficiais (as investigações perpetradas por Ministério Público e Polícia Federal)" com documentos comprobatórios de modo que não seria "possível se dizer de afirmação sabidamente inverídica diante de tantos elementos que denotam sua verossimilhança". BRASIL. TSE. Representação nº 1312-17.2014.6.00.0000/DF. Relator: Ministro Admar Gonzaga. Brasília, 25 set. 2014, p. 4-6.

O leque de dólares que ilustra esta página foi usado pelo PT para comprar o silêncio de um grupo de criminosos. E parte do pagamento de uma chantagem de que o partido é vítima desde que estourou o escândalo da Petrobrás. De posse de um documento e informações que comprovam a participação dos principais líderes petistas num desfalque milionário nos cofres da estatal, chantagistas procuram a direção do PT e ameaçam contar o que sabiam sobre o golpe caso não fossem devidamente remunerados. Às vésperas da corrida presidencial, essas revelações levariam nomes importantes do partido para o epicentro do escândalo, entre eles o ex-presidente Lula e o ministro Gilberto Carvalho, um dos coordenadores da campanha de Dilma Rousseff, e ressuscitariam velhos fantasmas do mensalão. No cenário menos otimista, os segredos dos criminosos, se revelados, prenunciariam uma tragédia eleitoral. Tudo o que o PT quer evitar. Dirigentes do partido avaliaram os riscos e decidiram que o melhor era ceder aos chantagistas – e assim foi feito[608].

A revista ainda trazia uma imagem "de um leque de dólares atrás das fotografias do ministro Gilberto Carvalho, do ex-ministro José Dirceu, do ex-presidente Luiz Inácio Lula da Silva e de Enivaldo Quadrado", e Veja mostrava este último como "chantagista dessa suposta trama de assassinato, peculato e corrupção", resolvida "com o 'leque de dólares'". No entanto, não ficaram minimamente comprovadas as afirmações da revista ao longo do texto.

A reportagem afirmava que as pessoas citadas não "quiseram se pronunciar, ou negaram a existência do episódio descrito, do que resulta lógico que as cédulas não poderiam ser as mesmas que supostamente resolveram a citada chantagem, conforme taxativamente afirmado no texto transcrito acima". Para o ministro, o texto busca relacionar o "suposto desvio de dinheiro da Petrobrás por parte de integrantes do Partido dos Trabalhadores, para pagamento ao chantagista que os estaria a ameaçar com revelações muito negativas à campanha presidencial da candidata da Representante". No entanto, a notícia não mencionava a "origem dos dólares ilustrados nas páginas iniciais, que afirmou terem sido utilizados

---

[608] BRASIL. TSE. Representação nº 1312-17.2014.6.00.0000/DF. Relator: Ministro Admar Gonzaga. Brasília, 25 set. 2014, p. 10-11.

para silenciar Enivaldo Quadrado". Pelo contrário, o tesoureiro "negou ter realizado os pagamentos a Quadrado" e "este não quis se manifestar".

Assim, questionou o ministro: "Se aquele que supostamente recebeu os dólares não quis se manifestar, de que forma a Representada conseguiu a fotografia das cédulas que taxativamente afirmou terem sido as utilizadas para pagamento da chantagem?" Para ele, "a revista não explica", e, assim, não haveria "elementos consolidadores das informações e da ilustração exibidas", configurando "seu conteúdo em ofensa infundada, porquanto desconectada da trama descrita, que envolve suspeita de assassinato, corrupção, peculato e chantagem, relativamente ao processo eleitoral em curso". A reportagem, na visão do ministro, visa a vincular pessoas e dólares, sem provas, extrapolando os limites da liberdade jornalística, já que a liberdade de expressão do pensamento e de informação não são direitos absolutos[609].

A ministra Rosa Weber afirmou que "a liberdade de expressão, a liberdade de informação, a liberdade de imprensa são, não só condições, *conditio sine qua non*, mas verdadeiros pressupostos da democracia", e que é "entusiasta de Voltaire quando diz: 'Não concordo absolutamente com nenhuma palavra que dizeis, mas defenderei até a morte o direito que tendes de dizê-las'". Ainda assim, acompanhou o voto do relator, pois entendeu que "o texto publicado desborda da simples manifestação e contém afirmações peremptórias e ofensivas que ensejam o direito de resposta"[610].

Nesse sentido, complementou o ministro Dias Toffoli que "o Judiciário, em sua ampla maioria, e o Supremo em sua unanimidade, têm ojeriza à censura, têm nojo de censura". Para o ministro, a "razão de se ter a garantia, de não se ter a censura, é exatamente porque a lei e a Constituição garantem o direito de resposta", "um exercício que faz parte da liberdade de expressão, não a exclui". O ministro ressaltou ainda que "os meios de comunicação social de caráter impresso [...], pode [*sic*] inclusive dizer 'não vote em determinada candidata' e estabelecer as suas razões. [...] O que não é permitido é ir para a calúnia, é ir para algo que não se sabe até que ponto é ou não verdadeiro", e, no caso, "não há manifesta-

---

[609] BRASIL. TSE. Representação nº 1312-17.2014.6.00.0000/DF. Relator: Ministro Admar Gonzaga. Brasília, 25 set. 2014, p. 12.
[610] Ibidem, p. 15.

ção de comprovação desses fatos, de tal sorte que realmente transbordou para a ofensa"[611].

Por sua vez, acrescentou o ministro Teori Zavascki que "o direito de resposta não representa, como salientou corretamente o Doutor Humberto Jacques de Medeiros, uma sanção, seja sanção civil, seja penal". Tampouco se deveria "contrapor o direito de resposta ao direito de liberdade de expressão. Pelo contrário, o instituto jurídico, o direito de expressão, tal qual como plasmado na Constituição, é composto também pelo direito de resposta". Essa seria a estrutura da liberdade de expressão contida na CF/88. Não é o direito de resposta punição ou limite à liberdade de expressão e "o seu deferimento não representa um juízo de valor sobre a veracidade ou não das afirmações publicadas. Ele é apenas o direito constitucional de se contrapor. Eu diria até que o exercício de resposta faz parte da boa qualidade da informação, pois traz também a posição de quem é atingido pelo agravo que houve"[612].

A ministra Luciana Lóssio reforçou a necessidade de que as informações "devem ser calcadas na realidade dos fatos. Não se pode fazer acusações destituídas de dados e de fatos". A partir da análise do voto do relator, que asseverou que "a matéria não informa a origem dos dólares ilustrados nas página iniciais", na visão da ministra, a reportagem "traz afirmações contundentes sem indicar a fonte, como se as pessoas já tivessem sido julgadas e condenadas por uma decisão transitada em julgado". Para ela, "o papel da Justiça Eleitoral em punir esses excessos é significativo, até mesmo para o amadurecimento da nossa democracia, para que tenhamos todos compromisso com a informação"[613].

No caso em tela, por unanimidade, o TSE concedeu direito de resposta ao PT pela reportagem de "Veja" que não tinha nenhum elemento

---

[611] Na visão do ministro: "Por isso que são inúmeros os casos, e agora, recentemente, o Ministro Luiz Roberto Barroso deu uma decisão liminar permitindo a circulação de uma congênere da aqui representada, a revista Isto é. A revista obteve uma decisão, de um tribunal regional, que determinou a apreensão e a vedação da circulação. Isso é censura, isso não permitiremos jamais, seja no Tribunal Superior Eleitoral, seja no Supremo Tribunal Federal. São inúmeras as decisões do Supremo Tribunal Federal nesse sentido". Ibidem, p. 14-18.
[612] BRASIL. TSE. Representação nº 1312-17.2014.6.00.0000/DF. Relator: Ministro Admar Gonzaga. Brasília, 25 set. 2014, p. 16.
[613] Ibidem, p. 17.

para assegurar às denúncias base fática suficiente, o que nos parece coerente também com as cortes internacionais estudadas.

Há ainda três casos decididos pelo TRE/SP, todos envolvendo o candidato ao governo de São Paulo, José Serra, e a coligação, "Compromisso com São Paulo", contra a coligação "Melhor Pra São Paulo" e o candidato Aloisio Mercadante. Os casos versaram sobre a imputação em propaganda eleitoral, por parte de Mercadante, contra José Serra, de comportamento preconceituoso contra migrantes nordestinos. Alegou o representante que tratava-se de afirmação sabidamente inverídica e ofensiva, cabendo, em razão disso, a concessão de direito de resposta. Alegaram por sua vez os representados tratar-se de crítica política que, ainda que fosse contundente, era também aceitável[614].

A propaganda de Mercadante usara trecho de entrevista concedida por Serra, em que, de um modo geral, elogiava os nordestinos em São Paulo; no entanto, conforme entendimento do relator do caso, Mercadante usara certo trecho da entrevista com o intuito de dar a "falsa impressão de que ele [o candidato José Serra] teria preconceito contra nordestinos". Afirmou o relator que Mercadante trouxe "afirmações desconformes com a realidade, aguçadas pelo áudio de *jingle* que fala expressamente em 'preconceituoso' ligando subliminarmente Serra a tal atributo negativo". Em trecho posterior da propaganda, "Mercadante afirma que Serra não fez justiça aos migrantes nordestinos, que, em São Paulo, seriam mais da metade do seu total", mas termina "por elogiá-los e dar-lhes boas-vindas". A propaganda de Mercadante ainda culminava com a execução de música dizendo "sou generoso, não aceito o preconceito"[615].

O relator constatou que, em nenhum momento da entrevista referida, o candidato José Serra manifestou qualquer preconceito contra os nordestinos. Afirmou o relator que "ainda que a crítica possa se utilizar de conteúdo agressivo ou contundente (...), não se deve chegar a extremos ofensivos, muito menos desvirtuando a fala do adversário e mormente em assunto tão grave como a divulgação de ideias de preconceito regio-

---

[614] BRASIL. TRE (SP). Representação nº 15991/SP. Relator: Juiz José Percival Albano Nogueira Júnior. São Paulo, 22 ago. 2006, p. 3. Casos semelhantes RP 15975, RP 15976, RP 15977 do TRE/SP.
[615] BRASIL. TRE (SP). Representação nº 15991/SP. Relator: Juiz José Percival Albano Nogueira Júnior. São Paulo, 22 ago. 2006, p. 5.

nal". Foi concedido o direito de resposta. O TRE entendeu que as afirmações, além de inverídicas, eram ofensivas, pois atribuíram uma conotação negativa, aguçando o "preconceito regional"[616],[617].

---

[616] Também na RP 15978, o candidato José Serra quis que fosse avaliado se a propaganda de rádio apresentada pela Coligação PT-PcdoB deu a impressão que ele [José Serra] seria preconceituoso com nordestinos. Entendeu o TRE/SP que houve ofensa e informação inverídica que justificavam o direito de resposta, mas não houve ridicularização ou degradação que justificasse a retirada da propaganda. O relator, na esteira da sentença, "nem toda ofensa degrada ou ridiculariza. Deve haver um 'plus' em relação à mera ofensa, para justificar a penalidade mais gravosa". BRASIL. TRE (SP). RRP nº 15978/SP. Relator: José Percival Albano Nogueira Júnior. São Paulo, 29 ago. 2006, p. 2. Por maioria de votos foi negado provimento. Vide também as Representações nº 15975, 15976, 15977, 16014 do TRE/SP. Esta última concedeu o direito de resposta ao candidato José Serra.

[617] Um assunto correlato e interessante, ainda que não seja objeto do trabalho, foi objeto da RP 501/DF. Posição menos restritiva foi adotada pelo TSE em 2002, quando analisou se o uso de termos no linguajar nordestino pode ofender. Na RP 501/DF, incidentalmente, trouxe à baila as expressões "cabra" e "homi" e se utilizadas em propaganda eleitoral poderiam ser consideradas ofensivas. O relator entendeu que não. Tais termos seriam similares ao termo "cara" muito usado no sul do país. BRASIL. TSE. Representação nº 501/DF. Relator: Ministro Humberto Gomes de Barros. Brasília. 01 out. 2002, p.4. Julgada por unanimidade improcedente. Essa discussão é interessante porque, nas últimas eleições, as redes sociais foram infestadas de ataques à nordestinos. Disponível em: <http://hashtag.blogfolha.uol.com.br/2014/10/06/vitoria-de-dilma-no-nordeste-gera-ataques-a-nordestinos-nas-redes-sociais/>. Acesso em: 06 abr. 2015. Diogo Mainard, por exemplo, foi muito criticado em razão de suas declarações durante o programa Manhattan Connection, da Globo News, ao se referir, especialmente ao nordeste do país, dizendo que "sempre foi retrógrado, sempre foi governista e sempre foi bovino [...] uma região atrasada, pouco educada, pouco instruída [...]. A imprensa livre só existe da metade do Brasil para baixo. Tudo que representa a modernidade tá do outro lado". Após a repercussão, Mainard veio à público e pediu desculpas, dizendo que "há décadas e décadas nós usamos os termos curral eleitoral e voto de cabresto para designar compra de votos. Imaginar um nordestino num curral ou um nordestino com um cabresto não é diferente de bovino. Não pretendi em momento algum culpar a vítima da manipulação e sim quem a pratica. Só isso". Disponível em: <http://congressoemfoco.uol.com.br/noticias/mainardi-se-desculpa-com-nordestinos-nao-tive-intencao-de-ofender/>. Acesso em: 06 abr. 2015. Os vídeos estão disponíveis no mesmo link. Outras manifestações, mais agressivas, chegam até a defender a castração química de nordestinos, que seriam eleitores de Dilma, e a pedir a prisão das "secretárias do lar". Destaca-se uma carta de grupo que pretende matar "migrantes" que ameaçam o sossego da cidade de Brusque, em Santa Catarina. Matérias disponíveis em: <http://pragmatismo.jusbrasil.com.br/noticias/144283419/medicos-defendem-castra-

Pudemos observar nestes casos que, de fato, o "sabidamente inverídico", ou seja, a inverdade flagrante, óbvia, de fácil demonstração, não pode ser divulgada, sendo uma restrição legítima à liberdade de expressão no direito eleitoral brasileiro. Acusações graves, mas sem base factual mínima, também não podem ser divulgadas, em mais uma legítima restrição. A jurisprudência pátria confirma, com relação a estes pontos, que não há, no Brasil, um direito a se divulgar mentiras – ou, ao menos, um direito a se divulgar mentiras patentes – "deslavadas", no jargão popular.

1.4. Casos de Inconvencionalidade em Restrições à Liberdade de Expressão Política Durante o Período Eleitoral no Brasil

Neste ponto, realizaremos um teste de consistência e demonstraremos que os tribunais nacionais têm violado a liberdade de expressão política durante o período eleitoral, em relação aos padrões adotados pelas cortes internacionais de direitos humanos que estudamos.

Começaremos este capítulo por um dos maiores conflitos que os defensores da liberdade de expressão têm enfrentado: o caso do *hate speech*.

1.4.1. O complexo caso do *hate speech* na arena política brasileira

A liberdade de expressão é um valor tipicamente liberal, talvez o valor mais quintessencialmente liberal que há. E, no entanto, até que ponto um liberal deve aceitar discursos que solapam outros valores do liberalismo, como a igualdade, por exemplo? Até que ponto o liberalismo deve tolerar discursos contrários ao próprio liberalismo – inclusive, por exemplo, discursos discriminatórios e de ódio?

---

coes-quimicas-a-nordestinos-eleitores-de-dilma>. Acesso em: 06 abr. 2015; <http://www.brasil247.com/pt/247/midiatech/157743/Colunista-que-ataca-pobres-e-nordestinos-%C3%A9-afastado-de-jornal.htm>. Acesso em: 06 abr. 2015; e <http://atarde.uol.com.br/brasil/materias/1546974-carta-ameaca-migrantes-baianos-em-brusque>. Acesso em: 06 abr. 2015. Diversos ataques também são dirigidos aos paulistas, chamados de "burros", e "que morram todos queimados ou com a falta de água", entre outras coisas. Como se vê, as manifestações odiosas não têm limites. Disponível em: <http://www.saopaulonindependente.org/dossiecirc-do-preconceito.html> e <http://terramagazine.terra.com.br/interna/0,,OI4912532-EI6578,00-Grupo+denuncia+preconceito+contra+paulistas+na+Decradi.html>. Acesso em: 06 abr. 2015.

Vimos a posição das cortes internacionais a respeito do tópico. Passamos a analisar a postura dos tribunais nacionais, que são corretas em tese, mas inconvencionais na prática, como demonstraremos.

O discurso de ódio ou *hate speech* é entendido pela doutrina como sendo "a manifestação de valores discriminatórios, que ferem a igualdade, ou de incitamento à discriminação, à violência ou a outros atos de violação de direitos de outrem"[618].

O Brasil enfrentou a questão no famoso caso Ellwanger. Siegfried Ellwanger foi processado pelo crime de racismo, por ter editado, distribuído e vendido ao público obras[619] que continham mensagens anti-semitas, racistas e discriminatórias, procurando incitar, induzir a discriminação racial, incutindo um sentimento de ódio, desprezo e preconceito contra o povo de origem judaica[620]. Ellwanger foi absolvido em primeira instância, mas condenado, nos termos do artigo 5º, XLII, da Constituição Federal, e no artigo 20 da Lei 7.716/89, pelo Tribunal de Justiça do Rio Grande do Sul, a quatro anos de reclusão. Tendo sido seu *habeas corpus* perante o Superior Tribunal de Justiça negado, impetrou novo *habeas corpus*, desta feita perante o Supremo Tribunal Federal.

No HC nº 82.424/RS[621], Ellwanger alegou que não houve racismo e, por essa razão, não haveria a imprescritibilidade prevista no inciso XLII do artigo 5º da Constituição Federal. Defendeu que, caso o legislador quisesse condenar todas as práticas discriminatórias, não teria utilizado o termo "prática de racismo". Alegou, nesse sentido, que discrimina-

---

[618] CARVALHO RAMOS, André de. Liberdade de expressão e ideais antidemocráticos veiculados por partidos políticos – tolerância com os tolerantes? In: CARVALHO RAMOS, André de. (coord). *Temas de Direito Eleitoral no Século XXI*. Brasília: Escola Superior do Ministério Público da União, 2012, p. 18. No STF, o tema foi analisado no famoso caso Ellwanger, como estudaremos abaixo. ROTHENBURG, Walter Claudius; STROPPA, T. Liberdade De Expressão e Discriminação Preconceituosa. In: *XXIII Congresso Nacional CONPEDI/UFPB*, 2014, João Pessoa – PB. A humanização do Direito e a horizontalização da justiça no século XXI. Florianópolis – SC: CONPEDI, 2014. v. 01. p. 01-28.

[619] Obra de sua autoria: "Holocausto: judeu ou alemão?", "Nos bastidores da mentira do século" e de outras autorias nacionais ou estrangeiras como "Os Protocolos dos Sábios de Sião" de Gustavo Barroso; "Hitler – culpado ou inocente?", de Sérgio Oliveira entre outros.

[620] BRASIL. STF. *HC* nº 82.424/RS. Relator: Ministro Moreira Alves. Brasília, 17 set. 2003, fl. 535. Foi indeferido por maioria.

[621] Ibidem.

ção contra os judeus não teria conotação racial, já que judeu não é raça. Sendo reconhecido que o crime de discriminação contra os judeus não seria prática de racismo, não se aplicaria a imprescritibilidade, estando o crime prescrito. O Supremo Tribunal Federal, por oito votos a três, concluiu pela confirmação da sentença, reconhecendo a apologia do ódio contra os judeus como crime de racismo, não acobertado pela liberdade de expressão.

O ministro Moreira Alves, relator do processo, entendeu que o inciso XLII do artigo 5º da Constituição deve ser conjugado com o inciso IV do artigo 3º, que estabelece como objetivo fundamental do país, entre outros, a promoção do bem de todos, sem preconceitos de origem, raça, sexo, cor, idade e quaisquer outras formas de discriminação. No entanto, para ele, o inciso XLII, ao tratar do racismo, não considerou toda e qualquer prática discriminatória[622].

Esclareceu o ministro que, por meio da interpretação histórica, é possível encontrar a vontade do legislador originário e daí depreender que o racismo trazido no dispositivo constitucional tem o sentido de "preconceito de discriminação racial [...] contra a raça negra"[623]. Fez o ministro uma interpretação estrita do dispositivo constitucional, considerando que "judeu" não é uma raça e absolveu Ellwanger, extinguindo a punibilidade.

Salientou o ministro[624] que, se se ampliasse a interpretação do termo "racismo" contido no dispositivo constitucional de modo a abarcar "quaisquer grupos humanos com características culturais próprias", teríamos no crime de racismo um tipo penal de conteúdo aberto. O conceito de raça deveria ser compreendido, conforme o relator, como o é normalmente: há "raça branca, negra, amarela e vermelha"[625].

---

[622] Para o ministro, não está incluída no inciso a discriminação em razão da idade ou sexo. BRASIL. STF. *HC* nº 82.424-2/RS. Relator: Ministro Moreira Alves. Brasília, 17 set. 2003, p. 535.
[623] Ibidem, p. 536.
[624] Ibidem, p. 595.
[625] Ainda questiona o ministro: "O enquadramento no crime de racismo se deu também pela edição de obras que se encontram em bibliotecas e no comércio de livros, como as de Gustavo Barroso, que foi membro da Academia Brasileira de Letras, como ocorre com a 'História secreta do Brasil', em que ataca o capitalismo judaico [...]. Reeditá-la será crime, e crime imprescritível? Estará ela incluída num index de livros proibidos, de certa

O ministro Celso de Mello iniciou o seu voto ressaltando a importância da dignidade da pessoa humana e relembrando o surgimento da Alemanha nazista e a sua relevância para a construção da proteção internacional das liberdades fundamentais, culminando na Declaração Universal de Direitos Humanos[626].

Conforme Celso de Mello, o racismo "não se resume a um conceito de ordem estritamente antropológica ou biológica, projetando-se, ao contrário, numa dimensão abertamente cultural e sociológica"[627]. Na esteira de Hannah Arendt, afirmou o ministro que o racismo assume "um indisfarçável instrumento de controle ideológico, de dominação política e de subjugação social". A incitação ao ódio público não estaria abarcada pela liberdade de expressão prevista no texto constitucional, pois esta não admite manifestações revestidas de ilicitude criminal[628].

Complementou o ministro que a liberdade de expressão do pensamento não pode "legitimar a exteriorização de propósitos criminosos, especialmente quando as expressões de ódio racial – veiculadas com evidente superação dos limites da crítica política ou da opinião histórica – transgridem, de modo inaceitável" demais direitos garantidos consti-

---

forma de consequências temporais mais graves, por implicar crime, de origem religiosa?". Ibidem, p. 599-610.

[626] Asseverou o ministro que "a intolerância e as consequentes práticas discriminatórias, motivadas por impulsos racistas, especialmente dirigidos contra grupos minoritários, representam um gravíssimo desafio" para a sociedade. BRASIL. STF. *HC* nº 82.424-2/RS. Relator: Ministro Moreira Alves. Brasília, 17 set. 2003, p. 624.

[627] A ministra Ellen Gracie assevera que a "existência de raças é apenas um dos postulados da ideologia racista". Ibidem, p. 753. Ao lado da maioria, votou pela não concessão do *habeas corpus*.

[628] As obras, na visão do ministro, extrapolam "os limites da indagação científica e da pesquisa histórica, degradando-se ao nível primário do insulto, da ofensa e, sobretudo, do estímulo à intolerância e ao ódio público pelos judeus, não merecem a dignidade da proteção constitucional que assegura a liberdade de expressão". Entendeu o ministro, que a dignidade e a igualdade são "limitações externas à liberdade de expressão, que não pode, e não deve, ser exercida com o propósito subalterno de veicular práticas criminosas, tendentes a fomentar e a estimular situações de intolerância e de ódio público". Ibidem, p. 625-631. O ministro Carlos Velloso entende que a liberdade de expressão "não pode sobrepor-se à dignidade da pessoa humana", especialmente se for distorcida e desvirtuada e segue a linha defendida pelo ministro Celso de Mello acerca dos limites externos. Ibidem, p. 689.

tucionalmente. Por fim, defendeu o ministro a ponderação dos bens e valores, desde que a sua aplicação não esvazie o conteúdo essencial do direito fundamental.

Por sua vez, o ministro Carlos Ayres Britto entendeu que a publicação de um livro é um direito que exprime a liberdade de pensamento. Ayres Britto reconheceu no caso o conflito de direitos. Esses conflitos existiriam, para o ministro, em razão de uma sociedade democrática e multicultural, devendo o intérprete harmonizar os direitos em jogo, sem que, para isso, se exclua totalmente um deles[629].

O ministro Gilmar Mendes esclareceu que a vedação ao discurso de ódio surgiu exatamente da preocupação nas sociedades democráticas de analisar a liberdade de expressão e a incitação à discriminação racial, embora o *hate speech* não envolva a questão racial exclusivamente[630]. Entendeu o ministro que um livro pode ser um instrumento de discriminação racial e que, para se resolver a questão, seria necessário realizar um juízo de proporcionalidade, pois há limites à liberdade de expressão, especialmente quando se incitar a produção de uma ação ilegal e for provável que tal ação se realize. Concluiu o ministro, ao aplicar a proporcionalidade, pela prevalência da dignidade da pessoa humana[631], o pluralismo político, o princípio do repúdio ao terrorismo e racismo, bem como, por sua imprescritibilidade[632].

Assim, embora o caso Ellwanger não trate do discurso de ódio no âmbito eleitoral, o Supremo traça com base na interpretação da lei vigente que o discurso discriminatório e odioso não encontra guarida pela liberdade de expressão.

---

[629] Ibidem, p. 789-790.
[630] Apoia-se na análise de Kevin Boyle sobre o tema. Ibidem, p. 956.
[631] Schopenhauer já denunciava a "dignidade da pessoa humana" como um lugar comum retórico. Vide: SCHOPENHAUER, Arthur. *La saggezza della vita*. A cura di Leonardo Casini. Roma: Newton Compton editori, 2012, p. 116.
[632] BRASIL. STF. *HC* nº 82.424/RS. Relator: Ministro Moreira Alves. Brasília, 17 set. 2003, p. 963.

No direito eleitoral brasileiro, no entanto[633], o inciso I do artigo 243 do Código Eleitoral[634] veda a "propaganda de guerra, de processos violentos para subverter o regime, a ordem política e social ou de preconceitos de raça ou de classes", ou que estimule o "atentado contra pessoa ou bens", que provoque "à desobediência coletiva ao cumprimento da lei de ordem pública" e, ainda, a propaganda que possa "caluniar, difamar ou injuriar quaisquer pessoas[635], bem como órgãos ou entidades que exerçam autoridade pública"[636].

São encontradas também algumas outras proibições na Lei das Eleições (9.504/97), por exemplo, o artigo 40[637], que proíbe o uso de símbolos nacionais nas propagandas políticas. Já o artigo 53 da Lei das Eleições[638] proíbe qualquer tipo de censura prévia nos programas eleitorais, mas restringe, no § 1º, a propaganda que possa "degradar ou ridicularizar" candidatos. O artigo 242 do Código Eleitoral estabelece que a propaganda não deverá "empregar meios publicitários destinados a criar, artificialmente, na opinião pública, estados mentais, emocionais ou passionais"[639].

A conclusão pela proibição do discurso de ódio ou *hate speech* nas propagandas eleitorais leva em conta diversos dispositivos que devem ser interpretados em conjunto: artigos da lei específica e dispositivos da Constituição Federal.

---

[633] Para André de Carvalho Ramos: "[...] No Brasil, adotamos a visão da 'liberdade de expressão responsável', ou seja, com limites explícitos (por exemplo, a vedação do anonimato, direito de resposta, indenização proporcional ao dano) e implícitos (ponderação com os demais direitos, que, no caso da divulgação de ideias racistas, vulnera o direito à igualdade)". CARVALHO RAMOS, André de. Liberdade de expressão e ideais antidemocráticos veiculados por partidos políticos – tolerância com os tolerantes? In: __. *Temas de Direito Eleitoral no Século XXI*. Brasília: Escola Superior do Ministério Público da União, 2012, p. 19.

[634] BRASIL. Lei nº 4737, de 15 de julho de 1965. Institui o Código Eleitoral. **Diário Oficial da União**, Brasília/DF, 19 jul. 1965.

[635] Nos termos dos §§ 1º e 2º do artigo 243 do Código Eleitoral. Ibidem.

[636] Ver artigos 324 a 326 do Código Eleitoral. Ibidem.

[637] Vide artigos 40, 40-A e 40-B. BRASIL. Lei nº 9504, de 30 de setembro de 1997. Estabelece as normas para eleições. *Diário Oficial da União*, Brasília/DF, 01 out. 1997.

[638] Vide artigos 53 e 53-A. BRASIL. Lei nº 9504, de 30 de setembro de 1997. Estabelece as normas para eleições. **Diário Oficial da União**, Brasília/DF, 01 out. 1997.

[639] BRASIL. Lei nº 4737, de 15 de julho de 1965. Institui o Código Eleitoral. **Diário Oficial da União**, Brasília/DF, 19 jul. 1965.

É em uma decisão de 2012, proferida por Yhon Tostes, juiz eleitoral de Joinville (SC), que o conceito de discurso de ódio parece ficar mais claro em nosso judiciário – decisão esta que, apesar de proferida em primeira instância, é incluída aqui justamente em razão da sua importância. Analisou o juiz se uma dura crítica à exibição de um beijo entre dois homens na propaganda eleitoral do candidato à prefeito Leonel Camasão era discurso de ódio. O juiz Yhon Tostes analisou a representação movida pelo candidato contra duas notas críticas à propaganda publicadas pelo colunista João Francisco da Silva no Jornal da Cidade. No caso, com relação à homofobia[640], o trecho analisado pelo juiz foi o seguinte:

> Nojento aquele beijo *gay* exibido no programa eleitoral do Leonel Camasão, do PSOL. Tão asqueroso quanto alguém defecar em público ou assoar o nariz à mesa. Gostaria de saber qual a necessidade de exibir suas preferências sexuais em público? Para mim isso é tara, psicopatia. No mínimo falta de decoro. E a "figura" quer ser prefeito e se diz jornalista[641]

Aqui o juiz entendeu que há uma colisão entre princípios: dignidade da pessoa humana e liberdade de expressão, e questionou se "o direito constitucional de livre expressão deve sofrer limitações apenas e tão somente por contrariar posições politicamente corretas como o da proteção da dignidade dos homossexuais", e se o direito à liberdade de expressão "pode ser diminuído ou abolido diante de uma convicção pessoal de alguém (mesmo que estúpida) sobre questões ligadas à moral (homossexualidade, pornografia, etc)". E continuou com os questionamentos: "Sob

---

[640] Foram analisados dois textos: no dia 31/08 a 05/2012, coluna "Espiando a Maré". Para o juiz, é uma "crítica clara ao candidato a Prefeito e até mesmo ao Partido dos trabalhadores [...]" entendendo que o "[...] homem público precisa aprender a conviver com as críticas, por mais ácidas e duras que sejam" (p. 17). No entanto, várias frases extraídas do texto, na visão do juiz, não se ativeram à crítica ao político, à sua vida política, mas ofensas pessoais que autorizaram o direito de resposta ao requerente. BRASIL. Justiça Eleitoral de Santa Catarina (95ª Zona Eleitoral). Representação nº 391-66.2012.6.24.0095. Juiz Eleitoral: Yhon Tostes. Joinville, 14 set. 2012, p. 21-22.

[641] Ibidem, p. 23. Vide a foto do vídeo onde aparece o beijo sobre o qual versou o comentário. Disponível em: <http://g1.globo.com/sc/santa-catarina/eleicoes/2012/noticia/2012/09/candidato-do-psol-reexibe-video-com-beijo-gay-na-tv-em-joinville.html>. Acesso em 01 jul. 2015.

o ponto de vista da proteção dos direitos fundamentais, qual a diferença entre uma crítica de um beijo entre homossexuais ou um beijo excessivamente lascivo entre heterossexuais? Ou até mesmo um beijo interracial?" e "aquilo que eventualmente ofende os gostos estéticos ou morais de alguém agora não pode ser mais criticado em face de ofender o direito das minorias?"[642].

Ressaltou o juiz os prejuízos da censura, e que não é possível realizá-la em nome da "hipocrisia do 'politicamente correto'", que acaba por criar uma verdadeira "ditadura" que se esconde "sob o escudo de proteção dos 'desvalidos', 'desprotegidos' ou 'minoria'". O juiz entende que tudo o que for danoso à sociedade deve ser "restringido ou proibido, como, por exemplo, apologia ao terrorismo, homofobia, racismo, pedofilia etc". No entanto, não é o caso do artigo em questão. Para o juiz, o texto é "desagradável", "arrogante" e "agressivo", com "palavras rudes", mas não excedeu o direito à liberdade de expressão. Entendeu que não há como censurar o texto por homofobia porque, para ele, o discurso de ódio é diverso do que se foi publicado: o discurso de ódio é aquele que quer "insultar, intimidar ou assediar pessoas em virtude de sua raça, cor, etnicidade, nacionalidade, sexo ou religião, ou que têm a capacidade de instigar violência, ódio ou discriminação contra tais pessoas". Para Tostes, não se pediu o "extermínio de nenhum grupo social", mas, de forma agressiva, se opôs ao ato homossexual (beijo) durante o programa político, sendo que seria um "erro confundir isso com discurso de ódio homofóbico"[643]. Nesse caso, portanto, não houve o deferimento do pedido de resposta, prevalecendo a liberdade de expressão – decisão que nos parece correta e convencional; conquanto emitida por juiz de primeira instância.

Passemos a analisar como tem se posicionado o TSE a respeito do tema.

O Tribunal Superior Eleitoral enfrentou esse tema recentemente, nas eleições 2014. O candidato à presidência Levy Fidelix teve o pedido de sua candidatura impugnado[644] devido a discurso considerado "homofóbico".

---

[642] BRASIL. Justiça Eleitoral de Santa Catarina (95ª Zona Eleitoral). Representação nº 391-66.2012.6.24.0095. Juiz Eleitoral: Yhon Tostes. Joinville, 14 set. 2012, p. 26.
[643] Ibidem, p. 26-32.
[644] Na RP nº 1520-98, a relatora entendeu que "não se verifica nos argumentos dos autores, qualquer ação ou programa do partido – pessoa jurídica, enfatizo – que possa contrariar o

Na RP 1471-57[645], a Comissão Especial de Diversidade Sexual do Conselho Federal da Ordem dos Advogados do Brasil ajuizou representação pleiteando direito de resposta e cassação do registro da candidatura do presidenciável José Levy Fidelix Da Cruz do PRTB, em razão de "afirmações injuriosas e depreciativas contra a população LGBT, inclusive, com incitação à violência contra o seguimento de Lésbicas, Gays, Bissexuais, Travestis, Transexuais e Intersexos". Levy Fidelix teria proferido afirmações homofóbicas e discriminatórias ao responder questão sobre união de casais do mesmo sexo, e, ainda segundo a Comissão Especial de Diversidade Sexual do Conselho Federal da Ordem dos Advogados do Brasil, tais assertivas geraram "indignações na sociedade", além de que "a forma injuriosa e desrespeitosa nas declarações do candidato não se coadunam com todas as lutas vivenciadas ao longo dos anos contra o preconceito". A Comissão fundamentou o pleito nos artigos 56, parágrafo único, 59 c/c 60, inciso III da Resolução nº 23.404 do TSE[646].

O texto impugnado da campanha de Fidelix foi o seguinte:

> Aparelho excretor não reproduz. Como é que pode um pai de família, um avô, ficar aqui escorado porque tem medo de perder voto? Prefiro não ter esses votos, mas ser um pai, um avô que tem vergonha na cara, que instrua seu filho, que instrua seu neto. Vamos acabar com essa historinha. Eu vi agora o santo padre, o papa expurgar, fez muito bem, do Vaticano, um pedófilo. Está certo! Nós tratamos a vida toda com a religiosidade para que nossos filhos possam encontrar realmente um bom caminho familiar[647].

regime democrático [...], pois, repita-se, discurso de candidato não é ação ou programa de partido. Também a suposta omissão do partido na aplicação de sanção disciplinar ao candidato, porque inexistente na legislação, não é hipótese capaz de levar ao cancelamento de partido". BRASIL. TSE. Representação nº 1520-98.2014.600.0000/DF. Relatora: Ministra Maria Thereza Rocha De Assis Moura. Brasília, 06 out. 2014.

[645] BRASIL. TSE. Representação nº 1471-57.2014.600.0000/DF. Relator: Ministro Tarcisio Vieira De Carvalho Neto (decisão monocrática). Brasília, 02 out. 2014.

[646] BRASIL. TSE. Resolução nº 23.404. Brasília, 27 fev. 2014.

[647] BRASIL. TSE. Representação nº 1471-57.2014.600.0000/DF. Relator: Ministro Tarcisio Vieira De Carvalho Neto (decisão monocrática). Brasília, 02 out. 2014. O ministro endendeu que não foram juntados documentos comprobatórios da ofensa e a Comissão não teria personalidade jurídica para entrar com a representação. Ainda assim, o ministro determinou o envio de ofício ao Ministério Público Eleitoral para providências.

No âmbito da RP 1471-57, o mérito da análise do discurso de ódio não foi analisado pelo tribunal. A respeito do mesmo trecho, outras representações foram apresentadas. No âmbito das decisões monocráticas das RPs 1467-20 e 1468-05[648], o candidato não foi condenado em razão da inexistência de restrições legais aplicáveis aos debates – os ministros entenderam que as restrições alegadas aplicavam-se somente às propagandas eleitorais. Não foi, portanto, analisado se houve ou não discurso de ódio[649].

No entanto, o candidato foi condenado pela justiça comum ao pagamento de um milhão de reais por danos morais em razão do discurso acima citado[650],[651]. A inconvencionalidade da decisão pode ser verificada em razão da existência de dúvida quanto a se o discurso de Fidelix, con-

---

[648] BRASIL. TSE. Representação nº 1467-20.2014.600.0000/DF. Relator: Ministro Henrique Neves da Silva (decisão monocrática). Brasília, 08 out. 2015. A RP foi ajuizada pela candidata à presidência Luciana Genro; BRASIL. TSE. Representação nº 1468-05.2014.600.0000/DF. Relator: Ministro Henrique Neves da Silva (decisão monocrática). Brasília, 13 out. 2015. A RP foi ajuizada pelo Partido Socialista dos Trabalhadores Unificado – PSTU. Também foi ajuizada a RP 1496-70. No entanto, a representação foi extinta, diferentemente das demais, em razão da ausência de legitimidade ativa do candidato a deputado estadual pelo PSB, Vanderlei Fernandes; BRASIL. TSE. Representação nº 1496-70.2014.600.0000/DF. Relator: Ministro Antonio Herman de Vasconcellos e Benjamin (decisão monocrática). Brasília, 16 out. 2014. Todos os processos com trânsito em julgado.

[649] Na esfera criminal, o Ministério Público não deu andamento à denúncia de injúria por entender que o tipo penal exige um sujeito passivo certo para o ilícito, ou seja, não é aplicável à ofensa dirigida a uma coletividade difusa. MACEDO, Fausto; AFFONSO, Julia. "Justiça eleitoral arquiva inquérito contra Levy Fidelix". In: O Estado de São Paulo, 23 mai. 2015, Disponível em: <http://politica.estadao.com.br/noticias/geral,justica-eleitoral--arquiva-inquerito-contra-levy-fidelix,1692947>. Acesso em: 18 dez. 2015.

[650] BRASIL. Ação Civil Pública nº 1098711-29.2014.8.26.0100, da 18ª Vara Cível do Tribunal de Justiça do Estado de São Paulo. Juíza de Direito Flavia Poyares Miranda. São Paulo, 13 mar. 2015. Requerente: Defensoria Pública Do Estado De São Paulo. Requerido: José Levy Fidelix Da Cruz e Partido Renovador Trabalhista Brasileiro (PRTB).

[651] Em outra decisão, também monocrática, o ministro Herman Benjamin, na RP 1286-19, analisou a distribuição de panfletos com possível conteúdo ofensivo a homossexuais, prostitutas e usuários de drogas, que fora vinculado à foto da presidenciável Marina Silva sem autorização da candidata. Neste caso, o ministro não tratou exatamente do conteúdo, apenas reconheceu que os folhetos continham "conteúdo questionável" e que poderiam trazer prejuízos "irreparáveis" à candidata, tendo desvirtuado a realidade, podendo levar o eleitor a erro. BRASIL. TSE. Representação nº 1286-19.2014.600.0000/DF. Relator:

quanto de mal gosto, deveria estar acobertado pela liberdade de expressão política (juízo de valor?), conforme entendida pelas cortes internacionais de direitos humanos, ainda mais por se tratar de discurso realizado em campanha eleitoral. O discurso de Fidelix era a expressão de um juízo de valor[652], que não punha em risco nem a integridade nacional, nem a ordem pública, nem incitava à violência. Neste sentido, vimos os casos Desjardin e Brasilier, ambos contra a França. Ademais, a pesadíssima punição pecuniária imposta a Fidelix é inconvencional porque desencoraja de modo desnecessário a liberdade de expressão em uma sociedade democrática, e também pode gerar autocensura de quem quiser criticar a homossexualidade[653]. Em que pese o TSE não ter assumido uma posição no caso, a justiça comum impôs multa que tem impacto indireto nas campanhas eleitorais. De fato, os candidatos passam a ter que se preocupar com sanções – no caso, altíssimas – que podem ser impostas pela justiça comum na análise de danos morais coletivos, mesmo se o discurso eleitoral for considerado legítimo pela justiça eleitoral. Neste sentido, vimos o caso Tristán Donoso contra Panamá, na Corte IDH, e o caso Lingens na Corte Europeia. Aqui, vale lembrar que o Brasil é palco de inúmeras ações, multas e sanções civis e penais por conta de supostos abusos da liberdade de expressão[654], com óbvio "efeito paralisante" na socie-

---

Ministro Antonio Herman De Vasconcellos E Benjamin (decisão monocrática). Brasília, 16 set. 2014.

[652] Na linha de ROTHENBURG e STROPPA "Não se pode, no entanto, exigir que uma religião admita algo que viola seus dogmas"? Os autores relembram ainda o discurso de um deputado federal que atribuiu a disseminação da AIDS aos homossexuais ("doença gay") e ponderam que o deputado representa um ponto de vista moral e religioso. Com relação a afirmação do mesmo deputado de que crianças adotadas por pessoas do mesmo sexo seriam vítimas de violências sexuais "é mais grave e específica", podendo estar sujeita a responsabilidades ulteriores. ROTHENBURG, Walter Claudius; STROPPA, Tatiana. Liberdade De Expressão E Discriminação Preconceituosa. In: *Direitos, gênero e movimentos sociais*. I. CONPEDI/UFPB; eveline Lucena Neri, Alessandra Marchioni (Coord). Florianópolis : CONPEDI, 2014, p. 19 e 23.

[653] Destacamos os casos Erbakan, Desjardin e Tristán.

[654] Conforme menciona Chequer, de acordo com os estudos realizados pela ONG Article 19, o "Brasil é recordista em processos contra jornalistas, num grupo de cem países. Os dados apontam que exsite, em média, uma ação de indenização por danos morais contra cada jornalista brasileiro que atua em um dos cinco grandes grupos de comunicação do país (Organizações Globo, Folha, o Estado de São Paulo, Editora Três e Abril". A maioria das

dade, como dizem as cortes. Por exemplo, redes de televisão, chegaram a excluir da programação quadros humorísticos[655] para evitar as multas previstas na lei eleitoral 9504/97, servindo como verdadeiro exemplo da autocensura que as cortes desejam evitar[656].

QUADRO ANALÍTICO DO ESTUDO DA INCONVENCIONALIDADE			
Caso/Problema/ Critérios	Tribunais Nacionais	Cortes Internacionais	Conclusão
Caso	Caso Levy Fidelix RP 1471-57	Casos Erbakan v. Turquia	----
Discurso de ódio ou discriminatório	Discurso homofóbico *(ad argumentum tantum)*	Discurso xenófobo	Tanto o discurso homofóbico quanto o xenófobo são tratados como discursos de ódio por ambos os tribunais: justifica a analogia.

ações seria movida por pessoas públicas mencionadas pelos jornalistas por comportamento ilícito e corrupção. CHEQUER, Cláudio. *A Liberdade de Expressão como Direito Fundamental Preferencial* **Prima Facie**: análise crítica e proposta de revisão ao padrão jurisprudencial brasileiro. Rio de Janeiro: Editora Lumen Juris, 2011, p. 231-232.

[655] As personagens Dilmandona, José Careca e Magrina Silva do quadro humorístico do "Casseta e Planeta". Para o ministro Dias Toffoli, o "autocontrole" ocorre não em razão da lei, mas por parte dos responsáveis pelo programa. Vide voto do ministro na ADI 4451. Para nós, trata-se de verdadeira autocensura, totalmente indesejável em uma democracia, na visão das cortes internacionais de direitos humanos.

[656] Destacamos as sanções aplicadas nos casos de discurso de ódio, conteúdo rechaçado pelas cortes internacionais: No caso Erkaban v. Turquia, a pena de prisão e a multa alta foram considerados desproporcionais. Mesmo para um tipo de discurso que a Corte Europeia considera abominável, a aplicação de multas altas e prisão foram consideradas excessivas para atingir o objetivo perseguido, qual seja, proteger o direito dos outros, a democracia e a sociedade plural. Conforme ensina Claudio Grossman, multas altas, reclusão ou prisão e inabilitações podem causar o mesmo efeito dissuasivo da censura prévia. GROSSMAN, Claudio. La Libertad de Expresión en el Sistema Interamericano de Derechos Humanos. *ILSA Journal of International & Comparative Law*, v. 7, 2000-2001, 755-784, p. 776.

QUADRO ANALÍTICO DO ESTUDO DA INCONVENCIONALIDADE				
Caso/Problema/ Critérios	Tribunais Nacionais	Cortes Internacionais	Conclusão
Restrições previstas em lei interna	Sim	Sim	Tanto na Turquia quanto no Brasil há lei para restringir a liberdade de expressão nestes casos: convencional neste quesito.
Objetivo legítimo	Sim	Sim	Convencional neste quesito: proteção de direito de terceiros (igualdade/dignidade, tolerância e respeito).
Restrições necessárias e imperiosas em uma sociedade democrática	Sim *(ad argumentum tantum)*	Sim	A restrição ao discurso de ódio é reconhecida como uma necessidade imperiosa em uma sociedade democrática: convencional neste quesito.
Questões de interesse público	Sim	Sim	Temas de interesse público: convencional neste quesito.
Sanções proporcionais aos objetivos legítimos	Não (R$ 1.000.000,00) indenização civil)	Não (um ano prisão) suspensa e não cumprida, suspensão de direitos civis e políticos e multa de 200 mil liras turcas)	**INCONVENCIONAL** Ainda que seja considerado como discurso de ódio, valores altos de indenização ou multa podem gerar um efeito paralisante e inibidor na sociedade. Vide também, nesse sentido, Lopes Gomes v. Portugal, Brasilier e Desjardin v. França.

O TRE/RJ, desenvolveu um pouco mais o tema na RP 3788-97[657]. Aqui o tribunal analisou a nota publicada no jornal "O Globo", com o título o "Estado é laico", que afirmava sobre o candidato a governador do Estado do Rio de Janeiro: "Crivella, como se sabe, tem feito discursos homofóbicos"[658]. Crivella pleiteou direito de resposta à matéria, e foi concedido, a fim de que Crivella pudesse explicar melhor sua posição sobre os homossexuais. A nota fora originada a partir de opinião do candidato, externada publicamente, de que a "homossexualismo" era "pecado". Conquanto o direito de resposta tenha sido concedido a Crivella, enfatizou o relator da decisão que a crença religiosa do candidato sobre o homossexualidade, embora seja "o esteio de sua argumentação", não deveria prosperar no estado laico[659].

O desembargador Abel Gomes defendeu o direito de resposta, asseverando que, no campo político, sabendo-se que determinado candidato tem "ligação pública e notória com uma igreja evangélica", busca-se frequentemente explorar esse fato e "colocá-lo em situações melindrosas no que diz respeito à sua crença, ao lugar de onde vem, àquilo que pensa, aos princípios de sua religião e para confrontá-lo a fim de que ele caia em determinadas contradições para que tudo isso, no fundo, tenha exploração política, exploração midiática, apelo do que hoje se considera politicamente correto". Na visão de Gomes, o político também tem "suas

---

[657] BRASIL. TRE (Rio de Janeiro). RRP nº 3788-97.2014.6.19.0000/RJ. Relator: Desembargador Wagner Cinelli de Paula Freitas. Senota, 16 set. 2014. Provimento do recurso por maioria.

[658] É possível consultar a coluna de Ancelmo Gois. Disponível em: <http://oglobo.globo.com/rio/ancelmo/posts/2014/08/07/a-coluna-de-hoje-545201.asp>. Acesso em: 13 jul. 2015.

[659] Para o relator, "no Estado laico, como é o caso do Brasil desde o século XIX, assuntos de interesse social, que podem inclusive ser de grupos minoritários, não devem ser confrontados com fundamento na religião". Vale mencionar que a desembargadora Ana Tereza Basílio, no caso, defendeu que não havia qualquer problema em se considerar a homossexualidade pecado, e que, para ela, o colunista do jornal apenas retratara a realidade, de que o candidato havia feito "uma opção religiosa-política (...) de ser homofóbico", e que, inclusive, é uma posição legítima, constitucionalmente assegurada, a de se adotar uma religião que considere a homossexualidade pecado. BRASIL. TRE (Rio de Janeiro). RRP nº 3788-97.2014.6.19.0000/RJ. Relator: Desembargador Wagner Cinelli de Paula Freitas. Senota, 16 set. 2014, p. 4.

convicções religiosas" e é preciso conceder-lhe "a oportunidade de explicar o exato alcance que quis dar ao assunto, seja como pastor da fé que professa, seja como político que pretende alçar ao Governo do Estado e governar para todos, sejam católicos, evangélicos, espíritas"[660].

Mais uma vez, vemos um excesso de restrição à liberdade de expressão, desta vez, contra um jornalista, também em período eleitoral. Neste caso, há vários agravantes no direito de resposta concedido ao candidato: além de ter sido durante a campanha, ainda foi contra um jornalista, e, pior, contra um juízo de valor emitido pelo jornalista, de boa-fé, e com base fática suficiente – declarações públicas do próprio candidato. Totalmente desnecessário o direito de resposta concedido a Crivella, que teria seu horário eleitoral e outros meios para responder à opinião do jornalista, sem interferir na liberdade de expressão, e sem ganhar espaço indevido na mídia em decorrência do direito de resposta[661].

QUADRO ANALÍTICO DO ESTUDO DA INCONVENCIONALIDADE			
Caso/Problema/ Critérios	Tribunais Nacionais	Cortes Internacionais	Conclusão
Caso	Caso Crivella RP 3788-97 TRE/RJ	Casos Oberschlick v. Áustria	----
Discurso agressivo de jornalista imputando discurso de ódio ou discriminatório a candidato	Discurso homofóbico	Discurso xenófobo	Tanto o discurso homofóbico quanto o xenófobo são tratados como discursos de ódio ou discriminatórios por ambos os tribunais: justifica a analogia.

---

[660] No final, a declaração do jornalista ensejou a reforma da decisão, sendo concedido o direito de resposta ao candidato. BRASIL. TRE (Rio de Janeiro). RRP nº 3788-97.2014.6.19.0000/RJ. Relator: Desembargador Wagner Cinelli de Paula Freitas. Senota, 16 set. 2014, p. 5.
[661] Caso Castells v. Espanha e Dichand v. França.

Restrições previstas em lei interna	Sim	Sim	Tanto na Áustria quanto no Brasil há lei para restringir a liberdade de expressão nestes casos: convencional neste quesito.
Objetivo legítimo	Sim	Sim	Convencional neste quesito em razão da proteção de direito de terceiros (proteção da honra).
Restrições necessárias e imperiosas em uma sociedade democrática	Não	Não	**INCONVENCIONAL** Mera opinião com base fática suficiente contra homem público (político), que possui outros meios de rebater a acusação, durante período eleitoral.
Questões de interesse público	Sim	Sim	Temas de interesse público: convencional neste quesito.

1.4.2. Ideias discriminatórias, classistas, nazistas e apologéticas ao crime

O artigo 5º, XVII, da Constituição Federal garante a liberdade de associação para fins lícitos, vedada a de caráter paramilitar. Ainda no texto constitucional o artigo 17, repetido pelo artigo 2º da Lei dos Partidos Políticos, estabelece que "é livre a criação, fusão, incorporação e extinção de partidos políticos, resguardados a soberania nacional, o regime democrático, o pluripartidarismo, os direitos fundamentais da pessoa humana"[662].

Podemos perceber que os limites à liberdade de expressão fazem parte da própria existência de uma associação ou partido político. Quando a lei

---

[662] BRASIL. Lei nº 9096, de 19 de setembro de 1995. Dispõe sobre partidos políticos. *Diário Oficial da União*, Brasília/DF, 19 set. 1995.

estabelece condições de existência, ao mesmo tempo, impõe limites ao próprio discurso que determinado partido político pode defender: neste caso, o regime democrático, pluripartidarismo e direitos fundamentais do indivíduo. É exatamente por essa razão que um discurso discriminatório, racista ou apologético ao crime não poderia prosperar já a partir da leitura que se faz da legislação.

Nas eleições 2014, o Tribunal Regional Eleitoral paulista precisou analisar o artigo 243, I, do Código Eleitoral, que estabelece que "não será tolerada propaganda: I – de guerra, de processos violentos para subverter o regime, a ordem política e social ou de preconceitos de raça ou de classes".

A Resolução do TSE que trata da propaganda eleitoral e condutas ilícitas na campanha eleitoral nas eleições 2014 segue a mesma linha do Código Eleitoral[663], vedando a propaganda que contenha preconceito de classe.

Passamos então a analisar interessante caso recente decidido pelo TRE de São Paulo, em que o tribunal precisou avaliar a possibilidade de limitar a liberdade de expressão quando esta incitar o preconceito ou luta de classes.

Geraldo Alckmin e a coligação "Aqui é São Paulo" ingressaram com representação contra o candidato a deputado federal Toninho Ferreira e a coligação "Frente de Esquerda", pleiteando o direito de resposta contra texto falado em propaganda eleitoral. O texto impugnado foi dito durante a transmissão de uma imagem com o candidato Alckmin representado em um canteiro de obras em que se afirmava:

> Na desocupação do Pinheirinho, Alckmin demonstrou que odeia os pobres. Com muita luta, nossas casas estão sendo construídas. Moradia é um direito. Fortaleça essa luta[664].

A decisão monocrática proferida pelo desembargador relator Carlos Eduardo Cauduro Padin, apesar de não ter concedido o direito de res-

---

[663] BRASIL. Lei nº 4737, de 15 de julho de 1965. Institui o Código Eleitoral. *Diário Oficial da União*, Brasília/DF, 19 jul. 1965.
[664] BRASIL. TRE (SP). RRP nº 0004056-59.2014.6.26.0000/SP. Relator: Desembargador Carlos Eduardo Cauduro Padin. São Paulo, 29 ago. 2014, p. 3.

posta, considerou a propaganda dentre aquelas consideradas vedadas por incitar a luta de classes, suspendendo, portanto, sua exibição no horário eleitoral sob pena de multa diária de R$ 10.000,00, nos termos dos artigos 42, §§ 1º e 2º do Código Eleiroral e Resolução TSE n. 23.398/2013. Os requerentes alegaram que a propaganda era ofensiva ao candidato Alckmin, pois lhe fora atribuída "uma conduta de preconceito e aversão aos pobres". Para os requerentes, a imputação dessa conduta ao candidato tinha o objetivo de "destruir a imagem e a reputação do candidato" sendo um fato inverídico, injurioso e ultrajante.

No caso em tela, o TRE entendeu que se tratava de opinião manifestada pelo representado Toninho Ferreira, uma crítica às opções feitas pelo governo do Estado de São Paulo. Tais opções "não teriam dado a devida atenção por meio de políticas públicas e de escolhas benéficas à camada menos favorecida da população". Por isso, para o tribunal, como a declaração foi considerada uma manifestação da opinião do representado a respeito da conduta política do governador em exercício, não poderia ser considerado um "fato sabidamente inverídico". Além do mais, na visão do TRE, não houve a intenção de injuriar ou ultrajar a pessoa de Alckmin, mas mera expressão da "convicção íntima de valor" do representado, valendo-se do uso de opção linguística para mostrar sua contrariedade às opções feitas pelo governo[665].

No entanto, com relação à expressão "odiar" (no contexto da frase de que "Alckmin *odeia* pobre"), o tribunal entendeu que "incita à uma questão ideológica e a um conflito de classes de camadas sociais". Assim, apesar de não se vislumbrar o intuito injurioso ou o fato sabidamente inverídico, o uso da expressão "odiar" seria capaz de incitar "um confronto ideológico, de classes, ou uma discriminação social relativa ao *status* econômico das pessoas, o que "vai de encontro aos princípios e às vedações maiores relativas à propaganda eleitoral", sendo cabível, portanto, na visão do tribunal, a suspensão da propaganda eleitoral. Finalizou o relator dizendo que a crítica é lícita e admitida no estado democrático, e "colabora para

---

[665] BRASIL. TRE (SP). RRP nº 0004056-59.2014.6.26.0000/SP. Relator: Desembargador Carlos Eduardo Cauduro Padin. São Paulo, 29 ago. 2014, p. 5.

a dialética do processo eleitoral". Não se concedeu o direito de resposta, mas ordenou-se a suspensão da propaganda[666].

É possível depreender da leitura do acórdão que, apesar de o direito de resposta não ter sido concedido, houve uma restrição à liberdade de expressão, uma vez que a propaganda foi suspensa. Além disso, o termo "odiar" parece, a partir da leitura dada pelo tribunal, não poder figurar nos discursos proferidos na propaganda eleitoral, pois a simples menção ao termo, pelo menos no contexto analisado, incitaria a discriminação social ou a luta de classes, considerada, portanto, conduta vedada pela legislação eleitoral brasileira.

Mais uma vez, vemos uma restrição à liberdade de expressão no Brasil que é claramente inconvencional. De novo, trata-se de um caso em que há, certamente, base fática suficiente para se divulgar a mera opinião do candidato da oposição ao governo do Estado de São Paulo – a desocupação do Pinheirinho. O próprio tribunal nacional reconheceu, aliás, tratar-se de opinião, e de que o caso subjacente era real. Ademais, a propaganda ocorreu no período da campanha eleitoral, em que a liberdade de expressão deve ser reforçada, e foi proferida por um membro da oposição, em crítica ao governo. Então, porque suspender a propaganda, pelo simples uso da palavra "odeia"?[667] Ademais, "luta de classes" não pode ser um tema proibido no estado de direito. Uma coisa é defender a luta armada contra o estado democrático, o que pode ser legitimamente proibido; outra é defender que existe uma luta social entre classes, devendo o trabalhadores unirem-se para o socialismo. O Código Eleitoral não pode ser interpretado da maneira como o foi.

---

[666] BRASIL. TRE (SP). RRP nº 0004056-59.2014.6.26.0000/SP.Relator: Desembargador Carlos Eduardo Cauduro Padin. São Paulo, 29 ago. 2014, p. 5-6. O recurso foi julgado improcedente por maioria.

[667] Vide os casos Jerusalém v. Áustria e Brasilier v. França.

QUADRO ANALÍTICO DO ESTUDO DA INCONVENCIONALIDADE			
Caso/Problema/ Critérios	Tribunais Nacionais	Cortes Internacionais	Conclusão
Caso	Caso Alckmin odeia pobre RP 4056-59 TRE/SP	Casos Jerusalém v. Áustria e Brasilier v. França e outros	----
Discurso discriminatório em razão da classe social; confronto ideológico	Discurso de discriminação social	Crítica política	Todos os discursos tratam de um juízo de valor e críticas sobre a atuação do homem público durante sua gestão: justifica a analogia.
Restrições previstas em lei interna	Sim	Sim	Há leis nos países para restringir a liberdade de expressão nestes casos: convencional neste quesito.
Objetivo legítimo	Sim	Sim	Convencional neste quesito em razão da proteção de direito de terceiros (proteção da honra e igualdade).
Restrições necessárias e imperiosas em uma sociedade democrática	Não	Não	**INCONVENCIONAL** Mera opinião com base fática suficiente contra homem público (político), durante período eleitoral que possui outros meios de rebater a acusação.
Questões de interesse público	Sim	Sim	No caso brasileiro: relevância da crítica sobre a desocupação do Pinheirinho e atuação pública do politico.

QUADRO ANALÍTICO DO ESTUDO DA INCONVENCIONALIDADE			
Caso/Problema/ Critérios	Tribunais Nacionais	Cortes Internacionais	Conclusão
Juízo de valor/ opinião? Se sim, há base fática suficiente?	Sim	Sim	Todos casos versavam sobre uma opinião.
Se for juízo de valor, há base fática suficiente?	Sim	Sim	No caso brasileiro: críticas na desocupação de casas de pessoas de baixa renda.

Aliás, as eleições de 2014 foram marcadas por diversas condutas polêmicas. Dentre elas, destacamos declarações feitas pelo ex-presidente Luiz Inácio Lula da Silva e pelo candidato à presidência Aécio Neves envolvendo a banalização de acusações e comparações do adversário com nazistas[668].

Durante um comício em Recife, Lula teria afirmado que "de vez em quando, parece que estão agredindo a gente (os nordestinos), como os nazistas na Segunda Guerra Mundial". Afirmou ainda que "eles [a oposição] são intolerantes. Outro dia eu dizia para eles: Vocês são mais intolerantes que Herodes, que mandou matar Jesus Cristo com medo de ele virar o homem que virou". Por sua vez, Aécio Neves também comparou a propaganda de Dilma ao nazismo: "Ela (Dilma) pode seguir o seu marqueteiro que, na verdade, me parece o discípulo de Goebbels, o ministro da informação nazista, que dizia que uma mentira repetida mil vezes

---

[668] Aparentemente, ainda é uma arma retórica eficiente fazer analogias dos opositores com os nazistas, mais uma das encarnações da famosa falácia do *argumentum ad hittlerum*. A conhecida "Lei de Goodwin", que denuncia comparações inadequadas com o nazismo, ainda não se fez sentir no Brasil. Sobre a Lei de Goodwin, ver: WIKIPEDIA: The Free Encyclopedia. "Goodwin's Law". Disponível em: https://en.wikipedia.org/wiki/Godwin%27s_Law. Acesso em 08 nov. 2015. Ver também: VOLOKH, Eugene. Godwin's Law makes its way into California law. In: *The Washington Post*, Washington, DC, 10 jul. 2015. Disponível em: <https://www.washingtonpost.com/news/volokh-conspiracy/wp/2015/07/10/godwins-law-makes-its-way-into-california-law/>. Acesso em: 08 nov. 2015.

se transforma em uma verdade"[669]. Os discursos não foram entendidos como abusos à liberdade de expressão. Em 2006, o TSE já havia analisado situação parecida: se a frase "uma campanha de ódio, dividindo o Brasil" seria ofensiva. Para o ministro relator Marcelo Ribeiro, referida frase por si só não poderia ser entendida como injuriosa, caluniosa ou difamatória[670].

No entanto, em outra decisão, esta, sim, inconvencional, o Tribunal Superior Eleitoral decidiu de outra maneira a respeito do uso do termo "nazismo". Trecho de matéria paga que imputava prática "nazista" ao partido adversário foi entendida como suficiente para autorizar o direito de resposta ao requerente (o Partido dos Trabalhadores)[671].

O texto integral da propaganda foi o seguinte:

> E LÁ VEM O PT, CARREGADO DE ÓDIO. Em nota oficial paga, publicada ontem, o Partido dos Trabalhadores apresenta a sua mais recente mentira: a versão especialmente criada sobre a negociação da dívida mobiliária. Durante anos, todos os políticos, de todos os partidos, lutaram e sonharam com uma negociação que permitisse aos gaúchos resolver o maior problema do Governo do Estado – uma dívida astronômica que crescia 6 milhões de reais por dia, 250 mil reais por hora. O Governo do Estado discutiu durante dois anos o assunto. E conseguiu o que era buscado há tanto tempo: a dívida está renegociada. Em vez de juros diários, 6% ao ano. Um perdão de um 1,6 bilhão de reais. Recursos para que o Banrisul permaneça público. Resultado: cada gaúcho, antes da negociação, devia 1,1 mil reais e o total dela era 2,3 vezes o total da receita. E chegaria a quase 10 receitas em 10 anos se não fosse renegociada. Agora, essa dívida começará a diminuir e nos mesmos 10 anos estará perto de apenas 1 receita. E os próximos governos terão mais recursos para investir em saúde, educação e agricultura. O modo petista de odiar não aceita isso. Um processo debatido e aprovado pela Assembléia Legislativa e pelo Senado Federal é citado como 'sem consulta à sociedade'.

---

[669] Disponível em: <http://ultimosegundo.ig.com.br/politica/2014-10-16/aecio-compara--propaganda-de-dilma-a-do-nazismo.html>. Acesso em: 15 jan. 2015.

[670] BRASIL. TSE. Representação nº 1265. Relator: Ministro Marcelo Ribeiro. Brasília, 17 out. 2006. Procedência por maioria de votos.

[671] BRASIL. TSE. RESPE nº 15.376. Relator: Ministro Néri da Silveira. Brasília, 30 set. 98. Provimento parcial..

No caso do Senado, sem a discordância de nenhum dos três Senadores gaúchos, Pedro Simon, José Fogaça e Emília Fernandes. A diminuição da dívida é chamada de 'desastrosa'. Os documentos entregues pelo Governo, à Assembléia e ao Senado ao longo dos meses, com debates públicos na presença da oposição são transformados em 'só agora vindos a público'. A preservação do Banrisul como patrimônio público, custando um bilhão de reais, torna-se 'vender o Banrisul'. Tantas mentiras têm explicação fácil: o PT não consegue gostar de nada, especialmente que o Rio Grande vença, resolva seus problemas, comece a construir um novo futuro. Renegociar dívidas, trazer indústrias, distribuir recursos como nunca ao interior e à agricultura fazem bem ao Rio Grande. E por isso fazem mal ao PT. Porque o PT só tem um modo de fazer política: com ódio, muito ódio. A Coligação Rio Grande Vencedor lamenta ter que vir a público para reafirmar sua conhecida e praticada disposição de debater ideias, apresentar realizações e projetos. E para advertir o PT: o Rio Grande não vai aceitar o ódio. O Rio Grande gosta da polêmica, do debate, da firmeza das ideias. Mas tem derrotado sempre os que buscam no nazismo o que a política tem de pior: a mentira como argumento, o ódio como método. O Rio Grande quer a verdade e a essa só se chega com liberdade, tolerância e respeito aos outros. Aprende com o Rio Grande, PT[672].

Entendeu o relator que a primeira parte da propaganda versa sobre um debate de quem está no Governo e deseja a reeleição, em defesa de sua administração. A parte final, "tem derrotado sempre os que buscam no nazismo o que a política tem de pior: a mentira como argumento, o ódio como método"[673], no entanto, deveria ser analisada com cautela, "procurando distinguir a crítica própria do debate eleitoral das atitudes de natureza ofensiva". Continuou o ministro que as ofensas devem ser

---

[672] BRASIL. TSE. RESPE nº 15.376. Relator: Ministro Néri da Silveira. Brasília, 30 set. 98, p. 4-5.
[673] Colaciona o relator trecho da decisão recorrida: "[...] A referida veiculação foi extremamente prejudicial ao partido, como já dito, pela comparação infeliz feita pelos recorridos. A permanecer tal entendimento de que não houve ofensa, além de banalizar o nazismo, constitui-se ainda em propaganda positiva de tal conduta, eis que ninguém mais poderá alegar se sentir prejudicado por tal ato, mesmo que seja amplamente reprovado. Assim sendo, em face a não concessão do direito de resposta, restou violado o acima citado diploma legal, que garante cristalinamente o direito". Ibidem, p. 12.

vedadas não apenas porque são proibidas por lei, mas "porque não concorrem à melhoria dos costumes políticos, nem aos interesses maiores da democracia", fundamentada "no debate de ideias, de programas, buscando os partidos e candidatos a conquista dos sufrágios e da vitória nos pleitos, com seriedade, com o apelo à verdade e nunca pelo uso da injúria e de ofensas que nada constroem". Divergindo do ministro relator, o ministro Costa Porto, seguido pelos ministros Edson Vidigal e Eduardo Alckmin, entendeu "a frase muito bem construída: não se disse que o PT era nazista; apenas que ia buscar no nazismo um componente, o que, no meu entender, é tolerável na disputa eleitoral". No entanto, por maioria, o direito de resposta foi assegurado.

Aqui, vemos uma a decisão do TSE que, mais uma vez, foi inconvencional: mera opinião dada em período eleitoral por membro da oposição em uma democracia foi proibida[674].

1.4.3. O uso de caricaturas e desenhos animados

Se o humor em geral é bem aceito por nossos tribunais, como vimos mais acima, com relação a caricaturas e desenhos animados, no entanto, a jurisprudência nacional é mais incerta, e existem várias divergências quanto à elasticidade da liberdade de expressão, que fica mais restringida.

Há casos em que críticas realizadas por meio de *charges*, desenhos animados e outros são autorizadas pelos tribunais eleitorais. As *charges* com o intuito de fazer críticas gerais ou chamar a atenção do eleitor para votar conscientemente estão asseguradas pela liberdade de expressão, e o Tribunal Regional Eleitoral de São Paulo, em 2005, já decidira nesse sentido[675]. Outro caso do mesmo tribunal é do Recurso nº 16076 SP, em que o tribunal não concedeu direito de resposta ao candidato a governador Geraldo Alckmin em razão da veiculação de imagens de sua pessoa

---

[674] Entre outros, Jerusalém v. Áustria.
[675] BRASIL. TRE. (SP). Recurso nº 22687 SP. Relator: Paulo Dimas De Bellis Mascaretti. São Paulo, 01 fev. 2005, DOE – Diário Oficial do Estado, 15 fev. 2005, p. 107. O caso analisa a propaganda irregular e a aplicação do art. 72 da Res. TSE 21610 de 05.02.2004, mas também verifica se a *charge* com caricaturas veiculadas em coluna de jornal configura excesso à liberdade de expressão. BRASIL. TRE. (SP). Recurso nº 22687 SP. Relator: Paulo Dimas De Bellis Mascaretti. São Paulo, 01 fev. 2005, DOE – Diário Oficial do Estado, 15 fev. 2005, p. 107, p. 3-5.

com efeito especial de ficar com as bochechas avermelhadas, sugerindo que Alckmin estivesse "envergonhado" diante de seus correligionários. Apesar de que as imagens pudessem dar "uma impressão desfavorável ao candidato", não o difamou e nem injuriou, segundo o tribunal, reforçando a ideia de que o homem público está mais sujeito a críticas e conceitos depreciativos envolvendo sua conduta administrativa "sem que isso importe, só por si, ofensa à honra pessoal"[676].

Há amplas ocasiões também, no entanto, em que os tribunais decidem de modo diverso casos bastante semelhantes. Por exemplo, o TSE decidiu que a caricatura de Aécio Neves, em desenho animado, com bico de tucano, tinha caráter ofensivo e injurioso, e concedeu direito de resposta ao requerente em fase de recurso. O Tribunal Regional Eleitoral de Minas Gerais tinha entendido não existir elementos que caracterizassem a calúnia, injúria, difamação ou fato sabidamente inverídico, mas que a propaganda veiculada ridicularizava o candidato. Tal conduta violaria o disposto no artigo 58 da Lei 9504/97. Por unanimidade, o TSE entendeu que houve violação ao disposto no inciso IV do artigo 51, da Lei 9504/97, pois a propaganda mostrava uma caricatura do candidato com bico de tucano, o chamava de "bonitinho", e, ao final, a caricatura saía correndo gritando "meus sais". Para o TSE, a propaganda tinha conotação injuriosa, podendo o candidato "ter interesse de refutar essa imagem"[677]. Segundo o TSE, o uso de caricaturas (ou imagens caricaturais) está sujeita à limitação desde que "denigra, ofenda ou desestabilize o indivíduo psicologicamente, politicamente etc". No mesmo sentido já decidiu também o STJ, mas fora do período eleitoral[678].

---

[676] BRASIL. TRE. (SP). Recurso nº 16076 SP, Acórdão nº 137232. Relator: Juiz José Reynaldo Peixoto de Souza. São Paulo, 18 set. 2000, publicado sessão 19 set. 2000, p. 2-3. Recurso improvido por unanimidade.

[677] BRASIL. STF. RESPE nº 20.262 MG. Relator: Ministro Fernando Neves. Brasília, 30 set. 2002, publicado sessão 01 out. 2002, p. 3-4.

[678] Neste sentido, o STJ julgou pedido de indenização por danos morais formulado pelo político Rafael Valdomiro Greca de Macedo contra a "Editora Hoje Ltda.", sob a alegação de que foram veiculadas, em seu jornal "Impacto Paraná", "diversas imagens de sua pessoa, de forma distorcida, bem como várias notas maldosas e caricaturas, com o propósito doloso de desestabilizá-lo pessoal, política e até psicologicamente". O pedido foi concedido pelo STJ. BRASIL. Superior Tribunal de Justiça. 4ª Turma. Recurso Especial nº 401348 PR, Ac. 2001/0196963-7, Relator: Ministro BARROS MONTEIRO. Brasília, 04 nov. 2003.

QUADRO ANALÍTICO DO ESTUDO DA INCONVENCIONALIDADE			
Caso/ Problema/ Critérios	Tribunais Nacionais	Cortes Internacionais	Conclusão
Caso	Caso Bico de Tucano RP 20.262 TRE/MG	Caso Mamère v. França, Grinberg v. Rússia, Urbino Rodrigues v. Portugal, Roseiro Bento v. Portugal, Almeida Azevedo v. Portugal	----
Caricaturas, desenhos e charges	Humor/ Discurso ofensivo	Humor/Discurso ofensivo	Todos os discursos versam sobre humor com a imputação de expressões ou termos ofensivos ao homem público: justifica a analogia.
Restrições previstas em lei interna	Sim	Sim	Há previsões em lei nos países para restringir a liberdade de expressão nestes casos: convencional neste quesito.
Objetivo legítimo	Sim	Sim	Convencional neste quesito em razão da proteção de direito de terceiros (proteção da honra e reputação).
Restrições necessárias e imperiosas em uma sociedade democrática	Não	Não	**INCONVENCIONAL** O humor pode ser exagerado, provocativo e irreal, razão pela qual deve ser mais tolerado; o homem público está mais sujeito à crítica contundente, especialmente durante período eleitoral, já que possui outros meios de rebater a acusação.

QUADRO ANALÍTICO DO ESTUDO DA INCONVENCIONALIDADE			
Caso/ Problema/ Critérios	Tribunais Nacionais	Cortes Internacionais	Conclusão
Questões de interesse público	Sim	Sim	Crítica política: afirmar que determinado candidato não é adequado para exercer a função pública.
Juízo de valor/ opinião? Se sim, há base fática suficiente?	Sim	Sim	---
Se for juízo de valor, há base fática suficiente?	Sim	Sim	No caso brasileiro: o tucano é o símbolo do partido do candidato em questão; para a Corte Europeia, é possível chamar homem público de "figura sinistra", pior do que "bonitinho".

Outro caso interessante a respeito de *charges*, analisado em abril/2015 pelo TRE/SP, foi o Recurso Criminal 231-28.2013.6.26.0070. Aqui, foi veiculado no jornal "Diário de Marília", durante a campanha eleitoral de 2012, *charge* em que:

> a justiça eleitoral é representada como uma mulher cega, a qual questiona: "Com um patrimônio de 76 mil, como o sr. vai gastar 5 milhões na campanha?" Ao lado, há caricatura do então candidato Dias Toffoli, vestindo camiseta com a sigla "PT", na janela de uma casa cujo número é "171" [artigo do estelionato no Código Penal brasileiro]. Ele responde à justiça: "A senhora não vai acreditar mas nasceu uma árvore de dinheiro aqui no fundo de casa." Na direita da figura, há uma árvore cujas folhas são notas de dinheiro, sendo regada com um regador com a sigla "DF" e, no canto inferior direito, um pequeno rato fala "o povo paga tudo!"[679].

[679] BRASIL. TRE. (SP). Recurso nº 231-28.2013.6.26.0070, Marília/SP. Relator: Desem-

Para o TRE/SP, as imagens e frases macularam a dignidade do, então, candidato. O objetivo, para a maioria do tribunal foi o de "depreciar" a imagem do candidato, insinuando a prática de estelionato com desvio do dinheiro público. Nos termos da sentença recorrida, entendeu o tribunal que não se trata de censura ou cerceamento da liberdade de imprensa, mas de balanceamento do denominado "princípio da informação responsável", *i.e.*, "ausência de destaques escandalosos, difamantes e sensacionalistas". Para a relatora, é preciso diferenciar a crítica política do crime, e, ainda assinalou que o conteúdo das *charges* "é apto a confirmar a prática do crime de injúria"[680]. No mesmo sentido decidiu o TRE/SP em 2014, em caso em que uma propaganda se valia de desenho animado para retratar candidato comparando-o ao Pinóquio[681].

bargadora Diva Malerbi. São Paulo: 14 abr. 2015. Voto-Vista do Juiz André Lemos Jorge, p. 1-2. Provimento ao recurso por maioria mantendo a tipificação descrita no artigo 326 do Código Eleitoral.

[680] Assim, as imagens, conforme a relatora, ao caracterizar o candidato como estelionatário, "macula a [sua] dignidade", ao fazer referência ao artigo 171 do Código Penal e à ideia de desvio de dinheiro público com um ratinho dizendo "o povo paga tudo". Além disso, a intenção eleitoral ficou clara, na visão da relatora, já que o proprietário do jornal é o candidato adversário vencedor. Os demais julgadores seguiram a relatora. O voto vencido contrário proferido por Alberto Zacharias Toron, no entanto, enfatizou que a charge "mesmo que desfavorável e de duvidoso gosto não traduz injúria, uma vez que representa críticas e insinuações, que não extrapolam a liberdade constitucional de expressão, não sendo suficientes para ensejar a caracterização do delito". Esclareceu ainda o magistrado que a ofensa à honra da pessoa pública passa pelo "crivo do cidadão, devendo o seu titular estar preparado para avaliações mais ou menos no exercício de seu mandato". As charges em análise possuem "críticas contundentes", mas configuram o delito. BRASIL. TRE. (SP). Recurso nº 231-28.2013.6.26.0070, Marília/SP. Relator: Desembargadora Diva Malerbi. São Paulo: 14 abr. 2015.

[681] BRASIL. TRE. (SP). Recurso nº 41395. Relator: Luiz Guilherme Da Costa Wagner Junior. São Paulo, 10 abr. 2014.

QUADRO ANALÍTICO DO ESTUDO DA INCONVENCIONALIDADE			
Caso/Problema/ Critérios	Tribunais Nacionais	Cortes Internacionais	Conclusão
Caso	Caso Toffoli e o gasto de campanha Rec. Crim. 231-28 TRE/SP	Caso Mamère v. França, Grinberg v. Rússia, Urbino Rodrigues v. Portugal, Roseiro Bento v. Portugal, Almeida Azevedo v. Portugal	----
Caricaturas, desenhos e charges	Humor/ Discurso ofensivo	Humor/Discurso ofensivo	Todos os discursos versam sobre humor com acusações graves ao homem público: justifica a analogia.
Restrições previstas em lei interna	Sim	Sim	Há previsões em lei nos países para restringir a liberdade de expressão nestes casos: convencional neste quesito.
Objetivo legítimo	Sim	Sim	Convencional neste quesito em razão da proteção de direito de terceiros (proteção da honra e reputação).
Restrições necessárias e imperiosas em uma sociedade democrática	Não	Não	**INCONVENCIONAL** O humor pode ser exagerado, provocativo e irreal, razão pela qual deve ser mais tolerado; o homem público está mais sujeito à crítica contundente, especialmente durante período eleitoral, já que possui outros meios de rebater a acusação.

| QUADRO ANALÍTICO DO ESTUDO DA INCONVENCIONALIDADE ||||
Caso/Problema/ Critérios	Tribunais Nacionais	Cortes Internacionais	Conclusão
Questões de interesse público	Sim	Sim	No caso brasileiro: crítica política: questionar a origem do dinheiro usado durante a campanha eleitoral.

O TRE/SP, na RP 30755, entendeu que a sátira "ofensiva" não deve ser aceita. Foi analisado o seguinte texto, que, na propaganda em questão, era acompanhado de imagens caricaturais de candidato opositor sentado com pés sobre uma mesa sem fazer nada, enquanto viravam páginas do calendário:

> Pegue uma calculadora. O próximo prefeito vai ficar 4 anos no comando da cidade. Cada ano tem 365 (trezentos e sessenta e cinco) dias. Então são: 1460 (mil quatrocentos e sessenta) dias. Mas espere aí. 2012 é ano bissexto. Então, os próximos 4 (quatro) anos terão 1461 (mil quatrocentos e sessenta e um) dias. Agora imagine votar em um candidato que acorda às 9:00 horas da manhã e com um plano de governo com poucas coisas para fazer. Não troque o certo pelo duvidoso. Vote Nucci. Vote 15[682].

O juiz relator do processo iniciou seu voto lembrando que o objetivo da propaganda eleitoral é o de "dar notoriedade ao programa de governo e à ideologia dos partidos políticos e de seus candidatos aos eleitores", devendo ser permeada pelos "princípios da ética e respeitados os limites impostos pela lei, a fim de garantir a igualdade de oportunidades entre os concorrentes ao pleito eleitoral". O relator esclareceu que, durante a leitura do texto, aparecem "desenhos de cálculos", "calendários sendo ultrapassados", mostrando, no final, um desenho de "um personagem representando o candidato Pedro Eliseu Filho, sentando com o pé em cima de uma mesa, rodeado de mosquitos, numa sala bagunçada". Afirmou o

---

[682] BRASIL. TRE (SP). RRP nº 30755. Relator: Juíz Paulo Henrique Lucon. São Paulo, 03 out. 2008, p. 4. Negado provimento do recurso por votação unânime.

relator que a propaganda, além de criticar a "viabilidade das propostas oferecidas" pelo candidato oponente, ainda versava sobre "sua higiene pessoal, capacidade de organização e personalidade". Apesar do uso de sátira, segundo o relator, foram excedidos "os limites aceitáveis da crítica política e da ética, abalando, por conseguinte, o princípio da igualdade de oportunidades que deve existir entre os candidatos". Além disso, veiculou-se propaganda contendo fato ofensivo à reputação do candidato com o objetivo de difamá-lo e injuriá-lo[683]. Mais uma decisão inconvencional: além de reconhecidamente se tratar de crítica política em período eleitoral, ignorou-se totalmente o *animus iocandi*, exagerado, satírico.

QUADRO ANALÍTICO DO ESTUDO DA INCONVENCIONALIDADE			
Caso/ Problema/ Critérios	Tribunais Nacionais	Cortes Internacionais	Conclusão
Caso	Caso Nucci RP 30755 TRE/SP	Urbino Rodrigues v. Portugal, Roseiro Bento v. Portugal, Almeida Azevedo v. Portugal	----
Caricaturas, desenhos e charges	Humor/ Discurso ofensivo	Humor/Discurso ofensivo	Todos os discursos versam sobre humor com a imputação de expressões ou termos ofensivos ao homem público: justifica a analogia.
Restrições previstas em lei interna	Sim	Sim	Há previsões em lei nos países para restringir a liberdade de expressão nestes casos: convencional neste quesito.

[683] BRASIL. TRE (SP). RRP nº 30755. Relator: Juíz Paulo Henrique Lucon. São Paulo, 03 out. 2008, p. 2-6.

ANÁLISE IN ABSTRACTO E IN CONCRETO DOS LIMITES DA LIBERDADE DE EXPRESSÃO...

QUADRO ANALÍTICO DO ESTUDO DA INCONVENCIONALIDADE			
Caso/ Problema/ Critérios	Tribunais Nacionais	Cortes Internacionais	Conclusão
Objetivo legítimo	Sim	Sim	Convencional neste quesito em razão da proteção de direito de terceiros (proteção da honra e reputação).
Restrições necessárias e imperiosas em uma sociedade democrática	Não	Não	**INCONVENCIONAL** O humor pode ser exagerado, provocativo e irreal, razão pela qual deve ser mais tolerado; o homem público está mais sujeito à crítica contundente, especialmente durante período eleitoral, já que possui outros meios de rebater a acusação. No caso brasileiro, a propaganda sugeriu que o candidato era desorganizado, desleixado e não tinha propostas, e foi julgada ofensiva. Em contraste, no caso português, a CEDH entendeu que "hálito político fétido", tolo, boçal não são ofensivos.
Questões de interesse público	Sim	Sim	No caso brasileiro: Crítica política: questionar o plano raso do candidato e sua disposição para o trabalho e organização e higiene não é ofensivo.

Assim, a paródia ou a sátira podem veicular críticas e, por essa razão, não deveriam ser proibidas, inclusive sob pena de inibir a imaginação nas campanhas eleitorais. Mas há limites, para o TSE: não poder existir caráter ou feição degradante ou ofensiva. Em mais um caso inconvencional, fazer uma *charge* com uma "mamadeira, que induz o entendimento corrente da 'mamata', enquanto uso indevido de valores ou dinheiros públicos", também foi entendida como degradante e proibida pelo TSE no REspe nº 20461/AgRgMc nº 1121-26/DF de 26/09/2006[684].

1.4.4. O problemático conteúdo "ofensivo"

O conteúdo considerado "ofensivo" é o principal foco de inconvencionalidade nos julgados sobre liberdade de expressão política em período eleitoral que encontramos. É verdade que se trata de uma questão difícil: é justamente na ofensa que surge a violação à liberdade de expressão que mais se agride a honra, a reputação e a dignidade das pessoas, e é, portanto, natural que neste limite surjam os principais e mais complexos conflitos.

A ofensa é caracterizada pela veiculação de fatos caluniosos, difamatórios, injuriosos e de fatos sabidamente inverídicos.

Na Representação 352535/DF, o Tribunal Superior Eleitoral entendeu que a crítica, ainda que vise a ser realmente ácida, não pode se valer de linguagem grosseira. Assim, o conteúdo grosseiro não pode figurar nas propagandas eleitorais. No caso analisado, a coligação "O Brasil Pode Mais" e José Serra ajuizaram representação contra a coligação "Para o Brasil Seguir Mudando" e Dilma Rousseff, afirmando que houve violação do artigo 53 da Lei nº 9.504/97 na propaganda da candidata. O trecho impugnado foi o seguinte: "O Serra abandonou a prefeitura de São Paulo, escapuliu pra governador, verdade. Chegando lá fugiu também, esse tal

---

[684] BRASIL. TSE. RESPE nº 20461 e AgRgMC nº 1121-26/DF. Relator: Ministro Luiz Carlos Lopes Madeira. Brasília, 26 set. 2002. Nos precedentes Respe nº 20462 a Respe nº 20474, Respe nº 20477, nº 20481 e nº 20482 em que se analisou a paródia feita por comediante famoso interpretando um político corrupto que era candidato, o Tribunal entendeu ter sido ofendida a honra do político, devido ao deboche e a ridicularização destinados ao candidato.

de Serra não trabalha pra ninguém. Só deu pedágio caro e **porrada** em professor. Presidente, não senhor" (negrito nosso)[685].

No caso em tela, alegaram os representantes que a locução excedeu "todo e qualquer limite do debate político, para se adentrar no achincalhe, no deboche, no aviltamento do comportamento alheio. É narrar o comportamento alheio de forma desrespeitosa, ridicularizando e degradando a conduta atribuída ao adversário político, usando termos que se não coadunam com a moral e os bons costumes"[686].

Entendeu o ministro relator que a locução "só deu pedágio caro e porrada em professor" continha linguagem que "extrapola os limites dos bons costumes que devem ser observados não apenas por força do art. 53, § 2º, da Lei 9.504/97, mas, principalmente, pelas regras de convivência e urbanidade", mantendo a liminar que já fora concedida para suspender a propaganda. Resgatou o conceito de "grosseria" trazida em dicionários de língua portuguesa, que seria compreendida como sendo algo "grosseiro, baixo, rude". Para o ministro, "não há negar que o vocábulo não possui, em si, grande potencial ofensivo, pois é comumente utilizado em diversas regiões do País e, muitas vezes, surge na programação de televisão ou em músicas", mas porém, apesar disso, a propaganda eleitoral não deveria "ser produzida em termos chulos e grosseiros", transparecendo uma "ideia de agressão corporal, praticada pelo candidato em professores". Considerou ainda o relator a posição das representadas de que a propaganda narrou "o comportamento alheio de forma desrespeitosa, ridicularizando e degradando a conduta atribuída ao adversário político, usando termos que não se coadunam com a moral e os bons costumes". Decidiu que houve "degradação e ridicularização", estabelecendo como sanção vetar a retransmissão da inserção descrita no relatório, e também impor à representada a perda do tempo de 1 (um) minuto e 30 (trinta) segundos no programa seguinte à sentença[687]. Mais uma decisão inconvencional: o mero uso de "porrada" não deveria ser suficiente para restringir a liberdade de expressão, ainda mais, em contexto eleitoral. Vimos

---

[685] BRASIL. TSE. Representação nº 352535/DF. Relator: Henrique Neves da Silva. Brasília, 21 out. 2010, p. 2. Procedente por unanimidade.

[686] Vide alegações das representadas. Ibidem, p. 3.

[687] BRASIL. TSE. Representação nº 352535/DF. Relator: Henrique Neves da Silva. Brasília, 21 out. 2010, p. 4-10.

que as cortes internacionais não costumam se impressionar, nem mesmo, com termos até mais baixos e agressivos.

QUADRO ANALÍTICO DO ESTUDO DA INCONVENCIONALIDADE			
Caso/Problema/ Critérios	Tribunais Nacionais	Cortes Internacionais	Conclusão
Caso	Caso porrada em professor RP 352535 TSE	Urbino Rodrigues v. Portugal, Roseiro Bento v. Portugal, Almeida Azevedo v. Portugal	----
Discurso ofensivo	Discurso ofensivo	Discurso ofensivo	Todos os discursos versam sobre imputação de expressões ou termos ofensivos e grosseiros (xingamentos) ao homem público: justifica a analogia.
Restrições previstas em lei interna	Sim	Sim	Há previsões em lei nos países para restringir a liberdade de expressão nestes casos: convencional neste quesito.
Objetivo legítimo	Sim	Sim	Convencional neste quesito em razão da proteção de direito de terceiros (proteção da honra e reputação).
Restrições necessárias e imperiosas em uma sociedade democrática	Não	Não	**INCONVENCIONAL** O homem público está mais sujeito à crítica contundente, especialmente durante período eleitoral, já que possui outros meios de rebater a acusação.

QUADRO ANALÍTICO DO ESTUDO DA INCONVENCIONALIDADE			
Caso/Problema/ Critérios	Tribunais Nacionais	Cortes Internacionais	Conclusão
Questões de interesse público	Sim	Sim	Crítica política: No caso brasileiro: questionar opções do candidato durante sua gestão quanto à cobrança de pedágio e o tratamento dado a determinada categoria profissional foi considerado ofensivo pelo uso do termo "porrada". Em contraste, na CEDH, termos como "boçal", "alarve", "fascista", "grotesco" e outros não foram entendidos como ofensivos o bastante para justificar restrição em sociedade democrática.

Xingamentos também não são aceitáveis, e são considerados ofensivos. Em posição semelhante, o TRE/SP seguiu na linha de retirar vídeo com conteúdo ofensivo no RRP 4031-46[688]. Aqui, o tribunal analisou se a propaganda era negativa, com conteúdo e expressões pejorativas ofensivas e tratamento jocoso e de ridicularização do candidato. As expressões utilizadas e impugadas foram as seguintes:

> Tá vendo essa foto? Tá vendo essa foto? [imagem do recorrido] Isso é um canalha! Isso é um pilantra, isso é um safado, e quem vota em safado é tão safado quanto ele![689]

---

[688] BRASIL. TRE (SP). RRP nº 4031-46.2014.6.26.0000/SP. Relatora: Juíza Claudia Lucia Fonseca Fanucchi. São Paulo, 12 set. 2014. Provimento negado por unanimidade.
[689] Ibidem, p. 4.

A relatora entendeu que o "tratamento ofensivo e jocoso, com ridicularização do candidato" é patente, sendo difícil "defender ter havido mera crítica à figura pública ou legítima manifestação de pensamento". Além disso, aplicando o Código Eleitoral, a relatora entendeu que não se pode tolerar qualquer propaganda que calunie, difame ou injurie pessoas, órgãos ou entidades que exerçam autoridade pública[690]. Entendeu ainda que, nesse caso, houve ofensa aos direitos individuais do recorrido (da intimidade, da vida privada, da honra e da imagem pessoal, nos termos da CF, art. 5º, X), transbordando o livre exercício da liberdade constitucional. Para a ministra, se a mensagem exceder "à mera crítica ou sátira política", a propaganda eleitoral é "negativa" e não pode ser mantida[691].

Nesse mesmo sentido, na RP 4074-80[692], o TRE/SP decidiu em favor de se limitar a liberdade de expressão quando aparecer expressões ofensivas. As expressões analisadas aqui foram: "Telhada – vereador sem noção"; "Sr. Telhada vá para o INFERNO"; "Safado"; "Canalha"; "Pilantra"[693].

---

[690] Lei 4.737/65, art 243, IX. BRASIL. Lei nº 4737, de 15 de julho de 1965. Institui o Código Eleitoral. *Diário Oficial da União*, Brasília/DF, 19 jul. 1965.

[691] Também nesse sentido: Rp 1975-05/DE, Rel. Min. Henrique Neves, PSESS de 2.8.2010 e AgRg-AI 800533, Rel Min. Nancy Andrighi, DJe de 20.5.2013; AgRgAI nº 4224, Rel. Min. José de Castro Meira, DJE 14.10.2013. TRE-SP, RE nº 20.385, Rel. Clarissa Campos Bernardo, DJ 25.10.2012 e TRE/SP, RE nº 34.522, Rel. Clarissa Campos Bernardo, DJ 20.08.2012. Neste último, se há a intenção de ofender (calúnia, difamação, injúria e relato de fato sabidamente inverídico) há o extrapolamento da liberdade de expressão. BRASIL. TRE (SP). RRP nº 4031-46.2014.6.26.0000/SP. Relatora: Juíza Claudia Lucia Fonseca Fanucchi. São Paulo, 12 set. 2014, p. 5-6.

[692] BRASIL. TRE (SP). RRP nº 4074-80.2014.6.26.0000/SP. Relatora: Juíza Claudia Lucia Fonseca Fanucchi. São Paulo, 12 set. 2014. Provimento negado por unanimidade.

[693] Citado os precedentes Rp nº 1975-05/DE, Rel. Min. Henrique Neves, PSESS de 2.8.2010 e AgRg-AI 800533, Rel. Min. Nancy Andrighi, DJe de 20.5.2013 e RRP nº 4031-46.2014.6.26.0000, DJ 27.08.2014, este último já analisado neste trabalho. Ibidem, p. 5-6.

QUADRO ANALÍTICO DO ESTUDO DA INCONVENCIONALIDADE

Caso/Problema/ Critérios	Tribunais Nacionais	Cortes Internacionais	Conclusão
Caso	Caso Sr. Telhada RP 4074-80 TRE/SP e RRP 4031-46 TSE	Caso Grinberg v. Rússia, Urbino Rodrigues v. Portugal, Roseiro Bento v. Portugal, Almeida Azevedo v. Portugal, Tammer v. Estônia, Lingens v. Áustria	----
Discurso ofensivo	Discurso ofensivo	Discurso ofensivo	Todos os discursos versam sobre imputação de expressões ou termos ofensivos e grosseiros (xingamentos) ao homem público: justifica a analogia.
Restrições previstas em lei interna	Sim	Sim	Há previsões em lei nos países para restringir a liberdade de expressão nestes casos: convencional neste quesito.
Objetivo legítimo	Sim	Sim	Convencional neste quesito em razão da proteção de direito de terceiros (proteção da honra e reputação).
Restrições necessárias e imperiosas em uma sociedade democrática	Não	Não	**INCONVENCIONAL** O homem público está mais sujeito à crítica contundente, especialmente durante período eleitoral, já que possui outros meios de rebater a acusação.

QUADRO ANALÍTICO DO ESTUDO DA INCONVENCIONALIDADE			
Caso/Problema/ Critérios	Tribunais Nacionais	Cortes Internacionais	Conclusão
Questões de interesse público	Sim	Sim	Crítica política: No caso brasileiro: Termos como "sem noção", "vá para o inferno", "safado", "canalha", "pilantra" foram entendidos como ofensivos o bastante para restringir a liberdade de expressão. Em contraste, na CEDH, termos como "boçal", "alarve", "fascista", sem vergonha e sem escrúpulos, "grotesco" e outros não foram entendidos como ofensivos o bastante para justificar restrição em sociedade democrática.

Mais grave do que o uso de uma linguagem grosseira é imputar ao candidato a prática de agressões físicas, tidas como ofensivas, mesmo se verdadeiras. O TSE analisou a posição do TRE/SP a respeito na RP 8005-33. Em 2010, o Tribunal Regional paulista havia responsabilizado a Google por não retirar do ar propaganda em que aparecia candidato José de Paula Neto (Netinho) com sons associados ao boxe, insinuando a imagem de um ringue em que o Netinho agredia um repórter humorista, sobrepondo-se também a imagem da ex-esposa do candidato. O candidato alegou que a imagem alcançava "proporções exacerbadas" em razão de sua notoriedade como artista, prejudicando sua candidatura, bem como sua vida familiar e profissional de forma agressiva.

O desembargador relator do TRE/SP, Mário Devienne Ferraz, entendeu que o vídeo fazia uso de montagem e trucagem com conteúdo ofensivo "porque atribui ao candidato representante a prática de agressões físicas contra mulher e repórter humorístico famoso na mídia". O caráter ofensivo, para o relator, estava voltado à prática de conduta ilegal, violando o artigo 245, IX do Código Eleitoral, artigo 45, II, da Lei nº 9.504/97 e artigo 14, IX, da Resolução TSE nº 23.191/09. Além disso, para desembargador, não existia na proibição "controle prévio de conteúdo das programações". Não seria aceitável conceder "liberdade para prosseguir veiculando propaganda ou vídeos com ofensas ou conteúdo negativo" devido a "outras garantias constitucionais para proteção da dignidade e da honra das pessoas". Ao tratar da restrição da liberdade na internet, afirmou o ministro que "exatamente para manutenção das liberdades é que são necessárias medidas de contenção de abusos e excessos, as quais também estão sujeitas a controles, mas não podem simplesmente ser ignoradas ou postergadas apenas por interesse econômico"[694].

No âmbito do TSE, a análise seguiu a mesma linha. No que diz respeito ao conteúdo, o que nos interessa para esse trabalho, a ministra relatora entendeu que o TRE/SP agiu corretamente, pois "a irregularidade consiste na divulgação, em sítio da internet, de material calunioso e ofensivo contra a honra e a dignidade dos representados, conduta vedada pelo art. 14, IX, da Res.-TSE 23.19112010, e que transborda o livre exercício da liberdade de expressão e de informação". Afirmou, por fim, que "a livre manifestação do pensamento, a liberdade de imprensa e o direito de crítica não encerram direitos ou garantias de caráter absoluto"[695], razão pela qual não conheceu do recurso.

Este caso é particularmente interessante ao trabalho por se tratar da proibição, em período eleitoral, da divulgação de informações que certamente possuem base fática suficiente, sendo que a agressão de Netinho ao repórter humorístico havia sido gravada por câmeras de televisão – ao vivo e a cores, com dizem – e também é fato notório e amplamente divulgado na imprensa que o candidato, em diversas ocasiões, agrediu a esposa. Como vimos, no entendimento das cortes internacionais, a verdade sempre pode ser divulgada, ainda que diga respeito à vida particu-

---

[694] BRASIL. TRE. (SP). Representação nº 800533. Relator: Desembargador Mário Devienne Ferraz. São Paulo, 12 nov. 2010. Disponível em: http://www.tse.gov.br/sadJud-SadpPush/ExibirPartesProcessoJud.do. Acesso em 16 mar. 2015.
[695] BRASIL. TSE. AgRgAI nº 8005-33.2010.626.0000/SP. Relator: Ministra Fátima Nancy Andrighi. Brasília, 18 abr. 2013, publicado em DJE 20 mai. 2013, p. 5.

lar dos políticos; afinal, é importante ao eleitor ter ciência desses fatos para poder refletir sobre seus candidatos – especialmente, em período de eleições[696],[697].

\multicolumn{4}{c	}{QUADRO ANALÍTICO DO ESTUDO DA INCONVENCIONALIDADE}
Caso/Problema/ Critérios	Tribunais Nacionais	Cortes Internacionais	Conclusão
Caso	Caso Netinho de Paula RP 8005-33	Casos Schwabe v. Áustria Fontevecchia v. Argentina Tammer v. Estônia	----
Prática de conduta ilegal	Discurso humorístico/ ofensivo	Discurso humorístico/ ofensivo	Todos os discursos versam principalmente sobre a imputação de práticas de conduta ilegal ao homem público: justifica a analogia.
Restrições previstas em lei interna	Sim	Sim	Há previsões em lei nos países para restringir a liberdade de expressão nestes casos: convencional neste quesito.

[696] Vide os casos Schwabe v. Áustria e Ricardo Canese v. Paraguai.

[697] Também conforme nossa melhor doutrina, "é induvidoso que interessaria aos eleitores bem intencionados conhecer algumas peculiaridades acerca da intimidade do destinatário de seus votos, de sorte que a cidadania seja exercida com grau maior de consciência e responsabilidade. Ocioso dizer que isso é vital para a democracia. Há fatos ocorridos na esfera íntima de um candidato que eventualmente podem esclarecer o eleitorado, pois deixam entrever sua cosmovisão e a direção que provavelmente imprimirá ao mandato caso seja eleito. (...) Imagine-se (...) alto agente político que seja toxicômano, alcoólatra, desonesto em suas relações privadas, que surre seu cônjuge com frequência, que seja réu em ação criminal ou de improbidade administrativa". GOMES, José Jairo. *Direito Eleitoral*. 11ª ed. São Paulo: Atlas, 2010, p. 383-384.

QUADRO ANALÍTICO DO ESTUDO DA INCONVENCIONALIDADE			
Caso/Problema/ Critérios	Tribunais Nacionais	Cortes Internacionais	Conclusão
Objetivo legítimo	Sim	Sim	Convencional neste quesito em razão da proteção de direito de terceiros (proteção da honra e reputação).
Restrições necessárias e imperiosas em uma sociedade democrática	Não	Não	**INCONVENCIONAL** O homem público está mais sujeito à crítica contundente, especialmente durante período eleitoral, já que possui outros meios de rebater a acusação.
Questões de interesse público	Sim	Sim	Crítica de atos privados de homem público com interesse social: No caso brasileiro, divulgar informações verdadeiras de modo bem-humorado foi considerado ofensivo o bastante para restringir a liberdade de expressão. Em contraste, na CEDH, questionar a conduta do homem público, inclusive na sua vida privada e pregressa, é aceitável. Assim, foi a avaliação da divulgação de que certo político havia atropelado vítima embriagado e a abandonado há vinte anos atrás; bem como, na CIDH, a publicação de fotos de filha de presidente com a amante.

Em outro caso, a RP 1256/DF, o TSE analisou os comentários feitos por um jornalista da Radio CBN, que caracterizou o governo de um dos candidatos como "socialismo deformado", "populismo estadista" e "getulismo tardio", assim como também acusou o candidato de ver o mundo "com óculos de lentes cor de rosa". O TSE entendeu que "a liberdade de imprensa é mal utilizada e deve ser objeto de controle"[698].

O ministro relator iniciou seu voto reforçando a importância da liberdade de imprensa e a possibilidade de os jornalistas manifestarem sua opinião sobre o debate entre candidatos. Questionou, por outro lado, se poderia um jornalista falar das "virtudes" de um candidato e "a soma enorme de defeitos" do outro. Para o ministro, dois são os princípios em jogo: a liberdade de imprensa e sua importância para a democracia, e a possibilidade de o estado "podar os excessos". O ministro entendeu que o jornal é a "mídia apropriada para a divulgação de ideias e o respectivo leitor o lê para conhecê-las e avaliá-las"; enquanto que o rádio seria o meio de "comunicação de massas", e que "a fala" teria maior efeito na sociedade do que a escrita, de modo que "a liberdade de imprensa tem outro contexto" nesse caso. Continuou o ministro defendendo que "quando um candidato é identificado como arauto das verdades e a outro se imputa o costume de qualificar de erros os crimes cometidos por pessoas filiadas a seu partido", se desequilibra a disputa eleitoral, em razão do que, condenou a emissora de rádio ao pagamento de multa[699].

Os ministros que não seguiram o relator, por outro lado, em seus votos vencidos manifestaram a necessidade de se deixar "espaço largo"

---

[698] O trecho impugnado foi: "Amigos ouvintes, o debate de domingo serviu para vermos os dois lados do Brasil. De um lado, um choque de capitalismo; de outro, um choque de socialismo deformado, num populismo estadista, num getulismo tardio". BRASIL. TSE. Representação nº 1256/DF. Relator: Ministro Ari Pargendler. Brasília, 17 out. 2006, p. 7. Procedente o pedido por maioria.

[699] Conforme o ministro Carlos Ayres Britto: "Nos editoriais é possível fazer críticas. O que não se pode é encampar, patrocinar, bancar determinada candidatura". Disponível em: <http://g1.globo.com/especiais/eleicoes-2010/noticia/2010/09/supremo-libera-humor-sobre-politicos-durante-campanha.html>. Acesso em 10 abr. 2015. O ministro Marco Aurelio, seguindo o relator, entendeu que o comentarista não se deteve ao "âmbito do próprio debate", indicando "aspecto ideológico [...] há muito ultrapassado", apresentando opiniões próprias. BRASIL. TSE. Representação nº 1256/DF. Relator: Ministro Ari Pargendler. Brasília, 17 out. 2006, p. 2-7.

para que a imprensa possa exercer sua análise e sua crítica, sob pena de o tribunal "censurar todos os jornais do país", tratando-se, no caso em tela, apenas de crítica contundente[700]. Citando a RP 1201[701],[702],[703], o ministro Ayres Britto acompanhou a divergência.

Vê-se que a propaganda negativa que ofende, ou o discurso que "causa um desequilíbrio", também não prospera nos tribunais brasileiros. E, por falar em propagandas que "causam desequilíbrio", dizer que um candidato é contrário ao programa "Bolsa Família" também foi entendido como propaganda negativa, capaz de atingir a imagem e o patrimônio eleitoral dos candidatos. Essa foi a posição adotada por maioria no TRE do Rio Grande do Norte nas representações 4886-32[704] e 4889-84[705]. O TRE entendeu cabível o direito de resposta, pois, para o relator, é

---

[700] BRASIL. TSE. Representação nº 1256/DF. Relator: Ministro Ari Pargendler. Brasília, 17 out. 2006. Voto do ministro Asfor Rocha, p. 3

[701] O entendimento do ministro Carlos Ayres Britto foi seguido pelos demais ministros. A maioria entendeu pela inadequação da Representação. Vide também a RP 1207 de 26 set. 2006.

[702] Na Representação 1.201, o ministro Ayres Britto pediu vista do processo e mudou de opinião (em 24 horas após ter deferido o direito de resposta em caso similar na RP 1207 de 26 set. 2006) e passou a entender que houve um erro técnico. Entendeu o ministro que o direito de resposta tem natureza geral ou comum e, por isso, se destina a proteger a honra e a imagem das pessoas; se contrapõe, ainda, à liberdade de pensamento ou expressão. Acrescenta o ministro que é exatamente no período eleitoral que a sociedade civil tem necessidade da liberdade de imprensa. Interessante ressaltar que os trechos "Depois tem petista que reclama quando o Procurador-Geral batiza a cúpula do PT de organização criminosa. É pouco, conforme se vê dia após dia" e "como se não bastasse, cai também o assessor de Aloísio Mercadante, que, não surpreendentemente, diz que nada sabia. Prova definitiva e cabal que meter a mão em matéria fecal tornou-se hábito disseminado por todos os cantos e correntes do PT" são ofensivos para o ministro Marcelo Ribeiro e Gerardo Grossi que afirmam que a imprensa também é responsável pelo que escreve. Para o ministro Grossi, o primeiro trecho ainda é sabidamente inverídico.

[703] Embora não seja diretamente nosso tema, vale a pena a leitura dos artigos 25 a 36 da antiga lei da imprensa. Destacamos os artigos 27- que estabelece o que não é considerado abuso à liberdade de manifestação de pensamento – e o artigo 29 que dispõe sobre o direito de resposta.

[704] BRASIL. TRE. Representação nº 4886-32.2010.6.20.0000/ RN. Relator: Ivan Lira De Carvalho. Natal, 26 ago. 2010.

[705] BRASIL. TRE. Representação nº 4889-84.2010.6.20.0000/RN. Relator: Ivan Lira De Carvalho. Natal, 26 ago. 2010.

"razoável" que o candidato "tome-se em brios" e pleiteie seu direito de resposta, "posto que um tema desses, que envolve um programa de governo de largo espectro social, pode causar danos irreparáveis ao patrimônio eleitoral de quem é apontado contra o mesmo"[706],[707].

Outra decisão restritiva à liberdade de expressão, também envolvendo o programa "Bolsa Família", foi formulada pelo TSE, foi a RP 380-29 DF[708]. Aqui o Diretório Nacional do Partido da Social Democracia Brasileira (PSDB) apresentou representação, com pedido de liminar, contra Edison Lobão Filho, Senador da República, pleiteando a aplicação de multa, alegando propaganda eleitoral antecipada negativa, nos termos do artigo 36 da Lei nº 9.504/97[709]. Em ato público, no Clube da Maçonaria da cidade

---

[706] Destacamos parte do trecho da propaganda que dizia: "É... mas tem uma candidata aí que está há 4 anos no senado sempre votando contra o Lula. Ó minha flor, já falou pro povo que o partido da senhora é contra o bolsa família? Que nas votações do senado o partido da senhora vota contra o presidente? Que o seu partido é o maior inimigo de Lula e de Dilma? Não falou né? Agora que Lula é aprovado por todo mundo e Dilma mudou o Rio Grande do Norte para melhor [...]". BRASIL. TRE. Representação nº 4886-32/RN e 4889-84/RN Relator: Ivan Lira De Carvalho. Natal, 26 ago. 2010, p. 3-4.

[707] Interessante neste caso ressaltar o voto contrário do juiz Fabio Hollanda, que entendeu não existir dano, difamação, ato atentatório ou ridicularização da candidata. Para ele, o conteúdo da propaganda estaria permitido no debate político, e não há nada de mais dizer que um candidato é contrário a outro, e, "quando se diz que o partido de alguém é contra o projeto A ou B, e esse partido se, de fato, foi a favor do projeto A ou B, ele tem o seu momento político para tratar, para discutir, para debater". Ibidem, p. 6.

[708] Disponível em: <http://inter03.tse.jus.br/sadpPush/ExibirPartesProcessoJud.do>. Acesso em 10 jul. 2015.

[709] O Código Eleitoral e a Lei das Eleições trazem dispositivos que regulam a propaganda política. A lei também estabelece algumas espécies de propaganda política. O artigo 36 da Lei 9.504/97 (Lei das Eleições) indica três espécies de propaganda: A propaganda eleitoral, interpartidária e partidária. Ainda é possível encontrar mais uma espécie de propaganda, a oficial ou institucional. Temos assim quatro espécies de propaganda política: i) a propaganda eleitoral, nos termos do caput do artigo 36; ii) a propaganda interpartidária, nos termos do parágrafo 1º do artigo 36 e regulada pela Lei dos Partidos Políticos (Lei 9.096/1995); iii) a propaganda partidária, nos termos do parágrafo 2º do artigo 36; e iv) a propaganda institucional. A doutrina conceitua cada uma dessas espécies: Destacamos a propaganda eleitoral, que é a que nos interessa, como aquela realizada durante o período eleitoral, com o fim de "dar conhecimento ao público de determinada candidatura a cargo eletivo e, por conseguinte captar o voto do eleitor", isto é, demonstrando que determinado candidato é o mais habilitado para exercer a função pública. Vide demais conceitos em

de Barra do Corda/MA, o senador afirmou que o pré-candidato à Presidência da República, Senador Aécio Neves, seria contrário ao programa Bolsa Família. Alegou o diretório do PSDB tratar-se de fato sabidamente inverídico, pois seria notório que Aécio Neves era a favor do programa e de torná-lo definitivo. Requereu a vedação da difusão do discurso[710],[711].

De outro lado, o representado afirmou que não caberia censura prévia, sendo-lhe assegurado o direito "irrestrito" à liberdade de expressão e que, além disso, teria imunidade parlamentar[712], estando o discurso vinculado ao exercício parlamentar, já que se tratava "de legítima preocupação com o destino do programa assistencial em referência e a posição da agremiação Representante". Afirmou que ambos, como senadores, se valem dos mesmos mecanismos para se defender, e que não houve abuso da perrogativa. Segundo Edison Lobão, não se teria ofendido a honra do pré-candidato à presidência Aécio Neves, e seu discurso estava "dentro dos limites da crítica à pessoa pública"[713].

MADRUGA, Sidney Pessoa. Propaganda eleitoral. Espécies. Propaganda antecipada. Propaganda na Internet. In: CARVALHO RAMOS, André de. (coord). *Temas de Direito Eleitoral no Século XXI*. Brasília: Escola Superior do Ministério Público da União, 2012, p. 357 e FONTELLA, Claudio Dutra. Propaganda Eleitoral: uma síntese atual. In: CARVALHO RAMOS, André de. (coord). Op.cit., p. 403. Vide também restrições contidas no artigo 73, VI, b da Lei 9.504/97. Complementa, nesse sentido, Fontella: "Propaganda política é aquela levada a cabo por partido político para divulgar seu posicionamento ideológico e seu programa genérico enquanto instituição política assim como para mostrar aos seus partidários e simpatizantes – e também àqueles que procura cooptar – suas atividades e a forma com que se dispõe na sociedade". Ibidem, p. 401.

[710] BRASIL. TSE. RRP nº 380-29.2014.6.00.0000/DF. Relator Originário: Ministro Tarcisio Vieira de Carvalho Neto e Ministro Redator para o acórdão: Gilmar Mendes. Brasília, 07 ago. 2014, p. 3.

[711] Ibidem, p. 23.

[712] Conforme ementa: "A imunidade parlamentar prevista no art. 53 da Constituição Federal não se aplica às situações fáticas que possam configurar prática de crime contra a honra no processo eleitoral, tampouco propaganda eleitoral negativa em razão de afirmação sabidamente inverídica. Precedentes do STF: HC nº 78426/SP, de 16.3.1999, Rel. Ministro Sepúlveda Pertence, e Inquérito nº 1247/DF, de 15.4.1998, Rel. Ministro Marco Aurélio". Ibidem.

[713] BRASIL. TSE. RRP nº 380-29.2014.6.00.0000/DF. Relator Originário: Ministro Tarcisio Vieira de Carvalho Neto e Ministro Redator para o acórdão: Gilmar Mendes. Brasília, 07 ago. 2014, p. 4.

O ministro relator Tarcisio Vieira de Carvalho Neto entendeu, na cautelar, que não houve propaganda negativa, mas tão somente "discurso político sobre programa de governo, realizado em ambiente restrito, que, embora marcado por erronia e imprecisão, não destoou da livre manifestação de pensamento e do direito de crítica". Para o ministro, não houve a intenção de denegrir a imagem do candidato adversário[714]. O ministro relator, na linha do parecer da PGE, entendeu ainda aplicável a imunidade parlamentar ao caso[715], bem como o exercício da liberdade de opinião, ainda que o discurso tenha ocorrido fora do senado federal. Finalmente, segundo ele, o discurso era "crítica política, ainda que infundada e imprecisa, proferida por parlamentar em relação ao posicionamento de outra autoridade política sobre tema de interesse público"[716],[717]. Entendeu, portanto, que não houve ofensa e não houve propaganda política negativa, mas mera crítica política[718]. Entretanto, o voto do ministro relator foi vencido pela maioria.

O ministro Gilmar Mendes, que foi pela restrição do discurso, relembrou o HC 78426/SP, que tratou de crime contra a honra e a vida política[719], e que aumentou a zona de proteção do direito à honra dos polí-

---

[714] No recurso, o recorrente alegou que o discurso foi "mentiroso", feito com a "intenção deliberada de suprimir votos do pré-candidato". A "inverdade" tinha como objetivo "desequilibrar as eleições, criando nos eleitores um estado emocional não admitido pela legislação, desrespeitando, assim, o art. 242 do Código Eleitoral e o art. 50 da Resolução nº 23.404/2014". Ibidem, p. 5.

[715] Ibidem, p. 11. Vide Inq 503 QO, Rel. Min. Sepúlveda Pertence, Tribunal Pleno, julgado em 24.611992, DJ 26.03.1993 PP-05001 EMENT VOL-01697-01 PP-00169). Destacou que trata de mais restrição mesmo em versando sobre políticos sem ou com vida pública. Ibidem, p. 16.

[716] Ibidem, p. 7-8.

[717] O ministro afirmou que o entendimento do tribunal seria no sentido de que "mesmo críticas desabonadoras sobre adversários políticos, desde que não ultrapassem o espectro de incidência de questões de interesse político comunitário, não caracterizam propaganda eleitoral antecipada negativa". Nesse sentido, Rp nº 994 de 9.8.2007, Rel. Min. José Augusto Delgado, DJe de 4.9.2007. Ibidem, p. 10.

[718] Ibidem, p. 16.

[719] Conforme o ministro Gilmar Mendes, o voto do Ministro Sepúlveda Pertence, no HC no 78426/SP: "É certo que, ao decidir-se pela militância política, o homem público aceita a inevitável ampliação do que a doutrina italiana costuma chamar a zona *di iluminabilitá*, resignando-se a uma maior exposição de sua vida e de sua personalidade aos comentários

ticos, e ainda afirmou que seria possível aplicar a interpretação dada no HC também no âmbito eleitoral. Conforme o ministro, a imunidade não autoriza "tornar indene" um "delito de caráter criminal", sendo mister observar-se a "equiparação de armas" entre os detentores de imunidade e os atingidos que não a possuem. Dessa forma, entendeu Mendes dar provimento ao recurso. O ministro Dias Toffoli, por sua vez, afirmou que possui as premissas "mais liberais na Corte", mas que o caso analisado era realmente abusivo. Afirmou que "há referência a cargo, ao cargo em disputa e à candidatura, e, evidentemente que não poderia haver pedido de voto, porque aqui a intenção é negativa, é exatamente de atacar um adversário – e ele usa a expressão 'os nossos adversários'[720]. Continuou o ministro Dias Toffoli dizendo que "Preocupa-me muito a propagação de boatos; principalmente, durante o período eleitoral. No passado, houve um em relação a certo candidato – que depois veio a se eleger – no sentido de que, acaso ele viesse a ser Presidente do Brasil, as casas das pessoas seriam desapropriadas e nelas seriam fixadas de três a cinco famílias. Esses rumores se alastraram àquela época e em outras oportunidades"[721]. Também vale ressaltar o voto do ministro Luiz Fux, que acompanhou Gilmar Mendes no ponto sobre imunidade parlamentar, e ainda acrescentou

---

e à valoração do público, em particular, dos seus adversários; mas a tolerância com a liberdade da crítica ao homem público há de ser menor, quando, ainda que situado no campo da vida pública do militante político, o libelo do adversário ultrapasse a linha dos juízos desprimorosos para a imputação de fatos mais ou menos concretos [a hipótese aqui era de discussão sobre caracterização ou não de crime] sobretudo se invadem ou tangenciam a esfera da criminalidade: por isso, em tese, pode caracterizar delito contra a honra a assertiva de haver o ofendido, ex-Prefeito, deixado o Município 'com dívidas causadas por suas falcatruas'. Este é o HC nº 78426/SP, de relatoria do Ministro Sepúlveda Pertence, julgado em 1999, pela Primeira Turma". BRASIL. TSE. RRP nº 380-29.2014.6.00.0000/DF. Relator Originário: Ministro Tarcisio Vieira de Carvalho Neto e Ministro Redator para o acórdão: Gilmar Mendes. Brasília, 07 ago. 2014, p. 19.

[720] Ibidem, p. 19-21. Neste ponto, questiona o ministro Gilmar Mendes: "É interessante que há jurisprudência no Tribunal dizendo que, no período eleitoral, é sabidamente inverídica a afirmação que atribuía a candidato adversário o comando de privatização de empresas ocorrida durante o governo do qual não participou. Nesse precedente, houve deferimento do pedido de representação, ao contrário do que Vossa Excelência está sustentando em seu voto". Ibidem, idem. O ministro trata do caso 3476-91, Rel Min. Joelson Costa Dias.

[721] Na visão do ministro Dias Toffoli, a propaganda negativa precisa ser evitada, pois "não faz bem à política valer-se, vamos dizer assim, de soco abaixo da cintura". Ibidem, p. 21-22.

que "temos consciência no sentido de que esse programa do Governo tem uma expressiva influência eleitoral. Então, uma propaganda negativa dissemina a ideia de que se quer destruir algo que tem uma receptividade otimista pela sociedade, sem prejuízo de que a imputação de um fato falso, de extrema influência, não se pode encartar na regra mater constitucional da liberdade de expressão"[722]. Mais uma decisão inconvencional, em que foi proibida a opinião de um senador eleito, contra outro senador, que tinha amplo acesso a meios midiáticos para se defender, sem restringir a liberdade de expressão.

QUADRO ANALÍTICO DO ESTUDO DA INCONVENCIONALIDADE			
Caso/Problema/ Critérios	Tribunais Nacionais	Cortes Internacionais	Conclusão
Caso	Caso Bolsa Família RP 4886-32; 4889-84 TRE/RN RP 380-29 TSE	Urbino Rodrigues v. Portugal, Roseiro Bento v. Portugal, Almeida Azevedo v. Portugal, Morar v. Romênia, Lingens v. Áustria	----
Propaganda negativa	Discurso depreciativo e negativo	Discurso depreciativo e negativo	Todos os discursos versam sobre discurso negativo e depreciativo do homem público: justifica a analogia.
Restrições previstas em lei interna	Sim	Sim	Há previsões em lei nos países para restringir a liberdade de expressão nestes casos: convencional neste quesito.

[722] Ibidem, p. 22.

QUADRO ANALÍTICO DO ESTUDO DA INCONVENCIONALIDADE			
Caso/Problema/ Critérios	**Tribunais Nacionais**	**Cortes Internacionais**	**Conclusão**
Objetivo legítimo	Sim	Sim	Convencional neste quesito em razão da proteção de direito de terceiros (proteção da honra e reputação).
Restrições necessárias e imperiosas em uma sociedade democrática	Não	Não	**INCONVENCIONAL** O homem público está mais sujeito à crítica contundente, especialmente durante período eleitoral, já que possui outros meios de rebater a acusação.
Questões de interesse público	Sim	Sim	Crítica política: nos casos brasileiros, dizer que candidatos são contra o Bolsa Família foi considerado abusivo à liberdade de expressão, mesmo em se tratando de mera opinião. Em contraste, as cortes internacionais aceitam opiniões críticas de que candidatos teriam sido corruptos, teriam perpetrado fraudes, desvio de dinheiro, traição, seriam boçais e teriam atitudes típicas de mafiosos.

No HC 78.426-6/SP mencionado por Gilmar Mendes, e muito citado pelos tribunais eleitorais, o Supremo Tribunal Federal entendeu que, inobstante a maior tolerância à crítica que se espera de um político, haverá maior proteção do político no caso de lhe serem imputados "fatos mais ou menos concretos" que invadam a esfera da criminalidade, violando a honra do candidato. As acusações contra político de que "mente descaradamente para a população de Bauru", "deve pensar que é um ditador de alguma ilhota da América Central e não Prefeito de Bauru", e de ter deixado dívidas no município "causadas por suas falcatruas" foram suficientes para caracterizar o delito à honra[723], a despeito da base fática subjacente ao caso.

QUADRO ANALÍTICO DO ESTUDO DA INCONVENCIONALIDADE			
Caso/Problema/ Critérios	Tribunais Nacionais	Cortes Internacionais	Conclusão
Caso	Caso ditador e suas falcatruas HC 78.426-6/SP STF	Canos Sanocki v. Polônia, Dichand v. França, Ricardo Canese v. Paraguai e Riolo v. Itália	----
Prática de conduta ilegal	Discurso depreciativo e negativo	Discurso depreciativo e negativo	Todos os discursos versam sobre discurso negativo e depreciativo do homem público: justifica a analogia.
Restrições previstas em lei interna	Sim	Sim	Há previsões em lei nos países para restringir a liberdade de expressão nestes casos: convencional neste quesito.

---

[723] O Habeas Corpus foi indeferido por unanimidade. BRASIL. STF. HC n. 78.426-6. Relator: Ministro Sepúlveda Pertence. Brasília, 13 mar. 1999, p. 1-2.

QUADRO ANALÍTICO DO ESTUDO DA INCONVENCIONALIDADE			
Caso/Problema/ Critérios	Tribunais Nacionais	Cortes Internacionais	Conclusão
Objetivo legítimo	Sim	Sim	Convencional neste quesito em razão da proteção de direito de terceiros (proteção da honra e reputação).
Restrições necessárias e imperiosas em uma sociedade democrática	Não	Não	**INCONVENCIONAL** O homem público está mais sujeito à crítica contundente, especialmente durante período eleitoral, já que possui outros meios de rebater a acusação.
Questões de interesse público	Sim	Sim	Crítica política: questionar a conduta do homem público, durante o desempenho de suas funções. No Brasil, opinar que politico pensaria que era um ditador e teria cometido falcatruas foi considerado abusivo, Em contraste, nas cortes internacionais, acusações sobre a má gestão das finanças públicas (Sanocki), favorecimento de clientes (Dichand), recebimento de propinas (Canese) e de defender interesses da máfia (Riolo) não foram considerados ofensivos o bastante para justificar restrição à liberdade de expressão.

Também o simples uso do termo "filhinho de papai" foi visto como uma ofensa pessoal. Na RP 1724-45[724], o TSE assim decidiu, confirmando posicionamento anterior, que "em homenagem ao debate eleitoral fértil e autêntico, a propaganda eleitoral deve ater-se às propostas de planos de governo, divulgação e discussão de ideias, lastreadas no interesse público e balizadas pela ética, decoro e urbanidade", e que "horário eleitoral não é ambiente próprio para ataques e ofensas, com críticas destrutivas ao adversário, com nítido desvirtuamento do espaço reservado à propaganda eleitoral", críticas e discussões "ainda ásperos, devem estar relacionados com as programas de governo e as questões públicas".

Nesse caso, a RP fora apresentada pelo candidato Aécio Neves e a coligação "Muda Brasil" (PSDB, DEM, SD, PTB, PMN, PTC, PEN, PT DO B E PTN) contra a coligação "Com a Força do Povo" (PT, PMDB, PDT, PC DO B, PP, PR, PSD, PROS E PRB), Dilma Rousseff, Michel Temer e o ex-presidente Lula. Alegaram os representantes que a propaganda eleitoral veiculada na televisão teria o intuito de ridicularizar e atacar a honra do presidenciável Aécio Neves:

> Lula: que o Aécio seja o candidato dos banqueiros, ótimo. Mas a Dilma é a candidata do povo brasileiro. Nós aprendemos a andar de cabeça erguida e não vai ter nenhum banqueiro brasileiro ou estrangeiro que vai dizer quem é bom para a gente votar. Que vai dizer quem que vai nos derrotar. Eles têm que saber que o povo brasileiro não é gado que anda tangido. Nós somos seres humanos que pensamos, enxergamos, falamos e tomamos decisão. Quem é essa Dilma? Essa moça que foi presa aos 20 anos porque queria a democracia nesse país? Onde estava o Aécio quando a Dilma estava presa lutando pela democracia? O comportamento dele não é um comportamento de um candidato, de alguém que tem responsabilidade, é comportamento de um filhinho de papai[725].

Aécio Neves e sua coligação, basicamente, afirmaram existir posicionamento do TSE no sentido de que "a visível deterioração do nível

---

[724] BRASIL. TSE. Representação nº 1724-45.2014.6.00.0000/DF, Relator: Ministro Admar Gonzaga. Brasília, 21 out. 2014. Unanimidade.

[725] BRASIL. TSE. Representação nº 1724-45.2014.6.00.0000/DF, Relator: Ministro Admar Gonzaga. Brasília, 21 out. 2014, p. 3-4.

das peças publicitárias [..] prestam desserviço ao debate eleitoral fértil e autêntico e, em maior escala, à própria democracia"[726]. Alegaram também que o candidato Aécio Neves tinha 10 anos na ocasião em que Dilma foi presa, tendo a propaganda servido para insultar, degradar e ridicularizar o candidato.

O ministro relator Admar Gonzaga entendeu que os trechos contidos no programa eleitoral não versaram somente sobre "críticas próprias do cenário do debate político. Resvalou para a seara da ofensa pessoal, perpetrada com o objetivo de ofender e denegrir a imagem do candidato adversário perante o eleitorado". A propaganda teria "ultrapassado o limite da preservação da dignidade da pessoa, excedendo a margem de liberdade de expressão, inerente às campanhas eleitorais[727],[728],[729].

---

[726] O parecer do MPE manifestou "preocupação sobre esse caminho perigoso da inversão da jurisprudência do TSE no que se refere à campanha eleitoral". Ibidem, p. 5-6.

[727] O ministro João Otávio de Noronha buscou fazer uma diferenciação entre o "tom do discurso no comício de pequena difusão ou de difusão local" e a "repetição desse discurso no horário de propaganda eleitoral, em que já não se está mais no calor do debate, em que o público não é mais local, mas nacional, no horário nobre". Continuou o ministro que no Brasil "o sujeito de talento, que fica rico, aqui é mal visto. No trecho: "Onde estava o Aécio quando a Dilma estava presa lutando pela democracia? O comportamento dele não é um comportamento de um candidato, de alguém que tem responsabilidade, [responsabilidade com dez anos?] é comportamento de um filhinho de papai". Na visão do ministro: "Isso não contribui em nada com a campanha. [...]". Seria então "uma campanha destrutiva da imagem e do caráter, e isso é o que não podemos permitir". Ibidem, p. 7-10.

[728] O ministro Gilmar Mendes, na linha do ministro João Otávio de Noronha, também entendeu pertinente fazer a distinção entre o comício feito na rua e usada em programa eleitoral. Além disso, complementou que a "atuação em prol da luta armada [...] não é uma opção óbvia para todos – e é bom que se diga também que os grupos que se organizaram pela luta armada no Brasil – já tive oportunidade de dizer isso – não eram lutadores pela democracia, eles defendiam ou o modelo cubano, ou o modelo soviético, ou o modelo chinês, não tinha ninguém do tipo de uma guerra civil espanhola. Nós que lutamos pela democracia no Brasil [...]. E, se imaginarmos que essa afirmação é feita por um ex-presidente da República, ela assume, então, maior gravidade", já que "[...]precisam dar exemplo". Ibidem, p. 10-14.

[729] Para Dias Toffoli, é preciso uma modificação do horário eleitoral gratuito "e fica o candidato com o eleitor, ou não teremos, na verdade, condições de criar parâmetros, porque a inventividade é tão grande que fica realmente difícil fazer uma análise". No governo militar, na visão do ministro, nem tudo "era ruim": "Na área eleitoral, por exemplo, o domicílio eleitoral foi obra e fruto desse período. O próprio horário eleitoral gratuito foi

A Corte Europeia, que autoriza chamar candidatos de "boçais" e de ter "comportamento típico de mafiosos", não se impressiona com um mero "filhinho de papai".

QUADRO ANALÍTICO DO ESTUDO DA INCONVENCIONALIDADE			
Caso/Problema/ Critérios	Tribunais Nacionais	Cortes Internacionais	Conclusão
Caso	Caso Filhinho de Papai RP 1724-45	Urbino Rodrigues v. Portugal, Roseiro Bento v. Portugal, Almeida Azevedo v. Portugal, Morar v. Romênia Lingens v. Áustria	----
Propaganda negativa	Discurso depreciativo e negativo	Discurso depreciativo e negativo	Todos os discursos versam sobre discurso negativo e depreciativo do homem público: justifica a analogia.
Restrições previstas em lei interna	Sim	Sim	Há previsões em lei nos países para restringir a liberdade de expressão nestes casos: convencional neste quesito.
Objetivo legítimo	Sim	Sim	Convencional neste quesito em razão da proteção de direito de terceiros (proteção da honra e reputação).

criado em 1965, ao vivo, com os candidatos se apresentando diretamente e mostrando suas qualidades e aqueles que não tinham qualidades mostravam os seus defeitos". Atualmente, o "horário eleitoral gratuito é pirotecnia, fora a agressividade que, a partir do segundo turno, passamos, infelizmente, a assistir". No entender do ministro, "a repercussão da decisão desta Corte foi quase unânime na sociedade brasileira", com algumas exceções, a maioria "apoia a decisão tomada pela Corte. [...]". BRASIL. TSE. Representação nº 1724-45.2014.6.00.0000/DF, Relator: Ministro Admar Gonzaga. Brasília, 21 out. 2014, p. 15.

QUADRO ANALÍTICO DO ESTUDO DA INCONVENCIONALIDADE			
Caso/Problema/ Critérios	Tribunais Nacionais	Cortes Internacionais	Conclusão
Restrições necessárias e imperiosas em uma sociedade democrática	Não	Não	**INCONVENCIONAL** O homem público está mais sujeito à crítica contundente, especialmente durante período eleitoral, já que possui outros meios de rebater a acusação.
Questões de interesse público	Sim	Sim	Crítica política: os discursos negativos e que depreciam a imagem do candidato devem ser permitidos. No Brasil, chamar candidato de "filhindo de papai" foi considerado ofensivo o bastante para proibir da divulgação. Em contraste, as cortes internacionais aceitam críticas de denúncia de roubos, fraudes, desvio de dinheiro, traição, boçalidade e atitude típica de mafiosos.

O TSE em fase de recurso referente às RPs 472 e 481, também adotou postura contrária à liberdade de expressão. Tratava a propaganda de crítica à atuação do Ministério da Saúde sob o comando de José Serra, então candidato à presidência, e especialmente o seguinte trecho da propaganda de seu opositor foi considerado ofensivo:

> Várias pessoas morreram por causa da irresponsabilidade do Ministério [da Saúde]. Nove se suicidaram logo após ser demitidos... Muitas crianças morreram, muitas mulheres abortaram seus filhos, muitas não podem ter filhos hoje, muitas crianças não podem andar..."

A propaganda ainda sugeria que ocorrera um "genocídio" e que várias pessoas haviam sido severamente prejudicadas por certo produto utilizado pelo Ministério da Saúde, sofrendo graves efeitos colaterais. O ministro relator Gerardo Grossi entendeu que tais informações, mesmo sendo verdadeiras, eram de fato ofensivos à honra do representado José Serra, porque sua veiculação poderia "interferir na captação de votos" durante a campanha eleitoral[730]. Assim, o ministro concedeu o direito de resposta e suspendeu a veiculação da propaganda. Entendeu ainda o relator que, apesar de que as informações divulgadas eram notórias, a mensagem "nada acrescenta à informação já disponível. Serve, contudo, no debate eleitoral, à função de enfatizar traços de caráter ou da personalidade, condutas administrativas ou decisões políticas do candidato – enquanto figura pública, para juízo e avaliação dos eleitores".[731] E, justamente neste ponto, a propaganda foi abusiva na opinião do ministro. Não trata de "criação de estados emocionais na medida em que se limite ela a relembrar cenas e circunstâncias já do conhecimento geral" e tampouco "genocídio – abusiva enquanto retórica e errada juridicamente". O problema foi o uso do termo[732].

Entendeu ainda o ministro que a divulgação da indignação ou revolta dos que perderam o emprego (funcionários demitidos da Fundação Nacional de Saúde – FUNASA) é um "ônus a ser suportado pelo Governo Federal, pelo Ministério da Saúde e por quem se encontrava, à época, no exercício da Chefia de tal Ministério", neste ponto, considerada mera crítica política, não cabendo direito de resposta, portanto. Também não seria ofensiva a mensagem que critica o Governo Federal e o Ministério da Saúde, no que diz respeito aos "procedimentos por eles adotados no combate à epidemia de dengue que, como público e notório, assolou o país, contaminou dezenas de milhares de pessoas, levando, inclusive, a inúmeras mortes, sendo absolutamente aceitáveis as opiniões no sentido de que medidas mais eficazes poderiam ter sido tomadas a fim de se evitar ou minimizar as enormes proporções que tal surto atingiu".

---

[730] BRASIL. TSE. AgRgRP nº 472 e 481. Relator: Ministro Gerardo Grossi. Brasília, 24 set. 2002, p. 3.
[731] Nesse sentido, RP 416.
[732] BRASIL. TSE. AgRgRP nº 472 e 481. Relator: Ministro Gerardo Grossi. Brasília, 24 set. 2002, p. 4-6.

Assim, "por mais ácidas, e ainda que alcancem repercussão negativa na opinião pública quanto à administração ou gestão que fora desenvolvida" estão abarcadas pela manifestação da opinião dos representados (partido e candidatos), já que tratam de política nacional, de interesse comum, razão pela qual não poderiam ser "censuradas"[733].

Todavia, o ponto do programa que trata da "substância química que teria causado uma série de efeitos colaterais nos agentes de saúde que com ela trabalhavam" não seria mera crítica. Nesse ponto, entendeu o relator que o uso do produto foi relacionado diretamente à pessoa do candidato[734], ofendendo-o pessoalmente.

Já o ministro Sepúlveda Pertence entendeu que a propaganda era ofensiva porque trouxe uma ideia de "omissão" do candidato José Serra "na realização de exames periódicos e na cautela devida para evitar conseqüências futuras". No entanto, mais duas frases, na visão do ministro, reforçaram a ofensa ao candidato[735]. O trecho complementar ao qual se referiu Pertence foi:

> Quando uma senhora diz: "Querem mais quatro anos pra quê? Pra dar um tiro de misericórdia?" (s/c). Quando um senhor se dirige ao candidato José Serra, dizendo: "Ministro José Serra, eu não te dou o meu voto, para que você não faça com o Brasil o mesmo que você fez com a saúde no Estado do Rio de Janeiro (sic)"[736].

As duas frases são injuriosas e capazes de gerar a concessão do direito de resposta, na visão de Pertence. Mais um caso completamente inconvencional, em que críticas a funcionário público, por suas ações e omissões, com ampla base fática, são proibidas por ofender a candidato político.

---

[733] Ibidem, p. 7-8.
[734] Ibidem, p. 8.
[735] Ibidem, p. 9-10.
[736] BRASIL. TSE. AgRgRP nº 472 e 481. Relator: Ministro Gerardo Grossi. Brasília, 24 set. 2002, p. 10. Decisão unânime.

QUADRO ANALÍTICO DO ESTUDO DA INCONVENCIONALIDADE			
Caso/Problema/ Critérios	Tribunais Nacionais	Cortes Internacionais	Conclusão
Caso	Caso Dengue RPs 472 e 481	Caso Desjardin v. França Caso Castells v. Espanha	----
Crítica à atuação pública	Ofensa direta	Ofensa Direta	Todos os discursos versam sobre crítica a respeito da atuação e responsabilidade de dirigentes: justifica a analogia.
Restrições previstas em lei interna	Sim	Sim	Há previsões em lei nos países para restringir a liberdade de expressão nestes casos: convencional neste quesito.
Objetivo legítimo	Sim	Sim	Convencional neste quesito em razão da proteção de direito de terceiros (proteção da honra e reputação).
Restrições necessárias e imperiosas em uma sociedade democrática	Não	Não	**INCONVENCIONAL** O homem público está mais sujeito à crítica contundente, especialmente durante período eleitoral, já que possui outros meios de rebater a acusação.

QUADRO ANALÍTICO DO ESTUDO DA INCONVENCIONALIDADE			
Caso/Problema/ Critérios	Tribunais Nacionais	Cortes Internacionais	Conclusão
Questões de interesse público	Sim	Sim	Crítica política sobre procedimentos adotados para combater a dengue: As cortes internacionais aceitam críticas de concluio no assassinato ao criticar o governo de não punir os culpados (Castells) e prefeito de contaminar a água do rio (Desjardin), chegando a autorizar críticas extremamente exageradas a ponto de serem inverídicas (Dalban v. Romênia) tanto mais fatos verdadeiros, como no caso brasileiro.

A RP 416[737] é-nos interessante porque o ministro relator Carlos Eduardo Caputo Bastos explicou o que deve conter uma propaganda eleitoral. Iniciou o ministro afirmando que o direito de imagem das pessoas comuns é diferente das pessoas com exposição pública, ou que estão vinculadas ao público, como os políticos, de modo que essas pessoas não poderiam "reclamar um direito de imagem com a mesma extensão daquele conferido aos particulares não comprometidos com a publicidade"[738]. Também não se pode usar a imagem das pessoas para se

---

[737] Vide também: BRASIL. TSE. AgRgRP nº 416. Relator: Ministro Carlos Eduardo Caputo Bastos. Brasília, 29 ago. 2002. Por maioria, foi provido o recurso.

[738] BRASIL. TSE. Representação nº 416. Relator: Ministro Carlos Eduardo Caputo Bastos. Brasília, 24 ago. 2002. Entende o ministro que: "Se, de um lado, essa exposição contempla maior transparência na sua vida, por outro, e em nome também do interesse público, sua imagem deve ser preservada, permitido seu julgamento pela sociedade em se reproduzindo fielmente o contexto em que se passou ato de sua iniciativa ou fato no qual esteja envolvido. [...] O que o homem público faz ou diz compromete-o, sem que isso reproduzido

lhes tirar proveito, "sem seu consentimento, devendo o entendimento, contudo, ser atenuado no que se refere a homens públicos"[739]. Para o ministro, o "tempo da propaganda eleitoral gratuita deve servir à divulgação de ideias, dos programas partidários, dos projetos dos candidatos, enfim, servir à apresentação do candidato, de maneira a proporcionar ao eleitor a possibilidade de fazer uma escolha que melhor atenda às suas expectativas". Afirmou ainda o ministro que isso se dá em razão do "custo que a sociedade paga para realização da propaganda eleitoral gratuita – que é gratuita apenas para os partidos e candidatos –, o valor a ser preservado na hipótese é o interesse do eleitor e não o do candidato". Nesse sentido, "o eleitor não espera que o horário gratuito de propaganda seja utilizado para agressões, intrigas e/ou qualquer outra hipótese que desborde dos fins a que se destina o precioso tempo reservado pela lei eleitoral", nem "para *shows* pirotécnicos e/ou competição de recursos tecnológicos, a transparecer que as estruturas sejam mais importantes que os candidatos". O ministro entende que a propaganda eleitoral deve ser "séria", focada no debate de ideias, primando pela lealdade na propaganda, evitando-se "os efeitos prejudiciais à imagem do representante, de difícil ou impossível reparação, especialmente diante da celeridade e dinâmica do processo eleitoral"[740].

---

constitua ofensa de qualquer ordem ou mesmo demérito ao seu passado, com reflexo no seu presente ou prejuízo futuro. Se errou, não cometendo ilícito sujeito a sanção estatal, não impede que sofra as conseqüências sociais de seus atos, ações ou afirmações. BRASIL. TSE. Representação nº 416. Relator: Ministro Carlos Eduardo Caputo Bastos (decisão monocrática). Brasília, 24 ago. 2002.

[739] Baseado na decisão da RP 136. Relator Ministro Luiz Carlos Madeira. Brasília, 21 set. 98.

[740] Na esteira da RP 92, de relatoria do ministro Luiz Carlos Madeira, acrescenta o ministro relator que "admito a crítica política, ainda que proferida de forma ácida, contundente e não raro deselegante. Mas não posso admitir, em prejuízo da legislação eleitoral, que a propaganda sirva para atender a práticas desleais e que não contribuam para o aperfeiçoamento dos bons costumes eleitorais. [...] No caso dos autos, porém, não tenho dúvida em reconhecer que é flagrante a ocorrência de desvirtuamento da realidade [...]". BRASIL. TSE. Representação nº 416. Relator: Ministro Carlos Eduardo Caputo Bastos (decisão monocrática). Brasília, 24 ago. 2002.

No caso em tela, propaganda do candidato José Serra denunciando Ciro Gomes[741] foi suspensa por não atender aos requisitos expostos pelo ministro, que considerou que a propaganda em questão tinha apenas "nítido propósito de injuriar" e "obter vantagem na propaganda eleitoral". Também foi concedido o direito de resposta[742]. Em outra decisão inconvencional, em que críticas foram proibidas, e o judiciário ainda determinou o que a propaganda eleitoral deve conter.

Na REspe 35899/CE[743], o ministro relator entendeu que a opinião contrária a determinado candidato não pode exceder os limites da informação, sendo necessária a "conformação" entre a manifestação do pensamento, a liberdade de opinião ou de imprensa, e a isonomia dos candidatos. A decisão foi pautada no inciso III do artigo 45 da Lei das Eleições. Destacamos o trecho impugnado da propaganda em questão:

> Não se pode admitir que um elemento, um sujeito marginal, faça tudo para ganhar a eleição. Não pode nem sequer ver as chaves do cofre da Prefeitura ou da Câmara Municipal. Vote em quem você conhece, em quem você confia. Não vote em qualquer um, que você, nem você o conhece. Será salto no escuro, nós já estamos doloridos, de muitas quedas, das aventuras, do salto no escuro. Seu voto é uma arma democrática, de fazer valer os seus direitos. Não confie seu voto a qualquer um, principalmente aos trapaceiros, mentirosos, enganadores.

---

[741] Destacamos trechos da descrição da propaganda: "LOCUTOR: Ciro Gomes agride todo mundo: (...)". Frase de autoria do candidato Ciro Gomes: "Os políticos do PT são uns mijões nas calças, uns frouxos'. (Revista Veja -19/10/94). 'Tenho nojo do PFL'.(Q Globo – 25/01/93). 'Brizola é a fina flor do atraso'. (O Globo – 25/01/93). 'O Fleury é um aborto da natureza' (O Estado de SP)'. Locutor: [...] E só um aviso aí para esses petistas furibundos. Tem que fazer perguntas com um POUCO mais de cuidado pra largar de ser burro.' (Rádio Metrópole. Salvador – 03/08/02) LOCUTOR: Parece incrível mais é verdade, veja de novo: 'Tem que fazer as perguntas com um pouco mais de cuidado pra largar de ser burro'. [...]". BRASIL. TSE. AgRgRP nº 416. Relator: Ministro Carlos Eduardo Caputo Bastos. Brasília, 29 ago. 2002.

[742] BRASIL. TSE. Representação nº 416. Relator: Ministro Carlos Eduardo Caputo Bastos (decisão monocrática). Brasília, 24 ago. 2002.

[743] BRASIL. TSE. RESPE nº 35899. Relator: Ministro Ricardo Lewandowski. Brasília, 10 nov. 2009.

Para o ministro, o trecho destacado viola a legislação eleitoral, pois fica evidente a manifestação da opinião contrária ao candidato ao qualificá-lo como "sujeito marginal, trapaceiro, mentiroso, enganador". Afirma o ministro que "a jurisprudência do TSE é no sentido de que a liberdade de expressão dos veículos de comunicação não pode ser exercida de maneira abusiva, uma vez que pode comprometer o próprio processo eleitoral. Nestes casos, entende esta Corte que cabe à Justiça Eleitoral corrigir eventuais abusos".

QUADRO ANALÍTICO DO ESTUDO DA INCONVENCIONALIDADE			
Caso/Problema/Critérios	Tribunais Nacionais	Cortes Internacionais	Conclusão
Caso	Caso chaves do cofre Resp 35899/CE	Casos Lingens v. Áustria, Dalban v. Romênia, Brasilier v. França, Grinberg v. Rússia, Dichand v. França, Roseiro Bento v. Portugal	----
Discurso ofensivo e imputação de prática ilegal	Discurso ofensivo	Discurso ofensivo	Todos os discursos versam sobre imputação de condutas ilegais ou duvidosas ao homem público: justifica a analogia.
Restrições previstas em lei interna	Sim	Sim	Há previsões em lei nos países para restringir a liberdade de expressão nestes casos: convencional neste quesito.
Objetivo legítimo	Sim	Sim	Convencional neste quesito em razão da proteção de direito de terceiros (proteção da honra e reputação).

QUADRO ANALÍTICO DO ESTUDO DA INCONVENCIONALIDADE			
Caso/Problema/ Critérios	Tribunais Nacionais	Cortes Internacionais	Conclusão
Restrições necessárias e imperiosas em uma sociedade democrática	Não	Não	**INCONVENCIONAL** O homem público está mais sujeito à crítica contundente, especialmente durante período eleitoral, já que possui outros meios de rebater a acusação.
Questões de interesse público	Sim	Sim	Crítica política: questionar conduta duvidosa em geral. No caso brasileiro, opinião de que candidato seria "sujeito marginal, trapaceiro, enganador e mentiroso", foi considerado ofensivo o bastante para restringir a expressão. Em contraste, as cortes internacionais admitem acusações ainda mais graves e diretas, tais como de agir com o "oportunismo mais vil", de modo imoral, indigno, de favorecer clientes, de realizar fraudes, roubos e trapaças, de ser sem vergonha e sem escrúpulos e de cometer traição maquiavélica.

Nenhum dos casos de restrição analisados sobreviveria ao crivo das cortes internacionais, ainda mais em se tratando de críticas ou opiniões, sempre com base fática suficiente, e, ainda, em período eleitoral[744]. Mesmo a proibição de termos "chulos" por nossos tribunais nos parece excessiva e insustentável – inconvencional: como vimos, mesmo termos muito grosseiros direcionados a candidatos foram revisados e aprovados pelas cortes internacionais de direitos humanos[745].

1.4.5. Vinculação ou imputação de crime

Vincular ou sugerir vinculação de candidato ou partido a atos ilícitos ou crimes ou, ainda, à organizações criminosas, também não é aceitável no Brasil.

Em 2010, o TSE analisou se imputar ou insinuar que determinado candidato ou coligação praticam ilícitos autorizava direito de resposta. No caso, o teor da propaganda foi o seguinte:

> Paulo Preto é um ex-diretor da estadual paulista DERSA, um dos braços-direitos do Serra. Responsável por grandes obras, como o Rodoanel, Paulo Preto foi acusado de desviar 4 milhões de reais de caixa dois da campanha tucana. Serra negou conhecê-lo. Paulo Preto ameaçou e Serra voltou atrás. Admitiu conhecê-lo e até o defendeu. Por que Serra mudou de opinião de repente? Isso o Brasil precisa saber. Aguarde!

A liminar foi concedida para obstar a veiculação da propaganda. No mérito, os requerentes pleitearam o direito de resposta, que foi concedido por unanimidade pelo tribunal. Com relação ao vínculo entre Paulo Preto e Serra, não houve ofensa para o relator, pois o vínculo de fato existia. Todavia, o relator entendeu que insinuar "caixa 2 da campanha tucana" veiculava uma afirmação ofensiva, um ilícito eleitoral. O relator foi enfático no sentido de que o "simples comentário de notícias publicadas na mídia" não garantiria o direito de resposta, mas concluiu que a propaganda não se limitou abordar os fatos notórios ou criticá-los. Destacou o relator que as notícias da imprensa não mencionavam a

---

[744] Vide casos Desjardin v. França e Ricardo Canese.
[745] Vide os casos portugueses analisados pela Corte Europeia.

existência de "caixa 2", limitando-se a dizer que o dinheiro desviado era para campanhas eleitorais, havendo, portanto, "deturpação da notícia" (o relator parece não ter se atentado ao fato de que, na esfera eleitoral, o "caixa 2" serve justamente para financiar irregularmente campanhas eleitorais). Além disso, entendeu o relator que reproduzir a manifestação de usuários da internet não é suficiente para respaldar a narrativa de determinados fatos, muito menos a imputação da prática de ilícito. Para o ministro relator Marco Aurélio, se a propaganda tivesse parado no desvio de 4 milhões, não configuraria a ofensa, mas a propaganda foi além e qualificou o desvio para um suposto "caixa 2 dos tucanos", prática ilegal, razão pela qual concedeu o direito de resposta[746], em mais um caso bastante controverso que seria certamente considerado inconvencional pelas cortes internacionais de direitos humanos[747].

| QUADRO ANALÍTICO DO ESTUDO DA INCONVENCIONALIDADE ||||
Caso/Problema/ Critérios	Tribunais Nacionais	Cortes Internacionais	Conclusão
Caso	Caso do caixa 2 Resp 3520-13	Casos Brasilier v. França, Dichand v. França, Ricardo Canese v. Paraguai Mika v. Grécia	----
Imputação de prática ilegal	Discurso ofensivo	Discurso ofensivo	Todos os discursos versam sobre imputação de condutas ilegais ou duvidosas ao homem público: justifica a analogia.

---

[746] BRASIL. TSE. Representação nº 3520-13.2010.600.0000. Relator: Ministro Joelson Dias. Brasília, 20 out. 2010, p. 2-10. Concedeu direito de resposta por maioria.
[747] Vide casos Dalban v. Romênia e Brasilier v. França.

QUADRO ANALÍTICO DO ESTUDO DA INCONVENCIONALIDADE			
Caso/Problema/ Critérios	Tribunais Nacionais	Cortes Internacionais	Conclusão
Restrições previstas em lei interna	Sim	Sim	Há previsões em lei nos países para restringir a liberdade de expressão nestes casos: convencional neste quesito.
Objetivo legítimo	Sim	Sim	Convencional neste quesito em razão da proteção de direito de terceiros (proteção da honra e reputação).
Restrições necessárias e imperiosas em uma sociedade democrática	Não	Não	**INCONVENCIONAL** O homem público está mais sujeito à crítica contundente, especialmente durante período eleitoral, já que possui outros meios de rebater a acusação.
Questões de interesse público	Sim	Sim	Crítica política: no caso brasileiro, questionar conduta duvidosa em geral (a existência de "caixa 2"), com base fática suficiente, foi considerado excessivo. Em contraste, as cortes internacionais admitem questionamentos ainda mais graves e diretos tais como o de favorecer clientes, acusar prefeito de furtar boletas da eleição, acusar político de "fraudes, roubos e trapaças"; de receber propinas, nepotismo etc.

O uso das expressões "corrupção" e "roubalheira" também parece figurar como um limite à liberdade de expressão. O TSE, na Representação 1279-27/DF, de relatoria do Ministro Tarcisio Vieria de Carvalho Neto[748], concedeu o direito de resposta à "Coligação Com a Força do Povo" (PT, PMDB, PSD, PP, PR, PDT, PROS, PC do B e PRB) e Dilma Rousseff, contra o Partido Social Cristão – PSC e Everaldo Dias Pereira. Na propaganda política impugnada do "pastor" Everaldo, ele aparece falando que:

> Lamentavelmente no Brasil de hoje, BILHOES DE REAIS SOMEM NO RALO DA CORRUPÇÃO. O meu, o seu, O NOSSO DINHEIRO ESTÁ SENDO ROUBADO POR ESSE BANDO DE LADRÕES. Hoje fica claro, o mensalão foi apenas o começo da maior roubalheira da história deste país. Agora, novamente vemos membros ligados ao GOVERNO DO PT envolvidos em um escândalo ainda maior, e o mais triste desse episódio é que atinge a maior empresa do país que já foi orgulho nacional. Aonde isso vai parar? SERÁ QUE O BRASIL AGUENTA MAIS QUATRO ANOS DESSA ROUBALHEIRA? Chegou a hora de mudar, mudar para um governo responsável, você que constrói esse país tem que ser respeitado. Por isso, se você votar nos mesmos sempre, nada vai mudar. O poder da verdadeira mudança está nas suas mãos. Como presidente, você jamais vai me ouvir dizer a frase "Eu não sabia de nada". Sou Pastor Everaldo, peço seu voto para tirar o Brasil do vermelho e começar um novo tempo, de paz, honestidade e prosperidade para o nosso país (ênfase no original)[749].

Os representantes alegaram que os representados a eles imputavam o suposto desvio de bilhões de reais por meio de atos de corrupção", e que, afirmar que o "dinheiro está sendo roubado por esse bando de ladrões", levaria o eleitorado a acreditar em uma "atividade de desvio de recursos públicos, engendrado por um 'bando de ladrões', por todo o 'governo do PT' indistintamente". Além disso, indignaram-se os representantes com o fato de que Everaldo teria relacionado diretamente a conduta ilícita a

---

[748] BRASIL. TSE. Representação nº 1279-27.2014.600.000/DF. Relator: Ministro Tarcisio Vieira De Carvalho Neto. Brasília, 23 set. 2014.

[749] BRASIL. TSE. Representação nº 1279-27.2014.600.000/DF. Relator: Ministro Tarcisio Vieira De Carvalho Neto. Brasília, 23 set. 2014, p. 3.

eles ao questionar, "será que o Brasil aguenta mais quatro anos dessa roubalheira?". Alegaram ainda que a propaganda trouxe "afirmações injustas, despropositadas, injuriosas, degradantes e claramente ofensivas à sua honra e imagem", caracterizando o crime de injúria nos termos do art. 236 do Código Eleitoral, e que a propaganda lhes teceu "ofensas" ao afirmar que eventual reeleição poderia ser compreendida como a "continuidade de um processo bilionário de roubalheira". Os representantes alegaram que não se tratava de "crítica política ou mesmo elucidativa ao eleitorado", somente "ofensa despropositada" com o intuito de "desqualificar os Representantes com imputação injuriosa – e portanto criminosa"[750].

Resumidamente, os representados alegaram que a propaganda trouxe fatos notórios do público veiculados pela imprensa nacional, exemplificando com a decisão do STF no caso "mensalão", e também com famoso caso de "corrupção existente na Petrobrás" (hoje, alcunhada pela mídia de "Petrolão"), de forma que não há ofensa à honra ou à imagem da candidata Dilma, já que seu nome, inclusive, sequer havia sido citado. Afirmaram, por fim, que a candidata pretenderia impedir-lhes de "criticar e mencionar fatos comprovados desabonadores no período em que ocupou o cargo de Presidente da República"[751].

O tribunal, por *unanimidade*, decidiu pela procedência da representação, concedendo o direito de resposta, mantendo-se liminar anteriormente concedida, entendendo que não houve "críticas de natureza política a adversários, ínsitas ao debate eleitoral franco e aberto, ainda que forte e ácida". E o tribunal foi além. Segundo ele, ao se valerem dos termos "corrupção" e "roubalheira", o PSC e Everaldo Pereira "fizeram alusão direta a prática de crimes capitulados na legislação penal brasileira. E ao relacionarem tais práticas ao atual governo petista, aparentemente infringiram a lei eleitoral". Assim, em nome da cessação da ilegalidade e para não prejudicar a candidatura dos candidatos, bem como para prestigiar a paridade de armas, foi concedido o direito de resposta[752].

Aqui, mais uma vez encontramos uma decisão visivelmente inconvencional para as cortes internacionais de direitos humanos: foi proibida pelo

---

[750] Ibidem, p. 3-5.
[751] BRASIL. TSE. Representação nº 1279-27.2014.600.000/DF. Relator: Ministro Tarcisio Vieira De Carvalho Neto. Brasília, 23 set. 2014, p. 5-6.
[752] Ibidem, p. 8.

TSE a opinião crítica da oposição, baseada em fatos amplamente divulgados na mídia, inclusive alguns fatos já comprovados por condenação dos responsáveis pelo STF, e outros fatos sob investigação amplamente coberta pela imprensa, versando a respeito de assuntos importantes para a sociedade, na arena política de uma democracia em plena campanha eleitoral[753].

QUADRO ANALÍTICO DO ESTUDO DA INCONVENCIONALIDADE			
Caso/Problema/ Critérios	Tribunais Nacionais	Cortes Internacionais	Conclusão
Caso	Caso RP 1279-27/DF	Casos Brasilier v. França, Dichand v. França, Ricardo Canese v. Paraguai Mika v. Grécia	----
Imputação de prática ilegal	Discurso ofensivo	Discurso ofensivo	Todos os discursos versam sobre imputação de condutas ilegais ou duvidosas ao homem público: justifica a analogia.
Restrições previstas em lei interna	Sim	Sim	Há previsões em lei nos países para restringir a liberdade de expressão nestes casos: convencional neste quesito.
Objetivo legítimo	Sim	Sim	Convencional neste quesito em razão da proteção de direito de terceiros (proteção da honra e reputação).

---

[753] Como analisado nos casos Casos Brasilier v. França, Dichand v. França, Ricardo Canese v. Paraguai e Mika v. Grécia.

QUADRO ANALÍTICO DO ESTUDO DA INCONVENCIONALIDADE			
Caso/Problema/ Critérios	Tribunais Nacionais	Cortes Internacionais	Conclusão
Restrições necessárias e imperiosas em uma sociedade democrática	Não	Não	INCONVENCIONAL O homem público está mais sujeito à crítica contundente, especialmente durante período eleitoral, já que possui outros meios de rebater a acusação.
Questões de interesse público	Sim	Sim	Crítica política: questionar conduta duvidosa em geral (acusação de corrupção e roubalheira), com base fática suficiente. No Brasil, acusar governo de corrupção foi considerado abusivo, mesmo com base fática suficiente. Em contraste, as cortes admitem acusações ainda mais graves e diretas, tais como, de favorecer clientes, de furtar boletas eleitorais, de recebimento de propinas, nepotismo etc.

Na linha de que a liberdade de expressão não é absoluta[754], relacionar determinado partido à organizações criminosas, mesmo em período eleitoral, também ensejou direito de resposta, configurando outro limite à liberdade de expressão. Essa foi a interpretação do TSE na RP 197505

---

[754] Nenhum direito é absoluto. Vide: HC 93250 Rel. Min. Ellen Gracie, de 05 mai. 2006 e ADI 2566/MG, Rel. Min. Sydney Sanches, de 27 fev. 2004.

DF[755]. Os representantes – o Partido dos Trabalhadores e outros – alegaram que a revista "Veja" intencionava "dar eco à calúnia e injúria perpetrada pelo Deputado Federal, Índio da Costa, candidato a Vice de José Serra", especialmente no seguinte trecho: "Os vínculos entre o Partido dos Trabalhadores e os narcoterroristas das Forças Armadas Revolucionárias da Colômbia iniciaram-se há duas décadas e nunca foram oficialmente rompidos", e confirmado pelo título e subtítulo da reportagem, "Índio acertou o alvo" e "O episódio foi uma afobação de iniciante, mas o vice de José Serra está correto em se espantar com a ligação de membros do PT com as Farc e seus narcoterroristas", respectivamente; em vista do que, requereram o direito de resposta. Nesse caso, no mérito, por maioria, o TSE entendeu que a Revista Veja teria extrapolado os limites da informação[756].

O ministro relator Henrique Neves afirmou que a Revista Veja, ao analisar o conteúdo da fala proferida pelo deputado federal Índio da Costa, mudou o rumo da notícia, deixando de "noticiar o fato, mas decidir – em verdadeira substituição ao Poder Judiciário – se a frase proferida contém ou não inverdade, calúnia, injúria ou difamação", o que poderia ser verificado, no ver do ministro, no próprio título da reportagem "Índio acertou o alvo". Além disso, acrescentou o ministro que a notícia de que os vínculos entre o Partido dos Trabalhadores e os narcoterroristas das FARC tinham duas décadas e nunca foram oficialmente rompidos também teria extrapolado os limites da informação. Assim, o ministro entendeu que ligar o Partido dos Trabalhadores ao narcotráfico e "ao que há de pior" seria, por si só, capaz de ensejar a ofensa e o consequente direito de resposta[757].

---

[755] BRASIL. TSE. Representação nº 1975-05/DF. Relator: Ministro Henrique Neves da Silva. Brasília, 02 ago. 2010. Votação por maioria.
[756] É possível acessar o acervo digital e ver a reportagem impugnada e a publicação da cartade resposta, nas edições de 28 de setembro e 11 de agosto de 2010. Disponível em: <http://veja.abril.com.br/acervodigital/home.aspx>. Acesso em: 06 abr. 2015.
[757] BRASIL. TSE. Representação nº 1975-05/DF. Relator: Ministro Henrique Neves da Silva. Brasília, 02 ago. 2010, p. 16. Interessante que o ministro estabeleceu inclusive limites ao texto apresentado para resposta. Ibidem, p. 17. Para o ministro Lewandowski, conferir-se o direito de resposta aos ofendidos não se trataria de censura, mas "simplesmente (...) de deferir ou não o direito de resposta, um contraditório. (...)". Para o ministro Hamilton Carvalhido, "a relação com as Farc está reforçada, propalada, ampliada, divulgada e assentada

A posição vencida, mais alinhada com as cortes internacionais[758], é ilustrada pelo voto da ministra Cármen Lúcia, que entendeu que havia base factual para a reportagem que havia incluído comentários de diversos candidatos e políticos de diferentes partidos, inclusive do próprio Partido dos Trabalhadores (do senador do PT, Eduardo Suplicy, que fez comentários favoráveis às FARC), sendo que, nestas circunstâncias, o que se pode ofender é excessivamente subjetivo para ser proibido pelo TSE, ainda mais em vista da liberdade de imprensa[759].

Para a ministra, o conceito do que pode ofender, que está contido no artigo 58 da Lei 9504/97, "é extremamente nebuloso", e o princípio constitucional da liberdade de imprensa implica "o dever de informar e o direito do eleitor [...] de ser informado de um lado e o cerceamento de outro", e que é muito difícil distinguir "em que momento se configura a censura, que é proibida pela Constituição Federal". Neste contexto, a leitura que a ministra fez da reportagem foi:

> Fez-se referência ao fato, analisaram-se dados constantes do fato, e mencionaram-se matérias que já teriam sido publicadas, inclusive fora do período eleitoral, razão pela qual não foram consideradas ofensas. O que aparenta em reportagens anteriores", razão pela qual o ministro se diz "perplexo" em estabelecer o que o tribunal deveria decidir, "pois os efeitos, se desejados – e parece que não se pode negar isso –, são nefastos, porque a relação com o narcotráfico está descrita com todas as letras, não com as Farc como força revolucionária; com os seus narcoterroristas". Ademais, para o ministro, "há uma linha muito tênue que separa o legítimo exercício da liberdade de imprensa e o abuso", razão pela qual concedeu direito à resposta. Nesse sentido, decidiu também o ministro Arnaldo Versani. Ibidem, p. 22-31.

[758] Caso Riolo v. Itália e Urbino v. Portugal.
[759] Neste sentido, também votou o ministro Marco Aurélio: no seu voto, o ministro destacou as sete chamadas jornalísticas da revista com reportagens que buscavam relacionar possíveis contatos realizados em cerimônias ou reuniões entre o Partido dos Trabalhadores e as FARCs. Por derradeiro, conforme Marco Aurélio, não se tratava de notícia para "beneficiar ou prejudicar este ou aquele candidato, este ou aquele partido. Estamos diante de uma reportagem assentada – repito – em dados concretos do passado – é certo, não digo que os dados sejam atuais – ", mas, ainda assim, assegurado pela liberdade de expressão. TSE. Representação nº 1975-05/DF. Relator: Ministro Henrique Neves da Silva. Brasília, 02 ago. 2010, p. 26-28.

ofender fica em um nível de subjetividade que ultrapassa também meu dever de juiz, porque aquilo que aparenta para um, não aparenta para outro[760].

A ministra entendeu que "o que pode aparentar ofender seria extraído de certa leitura feita de matéria jornalística, a qual realmente relata o que aconteceu, e põe comentários, inclusive, de outros candidatos". E, justamente porque "não há clareza" quanto à ofensa, deveria prevalecer o princípio da liberdade de imprensa, conforme o que preconiza a Constituição Federal. Ressaltou ainda a ministra Cármen Lúcia que "o direito de resposta ocorre quando houver denunciação 'caluniosa, difamatória, injuriosa ou sabidamente inverídica', estando à margem da lei aplicá-lo fora desses casos"[761,762].

Em outra decisão do TSE, na RP 187987, em 22/07/2010, o ministro relator Henrique Neves da Silva analisou o pedido de direito de resposta e de retirada do *link* disponível no portal "folha.com.br", que continha o vídeo da entrevista de Índio da Costa com o trecho considerado ofensivo pela coligação "Para o Brasil Seguir Mudando" (PRB-PDT-PMDB--PTN-PSC-PR-PTC-PSC-PCdoB) contra o Partido da Social Democracia Brasileira – PSDB, que deu origem à reportagem da Revista Veja, objeto da decisão que acabamos de citar, e julgou o pedido procedente. Na RP 187987, a requerente alegou que foram divulgados vídeos de entrevista

---

[760] Ibidem, p. 21.

[761] Para Cármen Lúcia, o direito à liberdade de imprensa está garantido pelas normas jurídicas e "não há proibição de que a publicação diga expressamente que apoia determinado candidato. Por isso mesmo, ao dizer isso e ao fazer qualquer referência a um outro, pode ser lido como sendo mesmo tendencioso, e essa tendenciosidade não é proibida; o que é proibida é a ofensa". Finalizou a ministra que "Não havendo, entretanto, essa clareza da qual preciso para garantir o direito de resposta, fico com a liberdade de imprensa, por pensar que, no jogo eleitoral, de fato, teremos, eventualmente, que atuar (e atuaremos) mais quando ficar claro que o princípio da liberdade de imprensa não configura forma de censura judiciariamente imposta". BRASIL. TSE. Representação nº 1975-05/DF. Relator: Ministro Henrique Neves da Silva. Brasília, 02 ago. 2010, p. 21-22.

[762] Nessa linha, o ministro Aldir Passarinho Junior entendeu tratar-se a reportagem de "matéria [...] essencialmente jornalística", "desfavorável ao Partido dos Trabalhadores [...], mas não há nenhuma obrigação ou exigência de que a matéria, efetivamente, seja tão somente factual e inexiste vedação a que um órgão de imprensa se expresse de uma forma ou de outra". Ibidem, p. 27-28.

ofensiva feita pelo deputado federal Índio da Costa no sítio de Internet da "Folha", em que se afirmava a existência de ligação do Partido dos Trabalhadores e os guerrilheiros das FARCs – Forças Armadas Revolucionárias da Colômbia. Destacamos o trecho relevante da fala de Índio da Costa, entendido pela requerente como ofensivo:

> Bom, de qualquer maneira, é o seguinte, ninguém... todo mundo sabe que o PT é ligado às FARC, ligado ao narcotráfico, ligado ao que há de pior. Não tenho dúvida nenhuma disso.[763]

O ministro Henrique Neves analisou o trecho da entrevista destacada pelos requerentes como ofensiva. O ministro entendeu que era "evidente" que o trecho tinha "tom ofensivo". Para o ministro, a verificação ou não dos crimes previstos nos artigos 138, 139 e 140 (calúnia, injúria e difamação) do Código Penal deveria ser apurada em procedimento penal próprio, para que os direitos de defesa do acusado fossem garantidos. No entanto, ressaltou o ministro que as assertivas caluniosas, difamatórias e injuriosas no direito eleitoral não são iguais às do direito penal, pois, no direito eleitoral, "aquilo que *aparenta* ofender já é proibido, porque o respeito entre os candidatos é indispensável ao processo eleitoral" (ênfase nossa)[764]. Assim, entendeu o ministro que não importa qual o conceito Forças Armadas Revolucionárias da Colômbia – Exército Popular, pois a simples afirmação ligando o Partido dos Trabalhadores ao narcotráfico e "ao que há de pior" seria capaz de caracterizar a ofensa e o deferimento do direito de resposta[765]. Vemos aqui outra posição do TSE que entra em conflito com as cortes internacionais, que entendem que a liberdade de expressão deve ser reforçada no direito eleitoral[766]: A proteção contra a ofensa no Brasil seria *maior* no direito eleitoral do que no penal, segundo decisão comentada.

---

[763] BRASIL. TSE. RRP nº 187987. Relator: Ministro Henrique Neves Da Silva. Brasília, 02 ago. 2010. Mantida a decisão anterior.
[764] Citando a RP 1194, Rel. Min. Ari Pargendler, 26.9.2006.
[765] O ministro ainda analisa os limites do conteúdo da carta de resposta e outros aspectos em relação ao tempo e ao local onde a carta deveria ser veiculada. BRASIL. TSE. RRP nº 187987. Relator: Ministro Henrique Neves Da Silva. Brasília, 02 ago. 2010, p. 4-11.
[766] Vide casos Ricardo Canese v. Paraguai e caso Desjardin v. França.

QUADRO ANALÍTICO DO ESTUDO DA INCONVENCIONALIDADE

Caso/Problema/ Critérios	Tribunais Nacionais	Cortes Internacionais	Conclusão
Caso	Casos FARC RP 1975-05/DF RP 1879-87/DF	Casos Riolo v. Itália e Urbino v. Portugal	----
Imputação de prática ilegal	Vincular candidato ou partido à organização criminosa ou criminosos	Associar candidato ou conduta à máfia	Todos os discursos associam político ou sua conduta à máfia ou mafiosos: justifica a analogia.
Restrições previstas em lei interna	Sim	Sim	Há previsões em lei nos países para restringir a liberdade de expressão nestes casos: convencional neste quesito.
Objetivo legítimo	Sim	Sim	Convencional neste quesito em razão da proteção de direito de terceiros (proteção da honra e reputação).
Restrições necessárias e imperiosas em uma sociedade democrática	Não	Não	**INCONVENCIONAL** O homem público está mais sujeito à crítica contundente, especialmente durante período eleitoral, já que possui outros meios de rebater a acusação.

QUADRO ANALÍTICO DO ESTUDO DA INCONVENCIONALIDADE			
Caso/Problema/ Critérios	Tribunais Nacionais	Cortes Internacionais	Conclusão
Questões de interesse público	Sim	Sim	Crítica política: questionar conduta ou interesses do homem público. Direito à informação essencial para formação da opinião do eleitor. No caso brasileiro, considerou-se que dizer que partido político tinha ligações com as FARC, com base fática suficiente e comentários de membro sênior do partido, foi considerado abusivo. Em contraste, a CEDH considerou que divulgar-se que político defende os interesses da máfia foi considerado aceitável.

Na RP 1194[767], também a liberdade de expressão foi restringida em período eleitoral, tendo sido configurada a difamação e injúria no entendimento do TSE, embora não da mesma forma como o direito penal as trata. O conteúdo impugnado referiu-se à entrevista dada por Geraldo Alckmin na CBN em 21/09/2006, do qual destaca-se os seguintes trechos:

> Heródoto: Geraldo, o Sr. ouviu agora pouquinho no repórter CBN que o Presidente Lula deu uma entrevista no Bom Dia Brasil da TV Globo e entre

---

[767] BRASIL. TSE. Representação nº 1194/DF. Relator: Ministro Ari Pargendler. Brasília, 26 set. 2006. Procedente por maioria.

outras coisas o presidente disse que não sabia que estas coisas estavam acontecendo, que compra de dossiê é coisa para pessoas insanas e disse que as suas ações governamentais foram tomadas, haja vista que ele afastou essas pessoas que são suspeitas de terem participado ou tentado comprar um dossiê pra ser aplicado ainda nessa campanha eleitoral. Qual é a avaliação que o senhor faz dessas atitudes e dessas ações do presidente?

Alckmin: Olha, o que nós estamos vendo, Heródoto, é uma corrosão diária da credibilidade do presidente, eu acho que ninguém mais acredita no Lula. Lá atrás, quando houve o mensalão, aliás como disse o procurador da República – uma quadrilha de quarenta ladrões chefiadas pelo José Dirceu, que era ministro do Palácio do Planalto, pelo Genuíno, presidente do PT, pelo Silvinho, secretário-geral do PT, pelo Delúbio, tesoureiro do PT, o presidente também disse que não sabia de nada, não viu nada. Veio o valerioduto, o presidente também disse que não sabia de nada. [...]Muito triste o que está acontecendo no Brasil. Eu entendo que estas coisas acontecem em razão da impunidade, acha que não vai dar nada. **É que nem o ladrão de carros, por que ele rouba? Porque ele acha que não vai ser pego pela polícia.**

Heródoto: Agora, Dr. Geraldo, o fato da Polícia Federal estar fazendo o acompanhamento do caso, estar sendo mesmo responsável pela elucidação ou tentativa de elucidação, ou avanços nessa elucidação, não é uma forma de atestar também que o governo é transparente, o governo do Presidente Lula, haja vista que a Polícia Federal nunca atuou tanto como está atuando nos últimos anos?

Alckmim: [...]

Agora, o que nós estamos vendo no governo federal é uma sofisticada organização criminosa. [...]A secretária de Comunicação do governo pagou 11 (onze) milhões de material da propaganda do governo, isso nunca foi entregue em lugar nenhum. Esse dinheiro foi desviado, 11 (onze) milhões de reais. Aí depois de meses e meses, o que é que diz o governo? 'Olha, não... o material foi feito sim, mas é que ele foi entregue nos diretórios do PT'. Aí o PT diz: 'ó, aqui não foi entregue nada.' Mesmo que tivesse sido entregue nos diretórios do PT, é crime! Quer dizer, como é que você gasta 11 (onze) milhões do povo? [...]

Se você pegar o Ministério dos Transportes, 70% dos contratos são todos irregulares, sem concorrência pública. Você passa três anos e meio com as estradas abandonadas e aí contrata sem concorrência porque houve emergência, coisa que na primeira chuva vai perder, obra mal feita, sem concorrência, com fraude, com desvio. Então, nós vivemos hoje no Brasil. Eu vejo uma situação muito triste. É um mau exemplo. **Todo dia, a gente ensina para o filho em casa, olha, não pode mentir, não pode roubar. Agora você vê o exemplo muito triste de um governo que poderia dar exemplo para o país todo.** (...)

O Lula coloca na frente do interesse do Brasil, o interesse dos companheiros, dos amigos, ideológicos, partidários, esse é um fato! (...)

Não tem investimento novo. Por que? Porque as agências reguladoras foram todas petisadas, foram politizadas, contrato não é respeitado. Quem investe? Ninguém! (...)

Heródoto: Mais uma vez o Presidente Lula diz que é o candidato dos pobres, e o senhor? É o candidato dos ricos?

Alckmin: Ele é mais rico do que eu!! Eu depois de 30 (trinta) anos de medicina, sou mais pobre do que ele. Ele é mais rico do que eu. **E que candidato dos pobres é este que permite que dinheiro que podia estar nas escolas, no hospital, pra fazer o país crescer, seja roubado?** Que candidato é esse? Não existe isso! Olha, o candidato, o presidente da República tem que ser aquele pra diminuir a pobreza. Mais amigo do pobre é aquele que trabalha para as pessoas deixarem de ser pobres. E pra pessoa deixar de ser pobre, o Brasil precisa crescer, precisa ter emprego, precisa ter renda, precisa ter salário![768]

Resumidamente alegaram os representantes (o Partido dos Trabalhadores e outros) que os trechos impugnados "desvirtuam a finalidade da entrevista", ofendendo a honra do candidato Lula ao atribuir-lhe fatos injuriosos, caluniosos e difamatórios e divulgar fatos sabidamente inverídicos. Já a defesa (o PSDB e outros) afirmou que a propaganda apenas explorou "sucessivos episódios, públicos e notórios, em relação aos quais se faz uma observação crítica".

Entendeu o relator, o ministro Ari Pargendler, que a entrevista, ao afirmar que o presidente Lula "permite que o dinheiro seja roubado, está no mínimo ofendendo-o". Entendeu o ministro que "as afirmações caluniosas, difamatórias e injuriosas não são qualificadas à luz dos conceitos do direito penal" no direito eleitoral, e concedeu o tempo de 4 minutos

---

[768] BRASIL. TSE. Representação nº 1194/DF. Relator: Ministro Ari Pargendler. Brasília, 26 set. 2006, p. 2-5.

para o exercício do direito de resposta[769]. O Ministro Cezar Peluso acompanhou o relator e entendeu que a ofensa é configurada pela "ambigüidade", que "é uma forma extremamente sutil de ofender, pois ela deixa sempre a possibilidade de se dizer que não é este o sentido, é outro"[770].

Já o Ministro Carlos Ayres Britto entendeu que o "foco da entrevista foi comentar essas notícias, amplamente divulgadas pela imprensa e até retratadas pela Polícia Federal como fatos: por exemplo, a apreensão de R$1,7 milhão". Além disso, as observações seguiram como "um desabafo contra a impunidade. Em período eleitoral, é até desejável esse tipo de combate à impunidade, porque a eleição é também uma oportunidade excelente para politizar a população, discutir ideias, divulgar doutrinas, sustentar esse ou aquele programa de governo, aquela política pública", uma "festa cívica". O candidato oponente "criticou o presidente da República, como presidente, como governante, pela sua culpa *in nomeando* e *in eligendo*, o que é também perfeitamente justificável e defensável; faz parte do jogo eleitoral". E, no entanto, também na visão do ministro Ayres Britto houve abuso da liberdade de expressão na entrevista, e o trecho excessivo e ofensivo à honra do presidente Lula foi "o que nós estamos vendo no governo federal é uma sofisticada organização criminosa". No mesmo sentido do relator, entendeu Ayres Britto que "os institutos tradicionais da injúria, da difamação, da calúnia não devem ser encarados no seu rigor técnico, penal, propriamente dito; mas como o povo sente, como o povo pratica essas palavras"[771]. Além do mais, "o uso da polissemia pode ser intencional: palavras de duplo sentido, de mais de um sentido, são habilmente utilizadas para sugerir, deixar no eleitor, no ouvinte,

---

[769] BRASIL. TSE. Representação nº 1194/DF. Relator: Ministro Ari Pargendler. Brasília, 26 set. 2006, p. 7-9.

[770] A polissemia é, para o ministro, "a a capacidade que têm as palavras e os enunciados lingüísticos para sugerir, na mente de algumas pessoas, o pior sentido possível". Qual o sentido de permitir? "Permite porque omite ou permite por uma atitude ativa? Tudo isso me parece extremamente ofensivo". Ibidem, p. 11.

[771] Além do mais, "o uso da polissemia pode ser intencional: palavras de duplo sentido, de mais de um sentido, são habilmente utilizadas para sugerir, deixar no eleitor, no ouvinte, no espectador, enfim, a opinião de que houve – no caso, seria isso – incidência em comportamento eminentemente antiético". Ibidem, p. 11-13.

no espectador, enfim, a opinião de que houve – no caso, seria isso – incidência em comportamento eminentemente antiético"[772].

Por fim, em maior consonância com as cortes internacionais[773], o Ministro Marcelo Ribeiro apresentou voto contrário ao da maioria, no sentido de que, em um programa ao vivo, a pessoa teria mais liberdade para falar, além do fato de que o presidente Lula, candidato à reeleição, também tinha entrevista marcada no programa no dia seguinte, tendo, portanto, a "oportunidade de responder àquelas questões"[774].

QUADRO ANALÍTICO DO ESTUDO DA INCONVENCIONALIDADE			
Caso/Problema/ Critérios	Tribunais Nacionais	Cortes Internacionais	Conclusão
Caso	Caso da Ambiguidade RP 1194/DF	Casos Ricardo Canese Dichand v. França Brasilier v. França Dalban v. Romênia	----
Imputação de prática ilegal	Ofensa decorrente da ambiguidade do termo "permitir que o dinheiro seja roubado"	Imputação direta ou indireta de práticas ilegais	Todos os discursos associam político ou sua conduta à máfia ou mafiosos: justifica a analogia.
Restrições previstas em lei interna	Sim	Sim	Há previsões em lei nos países para restringir a liberdade de expressão nestes casos: convencional neste quesito.

---

[772] BRASIL. TSE. Representação nº 1194/DF. Relator: Ministro Ari Pargendler. Brasília, 26 set. 2006, p. 13.
[773] Vide caso Günduz v. Turquia.
[774] BRASIL. TSE. Representação nº 1194/DF. Relator: Ministro Ari Pargendler. Brasília, 26 set. 2006, p. 9.

QUADRO ANALÍTICO DO ESTUDO DA INCONVENCIONALIDADE

Caso/Problema/ Critérios	Tribunais Nacionais	Cortes Internacionais	Conclusão
Objetivo legítimo	Sim	Sim	Convencional neste quesito em razão da proteção de direito de terceiros (proteção da honra e reputação).
Restrições necessárias e imperiosas em uma sociedade democrática	Não	Não	**INCONVENCIONAL** O homem público está mais sujeito à crítica contundente, especialmente durante período eleitoral, já que possui outros meios de rebater a acusação.
Questões de interesse público	Sim	Sim	Crítica política: questionar conduta ou interesses do homem público. Direito à informação essencial para formação da opinião do eleitor.
Juízo de valor/ opinião?	Sim	Sim	No caso brasileiro, mera ambiguidade foi proibida ("permitir" ilícitos implicaria "autorizar"? O meramente não saber que ocorrem?). Afirmações genéricas interpretadas subjetivamente, sem a clareza da acusação direta foram restringidas, apesar de ter base fática suficiente. Em contraste, nas cortes internacionais, permite-se imputação direta de ilícito com base fática suficiente.

QUADRO ANALÍTICO DO ESTUDO DA INCONVENCIONALIDADE			
Caso/Problema/ Critérios	Tribunais Nacionais	Cortes Internacionais	Conclusão
Se for juízo de valor, há base fática suficiente?	Sim	Sim	Culpa *in nomeando* e *in eligendo*; notícia veiculada pela imprensa.
Sanções proporcionais aos objetivos legítimos	Não (direito de resposta de 4 minutos)	Não (suspensão da propaganda, pagamento de multa ou prisão, indenização, apreensão da revista)	**INCONVENCIONAL** Sendo desnecessária, não caberia direito de resposta;

Na RP 603 de outubro de 2002, o ministro José Gerardo Grossi[775] concedeu liminar para proibir a veiculação da propaganda no rádio e na televisão durante o período de campanha eleitoral, e deferiu o direito de resposta aos representantes – o PT e outros. O conteúdo da propaganda impugnada era o seguinte: "Diz o Jornal do Brasil que textos da secretaria de educação do PT gaúcho exaltam a luta das forças revolucionárias da Colômbia, as mesmas que treinaram Fernandinho Beira-Mar. É para esclarecer questões como essas que Lula deve ir aos debates. Serra vai". O ministro entendeu que houve manipulação na propaganda porque: (i) a mensagem da propaganda não seria clara: "a imagem na TV não nos permite divisar qualquer manchete nesse sentido, e o áudio, por óbvio, deixa o ouvinte a mercê do conteúdo da locução"; e (ii) "o governo do Estado não elaborou cartilha alguma com o conteúdo explicitado pela Representada", existindo apenas um artigo contendo "uma síntese de palestras realizadas com os professores estaduais" que debateram o tema durante um encontro "Semana da Pátria – Aqui são outros quinhentos", em que citava-se as FARCs durante uma palestra de um professor acerca

---

[775] BRASIL. TSE. Representação nº 603/DF. Relator: Ministro José Gerardo Grossi. Brasília, 18 out. 2002 (decisão monocrática na liminar). Decisão mantida pelo TSE por maioria. BRASIL. TSE. Representação nº 603/DF. Relator: Ministro José Gerardo Grossi. Brasília, 21 out. 2002.

da "América Latina e a dominação política, econômica e cultural de seus povos". Para o ministro, portanto, ficou evidente a manipulação, já que não havia "cartilha do governo do Estado exaltando a luta das forças revolucionárias da Colômbia, como afirmado na propaganda", sendo certo que a promoção de debates sobre temas e a apresentação de opiniões diferentes sobre eles é "admitida" e "salutar ao sistema educacional". Ademais, na visão de Grossi, "a uma primeira vista, parece que tal propaganda se utiliza de material espúrio", ao relacionar o Partido dos Trabalhadores e seu candidato à Presidência, Luiz Inácio Lula da Silva, "por raciocínios tortuosos e enganosos", a Fernandinho Beira-Mar, "inimigo número um do País", razão pela qual, a propaganda poderia causar um dano irreparável aos Representantes[776].

Em outro caso semelhante analisado pelo TSE, na RESPE 20.206[777], entendeu o tribunal que também existia ofensa na seguinte mensagem de artigo veiculado em jornal:

> A superestrutura montada pelo ex-governador para tentar eleger Cláudio Pinho ao Governo do Estado do Amapá, ele próprio ao Senado, e sua mulher, deputada federal, é de encher os olhos de inveja de qualquer político do sul-maravilha de Lalau e Fernandinho Beira-Mar. [...]
> São públicos e notórios os inúmeros processos do que o ex-governador é portador para justificar grandes somas de dinheiro, sacadas contra os cofres públicos, como o caso dos cinqüenta milhões, etc. e tal.[...]

Em primeira instância, o juiz negou o direito de resposta, pois entendeu que não existia ofensa à honra do candidato. No caso, sendo o candidato "homem público, estaria sujeito a críticas acerca de sua carreira política". Inicialmente, o relator do recurso no TSE entendeu que "artigo de jornal contendo críticas duras, incisivas e até grosseiras sobre a con-

---

[776] BRASIL. TSE. Representação nº 603/DF. Relator: Ministro José Gerardo Grossi. Brasília, 18 out. 2002.

[777] Em recurso especial, alegaram os recorrentes que os dois trechos citados acima, tinham a intenção de relacionar "a imagem do candidato à de criminosos conhecidos nacionalmente, [...]" e se a lei não faz distinção, não haveria como "distinguir a honra do homem público e da honra do homem comum". BRASIL. TSE. RESPE nº 20.206/AP. Relator: Fernando Neves Da Silva. Brasília, 30 set. 2002, PSESS 01 out. 2002.

duta de candidato, quando do exercício de função pública, não ensejam ofensas à honra, capaz de permitir o direito de resposta, tendo em vista ser a honra do Homem Público diferente da do homem comum"[778].

Todavia, por maioria de votos, o TSE mudou sua posição. No voto proferido pelo ministro Sepúlveda Pertence, seguido pelos ministros Ellen Gracie, Peçanha Martins e Nelson Jobim, entendeu o TSE que, se a propaganda mencionasse "o nome de qualquer político, ainda dos mais mal falados", não estaria configurada a ofensa, mas Lalau e Fernandinho Beira-Mar "não são políticos", "o primeiro, alguém cujo nome, própria ou impropriamente, é dado como criminoso contra o patrimônio público e, o segundo, um traficante de drogas, condenado", e finalmente, a referência a "político do 'Sul-maravilha'" visaria a enganar, razão pela qual deu-se provimento ao recurso[779].

QUADRO ANALÍTICO DO ESTUDO DA INCONVENCIONALIDADE			
Caso/Problema/ Critérios	Tribunais Nacionais	Cortes Internacionais	Conclusão
Caso	REsp 20.206	Casos Riolo v. Itália, Urbino v. Portugal, Mika v. Grécia	----
Intuito de enganar o eleitorado	Mera aproximação dos termos	Associar candidato ou conduta à máfia; prática nepotismo	Todos os discursos associam político ou sua conduta à máfia ou mafiosos: justifica a analogia.

---

[778] Ibidem, p. 3.
[779] Os ministros Fernando Neves (relator), Luiz Carlos Madeira e Barros Monteiro, que tiveram os seus votos vencidos, entenderam basicamente que "a crítica política, ainda que contundente, não enseja o direito de resposta", de modo que a mensagem que se restringir tão somente a "formular crítica à estrutura montada para a campanha política, mesmo que realizada de forma incisiva", não gera a ofensa dos artigos citados e, consequentemente, não gera direito de resposta. BRASIL. TSE. RESPE nº 20.206/AP. Relator: Fernando Neves Da Silva. Brasília, 30 set. 2002, PSESS 01 out. 2002, p. 2-4.

QUADRO ANALÍTICO DO ESTUDO DA INCONVENCIONALIDADE			
Caso/Problema/ Critérios	Tribunais Nacionais	Cortes Internacionais	Conclusão
Restrições previstas em lei interna	Sim	Sim	Há previsões em lei nos países para restringir a liberdade de expressão nestes casos: convencional neste quesito.
Objetivo legítimo	Sim	Sim	Convencional neste quesito em razão de direito de terceiros (proteção da honra e reputação).
Restrições necessárias e imperiosas em uma sociedade democrática	Não	Não	**INCONVENCIONAL** O homem público está mais sujeito à crítica contundente, especialmente durante período eleitoral, já que possui outros meios de rebater a acusação.
Questões de interesse público	Sim	Sim	Crítica política: questionar conduta ou interesses do homem público. Direito à informação essencial para formação da opinião do eleitor.
Juízo de valor/ opinião? Se sim, há base fática suficiente?	Sim	Sim	No Brasil, mera opinião comparativa, simplesmente por aproximar termos, foi considerada excessiva, mesmo com base fática suficiente, ainda que sem fazer a vinculação direta de criminosos ao partido ou candidato. Em contraste, nas cortes internacionais, permite-se imputação direta de ilícito com base fática suficiente.

Em 2010, na RP 3662-17[780],[781], a coligação "Para o Brasil Seguir Mudando" (PRB/PDT/PT/PMDB/PTN/PSC/PR/PTC/PSB/PC do B) e Dilma Rousseff requereram direito de resposta, com pedido de liminar, contra a coligação "O Brasil Pode Mais" e o candidato José Serra, afirmando que o programa eleitoral destes teria veiculado propaganda sabidamente inverídica com o objetivo de difamar as representantes. O conteúdo da propaganda impugnada foi o seguinte[782]:

VIDEO	ÁUDIO
Atriz falando.	Atriz: Os brasileiros lutaram muito para reconquistar a democracia, um regime que é o da liberdade e da tolerância. Por isso, é inaceitável o que aconteceu nesta quarta-feira, no Rio.
Serra fazendo campanha caminhando pelo calçadão de Campo Grande, enquanto começa a briga entre pessoas do PT e do PSDB; fotos do Serra com a mão na cabeça, e imagens da van de Serra deixando o local.	Locutor: Serra estava andando no calçadão de Campo Grande. Uma caminhada pacífica e calorosa. De repente, militantes do PT aparecem para impedir Serra de fazer campanha. Em pouco tempo chegam mais cabos eleitorais da Dilma. Começa a violência. Serra é atingido na cabeça e, agredido, deixa o local.
Atriz falando.	Atriz: Serra foi ao médico, e teve de interromper sua campanha no Rio. Mas o pior, o mais grave é a repetição de um comportamento que não cabe na democracia.

---

[780] BRASIL. TSE. Representação nº 3662-17.2010.6.00.0000. Relator: Ministro Joelson Dias. Brasília, 26 out. 2010.

[781] A RP 3675-16 foi citada em vários julgados. A RP foi julgada improcedente por unanimidade e não concedeu o direito de resposta. Além disso, o relator traz critérios para caracterizar fato sabidamente verídico, já indicado no corpo do trabalho acima. BRASIL. TSE. Representação nº 3675-16. Relator: Ministro Henrique Neves. Brasília, 26 out. 2010, p. 2-6.

[782] BRASIL. TSE. Representação nº 3662-17.2010.6.00.0000. Relator: Ministro Joelson Dias. Brasília, 26 out. 2010, p. 3. O TSE concedeu parcialmente o direito de resposta.

Imagens de Mario Covas sendo agredido.	Locutor: Maio de 2000. O então governador Mario Covas, do PSDB, vai a um ato administrativo em São Bernardo do Campo, um dos berços do PT, e é agredido por um manifestante.
Mario Covas falando para o povo.	Mario Covas: Eu fui cassado para garantir o direito de vocês falarem. Não o direito de me dar paulada na cabeça.
Manifestantes em ato de agressão.	Locutor: Dez dias depois, outra agressão, desta vez, de manifestantes ligados à CUT.
Atriz falando.	Atriz: Agora preste atenção nesta declaração.
José Dirceu fazendo discurso.	José Dirceu: Porque eles têm que apanhar nas ruas e nas urnas.
Atriz falando.	Atriz: O autor é o então deputado e presidente do PT, José Dirceu, referindo-se ao PSDB.
José Dirceu fazendo discurso.	José Dirceu: Porque eles têm que apanhar nas ruas e nas urnas.
Atriz falando.	Atriz: Essa é a democracia que você quer para o Brasil?

Nesse trecho, as representantes entenderam que a intenção foi a de lhes imputar uma "tendência agressiva", fato "inverídico, infamante e inaceitável na propaganda eleitoral", pois as imagens dizem respeito a uma outra situação "em maio e junho de 2000, por ocasião da greve dos professores da rede pública de ensino do Estado de São Paulo". O TSE entendeu configurada a ofensa, porque a mensagem veiculada não teria se limitado a trazer fatos (as agressões), mas também tinha insinuado o envolvimento do partido adversário com ilícitos, ficando assim configurada ofensa. O TSE entendeu, por unanimidade, que a apresentação de cena que não ofenda, não falseie a verdade e reproduza fato do passado disponibilizando data, não gera direito de resposta, mas a mensagem que insua o envolvimento do candidato na prática de ilícitos, mesmo que indiretamente, ofende[783].

Com relação a outro trecho da propaganda, também objeto de análise na mesma representação (reproduzido a seguir), alegaram as representantes que, ao se referir à "turma da Dilma"[784], transmitiria a propaganda uma ideia de "quadrilha ou bando comandado pela candidata", alegações "levianas" que a vinculam a "fraude de 157 milhões" da Eletrobrás. O conteúdo considerado ofensivo foi o seguinte:

VÍDEO	AUDIO
Folha de São Paulo com foto e descrição de Valter; trecho da Folha de São Paulo: "'Edgar Cardeal cobra taxa de sucesso' afirma cliente". Foto de Dilma, Erenice, Cardeal e Zé Dirceu.	Ator: No último final de semana, novas notícias sobre os escândalos envolvendo alguém da turma da Dilma. Agora, as denúncias atingem a Eletrobrás, mais uma empresa pública que foi tomada pelo PT e pela turma da Dilma. O Locutor: O Brasil não merece isso. Revista Epoca: banco alemão envolve homem de confiança de Dilma numa fraude de 157 milhões de euros. Locutor: O homem é Valter Cardeal, diretor da Eletrobrás, denunciado pelo Ministério Público por desvio de recursos da empresa.

---

[783] Os argumentos expostos pelo ministro relator seguiram no sentido de que o trecho da propaganda citado acima buscou transmitir fato "sabidamente inverídico", ao "re-exibir tema que já foi objeto da concessão de direito de resposta por esta Corte nas eleições de 2002". BRASIL. TSE. Representação nº 3662-17.2010.6.00.0000. Relator: Ministro Joelson Dias. Brasília, 26 out. 2010, p. 6.

[784] Citam as representantes a RP 495 como referência. Questionam os representados a citação da RP 495, alegando tratar de situação diversa: "o precedente em comento não proscreveu o uso da imagem do discurso feito por José Dirceu, porém condenou a junção dessa imagem com as da agressão feita ao Governador Mario Covas com o comentário 'uma semana depois, o deputado [José Dirceu] foi atendido', estabelecendo um nexo causal que se entendeu indevido". Sustentam que aqui não se estabelece 'uma relação causal entre o discurso de José Dirceu e as agressões agora feitas, ou mesmo aquelas ocorridas no passado, mas apenas se destaca a impropriedade, diante dos princípios democráticos, do comportamento de quem prega que adversários devem apanhar nas ruas e nas urnas'". Ibidem, p. 4-5.

	AUDIO
	Locutor: E a Folha de São Paulo de domingo vai além: Valter Cardeal é o homem de confiança da Dilma há 20 anos. Segundo um cliente, até um irmão de Valter, Edgar Cardeal, cobra taxa de sucesso se o negócio der certo. Escândalo envolvendo a turma da Dilma. Primeiro a Erenice. Agora, na Eletrobrás. Zé Dirceu, Erenice, Cardeal, Dilma. O Brasil não merece isso.

Alegaram por sua vez os representados que o termo "a turma da Dilma" é uma crítica política de um fato amplamente divulgado na mídia e a ideia de que a Eletrobrás teria sido "tomada" pela "turma da Dilma" seria "crítica para o critério eminente político com que o atual Governo escolhe a direção das empresas estatais, ao invés de privilegiar critérios técnicos", e que não possui natureza caluniosa ou difamatória.

Com relação a este segundo trecho, entendeu o ministro relator Joelson Dias que "é bem verdade que a informação reproduzida no programa, sobre denúncias que pesariam contra ex-diretor de empresa pública, está respaldada em notícias divulgadas pela imprensa", e que os julgados do tribunal não garantem "direito de resposta em decorrência de simples comentário de notícias publicadas na imprensa no espaço reservado à propaganda eleitoral gratuita". No entanto, a situação é diferente se "além de abordar fatos noticiados pela mídia, imputa-se a candidato adversário, ainda que indiretamente, a prática de ato ilícito". No entendimento do TSE, a propaganda não se restringiu a "divulgar sua opinião e posicionamento sobre o tema noticiado, nem a revelar [...] que 'mais um amigo de Dilma se envolve em escândalo'". Não se verificou o uso da expressão "turma da Dilma" no mesmo contexto daquele divulgado pela mídia, que apenas dizia que "o suspeito pelo cometimento de ilícitos seria 'homem de confiança de Dilma'". Para o ministro, diferentemente do que a mídia tinha sugerido – mais um amigo de Dilma envolvido em escândalo – , a propaganda acabava por remeter à ideia de uma "espécie de quadrilha ou bando comandado pela candidata", o que era diverso e ofensivo[785].

---

[785] Afirmou ainda o ministro que o uso do termo "turma" pode ridicularizar "revelando sentido que pode mesmo parecer 'nitidamente de quadrilha, de bando'". No caso, essa

Reiterando a posição do tribunal e deferindo o pedido de direito de resposta, o ministro afirmou que "se a propaganda faz acréscimo na matéria jornalística que veicula e se tal acréscimo contém uma inverdade, ou é injuriosa, difamatória ou caluniosa, defere-se o pedido de resposta para restaurar a verdade ou repelir a injúria, difamação ou calúnia", e também que, "se a propaganda eleitoral gratuita não se limita a reproduzir fatos noticiados pela mídia, imputando a candidato ou coligação adversários a prática de ato ilícito, ainda que indiretamente, defere-se o pedido de resposta"[786].

Vale a pena destacar um caso semelhante julgado em 2006, a RP 1109: Na propaganda, apareciam bonecos animados que cantavam: "Nós somos a turma do Lula, a gente vive a negar o 'mensalão', o caixa dois, os sanguessugas...", e ainda afirmava que "se o Lula for eleito de novo, a turma dele vai voltar!" Para Ribeiro, o vídeo claramente tentava relacionar o candidato Lula com os suspeitos no "mensalão", direta e objetivamente, razão pela qual o ministro entendeu que a propaganda era ofensiva e a suspendeu. O TSE analisou a expressão "turma do Lula" e o uso do termo também foi interpretado como ridicularizante[787]. O TSE, por votação unânime, suspendeu o trecho da música e concedeu o direito de resposta. O ministro relator entendeu que não se tratava de crítica política, e que a propaganda de algum modo poderia incutir no eleitor a ideia de que o presenciável estaria protegendo os acusados e insinuando que os traria de volta, se reeleito.

O ministro Arnaldo Versiani acrescentou dois pontos importantes para nossa análise: (i) Segundo ele, muitos candidatos se têm valido do expediente de usar manchetes jornalísticas (como parece ter ocorrido no caso em tela, que fazia alusão a "caixa 2", "mensalão" e até mesmo, em

---

"sugestão" ocorreu, pois "não somente a propaganda está a enfocar 'escândalos', 'fraude', 'desvio de recursos'", como também diz que a "turma da Dilma teria 'tomado' empresa pública" e o verbo tomar "revelaria" isso, na visão do ministro. BRASIL. TSE. Representação nº 3662-17.2010.6.00.0000. Relator: Ministro Joelson Dias. Brasília, 26 out. 2010, p. 8-9. O ministro cita a RP nº 1109/DF, rel. Min. Marcelo Ribeiro, publicado em sessão de 12.9.2006.

[786] Ibidem, p. 10. Cita a RP nº 3517-58, de sua relatoria, publicado em sessão de 20.10.2010.
[787] Embora tenha havido divergência se foi configurada calúnia, injúria e difamação. Ibidem, p. 10-11.

outra parte, a "dólar na cueca") "como se ficassem, dessa forma, isentos de qualquer penalidade", e como se o fato de certas informações serem veiculadas na mídia fosse suficiente para se "difundir fatos, independentemente de serem ou não verdadeiros". (ii) Também segundo o ministro, houve ofensa ao candidato Lula, apesar de a propaganda possuir "traços humorísticos", sendo que o humor "é conceito bastante subjetivo", podendo ser considerado humorístico para um, mas não para o outro[788]. Como vimos, tais argumentos são contrários às posições defendidas pelas cortes internacionais de direitos humanos. A decisão, inclusive, parece sugerir que, se alguém não acha graça de determinado conteúdo, ele não é humorístico.

O ministro Ayres Britto também entendeu que a veiculação de fatos públicos e notórios em propaganda "podem servir como contrapropaganda" de outro candidato. Quando essa informação é usada "no contexto de ridicularização, de infâmia, de difamação, de injúria, descambando nitidamente – sobre o pretexto de fazer humor – para o insulto, para o xingamento", há um "transbordamento". Para Ayres Britto, o termo "turma do Lula" foi usado no sentido "de quadrilha, de bando", direcionada para atingir o seu "caráter" e não ao "modo" como o presidente "administra a coisa pública" ou, ainda, à administração federal de forma impessoal e objetiva. Complementou o ministro que a propaganda seguiu "para a zona proibida da subjetividade, da desqualificação pessoal", incidindo, portanto, no artigo 58 da Lei 9.504/97[789].

Estes casos da "turma do Lula" e da "turma da Dilma" também são interessantes porque, em decisão contrária, entendeu o TSE que fala-se em "turma do FHC", diferentemente, pode. Na RP 3440-49 de 2010, o seguinte conteúdo foi considerado aceitável pela maioria do TSE:

> O Serra só dá bola pra rico
> Fala que é pobre, mas eu não acredito

---

[788] BRASIL. TSE. Representação nº 1109/DF. Relator: Ministro Marcelo Ribeiro. Brasília, 12 set. 2006, p. 3-9.
[789] Para o ministro, a injúria significa "atribuir a alguém um fato que atente contra o decoro, a dignidade, a auto-estima da pessoa", e a difamação "é o conceito social da pessoa que fica em xeque, que tem a reputação enxovalhada". Ibidem, p. 6-9.

Diz que é do bem pra ganhar você (xiiii)
Mas ele é do PSDB, ele é da turma do FHC[790].

Neste caso, todos ministros do TSE, exceto Marco Aurélio, seguiram o relator, que entendeu que os versos eram "mera crítica política", aceitável em um estado democrático, em que a crítica "feroz, ácida, veemente, contundente, se inserida num contexto político-partidário não caracteriza ofensa". Além disso, apesar de os requerentes afirmarem que a propaganda trazia uma ideia de que o candidato não seria "do bem", e de que isso caracterizaria uma ofensa, colocando "em dúvida o caráter pessoal do candidato Serra", o ministro relator entendeu que nenhuma mensagem sobre "ser do mal" fora veiculada ou trouxe uma "conotação ou sentido que lhe empresta a inicial" dos reclamantes, e também, não houve menção aos "predicados morais do caráter do candidato"[791]. Este posicionamento está mais em linha com as cortes internacionais de direitos humanos, o que gera estranheza é ser ele contrário a outras decisões sobre casos muito semelhantes.

QUADRO ANALÍTICO DO ESTUDO DA INCONVENCIONALIDADE			
Caso/Problema/ Critérios	Tribunais Nacionais	Cortes Internacionais	Conclusão
Caso	Casos da Turma da Dilma RP 3662-17 RP 1109	Casos Riolo v. Itália e Urbino v. Portugal	----

---

[790] BRASIL. TSE. Representação nº 3440-49.2010.600.0000. Relator: Ministro Joelson Dias. Brasília, 13 out. 2010, p. 8.

[791] Nesse caso, o voto vencido do ministro Marco Aurélio destacou que "há assertivas que levam à ilação negativa e genérica. Toma-se o perfil do candidato de cambulhada para apontar-se que – indiretamente, [...] seria uma pessoa do mal, e ainda por cima, a meu ver, criando-se o que nunca tivemos no Brasil: a separação de classes – rico, pobre, mais ou menos afortunado". Alerta o ministro para a necessidade de se "conter o ímpeto de desqualificar o candidato opositor" e conclui que "não posso assentar que, como há agressividade de uma das partes, possa haver da contrária, utilizando-se do horário pago pelos cidadãos. A verdade é essa". Ibidem, p. 4.

QUADRO ANALÍTICO DO ESTUDO DA INCONVENCIONALIDADE				
Caso/Problema/ Critérios	Tribunais Nacionais	Cortes Internacionais	Conclusão
Imputação de prática ilegal	Fazer parte de uma turma (quadrilha)	Associar candidato ou conduta à máfia;	Todos os discursos associam político ou sua conduta à máfia ou mafiosos: justifica a analogia.
Restrições previstas em lei interna	Sim	Sim	Há previsões em lei nos países para restringir a liberdade de expressão nestes casos: convencional neste quesito.
Objetivo legítimo	Sim	Sim	Convencional neste quesito em razão da proteção de direito de terceiros (proteção da honra e reputação).
Restrições necessárias e imperiosas em uma sociedade democrática	Não	Não	**INCONVENCIONAL** O homem público está mais sujeito à crítica contundente, especialmente durante período eleitoral, já que possui outros meios de rebater a acusação.

QUADRO ANALÍTICO DO ESTUDO DA INCONVENCIONALIDADE			
Caso/Problema/ Critérios	Tribunais Nacionais	Cortes Internacionais	Conclusão
Questões de interesse público	Sim	Sim	Crítica política: questionar conduta ou interesses do homem público ou pessoas de quem ele se aproxima. Direito à informação essencial para formação da opinião do eleitor. No Brasil, sugestão de ligação próxima de política a membros do partido condenados por corrupção, que realmente lhe eram próximos, ainda que sem fazer acusações diretas, foi proibida. Em contraste, nas cortes internacionais, permite-se imputação direta de ilícito com base fática suficiente.

A RP 495-30[792] de 2002 trouxe um precedente interessante. Aqui, o TSE entendeu que mostrar realidades distintas pode ser ofensiva. A coligação "Lula Presidente" (PT/PUPC do B/PMN/PCB), Partido dos Trabalhadores – PT e José Dirceu de Oliveira e Silva agravaram decisão anterior a fim de vedar o uso da imagem[793] do então deputado José Dirceu em propaganda da coligação "Grande Aliança". A coligação "Lula

---

[792] BRASIL. TSE. AgRgRP nº 495-30/DF. Relator: Ministro Caputo Bastos. Brasília, 30 set. 2002. Decisão por unanimidade.

[793] As representadas citam a RP 449 sobre o uso da imagem do ex-presidente Fernando Collor de Mello e a RP 416 em que se determinou, no voto do ministro Sepúlveda Pertence, o significado de "montagem".

Presidente" alegou que as imagens da propaganda oposicionista haviam sido montadas fora do contexto.

O conteúdo impugnado da propaganda era o seguinte:

> Duas imagens: A primeira, em que o então deputado José Dirceu discursa, sugerindo que seus oponentes políticos, responsáveis pelo Governo do Estado de São Paulo ("eles", nas palavras do então deputado), deveriam "apanhar na rua e nas urnas"; e a segunda, a imagem do então governador Mário Covas sendo agredido, com trechos editados, e locutor dizendo: "Uma semana depois, o deputado foi atendido: Covas foi agredido"[794].

O relator atestou a veracidade das imagens, a despeito das edições. Entendeu ainda que, apesar da divergência entre as partes quanto ao uso de trucagens e montagens[795], estas não haviam ficado configuradas no caso. O ministro relator entendeu, portanto, que o agravo não deveria prosperar porque não houve montagem ou trucagem e tampouco foram utilizadas imagens falsas. Além disso, o entendimento do tribunal tem sido no sentido de ser possível usar a imagem de pessoa pública[796]. É por essa razão, que o ministro entendeu que não existe proibição na reprodução da imagem ou voz do homem público, mesmo em programas eleitorais, pois o que o homem público diz ou faz é de interesse público e pode ser submetido ao julgamento da sociedade. Por si só, a reprodução

---

[794] BRASIL. TSE. AgRgRP nº 495-30/DF. Relator: Ministro Caputo Bastos. Brasília, 30 set. 2002, p. 4-5.

[795] Cuja definição aparece nos §§ 1S e 2B do artigo 19 da Resolução nº 20988 (Instrução nº 57), publicada no DJ. de 12.03.2002.

[796] Neste caso, o ministro relator também entendeu, colacionando decisão sua anterior na RP 416, que "Podemos dizer que o direito à imagem consiste no direito de ninguém ver o seu retrato exposto em público sem o seu consentimento. Pode-se ainda acrescentar uma outra modalidade deste direito, consistente em não ser a sua imagem distorcida por um processo malévolo de montagem. [...] É crucial portanto que estas pessoas que profissionalmente estão ligadas ao público, a exemplo dos políticos, não possam reclamar um direito de imagem com a mesma extensão daquele conferido aos particulares não comprometidos com a publicidade" e que " [...] em se tratando de homens públicos, há de ser atenuada a garantia constitucional em contraposição aos particulares não comprometidos com a publicidade". BRASIL. TSE. AgRgRP nº 495-30/DF. Relator: Ministro Caputo Bastos. Brasília, 30 set. 2002, p. 9.

das imagens ou voz não configura "ofensa de qualquer ordem ou mesmo demérito ao seu passado, com reflexo no seu presente ou prejuízo futuro".

Na esteira do voto do ministro Sepúlveda Pertence na RP 416, entendeu o relator que "o homem público [...] no período de campanha eleitoral, amplia, por sua própria decisão [...] a zona de iluminabilidade de sua própria vida". No entanto, para o ministro relator, o que seria "incabível" é a frase que diz que o deputado teria sido "atendido", transmitindo "a idéia de nexo de causalidade entre uma cena e outra". Para o ministro, o uso de imagens verdadeiras, unindo-as com "realidades distintas, ao serem intermediadas pela locução 'uma semana depois o deputado foi atendido: Covas foi agredido' teve indiscutível caráter ofensivo ao ilustre Deputado, ao se estabelecer nexo de causalidade absolutamente incomportável à míngua de substrato fático, de natureza jurídico-processual".

O ministro ainda enfatizou que não tinha havido processo e tampouco condenação a respeito das imputações das agressões ao governador Mário Covas. Assim, não foi concedido o direito de resposta porque não se entendeu que teria havido montagem ou trucagem com as imagens, mas a propaganda foi suspensa porque era ofensiva pelo nexo de causalidade que estabelecia[797].

1.4.6. O combate à propaganda eleitoral não construtiva

Como vimos, em regra, fatos veiculados na imprensa não configuravam fato sabidamente inverídico[798]. No entanto, o próximo caso mostra uma mudança importante na interpretação do tribunal sobre o significado de fato sabidamente inverídico. Nota-se que o TSE tem uma preocupação de criar critérios e alterar os até então adotados pelo tribunal. Seria algo positivo, se não fosse a possibilidade da adoção de critérios objetivos mais

---

[797] Assim, no caso, "os fatos em si, isoladamente, retratam realidades distintas. Sua junção – intermediadas pela locução que estabelece nexo de causalidade" é que foi ofensiva. BRASIL. TSE. AgRgRP nº 495-30/DF. Relator: Ministro Caputo Bastos. Brasília, 30 set. 2002.
[798] Na RP 3649-18, a propaganda veiculou matéria jornalística. Basicamente, os ministros seguiram a posição da ministra relatora. Para a ministra, os fatos não são inverídicos: mas "a controvérsia cinge-se a diferentes versões sobre o mesmo fato". Por unanimidade, julgou improcedente a representação. BRASIL. TSE. Representação nº 3649-18.2010.600.0000/DF. Relator: Ministra Fátima Nancy Andrighi. Brasília, 26 out. 2010, p. 4-5.

restritivos à liberdade de expressão, como parece ser a tendência. Daí a importância da RP 1658-65.

Este caso é tão dissonante da jurisprudência do TSE – e inquietante em suas conclusões –, que merece um item próprio, sobre o combate à propaganda "não construtiva", a saber, a propaganda enfocada em acusações, visando a atacar os adversários ao invés de trazer as propostas dos candidatos.

A RP 1658-65 chegou ao TSE durante as últimas eleições presidenciais, que ocorreram em meio a graves escândalos políticos e profunda crise econômica já embrionária, e desaguaram em uma campanha eleitoral extremamente acirrada, repleta de surpresas (inclusive, o inesperado falecimento de um dos candidatos em acidente aéreo ocorrido durante a campanha, que causou grande comoção popular e virada na intenção de votos), em que os três principais presidenciáveis se alteraram na liderança das pesquisas em momentos diversos, sempre com pequena vantagem para um dos lados, muitas vezes, com empates técnicos (i.e., considerando-se a possibilidade dos erros estatísticos das pesquisas), e até mesmo com institutos de pesquisa diversos indicando candidatos diferentes na frente da disputa eleitoral com poucos dias de diferença entre as datas de realização de cada pesquisa[799].

Neste contexto, todos candidatos, orientados por hábeis profissionais de *marketing*, lançaram mão de amplo repertório de técnicas de propaganda, com especial foco em acusações e denúncias, sempre amplamente reverberadas pela imprensa. Neste contexto, como soe ocorrer, os discursos demagógicos e populistas floresceram, e acusações ásperas de todos os lados eram trocadas incessantemente pelos candidatos, inclusive com frequente apelo a discursos divisivos no perigoso estilo "eles contra nós", "pobres contra ricos", "sudeste contra nordeste", ampla e irresponsavelmente explorados pelos candidatos.

A RP 1658-65 é emblemática da tentativa do TSE de "esfriar" o tom agressivo da campanha. Mas seria isso legítimo? Além desta questão política, a decisão representou uma imensa "viragem jurisprudencial" em

---

[799] BRITO, Ricardo; CARDOSO, Daiene. "Dilma e Aécio estão em situação de empate técnico, indica CNT/MDA. In: O Estado de São Paulo, 20 out. 2014. Disponível em: http://politica.estadao.com.br/noticias/eleicoes,dilma-e-aecio-estao-em-situacao-de-empate--tecnico-indica-cntmda,1579662>. Acesso em: 17 dez. 2015.

meio à disputa das eleições, após o 1º turno das eleições, e logo antes do 2º turno, contrariando a vedação da surpresa na esfera eleitoral. Como bem ressaltaram Gilmar Mendes, na RE no. 637.485/RJ[800], e André de Carvalho Ramos[801], tais "viragens hermenêuticas" são extremamente perigosas em matéria eleitoral, pois corroem a segurança jurídica, atentando gravemente contras as expectativas de todos participantes dos processos eleitorais.

Na RP 1658-65, o TSE analisou a função do programa eleitoral de modo a não poder ser destinado à veiculação de ofensas ou acusações aos adversários. A ideia defendida pelo TSE é que o programa vise a esclarecer o eleitor sobre temas de interesse público e que os apontamento críticos, ainda que "duros ou contundentes", estejam "relacionados com as propostas, os programas de governo e as questões de políticas públicas", trazendo mais alguns limites à liberdade de expressão[802]. Este caso também é interessante porque fomentou uma discussão entre os ministros sobre diversos limites à liberdade de expressão, servindo de paradigma para a análise desses critérios limitadores. Destacaremos, portanto, os argumentos sobre o caso e também os principais pontos debatidos pelos ministros.

No caso, o TSE analisou a possibilidade de suspensão do seguinte trecho da propaganda:

---

[800] Alerta o ministro Gilmar Mendes que "Mudanças na jurisprudência eleitoral, portanto, têm efeitos normativos diretos sobre os pleitos eleitorais, com sérias repercussões sobre os direitos fundamentais dos cidadãos (eleitores e candidatos) e partidos políticos. No âmbito eleitoral, portanto, a segurança jurídica assume a sua face de princípio da confiança para proteger a estabilização das expectativas de todos aqueles que de alguma forma participam dos prélios eleitorais". BRASIL. STF. RE 637.485/RJ. Relator: Ministro Gilmar Mendes. Brasília: 01 ago. 2012, p. 36, fl. 26.

[801] CARVALHO RAMOS, André de. Multas Eleitorais: não se mudam as regras do jogo após o término da partida. In: *JOTA*, 01 nov. 2015. Disponível em: http://jota.info/multas-eleitorais-nao-se-mudam-as-regras-do-jogo-apos-o-termino-da-partida. Acesso em: 15 dez. 2015.

[802] BRASIL. TSE. Representação nº 1658-65.2014.6.00.0000/DF. Relator: Ministro Admar Gonzaga. Brasília, 16 out. 2014, p. 1. O Tribunal, por maioria, deferiu a medida liminar.

WILLIAM GALVÃO, PERSONAGEM: Pessoal, uma coisa que tenho prestado bastante atenção nessa eleição é como o Aécio que governou Minas é diferente do que aparece na TV pedindo voto pra presidente.

MAYRA CRISTINA, PERSONAGEM: É mesmo, William. Você sabia que Aécio e seu grupo são acusados de intimidar e perseguir jornalistas que denunciavam ou criticavam o seu governo? Quer ver? Ouça só o depoimento da jornalista, ex-presidente do sindicato dos jornalistas de Minas Gerais.

EX-PRESIDENTE DO SINDICATO DOS JORNALISTAS DE MINAS GERAIS: Tudo que desagradava o governo Aécio, era como o tempo da ditadura, era um telefonema e o repórter, o fotógrafo, o jornalista, em qualquer posto estava ameaçado de perder o seu emprego porque contrariou os desejos do Palácio da Liberdade do Governo de Minas dos tucanos.

[Jingle]

ORADOR NÃO IDENTIFICADO: Os mineiros conhecem o Aécio melhor do que ninguém, não é à toa que lá o Aécio perdeu de lavada para Dilma no primeiro turno[803].

As representantes alegaram que houve violação da honra do candidato e insulto à sua "reputação, dignidade e decoro", ao lhe atribuir a "prática de intimidação, perseguição e ameaça aos jornalistas mineiros, com base em depoimento que não possui amparo na realidade", fundamentando nos artigos 5º, V, da Constituição Federal; no artigo 58, *caput*, da Lei nº 9.504197; e no artigo 40 da Res. TSE no. 23.398. Afirmaram que o candidato nunca sofreu investigação a respeito, e que não houve apuração desses fatos, configurando, portanto, "escancarada inverdade". Alegaram ainda que tais "calúnias" não podem ser aturadas no debate político, cabendo direito de resposta para que a propaganda não se limite "a ataques pessoais e mentiras"; e que "a referência nominal ao primeiro representante, bem como 'aos tucanos', com a imputação de que intimida, ameaça e persegue jornalistas configura inverdade e ofensa grave de caráter pessoal".

Em liminar, o relator Admar Gonzaga inferiu que o depoimento supostamente ofensivo era "de alguém que já ocupou um posto importante na categoria", razão que sustentou o indeferimento. No mérito, verificou o

---

[803] Ibidem, p. 2.

relator que, "muito embora a acusação seja ácida, não foi ela proferida com expressões grosseiras, e ainda veio abrigada por depoimento da ex-presidente do Sindicato dos Jornalistas de Minas Gerais", o que seria próprio do debate político e "afasta a alegada inverdade 'escancarada'"[804]. Para o ministro, o depoimento de ex-presidente do Sindicato dos Jornalistas de Minas Gerais "desperta dúvida razoável sobre a veracidade da acusação" e, ainda, pode ser contestada "no espaço que igualmente possui para a exposição de propostas, ideias e projetos políticos, também disponível para a defesa de agravos que entendam injustos ou imprecisos". Além do mais, o horário eleitoral é o momento para a "divulgação de críticas e manifestações de ordem política", e "não é papel da Justiça Eleitoral intrometer-se no debate de ideias e contestações, a ponto de colocar-se em substituição aos protagonistas do certame democrático". O ministro Admar Gonzaga afirmou ainda que, "como também há notícia de jornal, não há margem para dúvida sobre a veracidade. Não sei com base em quê a ex-presidente faz essas afirmações, talvez ela tenha outras informações que possam ser comprovadas, mas, à míngua desses elementos"[805], entendeu melhor indeferir a liminar. No entanto, no mérito, esta posição não prevaleceu[806].

O ministro Gilmar Mendes, no voto vencedor, manifestou ceticismo com relação à "ampla liberdade de apresentar fatos na propaganda elei-

---

[804] BRASIL. TSE. Representação nº 1658-65.2014.6.00.0000/DF. Relator: Ministro Admar Gonzaga. Brasília, 16 out. 2014, p. 4. Para tanto citou os seguintes precedentes: Rp nº 1622-23, Rel. Min. Herman Benjamin, decisão monocrática de 14.10.2014; Rp nº 1201-33, Rel. Min. Tarcisio Vieira de Carvalho Neto, PSESS de 23.9.2014; Rp nº 3677-83, Rel. Min. Henrique Neves, PSESS de 26.10.2010 e Rp nº 2541-51, Rel. Min. Joelson Dias, PSESS de 1.9.2010. Ibidem, p. 4-6.

[805] Ibidem, p. 8.

[806] As ministras Maria Thereza de Assis Moura e Luciana Lóssia também tiveram seu voto vencido conjuntamente com o relator. Os principais pontos trazidos pela ministra Maria Thereza foi a de que, apesar da necessidade de se criar parâmetros, como a análise é feita caso a caso, entende que pode ser mais "subjetiva do que seja mais ácido ou menos ácido na interpretação". Questionou a ministra qual seria esse parâmetro mínimo a ser fixado pelo tribunal e exemplicou: "No caso concreto, o que se alega é que o jornalista que desagradasse o governo estaria ameaçado de perder o emprego". Isso, não seria um crime, na visão da ministra. "É uma alegação de que quem desagrada o governo pode receber um telefonema estando ameaçado de perder o emprego". Seria uma propaganda "ácida, mas qual é o parâmetro que vamos fixar?". Ibidem, p.17-20.

toral que eventualmente podem estar fortemente distorcidos ou mesmo comprometidos por vícios graves"[807]. O ministro Noronha acrescentou que "é momento de definirmos bem os limites da propaganda. É preciso se entender que o horário eleitoral não fora criado para ataques pessoais, mas sim para apresentação de programas de governo, e nesse sentido penso que devem atuar os partidos". O dinheiro público não deveria ser destinado para esse "baixo nível de ataque", e os "ataques pessoais gratuitos que não levam a nada em termos de contribuição para o cidadão definir o seu voto". Além disso, entendeu o ministro que, em se tratando de uma "sindicalista, [...] presidente do sindicato, caberia a ela naquele momento tomar as medidas judiciais cabíveis em defesa dos jornalistas, se não o fez, se foi omissa, não cabe agora se valer do horário da propaganda eleitoral para atacar candidato"[808].

Quem melhor definiu a posição final do TSE no caso, foi o ministro Dias Toffoli: Defendeu Toffoli que este julgado deveria definir um parâmetro e que era preciso "acabar com esse negócio de aparecer gente estranha[809] nos programas eleitorais. Toffoli apoiou a posição de que é preciso que os candidatos falem de suas propostas, seus programas, e critiquem as propostas e os programas dos adversários na propaganda eleitoral. É preciso "estabelecer uma paridade de armas, dentro de um jogo legítimo e limpo", podendo os candidatos fazer "críticas dentro das propostas, dos

---

[807] BRASIL. TSE. Representação nº 1658-65.2014.6.00.0000/DF. Relator: Ministro Admar Gonzaga. Brasília, 16 out. 2014, p. 9.
[808] Ibidem, p. 16-17.
[809] Pessoa estranha entendida como não militante ou não filiada a partido. Ibidem, p.18. O ministro Dias Toffoli ventilou sua insatisfação com o horário político como um todo, afirmando que o seu formato deveria ser repensado. Em seu voto, o ministro Dias Toffoli ressaltou a posição nas eleições passadas de que era possível "acusações mais ácidas, ou mais ásperas", desde que "baseadas em publicações na imprensa". Dessa forma, "aquilo que seria uma ofensa se a pessoa estivesse falando diretamente, ela faz publicar num jornal, sabe-se lá qual a origem ou qual a determinada acusação, e fala 'mas não sou eu que estou acusando, é aquele jornal'. Ele tinha de ter requerido o direito de resposta contra aquele jornal". Essa posição é importante, para o ministro, porque a campanha pode seguir para o "baile do risca-faca". Isto porque, na visão do ministro, existem "matérias jornalísticas contra 'A'" e "contra 'B' também", sendo "natural" que a "defesa vai para o ataque". BRASIL. TSE. Representação nº 1658-65.2014.6.00.0000/DF. Relator: Ministro Admar Gonzaga. Brasília, 16 out. 2014, p. 6-12.

programas"[810]. Para Toffoli, deve-se deixar de usar "notícias veiculadas por terceiros e de terceiros", verdadeiras ou não, "para fazer acusações", e este é o limite que deve ser fixado, constituindo-se um "novo modelo" para a propaganda eleitoral. Para o ministro, essa decisão "reformula a jurisprudência anterior, permissiva em matéria de propaganda eleitoral gratuita, caminhando, a meu ver, no bom sentido de estabelecer que, nos programas eleitorais gratuitos, as campanhas têm de ser programáticas, propositivas e que o debate pode ser ácido ou duro, mas no que diz respeito a questões programáticas e questões de políticas públicas", devendo ser os novos critérios aplicados doravante[811].

Com essa decisão, parece que o TSE, nas próximas eleições – as eleições presidenciais de 2018 –, poderá caminhar no sentido de limitar o uso de notícias veiculadas na imprensa ou pessoas estranhas ao processo eleitoral nas propagandas eleitorais. E, se esta posição for o norte para as eleições vindouras, haverá ainda mais intensa intervenção judicial na liberdade de expressão em campanhas eleitorais no sentido de a restringir.

1.4.7. Considerações parciais

Com esta tentativa do TSE de definir o que deve conter a propaganda eleitoral, no sentido de que ela deveria enfocar-se mais estritamente em dar notoriedade aos eleitores sobre o programa de governo e as ideologias dos partidos políticos e candidatos, ao invés de divulgar fatos negativos da oposição, mais uma vez, o tribunal parece caminhar no sentido de conferir uma superproteção ao eleitorado brasileiro, ao procurar uma fórmula padronizada e pasteurizada do que deve conter a propaganda eleitoral, estabelecendo assim o estado o que o indíviduo deve ou não ouvir, e o que o político deve ou não falar. Além disso, ao criar regras que não existem em textos normativos, o TSE transborda sua função jurisdicional, e usurpa a seara reservada ao Poder Legislativo por nossa Consti-

---

[810] Ibidem, p. 19.
[811] Neste debate, questiona o ministro Dias Toffoli se "uma campanha mais objetiva, mais enxuta não fica mais barato, mais eficiente e eficaz para o eleitor? E se descamba para determinadas situações, é porque tem muito tempo livre, o tempo disponível para falar de proposta já foi o suficiente, e então sobra tempo para falar de outras coisas". BRASIL. TSE. Representação nº 1658-65.2014.6.00.0000/DF. Relator: Ministro Admar Gonzaga. Brasília, 16 out. 2014, p. 22.

tuição Federal, em mais uma manifestação do ativismo judicial que tem caracterizado nossos tribunais[812].

Desde a RP 416, é possível verificar-se a insatisfação de alguns ministros com o horário eleitoral gratuito e tentativas de modular o conteúdo das propagandas. O ministro Carlos Eduardo Caputo Bastos, neste caso, afirmou que a propaganda deve ser séria, servindo para o debate de ideias, pela lealdade na propaganda, evitando-se a ofensa à imagem dos candidatos, diante da dificuldade de reparação durante o período eleitoral[813]. Visões semelhantes são identificadas nos votos de outros ministros e juízes eleitorais. Na RP 1724-45, o ministro Dias Toffoli ventilou a necessidade de se modificar o horário eleitoral gratuito e defendeu que durante o governo militar, nem tudo "era ruim", por exemplo, o horário eleitoral era "ao vivo" e os candidatos apresentavam suas qualidades e defeitos sem agredir uns aos outros. Além disso, afirmou Toffoli que, mesmo a sociedade, cansada do debate político de baixo nível, estaria apoiando as

---

[812] Para uma análise detalhada a respeito do ativismo judicial e dos riscos que traz à separação de poderes, ver: RAMOS, Elival da Silva. *Ativismo Judicial*: parâmetros dogmáticos. São Paulo: Saraiva, 2010. "Por ativismo judicial, deve-se entender o exercício da função jurisdicional para além dos limites impostos pelo próprio ordenamento que incumbe, institucionalmente, ao Poder Judiciário fazer atuar, resolvendo litígios de feições subjetivas (conflitos de interesse) e controvérsias jurídicas de natureza objetiva (conflitos normativos). Essa ultrapassagem das linhas demarcatórias da função jurisdicional se faz em detrimento, particularmente, da função legislativa, não envolvendo o exercício desabrido da legiferação (ou de outras funções não jurisdicionais) e sim a descaracterização da função típica do Poder Judiciário, com incursão insidiosa sobre o núcleo essencial de funções constitucionalmente atribuídas a outros Poderes". Ibidem, p. 308. Ainda sobre uma postura crítica ao ativismo judicial, ver, por exemplo: RAMOS, Elival da Silva. "Eficácia de Normas Constitucionais, Implementação de Direitos Fundamentais e Ativismo Judiciário". In: FRANCISCO, José Carlos (Coord.). *Neoconstitucionalismo e Atividade Jurisdicional*: Do passivismo ao ativismo judicial. Belo Horizonte: Editora Del Rey Ltda., 2012, p. 243-260. Em postura contrária, a favor de um "ativismo judicial prudente", ver: MONTEIRO, Juliano Ralo. "Ativismo Judicial: Um Caminho para Concretização dos Direitos Fundamentais". In: AMARAL JÚNIOR, José Levi Mello do (Coord.). *Estado de Direito e Ativismo Judicial*. São Paulo: Quartier Latin, 2010, p. 157-176. Sobre o baixo comprometimento dos Poderes Legislativo e Executivo com a efetivação de direitos sociais como propulsor do ativismo judicial, ver: TAVARES, André Ramos. "Justiça Constitucional e Direitos Sociais no Brasil". In: FRANCISCO, José Carlos (Coord.). Op. cit., p. 137-153.

[813] BRASIL. TSE. Representação nº 416. Relator: Ministro Carlos Eduardo Caputo Bastos (decisão monocrática). Brasília, 24 ago. 2002.

decisões mais restritivas à liberdade de expressão do TSE, especialmente, no sentido de que o horário eleitoral não deve ser destinado a ofensas, mas a críticas e debates, lastreados pelo interesse público e fundamentados na ética, decoro e urbanidade [814]. Na mesma linha, a RP 30755, julgada pelo TRE/SP, em que o juiz relator ainda acrescentou que a propaganda eleitoral deve atender a ética e a igualdade de oportunidades entre os candidatos[815]. Na RP 3476-91, o ministro Marco Aurélio chegou a clamar por uma atuação mais enérgica da justiça eleitoral, no sentido de agir com "punhos de aço e luvas de pelica" para frear a agressividade das campanhas eleitorais[816].

A campanha eleitoral é "disputa eleitoral", de modo que cada candidato vai buscar enaltecer suas próprias conquistas e apontar erros, dificuldades e características negativas que sejam capazes de levantar no eleitor o questionamento sobre quem está mais apto a gerir ou administrar a máquina pública. Privar o cidadão de obter informações contra candidatos também é privá-lo de formar suas próprias opiniões e impedir a comunicação do político com o eleitor. O que pode ser considerado ofensivo para um, pode não ser ofensivo para outro, razão pela qual, as cortes internacionais buscam deixar o debate livre e aberto. O eleitor também vai querer ouvir o discurso com ideias construtivas fazendo ele próprio a seleção do discurso que atende seus interesses como cidadão.

Mas a verdade é que a modulação da propaganda que vem sendo propugnada por alguns ministros do TSE e juízes eleitorais já está acontecendo. Tradicionalmente, para fatos ou informações não serem considerados ofensivos podem ser baseados em publicações de jornais, revistas e artigos veiculados na imprensa. Assim, informações de conhecimento notório, de domínio geral, em regra, podem ser usados livremente pelos candidatos durante suas campanhas e propagandas eleitorais. O uso de informações publicadas pela imprensa pode ser entendida como uma base fática suficiente para descaracterizar a informação sabidamente

---

[814] BRASIL. TSE. Representação nº 1724-45.2014.6.00.0000/DF, Relator: Ministro Admar Gonzaga. Brasília, 21 out. 2014, p. 15.
[815] BRASIL. TRE (SP). RRP nº 30755. Relator: Juíz Paulo Henrique Lucon. São Paulo, 03 out. 2008.
[816] BRASIL. TSE. RRP nº 3476-91.2010.6.00.0000. Relator: Ministro Joelson Dias. Brasília, 19 out. 2010.

inverídica ou a má-fé[817]. Mas, no entanto, a partir de 2014, o TSE tem crescentemente se incomodado com o uso indiscriminado de notícias veiculadas pela imprensa em geral, e em várias ocasiões os ministros trataram dessa questão. A despeito de decisões em linha com as cortes internacionais e com precedentes históricos neste sentido[818], a possibilidade de se divulgar informações baseadas em notícias veiculadas na mídia – posicionamento consolidado do tribunal há muitos anos e encontrado facilmente nos vários casos analisados –, começou a sofrer uma drástica alteração durante as eleições de 2014.

Assim, o debate caloroso, que as cortes internacionais de direitos humanos entendem essenciais para a democracia, está sendo objeto de acaloradas críticas por parte de nossos tribunais no Brasil. As cortes internacionais aceitam o uso de notícias veiculadas na mídia em geral para desconfigurar a má-fé, tendo em vista a notoriedade já existente de

---

[817] Por exemplo, neste sentido, destacamos a RP 1267, dentre os diversos casos analisados, em que a menção a "um novo mensalão", agora envolvendo a Petrobrás e os nomes das presenciáveis Dilma e Marina, ressaltando que "agora temos a denúncia de um novo "mensalão". Desta vez com o dinheiro da Petrobrás. Chegou a hora de dar um basta em tanta corrupção, em tanto desgoverno, em tanto desrespeito", não foi entendida como ofensiva, porque baseada em inúmeros fatos veiculados na imprensa nacional. A mera reprodução de fatos do passado também noticiado pela imprensa pode ser abordado durante a campanha eleitoral, desde que não seja ofensivo, como analisado na RP 3675-16. Vale a pena a leitura das críticas feitas por Ives Gandra Silva Martins e suas sugestões para o horário eleitoral. MARTINS, Ives Gandra Silva. A fantasia do horário eleitoral. Jornal Carta Forense, São Paulo, 03 out. 2014. Disponível em: <http://www.cartaforense.com.br/conteudo/colunas/a-fantasia-do-horario-eleitoral/14526>. Acesso em: 05 out. 2014.
[818] Dentre os casos analisados, destacamos as RPs 139363 em que analisou-se propaganda de Marina Silva sobre o conhecimento da compra de refinaria pela também presidenciável Dilma Roussef – que na época dos fatos era presidente do conselho da administração da empresa – sobre a compra da refinaria e a desvalorização da Petrobrás, entendendo que as notícias haviam sido veiculadas na imprensa (Folha de São Paulo, Uol Notícias, Carta Capital, e Jornal da Globo) e, em razão disso, não configuraria "afirmações sabidamente inverídicas", sendo reconhecidas, então, como crítica política. Na mesma linha, a RP 1267-13, cujas denúncias sobre a corrupção da Petrobrás não configuraram informação sabidamente inverídica, pois também fundamentadas em notícias veiculadas pela imprensa. A mera menção dos fatos publicados pela imprensa também não constitui ofensa, como analisado na RP 3662-17. Se os fatos, no entanto, foram mesclados com insinuações que podem imputar ilícitos, daí não pode, como foi analisado acima, tendo como exemplo a própria decisão da RP 3662-17.

certa informação. Servem como fundamento fático suficiente para permitir a difusão de informações de interesse público e fomentar o debate. Além disso, vale lembrar o papel que os jornalistas têm para o debate democrático, auxiliando a investigação de fatos, o fomento das informações sobre questões de interesse público, constituindo a imprensa o verdadeiro guardião da sociedade democrática nesses assuntos.

Apesar dos alertas feitos também por alguns outros ministros no sentido de que não cabe ao judiciário estabelecer o que deve ou não conter uma propaganda eleitoral, como se depreende dos votos vencidos das ministras Luciana Lóssio e Maria Thereza também na RP 1658-65[819], e no voto da ministra Cármen Lúcia na RP 2409-91[820], por exemplo, a linha que está sendo adotada sugere que é possível termos um novo modelo de propaganda eleitoral em um futuro próximo, com um conteúdo formatado, pouco criativo, desinteressante, e – o mais grave – esvaziado de críticas ao administrador público, em grave afronta à transparência e à própria democracia.

Outro problema "macro" muito grave que encontramos nas decisões de nossa justiça eleitoral, e que não podemos nos furtar a comentar, é a falta de uniformidade nas decisões. Em diversos casos analisados, ficou clara a dificuldade de se encontrar *standards* precisos sobre o que pode ou não ser dito durante as campanhas eleitorais brasileiras. E mesmo quando esses critérios parecem mais claros, não possuem uma interpretação uníssona a respeito, e os votos dos ministros são frequentemente divididos, o que também acarreta insegurança jurídica. Apesar de muitos ministros reconhecerem essa dificuldade também, eles próprios apresentam argumentos contrastantes e votam em sentidos opostos em casos semelhantes, de modo que, muitas vezes, é difícil prever-se qual a posição que será adotada pelo tribunal.

Em boa medida, a existência de leis com termos e expressões amplas dificultam a atuação do intérprete em geral[821]. No âmbito do direito elei-

---

[819] BRASIL. TSE. Representação nº 1658-65.2014.6.00.0000/DF. Relator: Ministro Admar Gonzaga. Brasília, 16 out. 2014.
[820] BRASIL. TSE. Representação nº 2409-91.2010.600.0000. Relator: Ministro Joelson Dias, Brasília, 25 ago. 2010.
[821] Por exemplo, ao se defender que degradar o político viola "a dignidade da pessoa humana", vale lembrar a dificuldade de se definir o que é essa dignidade. Sobre a dis-

toral, não é diferente. O artigo 242 é um bom exemplo, já que ao proibir a criação de estados mentais, emocionais ou passionais permite uma interpretação variada sobre o significado de seu conteúdo[822],[823].

Neste sentido a crítica a respeito da falta de uma interpretação feita *pelo tribunal* e não pelos juízes ou ministros *individualmente* merece destaque. A crítica feita ao Supremo Tribunal Federal por Conrado Hübner Mendes pode ser aplicada aqui ao TSE: o autor afirma que os votos dos ministros de nossa corte suprema não dialogam entre si, dificultando a compreensão de qual seria a posição do tribunal a servir de base para a construção de uma "uma jurisprudência vigorosa, que sirva de bússola para o regime democrático"[824]. No TSE, acontece a mesma coisa.

Tanto é verdade, que foram encontradas decisões diferentes para casos muito semelhantes, por exemplo, sobre o discurso do medo, conforme foi tratado nas RPs 37337 e 39765. Frases como "dar ouvidos a falsas promessas" e "o Brasil não quer voltar atrás", com "associação de imagens e

---

cussão envolvendo o termo, ver, por exemplo: SARLET, Ingo Wolfgang. *A Dignidade da Pessoa Humana e os Direitos Fundamentais na Constituição Federal e 1988*. São Paulo: Livraria do Advogado, 2008, p. 40. Destacamos ainda a crítica feita à utilização da dignidade da pessoa humana por Fernando Rey Martínez, no sentido de que o uso do termo seria meramente retórico, na medida em que pode ser usado para se defender pontos de vista "diametralmente opostos". REY MARTÍNEZ, Fernando. *Eutanasia y Derechos Fundamentales*. Madrid: Centro de Estúdios Políticos Y Constitucionales, 2008, p. 163.

[822] Na visão de ROTHENBURG: "[...] O manejo inconsequente, sem rigor, é a porta aberta ao decisionismo". ROTHENBURG, Walter Claudius. As exigências de uma concepção jurídica baseada em princípios. In: FRANCISCO, José Carlos. *Neoconstitucionalismo e Atividade Jurisdicional*: do passivismo ao ativismo judicial. Belo Horizonte: Del Rey, 2012, p. 89-110, p. 105.

[823] Diversamente do que pensamos, o autor afirma não entender que tal artigo possa ser considerado inconstitucional. BRINDEIRO, Geraldo. A Liberdade de Expressão e a Propaganda Política Ilícita. In: *Revista Informação Legislativa*, Brasília, a. 28, n. 110, abr/jun 1991, p. 175-180, p. 177.

[824] HÜBNER MENDES, Conrado. *Onze Ilhas*. Disponível em: <http://www.osconstitucionalistas.com.br/onze-ilhas >. Acesso em: 5 jun. 2012. Dentre outras críticas feitas ao STF e o controle de constitucionalidade, Virgílio Afonso da Silva destaca que o STF "não decide como instituição, mas como a soma dos votos individuais de seus ministros". AFONSO DA SILVA, Virgílio. O STF e o Controle de Constitucionalidade: deliberação, diálogo e Razão Pública. *Revista de Direito Administrativo*, n. 250, 2009, 197-227, p. 217. Nesse sentido, entendemos que seria possível replicar essas críticas aos tribunais superiores, como o Tribunal Superior Eleitoral, especialmente diante da dificuldade de interpretar-se termos e expressões.

trilhas sonoras dramáticas com o propósito de alertar o eleitor sobre um risco iminente" foram entendidas como propaganda negativa capaz de causar efeitos emocionais nos eleitores na liminar, ensejando a suspensão de trechos da propaganda em liminar – no mesmo sentido, inclusive, foi o parecer da PGE. Todavia, a posição do TSE seguiu no sentido inverso, tendo entendido os ministros que a propaganda só exaltava o compromisso do Partido dos Trabalhadores de continuar fazendo mudanças para o país crescer. Ainda que a decisão definitiva tenha sido mais favorável à liberdade de expressão, em fase liminar, o entendimento foi diferente, sendo que também a PGE teve opinião diversa da do TSE, restando portanto clara a dificuldade de se interpretar o caso concreto objetivamente, com critérios claros e definidos. Apenas para contrastar, em uma comparação hipotética com a postura das Cortes Europeia e Interamericana, ousamos dizer que poucos duvidariam de qual seria sua posição com relação a este caso (o discurso seria autorizado).

Apenas para dar outros exemplos, na RP 1293, a da tarja "mensalão" na candidata Marina, por exemplo, a maioria do TSE seguiu uma posição favorável à liberdade de expressão, mas dois ministros, incluindo o relator, entenderam de outro modo. Afirmar que o candidato adversário odeia pobre rendeu a suspensão da propaganda na RP 4056-59/SP[825], ao passo que, ainda que com um tom humorístico, a afirmação de que um candidato não gosta de pobre foi permitida pelo mesmo TRE/SP na RP 4174-35/SP. Situações semelhantes com desfechos diferentes; decisões com votos sempre divididos. Chegamos a encontrar decisões diametralmente opostas para casos muito semelhantes, por exemplo, falar em "turma do Lula", não pode; mas "turma do FHC", pode; e, no entanto, "turma da Dilma", também não pode.

A leitura que se faz da propaganda é sempre subjetiva, enquanto a maioria do tribunal segue em determinado sentido, outros ministros caminham exatamente em sentido contrário, demonstrando ser possível fazer interpretações muito diferentes sobre os mesmos termos, expressões e circunstâncias que aparecem nos casos concretos. Além disso, observamos nos casos que a manutenção de uma determinada posição

---

[825] Ainda que posteriormente tenha sido reformada pelo TSE, como vimos.

defendida pelo mesmo intérprete pode ser contraditória ou revisada em outros casos.

De fato, conceitos jurídicos, inclusive dos próprios princípios constitucionais, são nebulosos, bem como seus critérios e sua interpretação, na linha do que defenderam as ministras Cármen Lúcia na RP 197505 e Maria Thereza na RP 1658. No entanto, mesmo termos razoavelmente bem estabelecidos em nossa jurisprudência podem flutuar ou ceder em vista de outros conceitos que, até então, não se lhes eram sobrepujantes. Basta relembrarmos que um dos requisitos para não configurar um discurso ofensivo é a inexistência de fato sabidamente inverídico. No entanto, foi considerada ofensiva propaganda, em tom irônico, humorístico, que imputou a candidato agressões físicas (fato verdadeiro!), como se viu na RP 8005-33, decidida pelo TRE/SP. O *standard* da "verdade" não foi suficiente para autorizar a manutenção do vídeo e rendeu a condenação da empresa Google. Não valeu aqui a máxima de que "contra fatos, não há argumentos".

A insegurança jurídica e o excesso de subjetividade conferido aos tribunais nacionais em casos envolvendo a liberdade de expressão política é também duramente criticado pelas cortes internacionais, por exemplo, pela Corte Interamericana no caso Ricardo Canese, em que a sentença alerta sobre a importância da liberdade de expressão e sobre a necessidade de as leis serem claras o suficiente a fim de se evitar a interpretação jurídica, sempre potencialmente variável, o que pode causar insegurança[826]. A própria insegurança jurídica que existe em nossos tribunais com relação à liberdade de expressão política é, *per se*, inconvencional[827].

Também quanto à ponderação de direitos que realizam nos casos referentes à liberdade de expressão política, são nossos tribunais inconvencionais.

---

[826] COSTA RICA. CteIDH. Caso Ricardo Canese v. Paraguai. Serie C No. 111. San Jose, 31 ago. 2004, § 72, r).

[827] Como vimos no caso Gaweda v. Polônia, a Corte Europeia alerta que a a falta de um posicionamento consolidado também na jurisprudência sobre uma restrição à liberdade de expressão dificulta a "previsibilidade" da interpretação judicial, causando maior insegurança jurídica. FRANÇA. CEDH. Caso Gaweda v. Polônia. Petição nº 26229/95. Estrasburgo, 14 mar. 2002, §§ 45-47.

Para os tribunais brasileiros, os limites ao exercício da liberdade de expressão política estão expressos na Constituição e na legislação. Conforme ensina André de Carvalho Ramos, o fato de existir uma "centralidade" dos direitos humanos no ordenamento brasileiro faz com que seja preciso que qualquer interpretação seja compatível com tais direitos, e que todos os direitos em jogo devem ser igualmente protegidos[828].

No plano nacional, a honra alheia é um limitador da liberdade de expressão política no direito eleitoral[829], que exige uma acomodação desses direitos[830], e o sopesamento deve ser feito em cada caso[831],[832]. Os tribunais nacionais também admitem que existe uma margem natural de liberdade nas campanhas eleitorais, mas, ao mesmo tempo, um limite para preservação da dignidade da pessoa[833].

Na seara do direito à privacidade, também no Brasil, há graus de proteção que dependerão do "grau de exposição pública" dos envolvidos[834].

---

[828] CARVALHO RAMOS, André de. *Curso de Direito Humanos*. São Paulo: Saraiva, 2014, p. 99. Complementa o autor que os direitos humanos são *"prima facie*, ou seja, direitos que asseguram em um primeiro momento posições jurídicas, que, em um segundo momento, podem sofrer restrições pela *incidência* de direitos titularizados por *outros* indivíduos. A dignidade humana deve ser assegurada em uma constante busca de harmonia na aplicação prática dos direitos humanos, que se irradiam por todo o ordenamento e orientam as ações dos agentes públicos e privados". Ibidem, p. 100.

[829] RP 4162-21.

[830] Partindo da ideia de que não existem direitos absolutos, caberia uma "acomodação hermenêutica", de modo que que direito, naquele caso concreto, irá "ceder, parcial ou totalmente, em favor do outro". PEREIRA, Jane Reis Gonçalves. *Interpretação Constitucional e Direitos Fundamentais*: uma contribuição ao estudo das restrições aos direitos fundamentais na perspectiva da teoria dos princípios. Rio de Janeiro: Renovar, 2006, p. 134.

[831] RP 601.

[832] Em caso de conflito entre princípios, cabe a aplicação do sopesamento. Caso exista uma lei que restrinja um direito fundamental, é possível aplicar a regra de proporcionalidade para resolver o conflito; por outro lado, utiliza-se do sopesamento para confirmar qual o princípio que vai prevalecer. SILVA, Virgílio Afonso da. *Direitos Fundamentais*: conteúdo essencial, restrições e eficácia. São Paulo: Malheiros, 2009, p. 178-179.

[833] RP 2409-91

[834] BARROSO, Luís Roberto. Colisão entre liberdade de Expressão e Direitos da Personalidade. Critérios de Ponderação. Interpretação Constitucionalmente Adequada do Código Civil e da Lei de Imprensa. *Revista de Direito Administrativo*, v. 235, 2004. Disponível em: http://bibliotecadigital.fgv.br/ojs/index.php/rda/article/view/45123. Acesso em: 14 nov. 2015.

No entanto, os tribunais brasileiros conferem maior grau de proteção ao político – em detrimento do discurso – do que conferem as cortes internacionais. Neste ponto, vale a pena relembrar o HC 78.426-6/SP, muito citado pelos tribunais eleitorais, em que uma maior proteção da honra e da reputação foi estendida aos políticos.

Na análise geral com relação à ponderação feita pelos tribunais nacionais, nota-se que eles não consideram as questões de interesse público como fator determinante para admitir ou não uma restrição ao exercício da liberdade de expressão política[835]. O sopesamento nacional considera preponderantemente apenas a liberdade de expressão e o direito à honra do candidato. Isso não significa que os tribunais nacionais não se valem do interesse público para fundamentar sua análise[836], eles apenas não conferem ao interesse público o mesmo peso argumentativo que lhe concedem as cortes internacionais. Dessa forma, o Brasil diverge das cortes internacionais, aplicando o que, na visão delas, é uma ponderação não harmoniosa dos valores envolvidos no conflito de direitos[837].

Finalmente, com relação às sanções aplicadas, encontramos mais um ponto em que a postura adotada no Brasil é inconvencional: No Brasil, as leis eleitorais estabelecerem múltiplas sanções para vários casos considerados abusivos do exercício da liberdade de expressão com relação ao conteúdo, criminalizando condutas, estabelecendo multas, direito de resposta, perda de tempo no horário eleitoral gratuito, suspensão da propaganda, e indenização no campo do direito civil[838]. Não custa lembrar

---

[835] Parece existir uma preocupação por parte do STF para que não se esvazie o conteúdo essencial do direito, como se viu no *HC* nº 82.424/RS. Além do teste da proporcionalidade, conforme Virgílio Afonso da Silva, seria preciso que a ponderação passasse por outro teste – o do conteúdo essencial. Divide-se em teoria do conteúdo relativo e absoluto. Vide mais em SILVA, Virgílio Afonso da. *Direitos Fundamentais*: conteúdo essencial, restrições e eficácia. São Paulo: Malheiros, 2009, p. 193-202.

[836] Vide RP 416.

[837] Vide o estudo feito por Claudio Chequer a respeito da liberdade de expressão como um direito fundamental preferencial. O autor aponta que a função democrática contida na CF/88 permitiria essa posição preferencial, desde que envolvesse questões de interesse público e somente nesses casos. CHEQUER, Cláudio. Op. cit. Rio de Janeiro: Editora Lumen Juris, 2011, p. 245.

[838] A previsão do direito de resposta está previsto nos incisos IV e V do artigo 5º da Constituição Federal e a única exigência é da proporcionalidade, isto é, o desagravo deverá ter

que a lei eleitoral estabelece a perda de um minuto, ainda que a declaração considerada ofensiva seja inferior a esse tempo[839]. A despeito de

o "mesmo destaque, duração, tamanho" da informação ou declaração ofensiva. MORAES, Alexandre de. *Direitos Humanos Fundamentais*: teoria geral, comentários aos arts. 1º a 5º da Constituição Federal da República Federativa do Brasil, doutrina e jurisprudência. 9. ed. São Paulo: Atlas, 2011, p. 124-125. A Lei das Eleições estabelece uma série de sanções à liberdade de expressão política com relação ao conteúdo. Por exemplo, o uso de símbolos, frases ou imagens, associadas ou semelhantes àquelas usadas por órgãos de governo, empresa pública ou sociedade de economia mista constitui crime, punível com detenção, de seis meses a um ano, com a alternativa de prestação de serviços à comunidade pelo mesmo período, e multa no valor de dez mil a vinte mil UFIR. Também o artigo 45, por exemplo, proibe o uso de trucagem ou montagem que degrade ou ridicularize candidato, partido ou coligação, entre outros, e prevê penalidades como, por exemplo, a perda de tempo equivalente ao dobro do usado na prática do ilícito, dobrada a cada reincidência. A lei proibia também a divulgação de pesquisas eleitorais ou de opinião em determinado período antecedente à eleição, mas tal proibição da realização de pesquisa já foi declarada inconstitucional pelo Supremo Tribunal Federal, e o inciso II do artigo 45, objeto de liminar, foi preterido para privilegiar a manifestação do pensamento pela imprensa. Os parágrafos 1º e 2º do artigo 53 da mesma lei, ao proibirem a propaganda que degrada ou ridiculariza candidato, partido ou coligação, também determinam a perda do direito à veiculação de propaganda no horário eleitoral gratuito do dia seguinte e a reapresentação de propaganda ofensiva à honra de candidato, à moral e aos bons costumes. O artigo 242 do Código Eleitoral estabelece que não deve ser empregado meios publicitários destinados a criar, artificialmente, na opinião pública, estados mentais, emocionais ou passionais. Ensina Neves que não há previsão para sanção, apenas cabe uma advertência e o descumprimento dela ensejará a detenção de 3 meses a 1 ano ou o pagamento de 10 a 20 dias-multa, nos termos do artigo 347 do Código. O parágrafo 1º do artigo 243 prevê em casos de calúnia, difamação ou injúria, independente da ação penal competente, a reparação por danos morais. O parágrafo 3º assegura ainda o direito de resposta no mesmos casos. Os artigos 57-D e 58 da Lei 9504/97 atualizada pela Lei 12.034/09 asseguram o direito de resposta a candidato, partido ou coligação atingidos, ainda que indiretamente pela difusão de afirmação caluniosa, difamatória, injuriosa ou sabidamente inverídica e ainda estabelecem multa de R$ 5.000,00 (cinco mil reais) a R$ 30.000,00 e a retirada de publicações que contenham agressões ou ataques a candidatos em sítios da internet, inclusive redes sociais. As respostas serão dadas, no horário eleitoral gratuito, tempo igual ao da ofensa, nunca inferior, porém, a um minuto, além de multas por descumprimento da decisão que conceder direito de resposta no valor de cinco mil a quinze mil UFIR, duplicada em caso de reiteração de conduta. Vide também: NEVES FILHO, Carlos. *Propaganda Eleitoral e o Princípio da Liberdade da Propaganda Política*. Belo Horizonte, Editora Fórum, 2012, p. 95.
[839] A regulamentação do direito de resposta recentemente aprovada (Lei 13.188/2015) já é objeto de polêmica. O Conselho Federal da OAB apresentou Ação Declaratória de

que, no contexto de eleições, os crimes contra a honra não têm o mesmo tratamento que lhes é conferido ordinariamente pelo direito penal, até mesmo em razão da celeridade necessária com que devem ser dadas as prestações jurisdicionais, no período eleitoral, especialmente, para cumprir os prazos exíguos estabelecidos nas leis eleitorais[840], normalmente, uma vez configurada a ofensa, aplica-se o direito de resposta e a suspensão da propaganda ofensiva. Há pouco debate sobre a proporcionalidade das sanções aplicadas por nossos tribunais. Mas o caso mais paradigmático da desproporção inconvencional no Brasil é o do presidenciável Levy Fidelix, que foi condenado na justiça comum por danos morais difusos. Sem entrar no mérito de se seu discurso realmente caracterizaria o *hate speech*, assumindo, *ad argumentandum tantum* que sim, a multa que lhe foi aplicada – um milhão de reais – é claramente inconvencional por várias razões, mas, principalmente, pela absoluta desproporção em relação ao suposto abuso e o efeito desencorajador que uma pena tal tende a provocar no debate político. Melhor teria sido condenar o presidenciável a prestar serviços comunitários à comunidade homossexual, que fora objeto de suas inflamadas críticas[841].

Assim, ao longo deste capítulo, mapeamos como a liberdade de expressão política tem sido tratada sob a ótica dos direitos humanos internacionais, e quais os limites que se lhe tem sido impostos no Brasil, realizando um teste de consistência: Analisamos os limites da liberdade de expressão no Brasil durante o período eleitoral em contraposição ao que as cortes internacionais de direitos humanos têm entendido como aceitável ou inaceitável, e indicamos em que casos e circunstâncias as

---

Inconstitucionalidade perante o STF que foi liminarmente julgado pelo ministro Dias Toffoli. Concedeu a medida cautelar com o objetivo de garantir ao magistrado do tribunal a prerrogativa de suspender, em recurso, o direito de resposta sem manifestação prévia de colegiado, e afasta interpretação literal do artigo 10 da Lei 13.188/2015. BRASIL. STF. ADI nº 5.415. Relator: Ministro Dias Toffoli. Brasília, 17 dez. 2015.

[840] Já na visão de Carlos Neves Filho, a propaganda é livre, mas não "irresponsável", pois a "cada dia que ela for exibida contrariando direitos fundamentais, achincalhado o adversário, ela desequilibra o pleito e fere o princípio da igualdade de condições". NEVES FILHO, Carlos. *Propaganda Eleitoral e o Princípio da Liberdade da Propaganda Política*. Belo Horizonte, Editora Fórum, 2012, p. 95.

[841] A decisão foi reformada no tribunal em 2017.

decisões nacionais estão em desacordo com a jurisprudência das cortes internacionais.

Foi possível verificar que o legislador[842] e o judiciário brasileiros limitam a liberdade de expressão política, expondo as tensões entre direitos fundamentais e causando, muitas vezes, efeitos desastrosos, tornando o Brasil um palco de violações de tal liberdade, restringindo também o discurso político, de modo que, frequentemente, a regra passa a ser o legislador e o judiciário dizendo o que pode e, preferencialmente, o que não pode ser dito durante a campanha eleitoral. Sob a justificativa de buscar garantir a igualdade entre os candidatos ou proteger a democracia representativa ou a honra dos políticos, o legislador edita leis que são restritivas à liberdade de expressão ou que podem ser interpretadas dessa forma.

Seria possível, com o estudo desses casos, ir mais além do que é o objeto deste trabalho e diagnosticar a inconstitucionalidade[843] de muitas restrições à liberdade de expressão entranhadas na legislação bra-

---

[842] A proibição da divulgação de pesquisas eleitorais às vésperas do pleito – posteriormente, julgada inconstitucional pelo Supremo Tribunal Federal (o artigo 35-A da Lei 9504/97 foi declarado inconstitucional por violação ao direito à informação. Vide ADI 3741, Rel. Min. Ricardo Lewandowski, DJ 23 fev. 2007); as restrições às sátiras humorísticas, proibidas por força do artigo 45, II e III da Lei 9504/97, que impedem charges e sátiras em programas humorísticos com políticos, bem como a difusão de opinião favorável ou contrária a candidato, partido, coligação, ou a seus órgãos e representantes, constitui verdadeira censura prévia e restrição ao direito de crítica e à liberdade de imprensa. Em vários casos, o Supremo Tribunal Federal declarou a inconstitucionalidade de dispositivos que restringiam o exercício do direito à liberdade de expressão ou estabeleceu uma interpretação conforme à constituição dentro e fora da seara eleitoral. A exigência do diploma de jornalista, que foi declarada inconstitucional pelo Supremo Tribunal Federal é um exemplo (RE 511.961 de 2009). Logo após a decisão, foi apresentado um projeto de emenda constitucional (PEC nº 386/09) com o objetivo de inserir no § 1º do artigo 220 da Constituição Federal a obrigatoriedade do diploma aos jornalistas. CARVALHO RAMOS, André de. A Convenção Americana dos Direitos Humanos e a exigência do diploma de jornalista. Boletim dos Procuradores da República, v. 45, p. 03-12, 2002. __. Diploma de jornalismo é algema que Supremo deve tirar. Disponível em: <http://www.conjur.com.br/2009-jun-10/diploma-jornalismo-algema-supremo-tirar-informacao>. Acesso em: 20 jun. 2012.

[843] Inconstitucionalidade em sentido lato: "Toda forma de descumprimento da Constituição. A possibilidade de referenciar o termo neste sentido lato é embasada pela doutrina. (...) Teoricamente, pois, a denominada inconstitucionalidade há de designar toda e qualquer incompatibilidade entre atos ou fatos e a Constituição. É um conceito negativo,

sileira[844]. No entanto, limitando-nos ao objeto deste trabalho, nos foi possível verificar que diversos limites à liberdade de expressão política aplicados durante o período eleitoral no Brasil são inconvencionais, isto é, não estão de acordo com as convenções, normas ou decisões das cortes internacionais de direitos humanos[845]. Esta é a nossa tese.

A análise da inconvencionalidade se faz particularmente pertinente tendo em vista eventual responsabilidade internacional[846] que o estado pode vir a sofrer em razão dessa constatação, se vier a ser feita pelos órgãos internacionais de direitos humanos. O Brasil ao ratificar a Convenção Americana de Direitos Humanos, assumiu o compromisso de respeitar os direitos e liberdades reconhecidos pela Convenção e de garantir o seu livre e pleno exercício, além de tomar todas as medidas legislativas

---

que aponta para a diversidade com um modelo apresentável (a Constituição)". TAVARES, André Ramos. *Tratado da Arguição de Preceito Fundamental*. São Paulo: Saraiva, 2001, p. 167.

[844] O controle de constitucionalidade verifica a compatibilidade entre uma lei ou ato normativo e a constituição. trata tanto da ideia da supremacia da constituição quanto à rigidez constitucional e a defesa dos direitos fundamentais. MORAES, Alexandre de. *Direito Constitucional*. 28. ed. revista, ampliada e atualizada com EC nº 68/11e Súmula Vinculante 31. São Paulo: Atlas, 2012, p. 733-827. Vide MENDES, Gilmar p. 719-773. Vide as críticas feitas por Virgílio Afonso da Silva. AFONSO DA SILVA, Virgílio. O STF e o Controle de Constitucionalidade: deliberação, diálogo e Razão Pública. *Revista de Direito Administrativo*, n. 250, 2009, 197-227.

[845] As cortes internacionais entendem que mesmo que haja uma margem em que o estado pode decidir, admitir que o estado está sempre em melhor condições para avaliar isso, jamais haveria uma violação dos dispositivos da convenção. FRANÇA. CEDH. Caso Müller And Others v. Suiça. Petição nº 10737/84. Estrasburgo, 24 mai. 1988. Voto dissidente Spielmann, p. 22-28.

[846] Conforme ensina CASELLA "todo ato ou omissão que lhe seja imputável e do qual resulte a violação de uma norma jurídica internacional ou de suas obrigações internacionais" pode ensejar a responsabilização internacioal do Estado. ACCIOLY, Hildebrando; G. E. do Nascimento e Silva e; CASELLA, Paulo Borba. *Manual de Direito Internacional Público*. 18 ed., de acordo com o Decreto 7030, de 14 dez. 2009, e a Lei 12.134, 18 dez. 2009. São Paulo: Saraiva, 2010, p. 365. Para André de Carvalho Ramos, para configurar a responsabilidade internacional do estado é preciso verificar a existência de um fato internacionalmente ilícito, o resultado lesivo, e o nexo causal. CARVALHO RAMOS, André de. *Responsabilidade Internacional por Violação de Direitos Humanos: seus elementos, a reparação devida e sanções possíveis: teoria e prática do direito internacional*. Rio de Janeiro: Renovar, 2004, p. 107-111, em especial, p. 107. Vide também __. *Responsabilidade Internacional do Estado por Violação de Direitos Humanos*. In: Revista do CEJ, Brasília, n. 29, p. 53-63, abr/jun 2005, p. 55.

e de qualquer outra natureza que venham a ser necessárias para efetivar esses direitos e garantias[847]. Resta ao Brasil estar à altura dos compromissos assumidos.

---

[847] Vide artigos 1º e 2º da Convenção Americana de Direitos Humanos. Disponível em: <http://www.cidh.oas.org/Basicos/Portugues/c.Convencao_Americana.htm>. Acesso em: 15 out. 2015. Vide também Costa Rica. Corte IDH. Responsabilidade Internacional por Emissão e Aplicação de Leis Violatórias à Convenção (arts. 1 e 2 Convenção Americana de Direitos Humanos). *Opinião Consultiva OC-14/94*, Serie A No. 14. San Jose, 19 de dez. 1994, p. 11-12.

CONCLUSÃO

Por meio do método de análise do conteúdo de decisões, pudemos (i) identificar os limites materiais aceitáveis ao exercício da liberdade de expressão política conforme entendidos pelas cortes internacionais de direitos humanos europeia e interamericana; (ii) mapear os critérios que devem ser observados para que os direitos humanos sejam respeitados quando o judiciário limita a liberdade de expressão política *in concreto*; (iii) identificar os limites materiais impostos à liberdade de expressão política durante o período eleitoral pelos tribunais brasileiros, (iv) comparar os limites identificados no Brasil com os paradigmas das cortes internacionais, e, finalmente, (v) indicar os casos em que os tribunais nacionais ultrapassam os limites à liberdade de expressão política que são aceitos pelas cortes internacionais de direito humanos, bem como os padrões adotados por nossos tribunais neste sentido, comprovando desse modo nossa tese de que o direito eleitoral brasileiro, conforme entendido pelo judiciário nacional, durante o período de campanha eleitoral, impõe limites materiais à liberdade de expressão política que violam direitos humanos.

Assim, vimos que o paradigma de limites à liberdade de expressão política definido pela análise interpretativa do conteúdo das decisões das cortes europeia e interamericana de direitos humanos são pautados pelos seguintes critérios:

- A liberdade de expressão é a regra;
- A restrição da liberdade de expressão é a exceção;
- A possibilidade de restrição de discursos deve ser sempre interpretada restritivamente;

- Não se admite censura prévia, devendo-se optar pela responsabilização ulterior do sujeito em casos de abuso;
- A possibilidade de se restringir a liberdade de expressão deve estar prevista em lei;
- A possibilidade de se restringir a liberdade de expressão deve ser aplicada para perseguir fins legítimos, sendo estes entendidos como, para se garantir ou proteger os direitos ou reputação de terceiros, ou para a proteção da segurança nacional, da ordem pública ou da saúde e moral públicas;
- A restrição à liberdade de expressão deve ser "imperiosamente necessária" em uma sociedade democrática, levando-se em conta, entre outros, a importância que a livre circulação de ideias tem em uma democracia, bem como o fato de que, em uma democracia, todos têm o direito de expressar suas ideias, o que implica que, mesmo o objeto de uma crítica tem a possibilidade de rebatê-la, ao invés de restringi-la;
- Mesmo discursos de ódio – o tipo de discurso mais condenado pelas cortes – devem ser assim entendidos de modo muito restrito e, para ser proibidos, devem também ameaçar a integridade dos estados ou incitar a violência;
- Não se pode analisar o conflito da liberdade de expressão com a vida privada, a honra ou reputação apenas; deve-se também ponderar, em conjunto, o interesse e o direito que terceiros têm de receber as informações em uma sociedade democrática;
- Qualquer sanção aplicável à responsabilização ulterior de um abuso da liberdade de expressão deve ser proporcional à gravidade do que foi dito, preferindo-se sanções educativas às civis ou penais, e as civis às penais, levando-se sempre em conta que qualquer que seja a sanção, deve-se evitar penas restritivas da liberdade e quaisquer outras penalidades que, por sua severidade ou consequências, possam gerar autocensura ou desencorajar o debate em uma sociedade democrática;
- A controvérsia é essencial à democracia, portanto, deve ser protegida – especialmente as idéias impopulares e contramajoritárias;

- O discurso político – entendido amplamente – deve ter ainda maior proteção do que outros tipos de discursos;
- O discurso de interesse público – também entendido de modo extremamente amplo – deve ter ainda maior proteção do que outros tipos de discurso;
- A liberdade de expressão política deve ser reforçada durante o período eleitoral e também durante o período que precede as eleições, porque é justamente nestes períodos durante os quais a sociedade mais tem interesse em obter, e mais presta atenção em, informações de interesse geral;
- Os políticos, por um lado, devem ter sua liberdade de expressão reforçada, para poder expor suas opiniões, ideias e críticas à sociedade;
- Por outro lado, políticos e pessoas públicas, entendidas amplamente – incluindo-se aqui não só os próprios políticos, mas também pessoas famosas, funcionários públicos e outros, inclusive seus parentes e amigos próximos – devem aceitar mais críticas, tendo, portanto, sua proteção à vida privada, à honra e à reputação fortemente mitigados em prol do interesse público que seus atos obrigatoriamente envolvem (mesmo atos privados), levando-se ainda em conta que, normalmente, tais pessoas fizeram uma opção voluntária de se expor ao público;
- Os jornalistas devem ter sua liberdade de opinião reforçada, porque a imprensa é reconhecida como importante meio de divulgação de fatos, opiniões e ideias, o verdadeiro cão de guarda da democracia;
- A oposição deve ter sua liberdade de expressão reforçada, não só para evitar censura por parte do governo e porque a crítica é salutar à democracia, mas também porque a oposição pode não governar, mas ainda representa uma parte da sociedade em uma democracia;
- As minorias devem ter sua liberdade de expressão reforçada, para que sua voz não seja silenciada pela maioria;
- A divulgação de fatos pode ser feita desde que haja base fática suficiente, um *standard* vago e que deve ser entendido de modo muito amplo, de modo que, basicamente, se houver qualquer indício da

veracidade de um fato, incluindo-se denúncias na imprensa, meras suspeitas e até mesmo rumores, desde que respaldados pela boa-fé, deve-se entender que há base fática suficiente para a divulgação;

- Juízos de valor não admitem prova de verdade, ou seja, podem ser divulgados, exceto se de má-fé, entendida de modo estrito como a divulgação de opiniões sabidamente inverídicas;
- A interpretação do que é um juízo de valor deve ser ampla, inclusive em caso de dúvida ou de coisas que *prima facie* podem ser entendidas como fatos, se implicarem um juízo de valor, devem ser por este absorvidos; e
- O sabidamente inverídico deve ser interpretado de modo extremamente restritivo, sendo que algo só pode ser considerado sabidamente inverídico se for *prima facie* uma mentira – ou seja, o fato sabidamente inverídico não pode sequer depender de investigação mínima, precisa ser reconhecido direta e imediatamente como inverídico.

A despeito dos critérios enumerados acima, o que ficou muito claro da análise interpretativa que fizemos das decisões das cortes são os seguintes pontos essenciais:

- A postura das cortes internacionais de direitos humanos europeia e interamericana é profundamente favorável à liberdade de expressão política, especialmente quando envolvem (i) pessoas públicas em geral, e ainda mais, políticos em particular, (ii) assuntos de interesse público, e (iii) durante o período eleitoral ou que precede as eleições;
- Conquanto as cortes levem em consideração, em caso de conflitos de direitos, na ponderação, a vida privada, honra e reputação das pessoas, o fato é que, especificamente para políticos, em geral esses direitos sobrepujaram a liberdade de expressão política e o direito de informação da sociedade em casos de interesse público em uma sociedade democrática;
- Os únicos casos em que a liberdade de expressão política foi restringida foram casos de discurso de ódio – mas, mesmo nestes casos,

o discurso de ódio foi entendido restritivamente: Os discursos que foram restringidos não só eram divisivos, discriminatórios, mas punham em risco a integridade dos estados ou incitavam a violência. Muitos casos de discursos que pareceriam *prima facie* discriminatórios ou odiosos não foram proibidos em vista de circunstâncias atenuantes como, por exemplo, terem sido proferidos em debate (*locus* em que era possível contrapor outras ideias ao discurso odioso) ou por não ter o condão de incitar violência imediata; e

- Finalmente, as cortes tenderam a aceitar a aplicação de penas educativas e, mesmo quando penas civis ou penais foram aplicadas, entenderam as cortes que não poderiam ser danosas a ponto de provocar autocensura na sociedade, ou de inibir o debate livre.

Também vimos que o Sistema Interamericano de Proteção aos Direitos Humanos, no que toca à análise de casos envolvendo a liberdade de expressão política, expressamente adota a mesma linha decisória do Sistema Europeu de Proteção aos Direitos Humanos. E, como o Brasil é parte do Sistema Interamericano de Proteção aos Direitos Humanos, está internacionalmente sujeito às decisões da Corte Interamericana de Direitos Humanos.

No entanto, pudemos também verificar ao longo deste trabalho que o Brasil não respeita os limites considerados aceitáveis à liberdade de expressão política pelas cortes internacionais mencionadas.

Os principais problemas encontrados nos julgados de nossos tribunais eleitorais foram os seguintes:

- O discurso de ódio não é comum na disputa eleitoral brasileira; ao contrário, o mais comum em nossa política é que um candidato impute a outro discurso de ódio ou discriminatório. No entanto, pudemos observar um caso particularmente importante, em que a sanção aplicada ao político autor de discurso supostamente de ódio foi claramente desproporcional, excessivamente onerosa, podendo gerar autocensura, bem como desencorajar o debate.
- Em muitos casos pudemos observar a proibição da expressão de juízos de valor que foram tratados como se fossem fatos, tendo os discursos sido proibidos por ser "falsos" ou "inverídicos" em casos em

que não caberia tal análise por trata-se de mera opinião – o exemplo paradigmático, proibir a divulgação da opinião de político de oposição no sentido de que determinado candidato "odeia pobre" – claramente, um juízo de valor. Há também a proibição de opiniões que, ainda que não sejam sequer ofensivas, podem, no entendimento dos tribunais, "tirar votos", por exemplo, a opinião de que determinado político é "filhindo de papai" ou "contra o Bolsa Família". Onde as cortes internacionais consistentemente entendem existir juízos de valor, não sujeitos à prova de veracidade, frequentemente, no Brasil, nossos tribunais vêem fatos que precisam ser comprovados para não ser proibidos, ou opiniões que, por ser consideradas ofensivas, devem ser restringidas.

- Também a postura de nossos tribunais com relação à proteção à vida privada, à honra e à reputação dos políticos é amplamente inconvencional, havendo vários casos em que a proteção desses direitos dos políticos prevalece sobre o interesse público da divulgação das notícias. Basta lembrar casos em que mesmo fatos verídicos desabonadores e até criminosos foram proibidos de ser veiculados durante campanha eleitoral por ofender a honra do político que os praticou ou de políticos próximos aos criminosos condenados. O político brasileiro goza de muito mais proteção à vida privada, honra e reputação do que seus pares europeus e mesmo latino-americanos, tendo inclusive recente *habeas corpus* do próprio STF decidido no sentido de aumentar a proteção à honra de políticos.

- Outra inconvencionalidade, correlata à anterior, e comum em nossos tribunais, é a frequente proibição do que o judiciário considera "ofensivo" ao político: Comumente, expressões que são vistas por nossos tribunais como capazes de gerar mera impressão desfavorável de políticos são proibidas por ser "ofensivas", mesmo não caracterizando injúria, calúnia ou difamação – inclusive em contexto satírico. Há ainda casos de proibições, por ser "ofensivas", de divulgação de simples juízos de valores contrários a políticos (por exemplo, que determinado político seria desorganizado e preguiçoso), e até mesmo por causa do mero uso de determinadas palavras, consideradas ofensivas *per se* (*e.g.*, palavras como "porrada", "roubalheira", "odiar", e xingamentos, que, conquanto não sejam elegantes, são consistentemente permitidos pelas cortes internacionais de direitos humanos, em evidente contraste com os nossos tribunais). Apenas a título de exemplo dos extremos a que nossos tribunais já chegaram, meramente mencionar determinados criminosos ("de fazer inveja a Lalau e Fenandinho-Beira-Mar"), mesmo sem indicar relação com o candidato ofendido, foi proibido por ofender.

- Comumente, nossos tribunais também julgam de modo inconvencional a divulgação de informações com base fática suficiente: Não só fatos (de interesse público) comprovados ou baseados em fortes evidências já foram proibidos de ser divulgados, mas também, meramente vincular ou sugerir que políticos podem estar envolvidos em crimes, inclusive corrupção, mesmo que com base em artigos de imprensa ou entrevistas com os próprios políticos, foi proibido em vários casos.

- A própria inconstância e incoerência de nossos tribunais ao julgar toda sorte de caso envolvendo a liberdade de expressão política também é, *per se*, inconvencional, já que as cortes internacionais de direitos humanos enfatizam a necessidade de os países adotarem leis claras a respeito do tema, justamente para minimizar a insegurança jurídica e a autocensura que pode decorrer de entendimentos divergentes. Ainda com relação a este ponto, nota-se que o TSE tem demonstrado crescente preocupação no sentido de buscar critérios mais objetivos para julgar os casos envolvendo liberdade de expressão política, o que poderia ser um avanço, se não fosse a predileção por critérios que, ainda que mais objetivos, são também mais restritivos à liberdade de expressão.

- Nossos tribunais são ainda particularmente contrários à chamada "propaganda negativa", que ataca os oponentes, ao invés de divulgar programas de governo. Frequentemente, propagandas negativas foram proibidas por nossos tribunais, em clara inconvencionalidade, já que, normalmente, tais propagandas são exposições de juízos de valor ou de denúncias com base fática suficiente.

Com relação ao último ponto mencionado acima, o da propaganda negativa, gostaríamos de fazer uma observação inquietante, que, acreditamos, ameaça ainda mais a liberdade de expressão política em nosso país. Sem dúvida, a propaganda negativa – com ênfase em denúncias e ataques de uns aos outros, ao invés de propostas e debates – empobrece o discurso político, e, muitas vezes, senão sempre, desagrada e ofende. Mas será que o caminho é a regulamentação, por parte do judiciário, em clara postura ativista, da propaganda eleitoral? Não nos parece acertado.

A democracia depende da liberdade de expressão para sobreviver. Nos ataques, acusações e denúncias também reside a crítica construtiva e o clamor por transparência e responsabilidade na gestão da coisa pública. Se o judiciário for seguir a linha sugerida pelo TSE na RP 1658-65, de que as campanhas devem ser "programáticas e propositivas", e não "negativas", caminharemos rapidamente para um sistema eleitoral em que, ao invés de o judiciário proibir o que entender que não pode ser dito, passará a ditar o que acredita que deve ser dito – uma inconvencionalidade ainda maior, e uma ameaça gravíssima à democracia. Portanto, o caminho a se seguir é justamente o contrário do proposto na RP 1658-65: Devemos adequar as decisões de nossos tribunais ao que decidem as cortes internacionais de direitos humanos no que diz respeito à liberdade de expressão política, fortalecendo-a, eliminando o parternalismo judicial, a insegurança jurídica e a judicialização da política, a fim de promover um sistema eleitoral mais transparente, digno e limpo.

REFERÊNCIAS

ABREGÚ, Martín. Human Rights For All: From The Struggle Against Authoritarianism To The Construction Of An All – Include Democracy – A View From The Southern Cone And Andean Region. 8 SUR – *Int'l J. on Hum Rts*. 7 2008.

ACKERMAN, Bruce. *A Social Justice In The Liberal State*. Binghamton, N.Y.: Yale University Press, 1980.

ALEXY, Robert. *Teoria dos Direitos Fundamentais*. Trad. Virgílio Afonso da Silva. São Paulo: Malheiros, 2008.

AMARAL JÚNIOR, José Levi Mello do. "O Constitucionalismo". In: FRANCISCO, José Carlos (Coord.). *Neoconstitucionalismo e Atividade Jurisdicional*: Do passivismo ao ativismo judicial. Belo Horizonte: Editora Del Rey Ltda., 2012, p. 3-16.

AMARAL JÚNIOR, José Levi Mello do (Coord.). *Estado de Direito e Ativismo Judicial*. São Paulo: Quartier Latin, 2010.

ARENDT, Hannah. *Entre o Passado e o Futuro*. Trad. Mauto W. Barbosa; Rev. Mary Amazonas Leite de Barros. São Paulo: Editora Perspectiva S.A., 2003.

ARGELINA, Cheibub Figueiredo; LIMONGI, Fernando. Instituições Políticas e Governabilidade: desempenho do governo e apoio legislativo na democracia brasileira. In: MELO, Carlos Ranulfo; SAÉZ, Manuel Alcântara (org). *A Democracia Brasileira*: Balanço e Perspectivas para o Século 21. Belo Horizonte: Editora UFMG, 2007.

ARISTÓTELES. *A Política*. São Paulo: Ícone Editora, 2007.

ÁVILA SANTAMARÍA, Romero; ÁVILA ORDOÑEZ, Maria Paz. Sentencias de la Corte Interamericana sobre Liberdade de Expresión. In: *Liberdad de Expresión*: debates, alcances y nueva agenda. Equador: UNESCO, 2011, p. 373-405.

BALSDON, J.P.V.D. "Auctoritas, dignitas, otium". In: *The Classical Quarterly*, Cambridge, UK, n. 10, 1960, p. 43-50.

BARROSO, Luís Roberto. Colisão entre liberdade de Expressão e Direitos da Personalidade. Critérios de Ponderação. Interpretação Constitucionalmente Adequada do Código Civil e da Lei de Imprensa. In: *Revista de Direito Administrativo*, v. 235, 2004.

BINENBOJM, Gustavo. Da supremacia do interesse público ao dever de proporcionalidade: um novo paradigma para o direito administrativo. In: SARMENTO, Daniel (organizador). *Interesses Públicos versus Interesses Privados*: Descontruindo o Princípio de Supremacia do Interesse Público. Rio de Janeiro: Lúmen Júris, 2007.

BENSEL, Richard Franklin. *The American Ballot Box in The Mid-Nineteenth Century*. New York: Cambridge University Press, 2004.

BIOY, Xavier. La protection renforcée de la liberté d'expression politique dans le contexte de la Convention européenne des droits de l'homme. *Le Cahiers de Droit*, vol. 53, nº 4, decembre 2012, p. 739-760.

BITTAR, Eduardo C. B. *O Direito na Pós-Modernidade e Reflexões Frankfurtianas*. 2. ed. rev., atual. e ampl. Rio de Janeiro: Forense Universitária, 2009.

BLOND, Georges. "Philippe Pétain". In: *Encyclopædia Britannica*. Disponível em: <http://www.britannica.com/biography/Philippe-Petain>. Acesso em: 25 nov. 2014.

BOBBIO, Norberto. *A Era dos Direitos*. Tradução Carlos Nelson Coutinho. Apresentação de Celso Lafer. 6ª reimpressão. Rio de Janeiro: Elsevier, 2004.

___. *Teoria Geral da Política*: A Filosofia Política e as Lições dos Clássicos. Michelangelo Bovero (org); trad. Daniela Beccaccia Versiani. Rio de Janeiro: Elsevier, 2000.

BOBBIO, Norberto; MATTEUCCI, Nicola e PASQUINO, Gianfranco. Trad. Carmen C. Vaniale et al. Coord Trad. João Ferreira. Rev. Geral João Ferreira e Luís Guerreiro Pinto Cacais. *Dicionário de Política*. 11ª ed., Brasília: Editora Universidade de Brasília, 1998.

BOSMAN, Teuna Helena. Freedom of Expression in England and Under the Echr: in search of a common ground. A foundation for the Apllication of the Human Rights Act 1998 in English Law. In: *School of Human Rights Research Series*, vol. 6, 2000.

BOT, Michiel. "The Right to Offend? Contested Speech Acts and Critical Democratic Practice". In: *Law & Literature*, v. 24, p. 232-241, 2012.

BRAUN, Stefan. *Democracy Off Balance*: Freedom of Expression and Hate Propaganda Law in Canada. Canada: University of Toronto Press, 2004.

REFERÊNCIAS

BRASIL. Justiça Eleitoral de Santa Catarina (13ª Zona Eleitoral). Representação nº 176-45.2012.6.24.0013. Juiz Eleitoral: Luiz Felipe Siegert Schuch. Florianópolis, 6 set. 2012.

___. Justiça Eleitoral de Santa Catarina (95ª Zona Eleitoral). Representação nº 391-66.2012.6.24.0095. Juiz Eleitoral: Yhon Tostes. Joinville, 14 set. 2012.

BRASIL. Decreto-Lei nº 2.848. Institui o Código Penal. *Diário Oficial da União*, Rio de Janeiro/RJ, de 7 dez. 1940.

___. Lei nº 4737, de 15 de julho de 1965. Institui o Código Eleitoral. *Diário Oficial da União*, Brasília/DF, 19 jul. 1965.

___. Lei nº 9504, de 30 de setembro de 1997. Estabelece as normas para eleições. *Diário Oficial da União*, Brasília/DF, 01 out. 1997.

___. Supremo Tribunal Federal. *Habeas Corpus* nº 78.426-6. Relator: Ministro Sepúlveda Pertence. Brasília, 13 mar. 1999.

___. *Habeas Corpus* nº 82.424/RS. Relator: Ministro Moreira Alves. Brasília, 17 set. 2003.

___. *Habeas Corpus* nº 83996/RJ. Relator: Ministro Gilmar Mendes. Brasília, 17 ago. 2004.

___. Ação Direta de Inconstitucionalidade (ADI) 4451 MC-REF/DF. Relator: Ministro Ayres Britto. Brasília, 24 ago. 2008.

___. Arguição de Descumprimento de Preceito Fundamental (ADPF) 130. Relator: Ministro Ayres Britto. Brasília, 30 abr. 2009.

___. Recurso Extraordinário (RE) 637.485/RJ. Relator: Ministro Gilmar Mendes. Brasília: 01 ago. 2012.

___. Ação Declaratória de Inconstitucionalidade (ADI) nº 5.415. Relator: Ministro Dias Toffoli. Brasília, 17 dez. 2015.

___. Superior Tribunal de Justiça. 4ª Turma. Recurso Especial nº 401348 PR, Ac. 2001/0196963-7, Relator: Ministro Barros Monteiro. Brasília, 04 nov. 2003.

___. Tribunal de Justiça (São Paulo). Ação Civil Pública nº 1098711-29.2014.8.26.0100, da 18ª Vara Cível. Juíza de Direito Flavia Poyares Miranda. São Paulo, 13 mar. 2015. Requerente: Defensoria Pública Do Estado De São Paulo. Requerido: José Levy Fidelix Da Cruz e Partido Renovador Trabalhista Brasileiro (PRTB).

___. Tribunal Regional Eleitoral (Goiás). Representação nº 6810-84.2010.6.09.0000. Relator: Juiz Lead Aparecido Alves. Goiânia, 25 out. 2010.

___. Tribunal Regional Eleitoral (Minas Gerais). Recurso Eleitoral nº 44392004, acórdão nº 762/2005. Relator: Juiz Marcelo Guimarães Rodrigues. Jeceaba, 23 mai. 2005.

___. Tribunal Regional Eleitoral (Paraná). Recurso Eleitoral nº 1093. Acórdão nº 24519. Relator: Joel Ilan Paciornik. Curitiba, 18 set. 2000.

___. Tribunal Regional Eleitoral (Paraná). Agravo na Representação nº 1395. Acórdão nº 31.445. Relator: Renato Lopes de Paiva. Curitiba, 21 ago. 2006.

___. Tribunal Regional Eleitoral (Rio de Janeiro). Recurso na Representação nº 3788-97.2014.6.19.0000/RJ. Relator: Desembargador Wagner Cinelli de Paula Freitas. Senota, 16 set. 2014.

___. Tribunal Regional Eleitoral. (São Paulo). Recurso nº 16076 SP, Acórdão nº 137232. Relator: Juiz José Reynaldo Peixoto de Souza. São Paulo, 18 set. 2000, publicado sessão 19 set. 2000.

___. Tribunal Regional Eleitoral (São Paulo). REPAG nº 129031SP. Acórdão nº 143599. Relator: Juiz Rui Stocco. São Paulo, 22 out. 2002.

___. Tribunal Regional Eleitoral. (São Paulo). Recurso nº 22687 SP. Relator: Paulo Dimas De Bellis Mascaretti. São Paulo, 01 fev. 2005, DOE – Diário Oficial do Estado, 15 fev. 2005.

___. Tribunal Regional Eleitoral (São Paulo). Recurso na Representação nº 15978/SP. Relator: José Percival Albano Nogueira Júnior. São Paulo, 29 ago. 2006.

___. Tribunal Regional Eleitoral (São Paulo). Recurso Eleitoral nº 30409. Relator: Juiz Paulo Alcides Amaral Salles. São Paulo, 30 set. 2008.

___. Tribunal Regional Eleitoral (São Paulo). Recurso na Representação nº 30755. Relator: Juíz Paulo Henrique Lucon. São Paulo, 03 out. 2008.

___. Tribunal Regional Eleitoral (São Paulo). Recurso na Representação nº 30755. Relator: Juíz Paulo Henrique Lucon. São Paulo, 03 out. 2008.

___. Tribunal Regional Eleitoral. (São Paulo). Representação nº 800533. Relator: Desembargador Mário Devienne Ferraz. São Paulo, 12 nov. 2010.

___. Tribunal Regional Eleitoral (São Paulo). Recurso na Representação nº 4080-87.2014.6.26.0000/SP. Relator: Desembargador Cauduro Padin. São Paulo, 04 set. 2014.

___. Tribunal Regional Eleitoral (São Paulo). Recurso na Representação nº 4080-87.2014.6.26.0000/SP. Relator: Desembargador Cauduro Padin. São Paulo, 04 set. 2014.

___. Tribunal Regional Eleitoral. (São Paulo). Recurso nº 41395. Relator: Luiz Guilherme Da Costa Wagner Junior. São Paulo, 10 abr. 2014.

___. Tribunal Regional Eleitoral (São Paulo). Recurso na Representação nº 4031-46.2014.6.26.0000/SP. Relatora: Juíza Claudia Lucia Fonseca Fanucchi. São Paulo, 12 set. 2014.

___. Tribunal Regional Eleitoral (São Paulo). Recurso na Representação nº 4074-80.2014.6.26.0000/SP. Relatora: Juíza Claudia Lucia Fonseca Fanucchi. São Paulo, 12 set. 2014.

___. Tribunal Regional Eleitoral (São Paulo). Representação nº 15991/SP. Relator: Juiz José Percival Albano Nogueira Júnior. São Paulo, 22 ago. 2006.

___. Tribunal Regional Eleitoral. (São Paulo). Representação nº 31721/SP. Relator: Ministro Waldir Sebastião de Nuevo Campos Júnior. São Paulo, 24 out. 2008.

___. Tribunal Regional Eleitoral. (São Paulo). Representação nº 431117/SP. Relatora: Juíza Claudia Lucia Fonseca Fanucchi. São Paulo, 29 set. 2014.

___. Tribunal Regional Eleitoral. (São Paulo). Representação nº 416221/SP. Relatora: Juíza Claudia Lucia Fonseca Fanucchi. São Paulo, 17 set. 2014.

___. Tribunal Regional Eleitoral. (São Paulo). Representação nº 417435/SP. Relatora: Juíza Claudia Lucia Fonseca Fanucchi. São Paulo, 17 set. 2014.

___. Tribunal Regional Eleitoral (São Paulo). Recurso na Representação nº 0004056-59.2014.6.26.0000/SP.Relator: Desembargador Carlos Eduardo Cauduro Padin. São Paulo, 29 ago. 2014.

___. Tribunal Regional Eleitoral. (São Paulo). Recurso nº 231-28.2013.6.26.0070, Marília/SP. Relator: Desembargadora Diva Malerbi. São Paulo: 14 abr. 2015.

___. Tribunal Superior Eleitoral. Agravo Regimental na Representação nº 440. Relator: Ministro Caputo Bastos. Brasília, 10 set. 2002.

___. Agravo Regimental na Representação nº 444. Relator: Ministro Caputo Bastos. Brasília, 10 set. 2002.

___. Agravo Regimental na Representação nº 482. Relator: Ministro José Gerardo Grossi. Brasília, 24 set. 2002.

___. Agravo Regimental na Representação nº 472 e 481. Relator: Ministro Gerardo Grossi. Brasília, 24 set. 2002.

___. Agravo Regimental na Representação nº 495-30/DF. Relator: Ministro Caputo Bastos. Brasília, 30 set. 2002.

___. Agravo Regimental na Representação nº 817. Relator: Ministro José Delgado. Brasília, 20 out. 2005.

___. Recurso Especial Eleitoral nº 15.376. Relator: Ministro Néri da Silveira. Brasília, 30 set. 98.

___. Recurso Especial Eleitoral nº 20.262 MG. Relator: Ministro Fernando Neves. Brasília, 30 set. 2002, publicado sessão 01 out. 2002.

___. Recurso Especial Eleitoral nº 20.206/AP. Relator: Fernando Neves Da Silva. Brasília, 30 set. 2002, PSESS 01 out. 2002.

___. Recurso Especial Eleitoral nº 26.730. Relator: Ministro Cesar Asfor Rocha. Brasília, 20 set. 2006.

___. Recurso Especial Eleitoral nº 26011/SP. Relator: Ministro Antonio Cezar Peluso. Brasília, 22 mar. 2007.

___. Recurso Especial Eleitoral nº 35899. Relator: Ministro Ricardo Lewandowski. Brasília, 10 nov. 2009.

___. Recurso na Representação nº 187987. Relator: Ministro Henrique Neves Da Silva. Brasília, 02 ago. 2010.

___. Recurso na Representação nº 2878-40.2010.600.0000. Relator: Ministro Joelson Costa Dias. Brasília, 29 set. 2010.

___. Recurso na Representação nº 380-29.2014.6.00.0000/DF. Relator Originário: Ministro Tarcisio Vieira de Carvalho Neto e Ministro Redator para o acórdão: Gilmar Mendes. Brasília, 07 ago. 2014.

___. Recurso na Representação nº 769-14/DF. Relator: Ministro João Otávio de Noronha. Brasília, 7 ago. 2014.

___. REC-Rp nº 1083-57.2014.6.00.0000/DF. Relator: Ministro Admar Gonzaga. Brasília, 09 set. 2014.

___. Recurso na Representação nº 1190-04.2014.6.00.0000/DF. Relator: Ministro Admar Gonzaga. Brasília, 23 set. 2014.

___. Recurso na Representação nº 1211-77.2014.600.0000. Relator: Ministro Tarcisio Vieira De Carvalho Neto. Brasília, 23 set. 2014.

___. Representação nº 577. Relator: Ministro Gerardo Grossi, Brasília, 5 out. 2002.

___. Representação nº 603/DF. Relator: Ministro José Gerardo Grossi (decisão monocrática na liminar). Brasília, 18 out. 2002.

___. Recurso Especial Eleitoral nº 20.475. Relator: Ministro Luiz Carlos Madeira, Brasília, 26 set. 2002.

___. Representação nº 601/DF. Relator: Ministro Carlos Eduardo Caputo Bastos, Brasília, Data de Publicação: PSESS – Publicado em Sessão, em 18 out. 2002.

___. Representação nº 501/DF. Relator: Ministro Humberto Gomes de Barros. Brasília, 01 out. 2002.

___. Representação nº 501/DF. Relator: Ministro Humberto Gomes de Barros. Brasília. 01 out. 2002.

___. Representação nº 416. Relator: Ministro Carlos Eduardo Caputo Bastos (decisão monocrática). Brasília, 24 ago. 2002.

___. Representação nº 1265. Relator: Ministro Marcelo Ribeiro. Brasília, 17 out. 2006.

___. Representação nº 1162. Relator: Ministro Ari Pargendler. Brasília, 02 set. 2006.

___. Representação nº 1269/DF. Relator: Ministro Ari Pargendler. Brasília, 24 out. 2006.

___. Representação nº 1281. Relator: Ministro Carlos Alberto Menezes Direito. Brasília, 23 out. 2006.

___. Representação nº 1.264. Relator: Ministro Marcelo Ribeiro. Brasília, 17 out. 2006.

___. Representação nº 1194/DF. Relator: Ministro Ari Pargendler. Brasília, 26 set. 2006.

___. Representação nº 1256/DF. Relator: Ministro Ari Pargendler. Brasília, 17 out. 2006.

___. Representação nº 1109/DF. Relator: Ministro Marcelo Ribeiro. Brasília, 12 set. 2006.

___. Representação nº 3662-17.2010.6.00.0000. Relator: Ministro Joelson Dias. Brasília, 26 out. 2010.

___. Representação nº 3675-16. Relator: Ministro Henrique Neves. Brasília, 26 out. 2010.

___. Representação nº 3440-49.2010.600.0000. Relator: Ministro Joelson Dias. Brasília, 13 out. 2010.

___. Representação nº 3649-18.2010.600.0000/DF. Relator: Ministra Fátima Nancy Andrighi. Brasília, 26 out. 2010.

___. Recurso na Representação nº 3476-91.2010.6.00.0000. Relator: Ministro Joelson Dias. Brasília, 19 out. 2010.

___. Representação nº 2409-91.2010.600.0000. Relator: Ministro Joelson Dias, Brasília, 25 ago. 2010.

___. Representação nº 2409-91.2010.600.0000. Relator: Ministro Joelson Dias, Brasília, 25, ago. 2010.

___. Representação nº 3469-02.2010.600.0000. Relator: Ministro Henrique Neves. Brasília, 19 out. 2010.

___. Representação nº 3476-91.2010.600,0000. Relator: Ministro Joelson Costa Dias. Brasília, 19 out. 2010.

___. Representação nº 3520-13.2010.600.0000. Relator: Ministro Joelson Dias. Brasília, 20 out. 2010.

___. Representação nº 1975-05/DF. Relator: Ministro Henrique Neves da Silva. Brasília, 02 ago. 2010.

___. Representação nº 3438-79.2010.6.00.0000/DF. Relator: Ministro Henrique Neves. Brasília, 13 out. 2010.

___. Representação nº 3533-12.2010.6.00.0000/DF. Relator: Ministro Henrique Neves. Brasília, 19 out. 2010.

___. Representação nº 3677-83.2010.600.0000. Relator: Ministro Henrique Neves da Silva. Brasília, 26 out. 2010.

___. Representação nº 3512-36.2010.6.00.0000/DF. Relator: Ministro Joelson Dias. Brasília, 20 out. 2010.

___. Representação nº 4886-32.2010.6.20.0000/RN. Relator: Ivan Lira De Carvalho. Natal, 26 ago. 2010.

___. Representação nº 4889-84.2010.6.20.0000/RN. Relator: Ivan Lira De Carvalho. Natal, 26 ago. 2010.

___. Representação nº 352535/DF. Relator: Henrique Neves da Silva. Brasília, 21 out. 2010.

___. Representação nº 2775-33. Relator: Ministro Henrique Neves da Silva. Brasília, 01 dez. 2012.

___. Representação nº 2775-33. Relator: Ministro Henrique Neves da Silva. Brasília, 01 dez. 2012.

___. Representação nº 120133/ DF. Relator: Ministro Tarcisio Vieira De Carvalho Neto, Rel. designado: Gilmar Ferreira Mendes. Brasília, 23 set. 2014.

___. Representação nº 1286-19.2014.600.0000/DF. Relator: Ministro Antonio Herman De Vasconcellos E Benjamin (decisão monocrática). Brasília, 16 set. 2014.

___. Representação nº 1724-45.2014.6.00.0000/DF, Relator: Ministro Admar Gonzaga. Brasília, 21 out. 2014.

___. Representação nº 1431-75.2014.6.00.0000/DF. Relator: Ministro Admar Gonzaga. Brasília, 02 out. 2014.

___. Representação nº 1394-48.2014.6.00.0000/DF. Relator: Ministro Admar Gonzaga. Brasília, 02 out. 2014.

___. Representação nº 1524-38.2014.600.0000, Relator: Ministro Tarcisio Vieira De Carvalho Neto.Brasília, 02 out. 2014.

___. Representação nº 1323-46.2014.6.00.0000/DF. Relator: Ministro Tarcisio Vieira de Carvalho Neto. Brasília, 25 set. 2014.

___. Representação nº 373-37.2014.6.00.0000/DF. Relator: Ministro João Otávio de Noronha. Brasília, 11 nov. 2014.

___. Representação nº 1192-71.2014.6.00.0000/DF. Relator: Ministro Tarcisio Vieira de Carvalho Neto. Brasília, 23 set. 2014.

___. Representação nº 1362-43.2014.6.00.0000. Relator: Ministro Admar Gonzaga. Brasília, 10 out. 2014.

___. Representação nº 1452-51.2014.6.00.0000/DF. Relator: Ministro Admar Gonzaga. Brasília, 02 out. 2014.

___. Representação nº 397-65.2014.6.00.0000/DF. Relator: Ministro João Otávio de Noronha. Brasília, 11 nov. 2014.

___. Representação nº 1456-88/DF. Relator: Ministro Tarcisio Vieira De Carvalho Neto. Brasília, 03 out. 2014.

___. Representação nº 1367-65.2014.6.00.0000. Relator: Ministro Admar Gonzaga. Brasília, 30 set. 2014.

___. Representação nº 1253-29.2014.6.00.0000/DF. Relator: Ministro Admar Gonzaga. Brasília, 25 set. 2014.

___. Representação nº 1241-15.2014.6.00.0000. Relator: Ministro Admar Gonzaga. Brasília, 25 set. 2014.

___. Representação nº 1267-13.2014.6.00.0000. Relator: Ministro Herman Benjamin. Brasília, 30 set. 2014.

___. Representação nº 129311/DF. Relator: Ministro Tarcisio Vieira de Carvalho Neto; Rel. designado: Gilmar Ferreira Mendes. Brasília, 23 set. 2014.

___. Representação nº 130610/DF. Relator: Ministro Tarcisio Vieira de Carvalho Neto; Rel. designado: Gilmar Ferreira Mendes. Brasília, 23 set. 2014.

___. Representação nº 127842/DF. Relator: Ministro Tarcisio Vieira de Carvalho Neto; Rel. designado: Gilmar Ferreira Mendes. Brasília, 23 set. 2014.

___. Representação nº 128449/DF. Relator: Ministro Tarcisio Vieira de Carvalho Neto; Rel. designado: Gilmar Ferreira Mendes. Brasília, 23 set. 2014.

___. Representação nº 129311/DF. Relator: Ministro Tarcisio Vieira de Carvalho Neto; Rel. designado: Gilmar Ferreira Mendes. Brasília, 23 set. 2014.

___. Representação nº 120133/ DF. Relator: Ministro Tarcisio Vieira De Carvalho Neto, Rel. designado: Gilmar Ferreira Mendes. Brasília, 23 set. 2014.

___. Representação nº 1393-63.20146.00.0000/DF. Relator: Ministro Admar Gonzaga. Brasília, 02 out. 2014.

___. Representação nº 1430-90. Decisão monocrática. Relator: Ministro Antonio Herman de Vasconcellos e Benjamin. Brasília, 27 set. 2014.

___. Representação nº 1241-15.2014.6.00.0000. Rel. Min. Admar Gonzaga. Brasília, 25 set. 2014.

___. Representação nº 142568. Relator: Ministro Antonio Herman de Vasconcellos e Benjamin (decisão monocrática). Brasília, 26 set. 2014, Mural em 28 set. 2014.

___. Representação nº 1312-17.2014.6.00.0000/DF. Relator: Ministro Admar Gonzaga. Brasília, 25 set. 2014.

___. Representação nº 1520-98.2014.600.0000/DF. Relatora: Ministra Maria Thereza Rocha De Assis Moura. Brasília, 06 out. 2014.

___. Representação nº 1471-57.2014.600.0000/DF. Relator: Ministro Tarcisio Vieira De Carvalho Neto. Brasília, 02 out. 2014.

___. Resolução nº 23.404. Brasília, 27 fev. 2014.

___. Representação nº 1496-70.2014.600.0000/DF. Relator: Ministro Antonio Herman de Vasconcellos e Benjamin (decisão monocrática). Brasília, 16 out. 2014.

___. Representação nº 1468-05.2014.600.0000/DF. Relator: Ministro Henrique Neves da Silva (decisão monocrática). Brasília, 13 out. 2015.

___. Representação nº 1658-65.2014.6.00.0000/DF. Relator: Ministro Admar Gonzaga. Brasília, 16 out. 2014.

___. Representação nº 1724-45.2014.6.00.0000/DF, Relator: Ministro Admar Gonzaga. Brasília, 21 out. 2014.

___. Representação nº 1279-27.2014.600.000/DF. Relator: Ministro Tarcisio Vieira De Carvalho Neto. Brasília, 23 set. 2014.

___. Representação nº 1467-20.2014.600.0000/DF. Relator: Ministro Henrique Neves da Silva (decisão monocrática). Brasília, 08 out. 2015.

BRINDEIRO, Geraldo. A Liberdade de Expressão e a Propaganda Política Ilícita. In: *Revista Informação Legislativa*, Brasília, a. 28, n. 110, abr/jun 1991, p. 175-180.

BRITO, Auriney; LONGHI, João Victor Rozatti. *Propaganda Eleitoral na Internet*. São Paulo: Saraiva, 2014.

BRITO, Ricardo; CARDOSO, Daiene. "Dilma e Aécio estão em situação de empate técnico, indica CNT/MDA. In: O *Estado de São Paulo*, 20 out. 2014. Disponível em: <http://politica.estadao.com.br/noticias/eleicoes,dilma-e-aecio-estao-em-situacao-de-empate-tecnico-indica-cntmda,1579662>. Acesso em: 17 dez. 2015.

BRUGGER, Winfried. Proibição ou Proteção do Discurso do Ódio? Algumas Considerações sobre o Direito Alemão e o Americano. *Revista de Direito Público*, n. 15, p. 117-136, jan-mar/2007.

BURGORGUE-LARSEN, Laurence. La vie Privée en Europe. In: SUDRE, Frédéric (Dir.). Le Droit au Respect de la Vie Privée Au Sens de la Convention Européenne des Droits de L'homme. *DROIT ET JUSTICE*. Collection dirigée par Pierre Lambert. Bruxelas: Emile Bruylant S.A, 2005, V. 63.

CAGGIANO, Monica Herman S. "Eleições". In: CAGGIANO, Monica Herman S. (Coordenadora). *O direito eleitoral em debate*: estudos em homenagem a Claudio Lembo. 1. ed. São Paulo: Saraiva, 2013, p. 21-44.

__. *Oposição na Política*: proposta para uma rearquitetura da democracia. São Paulo: Angelotti, 1995.

__. *O direito eleitoral em debate*: estudos em homenagem a Claudio Lembo. 1. ed. São Paulo: Saraiva, 2013.

__. *Direito Parlamentar e Direito Eleitoral*. 1. ed. Barueri-SP: Editora Manole Ltda., 2004. v. 1. 148p.

__. (Org.). *O voto nas Américas*. Barueri: Manole, 2008. 312p.

__. O sistema eleitoral brasileiro. Eleições gerais 2010/Eleições municipais 2012. O cenário eleitoral e sua anatomia. *Revista de Direito Brasileira*. V. 2, p. 399-423, 2012.

CAGGIANO, Monica Herman Salem; "Democracia: Há tratamento geriátrico para seu rejuvenescimento?" In: MESSA, Ana Flávia; SIQUEIRA NETO, José Francisco; BARBOSA, Susana Mesquita (Coords). *Transparência Eleitoral*. São Paulo: Saraiva, 2015, p. 85-105.

CANÇADO TRINDADE, Antonio Augusto. *A Humanização do Direito Internacional*. Belo Horizonte: Del Rey, 2006.

__. *Tratado de Direito Internacional de Direitos Humanos*. Vol. I e II, Porto Alegre: Sérgio Antônio Fabris Editor, 2003.

CANOTILHO, J. J. Gomes; MENDES, Gilmar F; SARLET, Ingo W.; STRECK, Lenio L. (coords). *Comentários à Constituição do Brasil*. São Paulo: Saraiva/Almedina, 2013.

Canotilho, J.J. Gomes; MACHADO, Jónatas E.M. **Reality shows e liberdade de programação**. Coimbra: Coimbra, 2003.

CARVALHO, José Murilo de. Sistemas Eleitorais e Partidos no Império. In: LIMA JÚNIOR, Olavo Brasil de. (Org.) *Balanço do poder*. Rio de Janeiro: Rio Fundo/ IUPERJ, 1990.

__. *Electoral participation in XIX century Brazil: one step foward, two steps backward* Paper apresentado à Universidade de Notre-Dame. Setembro/2008.

CARVALHO RAMOS, André de. Defesa do Regime Democrático e a Dissolução de Partidos Políticos. In: CLÈVE, Clèmerson Merlin; SARLET, Ingo Wolfgang; PAGLIARINI, Alexandre Coutinho. (Org.). *Direitos Humanos e Democracia*. Rio de Janeiro: Forense, 2007, v. 01, p. 157-167.

__. Liberdade de expressão e ideais antidemocráticos veiculados por partidos políticos – tolerância com os tolerantes? In: CARVALHO RAMOS, André de.

(coord). *Temas de Direito Eleitoral no Século XXI*. Brasília: Escola Superior do Ministério Público da União, 2012, p. 15-36.

___. *A Convenção Americana dos Direitos Humanos e a exigência do diploma de jornalista*. Boletim dos Procuradores da República, v. 45, p. 03-12, 2002.

___. *Diploma de jornalismo é algema que Supremo deve tirar*. Disponível em: <http://www.conjur.com.br/2009-jun-10/diploma-jornalismo-algema-supremo--tirar-informacao>. Acesso em: 20 jun. 2014.

___. *Teoria Geral dos Direitos Humanos na Ordem Internacional*. 5. ed. São Paulo: Saraiva, 2015.

___. *Direitos Humanos em Juízo*: comentários aos casos contenciosos e consultivos da Corte Interamericana de Direitos Humanos e estudo da implementação dessas decisões no Direito Brasileiro. São Paulo: Max Limonad, 2001.

___. *Responsabilidade Internacional por Violação de Direitos Humanos*: seus elementos, a reparação devida e sanções possíveis: teoria e prática do direito internacional. Rio de Janeiro: Renovar, 2004.

___. *Processo Internacional de Direitos Humanos*: análise dos sistemas de apuração de violações dos direitos humanos e a implementação das decisões no Brasil. 3. ed. São Paulo: Saraiva, 2013.

___. *O Impacto da Convenção Americana de Direitos Humanos na Relação do Direito Internacional com o Direito Interno*. In: Boletim Cientifico da Escola Superior do Ministério Público da União, ano I, número 4, p. 51-71, jul/set. 2002.

___. *Responsabilidade Internacional do Estado por Violação de Direitos Humanos*. In: R.CEJ, Brasília, n. 29, p. 53-63, abr/jun 2005.

___. *Tratados Internacionais*: novos espaços de atuação do Ministério Público. In: Boletim Cientifico da Escola Superior do Ministério Público da União, ano II, número 7, p. 81-100, abr/jun. 2003.

___. *O Diálogo das Cortes: o Supremo Tribunal Federal e a Corte Interamericana de Direitos Humanos*. In: JUBILUT, Liliana Lyra; AMARAL JUNIOR, Alberto do (orgs). *O STF e o Direito Internacional dos Direitos Humanos*. São Paulo: Quartier Latin, 2009, p. 805-850.

___. A Execução das Sentenças da Corte Interamericana de Direitos Humanos no Brasil. In: CASELLA, Paulo Borba; CELLI JÚNIOR, Umberto; MEIRELLES, Elizabeth de Almeida; POLIDO, Fabrício Bertini Pasquot (orgs). *Direito Internacional, Humanismo e Globalidade*. São Paulo: Editora Atlas, 2008, p. 451-468.

___. Avanços e Recuos: a universalidade dos Direitos Humanos no século XXI. In: *Direitos Humanos em Concreto*. COSTA, Paulo Sérgio Weyl A. (Coord.) Curitiba: Juruá, 2008.

__. A ADPF 153 e a Corte Interamericana de Direitos Humanos. In: GOMES, Luiz Flávio; MAZZUOLI, Valério de Oliveira (Orgs.). *Crimes da Ditadura Militar*: uma análise à luz da jurisprudência atual da Corte Interamericana de Direito Humanos: Argentina, Brasil, Chile, Uruguais. São Paulo: Editora Revistas dos Tribunais, 2011.

__. Multas Eleitorais: não se mudam as regras do jogo após o término da partida. In: *JOTA*, 01 nov. 2015. Disponível em: <http://jota.info/multas-eleitorais-nao-se-mudam-as-regras-do-jogo-apos-o-termino-da-partida>. Acesso em: 15 dez. 2015.

__; SILVA, Paulo Thadeu Gomes da. *PRE-SP EM AÇÃO.* RELATÓRIO ANUAL DE ATIVIDADES DA PROCURADORIA REGIONAL ELEITORAL EM SÃO PAULO – ANO 2014. fev/2015. Disponível em: <http://www.presp.mpf.mp.br/>. Acesso em: 10 nov. 2015.

CARVALHO, Salo de; WEIGERT, Mariana de Assis Brasil e. *As alternativas às penas e às medidas socioeducativas:* estudo comparado entre distintos modelos de controle social punitivo. Sequência Florianópolis), Florianópolis, n. 64, p. 227-258, Jul. 2012. Disponível em: <http://www.scielo.br/scielo.php?script=sci_arttext&pid=S2177-70552012000100010&lng=en&nrm=iso>. Acesso em: 18 dez. 2015

CHAPOLA, Ricardo. "TRE-SP nega pedido de deputado contra propaganda de beijo gay do Psol". In: *O Estado de São Paulo*, 02 set. 2010. Disponível em: <http://politica.estadao.com.br/blogs/radar-politico/tre-sp-nega-pedido-de-deputado-contra-propaganda-de-beijo-gay-do-psol/>. Acesso em: 01 jul. 2015

CHEQUER, Cláudio. *A Liberdade de Expressão como Direito Fundamental Preferencial* **Prima Facie**: análise crítica e proposta de revisão ao padrão jurisprudencial brasileiro. Rio de Janeiro: Editora Lumen Juris, 2011.

CIDH. Relatoria Especial para a Liberdade de Expressão. *Marco Jurídico Interamericano Sobre o Direito à Liberdade de Expressão*. Estados Unidos, Washington, D.C.: 2009, 115 p. (OEA/Ser.L/V/II. CIDH/RELE/INF.2/9).

CLAPHAM, Andrew; MARKS, Susan. *International Human Rights Lexicon*. New York: Oxford University Press, 2005.

CLÈVE, Clèmerson Merlin; SARLET, Ingo Wolfgang; PAGLIARINI, Alexandre Coutinho. (Org.). *Direitos Humanos e Democracia*. Rio de Janeiro: Forense, 2007, v. 01.

COMPARATO, Fábio Konder. *A Afirmação Histórica dos Direitos Humanos*. 5. ed.rev. e atual. São Paulo: Saraiva, 2007.

Coneglian, Olivar. *Propaganda Eleitoral*. Curitiba: Juruá, 2014.

Constant, Benjamin. Escritos de Política. Trad. Eduardo Brandão. São Paulo: Martins Fontes, 2005.

Costa Rica. Corte Interamericana de Direitos Humanos. Filiação Obrigatória de Jornalistas (arts. 13 e 29 Convenção Americana de Direitos Humanos. Opinião Consultiva OC-5/85. Serie A no. 5. San Jose, 13 de nov. 1985..

___. Responsabilidad Internacional por Expedición y Aplicación de Leyes Violatorias de la Convención (arts. 1 y 2 Convención Americana sobre Derechos Humanos). *Opinión Consultiva OC-14/94*, Serie A No. 14. San Jose, l 9 de dez. 1994.

___. Caso "La Última Tentación de Cristo" (Olmedo Bustos y otros) vs. Chile. Serie C no. 73. San Jose, 05 fev. 2001.

___. Caso Ivcher Bronstein v. Peru. Serie C No. 74 .San Jose, 06 fev. 2001.

___. Caso Herrera Ulloa v. Costa Rica. Serie C No. 107. San Jose, 2 jul. 2004.

___. Caso Ricardo Canese. Serie C No. 111. San Jose, 31 ago. 2004.

___. Caso Herrera Ulloa v. Costa Rica. Serie C No. 107. San Jose, 2 jul. 2004.

___. Caso Kimel v. Argentina. Serie C No. 177. San Jose, 2 de mai. 2008.

___. Caso Tristán Donoso v. Panamá. Serie C No. 193. San Jose, 27 jan. 2009.

___. Caso Usón Ramírez v. Venezuela. Serie C No. 207. San Jose, 20 nov. 2009.

___. Caso Fontevecchia e D'Amico v. Argentina. Serie C No. 238. San Jose, 20 nov. 2011.

Dahl, Robert A. *On Democracy*. New Haven: Yale University Press, 2000.

Dimoulis, Dimitri. Estado Nacional, Democracia e Direitos Fundamentais. Conflitos e Aporias. In: Clève, Clèmerson Merlin; Sarlet, Ingo Wolfgang; Pagliarini, Alexandre Coutinho. (Org.). *Direitos Humanos e Democracia*. Rio de Janeiro: Forense, 2007, v. 01, p. 29-44.

Douglas-Scott, Sionaidh. "The Hatefulness of Protected Speech: A Comparison of the American and European Approaches". In: *William & Mary Bill of Rights Journal*, v. 7, p. 305-345, 1999.

Dworkin, Ronald. *O Direito da Liberdade*: a leitura moral da Constitucional norte-americana. Tradução: Marcelo Brandão Cipolla. São Paulo: Martins Fontes, 2006.

___. "Is There a Right To Pornography?" In: 1 *Oxford J. Legal Stud.* 177, 1981.

EFE, Da. "Atriz pornô mostra intimidade em cartaz de campanha eleitoral". In: *Globo.com*, 10 abr. 2008. Disponível em:<http://g1.globo.com/Noticias/Mundo/0,,MUL395165-5602,00-ATRIZ+PORNO+MOSTRA+INTIMIDA

DE+EM+CARTAZ+DE+CAMPANHA+ELEI TORAL.html>. Acesso em: 01 jul. 2015.

FALLON JR, Richard H. *The Dynamic Constitution*. New York: Cambrigde University Press, 2004.

FARIA, José Eduado (Org.). *Direito e Justiça:* A Função Social do Judiciário. São Paulo: Editora Ática S.A., 1994.

FARIAS, Edilsom Pereira de. *Colisão de Direitos*: a honra, a intimidade, a vida privada e a imagem versus a liberdade de expressão e comunicação. 3ª. ed. rev. atual. Porto Alegre: Sergio Antonio Fabris Editor, 2008.

FERRAZ JÚNIOR, Tércio Sampaio. Liberdade de Informação e Privacidade ou o Paradoxo da Liberdade. In: *O Cinquentenário da Declaração Universal dos Direitos do Homem*. AMARAL JÚNIOR, Alberto do; PERRONE-MOISÉS, Cláudia. São Paulo: Editora da Universidade de São Paulo, 1999.

FERREIRA FILHO, Manoel Gonçalves. *Direitos humanos fundamentais*. São Paulo: Saraiva, 2008.

__. *Princípios Fundamentais do Direito Constitucional*: o estado da questão no início do Século XXI, em face do direito comparado e, particularmente, do direito positivo brasileiro. 3ª ed. São Paulo: Saraiva, 2012.

FISS, Owen. *La Ironía de la Liberd de Expresión*. Espanha: Editora Gedisa.

FLAUSS, Jean-François. "An Ocean Apart? Freedom of Expression in Europe and the United States: The European Court of Human Rights and the Freedom of Expression. In: *Indiana Law Journal*, 84, p. 809-849, 2009.

FONTELLA, Claudio Dutra. Propaganda Eleitoral: uma síntese atual. In: CARVALHO RAMOS, André de. (coord). *Temas de Direito Eleitoral no Século XXI*. Brasília: Escola Superior do Ministério Público da União, 2012.

FRANÇA. Corte Europeia de Direitos Humanos. Caso Almeida Azevedo v. Portugal. Petição nº 43924/02. Estrasburgo, 23 jan. 2007.

__. Caso Ahmed e outros v. Reino Unido. Petição nº 65/1997/849/1056. Estrasburgo, 2 set. 1998.

__. Caso Barthold v. Alemanha. Petição nº 8734/79. Estrasburgo, 25 mar. 1985.

__. Caso Bowman v. Reino Unido. Petição nº 141/1996/760/961. Estrasburgo, 19 fev. 1998.

__. Caso Brasilier v. França. Petição nº 71343/01. Estrasburgo, 11 abril de 2006.

__. Caso Castells v. Espanha. Petição nº 11798/85. Estrasburgo, 23 abr. 1992.

__. Caso Cumpănă e Mazăre v. Romênia. Petição nº 33348/96. Estrasburgo, 17 dez. 2004.

__. Caso Dalban v. Romênia. Petição nº 28114/95. Estrasburgo, 28 set. 1999.

___. Caso Desjardin v. França. Petição nº 22567/03. Estrasburgo, 22 nov. 2007.
___. Caso Erbakan v. Turquia. Petição nº 59405/00. Estrasburgo, 06 jul. 2006.
___. Caso Fuentes Bobo v. Espanha. Petição nº 39293/98. Estrasburgo, 29 fev. 2000.
___. Caso Féret v. Bélgica. Petição nº 15615/07. Estrasburgo, 16 jul. 2009.
___. Caso Gaweda v. Polônia. Petição nº 26229/95. Estrasburgo, 14 mar. 2002.
___. Caso Grinberg v. Rússia. Petição nº 23472/03. Estrasburgo, 21 jul. 2005.
___. Caso Günduz v. Turquia. Petição nº 35071/97. Estrasburgo, 04 dez. 2003.
___. Caso Iltalehti e Karhuvaara v. Finlândia. Petição nº 6372/06. Estrasburgo, 6 abr. 2010.
___. Caso Incal v. Turquia. Petição nº 41/1997/825/1031. Estrasburgo, 9 jun. 1998.
___. Caso Jersild v. Dinamarca. Petição nº 15890/89. Estrasburgo, 23 set. 1994.
___. Caso Jerusalém v. Áustria. Petição nº 26958/95. Estrasburgo, 27 fev. 2001.
___. Caso Lehideux & Isorni v. França. Petição nº 24662/94. Estrasburgo, 23 set.1998.
___. Caso Lesnik v. Eslováquia. Petição nº 35640/97. Estrasburgo, 11 mar. 2003.
___. Caso Lingens v. Áustria. Petição nº 9815/82. Estrasburgo, 8 jul. 1986.
___. Caso Mamère v. França. Petição nº 12697/03. Estrasburgo, 07 nov. 2006.
___. Caso Mika v. Grécia. Petição nº 10347/10. Estrasburgo, 19 dez. 2013.
___. Caso Morar v. Romênia. Petição nº 25217/06). Estrasburgo, 07 jul. 2015.
___. Caso de NIKOWITZ e Verlagsgruppe News Gmbh v. Áustria. Petição nº 5266/03. Estrasburgo, 22 fev. 2007.
___. Caso Nilsen e Johnsen v. Noruega. Petição nº 23118/93. Estrasburgo, 25 nov. 1999.
___. Caso Observer e Guardian v. Reino Unido. Petição nº 13585/88. Estrasburgo, 26 nov. 1991.
___. Caso Otto Preminger-Institut v. Áustria. Petição nº 13470/87. Estrasburgo, 20 set. 1994.
___. Caso Pedersen e Baadsgaard v. Dinamarca. Petição nº 49017/99. Estrasburgo, 17 dez. 2004.
___. Caso Perna v. Itália. Petição nº 48898/99. Estrasburgo, 06 mai. 2003. (*Case Report*)
___. Caso Polanco Torres e Movilla Polanco v. Espanha. Petição nº 34147/06. Estrasburgo, 21 set. 2010.
___. Caso Riolo v. Itália. Petição nº 42211/07. Estrasburgo, 17 jul. 2008.
___. Caso Roseiro Bento v. Portugal. Petição nº 29288/02. Estrasburgo, 18 abr. 2006.

____. Caso Schwabe v. Áustria. Petição nº 13704/88. Estrasburgo, 28 ago. 1992.

____. Caso Shabanov e Tren v. Russia. Petição nº 5433/02. Estrasburgo, 14 dez. 2006.

____. Caso Skalka v. Polônia. Petição nº 43425/98. Estrasburgo, 27 mai. 2003.

____. Caso Sanocki v. Polônia. Petição nº 28949/03. Estrasburgo, 17 jul. 2007.

____. Caso Sürek v. Turquia. Petição nº 26682/95. Estrasburgo, 8 jul. 1999.

____. Caso Thorgeir Thorgeirson v. Islândia. Petição nº 13778/88. Estrasburgo, 25 jun. 1992.

____. Caso Urbino Rodrigues v. Portugal. Petição nº 75008/01. Estrasburgo, 29 nov. 2005.

____. Caso Von Hannover v. Alemanha. Petição nº 59320/00. Estrasburgo, 24 jun. 2004.

____. Caso Wingrove v. Reino Unido. Petição nº 17419/90. Estrasburgo, 25 nov. 1996.

FRANCISCO, José Carlos (Coord.). *Neoconstitucionalismo e Atividade Jurisdicional*: Do passivismo ao ativismo judicial. Belo Horizonte: Editora Del Rey Ltda., 2012.

GARCÍA ROCA, Javier. *Abuso de Los Derechos Fundamentales Y Defensa de La Democracia*. In: GARCÍA ROCA, Javier e SANTOLAYA, Pablo (coords). *La Europa de Los Derechos*: El Convenio Europeo de Derechos Humanos. Madrid: Centro de Estúdios Políticos Y Constitucionales, 2005, p. 797-838.

GARCÍA RAMÍREZ, Sergio; GONZA, Alejandra. *La Liberdad de Expresión La Jurisprudencia de la Corte Interamericana de Derechos Humanos*. San Jose, Costa Rica: Corte IDH, 2007.

GISBERT, Rafael Bustos. *Los derechos de libre comunicación en una sociedad democrática*. In: GARCÍA ROCA, Javier e SANTOLAYA, Pablo (coords). *La Europa de Los Derechos*: El Convenio Europeo de Derechos Humanos. Madrid: Centro de Estúdios Políticos Y Constitucionales, 2005, p. 591-628.

GOMES, José Jairo. *Direito Eleitoral*. 11ª ed. São Paulo: Atlas, 2010.

GONZAGA, Tomás Antônio. *Cartas Chilenas*. Ed. de bolso. São Paulo: Companhia de Bolso, 2006.

González, Felipe. Algunas preguntas Recurrentes En Materia de Acciones de Interés Público. In: GOZÁLEZ, Felipe (Ed). *Litigio y Políticas Públicas en Derechos Humanos. Cuadernos de Análisis Jurídico*. Santiago: Universidad Diego Portales, nov. 2002.

GUEDES, Néviton. Comentário ao artigo 14. In.: CANOTILHO, J. J. Gomes; MENDES, Gilmar F; SARLET, Ingo W.; STRECK, Lenio L. (coords). *Comentários à Constituição do Brasil*. São paulo: Saraiva/Almedina, 2013.

GROSSMAN, Claudio. La Libertad de Expresión en el Sistema Interamericano de Derechos Humanos. *ILSA Journal of International & Comparative Law*, v. 7, 2000-2001, 755-784.

HAMILTON, Alexander; JEFFERSON, Thomas; MADISON, James (et al.). *O Federalista*. Belo Horizonte: Líder Editora, 2003.

HAMILTON, Alexander; MADISON, James; JAY, John; HENRY, Patrick. *The Complete Federalist and Anti-Federalist Papers*. Seattle: CreateSpace Independent Publishing Platform, 2014.

HERVIEU, Nicolas. La Liberté d'expression des personnages politiques en droit européen: de la démocratie à Strasbourg. *CRDF*, no. 8, 2010, p. 103-114, p. 106-107.

HÜBNER MENDES, Conrado. *Onze Ilhas*. Disponível em: <http://www.osconstitucionalistas.com.br/onze-ilhas >. Acesso em: 5 jun. 2012.

KOATZ, Rafael Lorenzo-Fernandez. As liberdades de Expressão e de Imprensa na Jurisprudência do Supremo Tribunal Federal. In: SARMENTO, Daniel e SARLET, Ingo Wolfgang (coords). *Direitos Fundamentais no Supremo Tribunal Federal*: Balanço e Crítica. Rio de Janeiro: Editora Lumen Juris, 2011, p. 391-447.

KAZANTZAKIS, Nikos. *A Última Tentação*. Tradução de Marisa Ribeiro Donatiello. São Paulo: Grua Livros, 2015.

KLEIN, Cristian. Oposicionistas com 3º maior tempo de TV têm 13% de sucesso no 1º turno. *Valor Econômico*, São Paulo, 20 ago. 2014. Disponível em: <http://www.valor.com.br/eleicoes2014/3660518/oposicionistas-com-3#ixzz3B4lZ8CLg>. Acesso em:> 25 ago. 2014.

LAFER, Celso. *A Internacionalização dos Direitos Humanos*: constituição, racismo e relações internacionais. São Paulo: Manole, 2005.

___. *A Reconstrução dos Direitos Humanos*: um diálogo com o pensamento de Hannah Arendt. São Paulo: Companhia das Letras, 1988.

___. Declaração Universal dos Direitos Humanos (1948) *in* MAGNOLI, Demetrio (organizador). *História da Paz*. São Paulo: Contexto, 2008, p. 297-329.

LEAL, Victor Nunes. *Coronelismo, Enxada e Voto*. São Paulo: Editora Alfa-Ômega, 1993.

LEVI, Lucio. "Legitimidade". In: BOBBIO, Norberto; MATTEUCCI, Nicola e PASQUINO, Gianfranco. Trad. Carmen C. Vaniale et al. Coord Trad. João Ferreira.

Rev. Geral João Ferreira e Luís Guerreiro Pinto Cacais. *Dicionário de Política*. 11ª ed., Brasília: Editora Universidade de Brasília, 1998.

LEVINET, Michel. Le Droit Au Respect de L'image. In: SUDRE, Frédéric (Dir.). Le Droit au Respect de la Vie Privée Au Sens de la Convention Européenne des Droits de L'homme. *DROIT ET JUSTICE*. Collection dirigée par Pierre Lambert. Bruxelas: Emile Bruylant S.A, 2005, v. 63.

LEWIS, Anthony. *Liberdade para as Ideias que Odiamos*: uma biografia da Primeira Emendaà Constituição americana. Trad. Rosana Nucci. São Paulo: Aracati, 2011.

LIERN, Göran Rollnert. Revisionismo Histórico Y Racismo En La Jurisprudencia Constitucional: Los Límites De La Libertad De Expresión (A Propósito De La Stc 235/2007). UNED. *Revista de Derecho Político*, n. 73, set-dez. 2008, p. 103-146.

LIMONGI, Fernando; CORTEZ, Rafael de Paula Santos. As Eleições de 2010 e o Quadro Partidário. *Novos Estudos*. CEBRAP (Impresso), v. 88, p. 21-37, 2010.

LIMONGI, Fernando; MESQUITA, Lara. Estratégia Partidária e Preferências dos Eleitores. As eleições municipais em São Paulo entre 1985 e 2004. *Novos Estudos*. CEBRAP, v. 81, p. 49-67, 2008.

LIMONGI, Fernando; FIGUEIREDO, A. C. Incentivos Eleitorais, Partidos e Política Orçamentária. *Dados Revista de Ciências Sociais*, Rio de Janeiro, v. 45, n. 02, p. 303-344, 2002.

LIMONGI, Fernando; FERREIRA, M. P.; SILVA, P. H.; FIGUEIREDO, A. Partidos e distribuição espacial dos votos em São Paulo nos anos 90. *Novos Estudos*. CEBRAP, n. 62, 2002.

LOCKE. John. *Carta a respeito da Tolerância*. São Paulo: Hedra Editora, 2007.

MACEDO, Fausto; AFFONSO, Julia. "Justiça eleitoral arquiva inquérito contra Levy Fidelix". In: O Estado de São Paulo, 23 mai. 2015, Disponível em: <http://politica.estadao.com.br/noticias/geral,justica-eleitoral-arquiva-inquerito-contra-levy-fidelix,1692947>. Acesso em: 18 dez. 2015.

MACEDO JÚNIOR, Ronaldo Porto (Coord). *Curso de Filosofia Política*: do nascimento da filosofia a Kant. São Paulo: Atlas, 2008.

MCCLOSKEY, Robert. *The American Supreme Court*. Chicago: The University of Chicago Press, 2a edição, 1994.

MADRUGA, Sidney Pessoa. Propaganda eleitoral. Espécies. Propaganda antecipada. Propaganda na Internet. In: CARVALHO RAMOS, André de. (coord). *Temas de Direito Eleitoral no Século XXI*. Brasília: Escola Superior do Ministério Público da União, 2012.

Manin, Bernard. *The Principles Of Representative Government*. London: Cambridge University Press, 1997.

Marks, Susan; Clapham, Andrew. *International Human Rights Lexicon*. New York: Oxford, 2005.

Martins, Ives Gandra Silva. A fantasia do horário eleitoral. Jornal Carta Forense, São Paulo, 03 out. 2014. Disponível em: <http://www.cartaforense.com.br/conteudo/colunas/a-fantasia-do-horario-eleitoral/14526>. Acesso em: 05 out. 2014.

Mendes, Conrado Hübner . *Direito Fundamentais, Separação de Poderes e Deliberação*. Sao Paulo: Saraiva, 2011.

Mill, John Stuart. *A Liberdade*. Trad. Org. Brito, Ari R. Tank. São Paulo: Hedra Editora, 2011.

___. *O Governo Representativo*. São Paulo: Ibrasa, 1995.

Monteiro, Juliano Ralo. "Ativismo Judicial: Um Caminho para Concretização dos Direitos Fundamentais". In: Amaral Júnior, José Levi Mello do (Coord.). *Estado de Direito e Ativismo Judicial*. São Paulo: Quartier Latin, 2010, p. 157-176.

Moraes, Alexandre de. *Direito Constitucional*. 28. ed. revista, ampliada e atualizada com EC nº 68/11e Súmula Vinculante 31. São Paulo: Atlas, 2012.

___. *Direitos Humanos Fundamentais*: teoria geral, comentários aos arts. 1º a 5º da Constituição Federal da República Federativa do Brasil, doutrina e jurisprudência. 9. ed. São Paulo:Atlas, 2011.

Morgan, Edmund S. **Inventing The People:** *the rise of popular sovereignty in England and America*. NY/London: WWNorton & Company, 1989.

Mota, Francisco Teixeira da. *O Tribunal Europeu dos Direitos do Homem e a Liberdade de Expressão*: os casos portugueses. Coimbra: Coimbra Editora, 2009.

Neves Filho, Carlos. *Propaganda Eleitoral e o Princípio da Liberdade da Propaganda Política*. Belo Horizonte, Editora Fórum, 2012.

Novais, Jorge Reis. Direitos como Trunfos contra a Maioria – Sentido e Alcance da Vocação contra Majoritária dos Direitos Fundamentais no Estado de Direito Democrático. In: Clève, Clèmerson Merlin; Sarlet, Ingo Wolfgang; Pagliarini, Alexandre Coutinho. (Org.). *Direitos Humanos e Democracia*. Rio de Janeiro: Forense, 2007, v. 01, p. 79-114.

Obama, Barack. *Discurso do Presidente dos Estados na Assembleia Geral das Nações Unidas*. Disponível em: <http://www.nytimes.com/2012/09/26/world/obamas-speech-to-the-united-nations-general-assembly-text.html?ref=world&pagewanted=print>. Acesso em: 25 set. 2012.

ORDOÑEZ, María Paz Ávila; SANTAMARÍA, Ramiro Ávila; GERMANO Gustavo Gómez (edit.). *Libertad de Expresión*: debates, alcances e nueva agenda. Quito: Oficina del Alto Comisionado para Los Derechos Humanos, 2011.

PEREIRA, Jane Reis Gonçalves. *Interpretação Constitucional e Direitos Fundamentais*: uma contribuição ao estudo das restrições aos direitos fundamentais na perspectiva da teoria dos princípios. Rio de Janeiro: Renovar, 2006.

PEREIRA JÚNIOR, Antonio Jorge. *Direitos da criança e do adolescente em face da TV*. São Paulo: Saraiva, 2011.

PIOVESAN, Flávia. *Direitos Humanos e a Justiça Internacional*: um estudo comparativo dos sistemas regionais europeu, interamericano e africano. São Paulo: Saraiva, 2006.

__. *Direitos Humanos e o Direito Constitucional Internacional*. 10ª . ed. rev., ampl. e atual. São Paulo: Saraiva, 2009.

POSADA-CARBÓ, Eduardo. *Electoral Juggling: A Comparative History of the Corruption of Suffrage in Latin America*, 1830-1930. In: J. Latin America, n.32, p. 611-644, 2000. United Kingdom: Cambridge Unversity Press.

POSNER, RICHARD A. *Law, pragmatism, and democracy*. Cambrigde-MA: Harvard University Press, 2005.

PRZEWORSKI, Adam. *Self-Government in Our Times: Democracy and Its Limits*. New York: Cambridge University Press, 2009.

PULIDO, Carlos Bernal. *El Principio de Proporcionalid Y Los Derechos Fundamentales*: El principio de proporcionalidad como criterio para determinar el contenido de los derechos fundamentales vinculante para el legislador. Madrid: Centro de Estudios Politicos y Constitucionales, 2007.

RAMÍREZ, Sergio García; GONZA, Alejandra. La Libertad de Expresión en la jurisprudencia de la Corte Interamericana de Derechos Humanos. México: Comissión de Derechos Humanos del Distrito Federal, 2007.

RAMOS, Elival da Silva. *A Proteção aos Direitos Adquiridos no Direito Constitucional Brasileiro*. São Paulo: Saraiva, 2003.

RAMOS, Elival da Silva. *Ativismo Judicial*: parâmetros dogmáticos. São Paulo: Saraiva, 2010.

RAMOS, Elival da Silva. "Eficácia de Normas Constitucionais, Implementação de Direitos Fundamentais e Ativismo Judiciário". In: FRANCISCO, José Carlos (Coord.). *Neoconstitucionalismo e Atividade Jurisdicional*: Do passivismo ao ativismo judicial. Belo Horizonte: Editora Del Rey Ltda., 2012, p. 243-260.

REKOSH, Edwin. Quem define o interesse público? Estratégias do direito de interesse público na Europa Centro-Oriental. In: *Revista Internacional de*

Direitos Humanos/Sur – Rede Universitária de Direitos Humanos – v.2, n.2, jan. 2005 – São Paulo, 2005, p. 176-183.

REY MARTÍNEZ, Fernando. *Eutanasia y Derechos Fundamentales*. Madrid: Centro de Estúdios Políticos Y Constitucionales, 2008, p. 163.

RIZEK, Fernanda Montenegro de Menezes; RIZEK JÚNIOR, Rubens Naman. "Marketing político x Legislação eleitoral". In: CAGGIANO, Monica Herman S. (Coordenadora). *O direito eleitoral em debate*: estudos em homenagem a Claudio Lembo. 1. ed. São Paulo: Saraiva, 2013, p. 141-166.

ROTHENBURG, Walter Claudius. A Convenção Americana de Direitos Humanos no Contexto Constitucional Brasileiro. *Boletim Científico da Escola Superior do Ministério Público da União*, Brasília/DF, v. 4, p. 73-80, 2002.

__. *Princípios Constitucionais*. Porto Alegre/RS: Sergio Antonio Fabris Editor, 1999. v. 1. 88 p.

__. Direitos fundamentais e suas caracteristicas. *Revista de Direito Constitucional e Internacional*, São Paulo, v. 30, p. 146-158, 2000.

__. As exigências de uma concepção jurídica baseada em princípios. In; FRANCISCO, José Carlos. Neoconstitucionalismo e Atividade Jurisdicional: do passivismo ao ativismo judicial. Belo Horizonte: Del Rey, 2012, p. 89-110.

__. Princípio da Proporcionalidade. In: LOPES, Maria Elisabeth de Castro; OLIVEIRA NETO, Olavo de. (coord). *Princípios Processuais Civis na Constituição*. Rio de Janeiro: Elsevier, 2008.

__; STROPPA, T. Liberdade De Expressão e Discriminação Preconceituosa. In: *XXIII Congresso Nacional CONPEDI/UFPB*, 2014, João Pessoa – PB. A humanização do Direito e a horizontalização da justiça no século XXI. Florianópolis – SC: CONPEDI, 2014. v. 01. p. 01-28.

SARLET, Ingo Wolfgang. A Dignidade da Pessoa Humana e os Direitos Fundamentais na Constituição Federal e 1988. São Paulo: Livraria do Advogado, 2008.

SARMENTO, Daniel. *Livres e Iguais*: estudos de Direito Constitucional. Rio de Janeiro: Editora Lumen Juris, 2006.

__. Liberdade de Expressão, Pluralismo e o Papel Promocional do Estado. In: *Livres e Iguais*: Estudos de Direito Constitucional. Rio de Janeiro: Editora Lumen Juris, 2006.

__. A Liberdade de Expressão e o Problema do "Hate Speech". In: *Livres e Iguais*: Estudos de Direito Consititucional. Rio de Janeiro: Editora Lumen Juris, 2006.

__. Comentário ao artigo 5º, IV. In.: Canotilho, J. J. Gomes; Mendes, Gilmar F; Sarlet, Ingo W.; Streck, Lenio L. (coords). Comentários à Constituição do Brasil. São paulo: Saraiva/Almedina, 2013.

__. Comentário ao artigo 5º, IV. In.: Canotilho, J. J. Gomes; Mendes, Gilmar F; Sarlet, Ingo W.; Streck, Lenio L. (coords). *Comentários à Constituição do Brasil*. São paulo: Saraiva/Almedina, 2013.

__. Interesses Públicos vs. Interesses Privados na Perspectiva da Teoria e da Filosofia Constitucional. In: Sarmento, Daniel (organizador). *Interesses Públicos versus Interesses Privados*: Descontruindo o Princípio de Supremacia do Interesse Público. Rio de Janeiro: Lúmen Júris, 2007.

Schopenhauer, Arthur. *La saggezza della vita*. A cura di Leonardo Casini. Roma: Newton Compton editori, 2012.

Silva, José Afonso da. *Curso de Direito Constitucional Positivo*. 29ª edição. São Paulo: Malheiros, 2007.

Silva, José Afonso da. Democracia e Direitos Fundamentais. In: Clève, Clèmerson Merlin; Sarlet, Ingo Wolfgang; Pagliarini, Alexandre Coutinho. (Org.). *Direitos Humanos e Democracia*. Rio de Janeiro: Forense, 2007, v. 01, p. 369-370.

Silva, Virgílio Afonso da. *Direitos Fundamentais*: conteúdo essencial, restrições e eficácia. São Paulo: Malheiros, 2009.

__. *A Constitucionalização do Direito*: os direitos fundamentais nas relações entre particulares. 1ª. Edição, 2ª. Tiragem. São Paulo: Malheiros.

__. *Sistemas Eleitorais*. São Paulo: Malheiros, 1999.

__. O Proporcional e o Razoável. São Paulo: *Revista dos Tribunais 798* (2002): 23-50.

__. O STF e o Controle de Constitucionalidade: deliberação, diálogo e Razão Pública. *Revista de Direito Administrativo*, n. 250, 2009, 197-227.

Siqueira Júnior, Paulo Hamilton; Oliveira, Miguel Augusto Machado de. *Direitos Humanos e Cidadania*. 3ª ed. São Paulo: Editora Revista dos Tribunais, 2010.

Soares de Souza, Francisco Belisário. *O Sistema Eleitoral no Império*. Brasília: Senado Federal, 1979.

Somin, Ilya. More on Egypt, Constitutionalism, and Democracy. *The Volokh Conspiracy*, 08 jul 2013, Los Angeles. Disponível em: <http://www.volokh.com/2013/07/08/more-on-egypt-constitutionalism-and-democracy/?safe=on>. Acesso em: 29 jul. 2013.

SOMIN, Ilya. Restricting Democracy in Order to Protect Other Liberal Values. *The Volokh Conspiracy*, 05 jul 2013, Los Angeles. Disponível em: <http://www.volokh.com/2013/07/05/restricting-democracy-in-order-to-protect-other-liberal-values/?safe=on>. Acesso em: 29 jul. 2013.

SMET, Stijn. Freedom of Expression and the Right to Reputation: Human Rights In Conflict. *American University International Law Review*. Whashington, nº 26, 2011, 183-236.

STEVENSON, Robert Louis. *The Strange Case of Dr. Jekyll and Mr. Hyde*. London: Dover Thrift Edition, 1991.

SUMMER, Leonard Wayne. *The Hateful and The Obscene*: studies in the limits of free expression. Toronto: University of Toronto Press, 2004.

SUNSTEIN, Cass R. *Democracy and The Problem of Free Speech*. New York: Free Press, 1995.

TAVARES, André Ramos; BUCK, Pedro. Direitos Fundamentais e Democracia: Complementariedade/Contrariedade. In: CLÈVE, Clèmerson Merlin; SARLET, Ingo Wolfgang; PAGLIARINI, Alexandre Coutinho. (Org.). *Direitos Humanos e Democracia*. Rio de Janeiro: Forense, 2007, v. 01, p. 169-186.

TAVARES, André Ramos. *Tratado da Arguição de Preceito Fundamental*. São Paulo: Saraiva, 2001.

TELLES, Olivia Raposo da Silva. *Direito Eleitoral Comparado*: Brasil, Estados Unidos e França. São Paulo: Saraiva, 2009, p. 94-97.

THE Editors of Encyclopædia Britannica. "Asterix". In: *Encyclopædia Britannica*. Disponível em: <http://www.britannica.com/topic/Asterix-cartoon-character>. Acesso em: 18 dez. 2015.

THE Last Temptation of Christ. *Directed by*: Martin Scorsese. *Produced by*: Barbara De Fina & Harry Ulfland. *Starring*: Willem Dafoe, Harvey Keitel, Barbara Hershey, Harry Dean Stanfon, David Bowie, *et al*. *Screenplay*: Paul Schrader. Universal City, CA: Universal Studios Inc., 1988. 1 DVD (162 min.), son., *color.*, *original language*: English.

TOLEDO, José Roberto de. Só 7% se elegem com seus próprios votos à Câmara. *O Estado de São Paulo*, São Paulo, 8 de outubro de 2010. Disponível em: <http://www.estadao.com.br/noticias/impresso,so-7-se-elegem-com-seus-proprios-votos-a-camara,622217,0.htm>. Acesso em: 9 de agosto de 2012.

VOLOKH, Eugene. Godwin's Law makes its way into California law. In: *The Washington Post*, Washington, DC, 10 jul. 2015. Disponível em: <https://www.washingtonpost.com/news/volokh-conspiracy/wp/2015/07/10/godwins-law-makes-its-way-into-ca lifornia-law/>. Acesso em: 08 nov. 2015>.

WALDRON, Jeremy. *The Harm of Hate Speech*. Cambridge, MA: Harvard University Press, 2012.

WHITMAN, James Q. "Liberté d'expression et systèmes électoraux: mutations d'une liberté censée être fondamentale". In: *Jus Politicum Revue Internationale de Droit Politique*, no. 4, 2010, p. 1-13.

WHITMAN, James Q. "The Two Western Cultures of Privacy: Dignity Versus Liberty". In: *Yale Law Journal*, v. 113, p. 1151-1221, 2004.

WEBER, Anne. *Manual in Hate Speech*. France: Council of Europe Publishing, 2009.

Washington. Comissão Interamericana de Direitos Humanos. Caso no. 10.548. Hugo Bustios Saavedra v. Perú. Informe nº 38/97 CASO 10.548, 16 out. 1997.

ÍNDICE

PARTE 1 – A LIBERDADE DE EXPRESSÃO POLÍTICA NO DIREITO INTERNACIONAL

1. A REGULAÇÃO INTERNACIONAL E A LIBERDADE DE EXPRESSÃO POLÍTICA...................................... 35

2. A LIBERDADE DE EXPRESSÃO POLÍTICA NA PERSPECTIVA DAS CORTES INTERNACIONAIS DE DIREITOS HUMANOS.... 47

3. FUNDAMENTOS JURÍDICOS E TEÓRICOS DA LIBERDADE DE EXPRESSÃO POLÍTICA NO DIREITO INTERNACIONAL DOS DIREITOS HUMANOS 149

4. SISTEMATIZAÇÃO DOS LIMITES À LIBERDADE DE EXPRESSÃO POLÍTICA NAS CORTES INTERNACIONAIS DE DIREITOS HUMANOS.. 181

PARTE 2 – LIMITES DA LIBERDADE DE EXPRESSÃO POLÍTICA NO DIREITO BRASILEIRO DURANTE A CAMPANHA ELEITORAL

1. ANÁLISE *IN ABSTRACTO* E *IN CONCRETO* DOS LIMITES DA LIBERDADE DE EXPRESSÃO POLÍTICA NO BRASIL 199